형법판례의 이해 I

이승준

pnc
publishing and culture
피앤씨미디어

서 문

刑法은 범죄의 성립과 그에 대한 처벌을 규정하고 있는 법률로, 사회공동체가 보호하고 있는 법익 보호의 최후의 보루이다. 따라서 다른 법률과 달리 형법은 국가형벌권이라는 가장 강력한 국가의 권한을 발생시키며, 여기에 형법의 중요성과 의미가 내재되어 있다. 헌법적 가치들을 형법체계 내에서 바람직한 방향으로 실현함은 물론 이러한 이념과 가치들이 훼손되지 않도록 조작된 의도 없이 해석·적용되어야 하는 것이다. 이러한 이념 아래 해방 이후 학계와 사법부는 암흑의 시대를 거쳐 독자적인 한국 형법의 발전을 목표로 이상적인 형법의 자리매김을 위해 노력해 왔다.

그러나 이러한 노력에도 불구하고, 형법을 배우는 학생들에게 형법은 여전히 다가가기 쉽지 않은 영역이다. 이는 아마도 관념적이면서도 추상적이고, 동시에 복잡하기까지 한 형법의 이론들 때문이라고 볼 수 있다. 특히 개념법학에 눈을 뜨기도 전에 접하는 형법총론 분야는 더욱 그러하다. 그러나 사실관계를 알고 나면 형법처럼 재미있는 법 분야도 드물다. 그런데 형법을 처음 접하는 초학자들은 형법총론의 각종 역사적 논쟁과 견해의 대립에 두려움을 느낄 수밖에 없고, 이러한 두려움은 점점 더 이해를 어렵게 만들고 형법을 멀리하게 하는 결과를 보여준다. 이와 달리 대법원의 判例는 비교적 명쾌한 결론이 현실로 나타나 있다. 여기서 초학자들이 판례의 분석을 통해 형법의 복잡한 이론들을 조금이나마 쉽게 이해할 수 있는 가능성이 놓여 있다. 본서는 이러한 점을 염두에 두고 형법총론의 이해를 도모하기 위해 만들어졌다고 할 수 있다. 복잡하고 난해한 이론 사이에서 판례라는 하나의 방향판을 제시함으로써 형법의 논리적 이해라는 최종 목표를 달성할 수 있도록 의도하였다. 이에 더하여 최근 대법원 판례가 과거와 같은 단순한 사실관계에서 벗어나 민사법과 각종 특별법의 융합적 해결을 요하는 복잡난해한 사실관계를 기초로 한다는 점을 고려하여, 심층적 이해가 필요한 판례들도 분석할 수 있는 능력을 배양할 수 있도록 하였다.

본서를 보면서 주의해야 할 점이 있다. 대법원 판례의 결론이 무조건 타당한 최종적 결론은 아니라는 것이다. 판례는 만고불변의 진리가 아니며, 법적 안정성과 구체적 타당성 사이의 수없는 고민 끝에 결론이 바뀌기도 한다. 그러므로 독자들은 우리나라의 법현실에 기반한 형법의 독창성의 바탕 위에서 논리적이고 비판적으로 판례를 바라보는 자세를 길러야 할 것이다.

책을 끝까지 정독한다면 학계와 실무계의 상호교류와 수용을 통한 형법이론의 발전을 느낄 수 있을 것이다.

본서에 담겨 있는 판례들은 2014년 9월까지 선고된 판결 중, 변호사시험, 사법시험 등 각종 국가시험에 출제되었거나, 출제가능성이 높은 것들을 담았다. 그리고 원칙적으로 판결요지가 아닌 판결이유를 인용하였으며, 판례의 시대적 변천과 흐름을 알 수 있도록 판결일자의 순서대로 실었으며, 사실관계의 이해가 선행되어야 할 사안들은 사실관계를 덧붙였다. 거기에다 저자의 蛇足이 필요한 부분은 부족하나마 견해를 기술하였다. 이러한 장치들을 통해 본서가 형법의 필수적이며 중요한 기본이론을 도외시하고, 단순히 판례의 결론을 암기하는 도구로 전락하지는 않을 것으로 생각한다. 이 책을 통해 형법총론의 충실한 이해와, 변호사시험과 사법시험 등의 각종 시험에서 좋은 성과를 이룰 수 있기를 기대해 본다. 최근 시험 경향상 절대 판례의 결론만 암기하는 愚를 범하지 않기를 당부한다.

항상 탈고의 마지막 순간까지도 아쉬운 마음을 금할 수 없다. 더욱이 기존 출판계약의 종료시점이 한참 지나도록 재출간을 주저하고 있었다. 출판계의 어려운 사정을 익히 알고 있기 때문이다. 그럼에도 불구하고 본서를 死藏시키기에는 너무 아쉬워 다시 책을 펴내기로 결심하였다는 점 이해를 부탁드린다. 아울러 어려운 시장상황에도 출판을 결정해준 피앤씨미디어의 박노일 사장님과 김중용 부사장님께 고마운 마음을 전하며, 꼼꼼하게 편집을 봐 주신 심성보 이사님께도 감사의 인사를 드린다.

마지막으로 이 책이 나올 수 있도록 도와 준 가족, 아내와 은성, 은유에게 미안함과 고마움을 전한다. 여러 걱정스러운 마음을 뒤로 한 채 서문을 줄인다.

2015년 1월

청주 연구실에서

목 차

제 1 편 刑法 一般論

제1장 罪刑法定主義

제1절 죄형법정주의의 의의 및 내용 3

Ⅰ. 법률주의 • 3
Ⅱ. 명확성의 원칙 • 6
Ⅲ. 소급효금지의 원칙 • 12
Ⅳ. 유추해석금지의 원칙 • 14
Ⅴ. 과잉금지의 원칙 • 25

제2장 刑法의 適用範圍

제1절 장소적 적용범위 28

Ⅰ. 속지주의(영토주의) • 28
Ⅱ. 속인주의 • 29
Ⅲ. 보호주의 • 30
Ⅳ. 세계주의 • 30

제2절 시간적 적용범위 30

Ⅰ. 행위시법주의 • 30
Ⅱ. 재판시법주의 • 34
Ⅲ. 한시법과 추급효 • 35

제3절 인적 적용범위 41

Ⅰ. 국내법상 특례 • 41
Ⅱ. 국제법상 특례 • 42
Ⅲ. 기　　타 • 42

제 2 편 犯罪論

제 1 장 犯罪의 槪念과 種類

제 1 절 범죄의 유형 47
Ⅰ. 즉 시 범 • 47
Ⅱ. 상 태 범 • 47
Ⅲ. 계 속 범 • 48
Ⅳ. 위 험 범 • 48
Ⅴ. 신 분 범 • 49

제 2 절 소추조건 50
Ⅰ. 친 고 죄 • 50
Ⅱ. 반의사불벌죄 • 51

제 2 장 行爲論

제 1 절 법인의 형사책임 52
Ⅰ. 법인의 범죄능력 및 형벌능력 • 52

제 3 장 構成要件

제 1 절 고의와 과실 57
Ⅰ. 고 의 • 57
Ⅱ. 과 실 • 73

제 2 절 인과관계와 객관적 귀속 76
Ⅰ. 상당인과관계 • 76
Ⅱ. 객관적 귀속 • 84

제 3 절 구성요건적 착오 88
Ⅰ. 기본적 구성요건의 착오 • 88
Ⅱ. 가중적 구성요건의 착오 • 89

제 4 장 違法性

제 1 절 위법성의 본질과 평가방법 92
Ⅰ. 객관적 위법성론 • 92

제 2 절 정당행위 ········· 92
Ⅰ. 사회상규에 위배되지 않는 행위 • 92
Ⅱ. 법령에 의한 행위 • 93
Ⅲ. 업무로 인한 행위 • 100
Ⅳ. 사회상규에 위배되지 않는 행위 • 103

제 3 절 정당방위 ········· 115
Ⅰ. 정당방위의사 • 115
Ⅱ. 침해의 현재성 • 115
Ⅲ. 부당한 침해 • 116
Ⅳ. 방위의 상당성 • 119
Ⅴ. 과잉방위 • 121
Ⅵ. 오상방위 • 123

제 4 절 긴급피난 ········· 124
Ⅰ. 자초위난과 긴급피난 • 124
Ⅱ. 피난의사 • 124
Ⅲ. 상당한 이유 • 125

제 5 절 자구행위 ········· 129

제 6 절 피해자의 승낙 ········· 131
Ⅰ. 피해자의 승낙 • 131
Ⅱ. 양 해 • 134
Ⅲ. 추정적 승낙 • 136

제5장 責 任

제 1 절 책임능력 ········· 138
Ⅰ. 심신장애 • 138
Ⅱ. 원인이 자유로운 행위 • 142

제 2 절 위법성의 인식 및 금지착오 ········· 143
Ⅰ. 위법성인식 • 143
Ⅱ. 금지착오 • 147

제 3 절 책임조각사유 ········· 158
Ⅰ. 기대가능성 • 158
Ⅱ. 강요된 행위 • 162

제6장 過失犯論

제 1 절 과 실 범 ······ 165

Ⅰ. 과실 일반 • 165

Ⅱ. 과실범의 성립요건 • 170

제 2 절 결과적 가중범 ······ 183

Ⅰ. 진정결과적 가중범과 부진정 결과적 가중범 • 183

Ⅱ. 중한 결과의 발생 • 184

Ⅲ. 직접성의 원칙 • 185

Ⅳ. 중한 결과에 대한 예견가능성 • 186

Ⅴ. 결과적 가중범의 공범 • 191

Ⅵ. 결과적 가중범의 미수 • 195

Ⅶ. 죄 수 • 195

제7장 不作爲犯論

Ⅰ. 부작위범 일반론 • 197

Ⅱ. 부작위범의 성립요건 • 198

Ⅲ. 부작위와 공범 • 203

제8장 未 遂 論

제 1 절 미수범 일반론 ······ 205

Ⅰ. 실행의 착수 • 205

Ⅱ. 기 수 • 215

제 2 절 예 비 죄 ······ 216

Ⅰ. 예비와 음모 • 216

Ⅱ. 예비죄의 종범 • 219

제 3 절 중지미수 ······ 219

Ⅰ. 자의성의 판단 • 219

Ⅱ. 공범과 중지 • 221

Ⅲ. 예비의 중지 • 222

제 4 절 불능미수 ······ 223

Ⅰ. 결과 발생의 불가능 • 223

Ⅱ. 위험성의 판단 • 224
Ⅲ. 위험성의 인정 여부 • 225

제9장 正犯과 共犯

제1절 일 반 론 ··· 228
Ⅰ. 정범과 공범의 구별 • 228
Ⅱ. 공범의 종속성 • 229
Ⅲ. 필요적 공범 • 230

제2절 공동정범 ··· 230
Ⅰ. 공동정범의 의의 • 230
Ⅱ. 공동정범 성립요건 • 231
Ⅲ. 공동정범의 처벌 • 243

제3절 간접정범 ··· 249
Ⅰ. 간접정범 인정 여부 • 249
Ⅱ. 자수범과 간접정범 • 251

제4절 교 사 범 ··· 252
Ⅰ. 공범의 종속성 • 252
Ⅱ. 교사범의 성립요건 • 252
Ⅲ. 교사관계의 이탈 • 254
Ⅳ. 기　　타 • 255

제5절 방 조 범 ··· 256
Ⅰ. 방조의 의의 • 256
Ⅱ. 방조행위 • 257
Ⅲ. 관련문제 • 260

제6절 공범과 신분 ··· 263
Ⅰ. 신분의 의의 • 263
Ⅱ. 형법 제33조의 해석 • 264

제10장 罪 數 論

제1절 일 반 론 ··· 269
Ⅰ. 죄수결정의 기준 • 269

제2절 일 죄 ········ 272
Ⅰ. 법조경합 • 272
Ⅱ. 포괄일죄 • 279
제3절 수 죄 ········ 287
Ⅰ. 상상적 경합 • 287
Ⅱ. 실체적 경합범 • 293

제3편 刑罰論

제1장 刑罰의 意義 및 種類

제1절 형벌의 종류 ········ 305
Ⅰ. 사 형 • 305
Ⅱ. 자 유 형 • 307
Ⅲ. 재 산 형 • 307

제2장 刑의 量定

Ⅰ. 의 의 • 319
Ⅱ. 형의 가중·감경·면제 • 320
Ⅲ. 양형조건 • 325
Ⅳ. 미결구금의 산입 • 326
Ⅴ. 누 범 • 329

제3장 刑의 猶豫

제1절 선고유예 ········ 332
Ⅰ. 선고유예의 요건 • 332
제2절 집행유예 ········ 335
Ⅰ. 집행유예의 요건 • 335
Ⅱ. 보호관찰·사회봉사·수강명령의 부과 • 337
Ⅲ. 집행유예의 실효 및 취소 • 338
Ⅳ. 기타 판례 • 340

제4장 刑의 時效와 消滅

Ⅰ. 형의 시효 • 343
Ⅱ. 형의 소멸 • 344

제5장 保安處分

Ⅰ. 보안처분의 의의 • 345
Ⅱ. 보안처분의 법적 성격 • 345
Ⅲ. 치료감호 • 346
Ⅳ. 보호관찰 • 350
Ⅴ. 보안관찰 • 350
Ⅵ. 기　　타 • 351

참고문헌

권오걸, 스마트 형법총론, 형설출판사, 2011
______, 스마트 형법각론, 형설출판사, 2011
김성돈, 형법총론(제3판), 성균관대 출판부, 2014
______, 형법각론(제2판), 성균관대 출판부, 2013
김일수/서보학, 형법총론(제11판), 박영사, 2008
__________, 형법각론(제7판), 박영사, 2009
김태명, 판례형법총론, 피앤씨미디어, 2013
배종대, 형법총론(제10판), 홍문사, 2011
______, 형법각론(제7판), 홍문사, 2011
박상기, 형법총론(제8판), 박영사, 2009
______, 형법각론(제8판), 박영사, 2011
손동권/김재윤, 새로운 형법총론, 율곡출판사, 2011
손동권, 형법각론(제2개정판), 율곡출판사, 2007
신동운, 형법총론(제7판), 법문사, 2013
______, 신판례백선 형법총론(제2판), 경세원, 2011
오영근, 형법총론(제2판), 박영사, 2012
______, 형법각론(제2판), 박영사, 2010
이승준, 형법세미나 Ⅰ, 진원사, 2013
이주원, 특별형법(제3판), 홍문사, 2014
이재상, 형법총론(제7판), 박영사, 2011
______, 형법각론(제9판), 박영사, 2013
______, 형법기본판례총론, 박영사, 2011
임 웅, 형법총론(제3정판 보정), 법문사, 2011
______, 형법각론(제3정판 보정), 법문사, 2011
정성근/박광민, 형법총론(제5판), 삼영사, 2011
__________, 형법각론(제4판), SKKUP, 2013
한국형사판례연구회(편), 형사판례연구(1)~(21), 박영사

저자의 능력 부족으로 정확한 인용과 표기가 이뤄지지 못하였음을 미리 밝힌다.

제 1 편

刑法 一般論

제 1 장 죄형법정주의

제 2 장 형법의 적용범위

제 1 장 罪刑法定主義

제 1 절 죄형법정주의의 의의 및 내용

Ⅰ. 법률주의

1. 죄형법정주의에 위반된다는 판례

① **구 수산업법**(1990. 8. 1. 법률 제4252호로 개정되기 전의 것) 제48조 제1항이 대통령령에 위임한 그 제2호의 "어선에 관한 제한 또는 금지"란 위 법률의 입법목적과 어선·어구의 제한 또는 금지에 관하여 규정한 수산자원보호령 제23조 등에 비추어 어선의 척수, 규모, 설비와 어법에 관한 제한 또는 금지라고 풀이되는바, 위 영 제25조 제1항이 어업면허장, 어업허가장, 어업감찰 또는 접수증을 어업종사 기간 중 어선을 사용하는 경우에는 어선에 비치하고 어선을 사용하지 않는 경우에는 휴대하도록 규정하고 이에 위반될 경우에 위 영 제31조 제1호에 의하여 처벌하도록 한 것은 어구 또는 어선의 제한 또는 금지에 관한 것이 아님이 명백하고 그 밖에 수산업법상 이를 처벌할 위임근거가 없으므로 위 영 제25조 제1항, 제31조 제1호는 모법의 위임 없이 부당하게 형벌의 범위를 확장한 것으로서 죄형법정주의의 원칙에 위배되고 **위임입법**의 한계도 벗어난 무효의 규정이다(대판 1991. 10. 22, 91도1617 전원합의체 다수의견).

② **구 근로기준법**(1997. 3. 13 개정 이전) 제30조 단서의 '특별한 사정이 있을 경우에는 당사자의 합의에 의하여 기일을 연장할 수 있다'는 규정과는 달리 같은 법 **시행령 제12조가 이를 3개월 이내로 제한**한 것은 구 근로기준법 제30조 단서의 내용을 변경하여 같은 법 제109조의 벌칙규정에 의한 형사처벌의 대상을 확장하는 결과가 된다. 따라서 모법의 위임에 의하지 아니한 같은 법 시행령 제12조는 죄형법정원칙에 위배되고 위임입법의 한계를 벗어난 것으로서 무효이다(대판 1998. 10. 15, 98도1759).

③ **총포·도검·화약류단속법 제2조 제1항**은 총포에 관하여 규정하고, 총에 대하여는 일정 종류의 총을 총포에 해당하는 것으로 규정하면서 그 외의 장약총이나 공기총도 금속성 탄알이나 가스 등을 쏠 수 있는 성능이 있는 것은 총포에 해당한다고 규정하고 있으므로, 여기서 말하는 총은 비록 모든 부품을 다 갖추지는 않았더라도 적어도 금속성 탄알 등을 발사하는 성능을 가지고 있는 것을 가리키는 것이고, 단순히 총의 부품에 불과하여 금속성 탄알 등을 발사하는 성능을 가지지 못한 것까지 총포로 규정하고 있는 것은 아니라고 할 것이다. 그럼에도 불구하고 법시행령 제3조 제1항은 법 제2조 제1항의 위임에 따라 총포의 범위를 구체적으로 정하면서 제3호에서 모법의 위임의 범위를 벗어나 **총의 부품까지 총포에 속하는 것으로 규정**한 것은 모법보다 형사처벌의 대상을 확장하고 있으므로, 이는 결국 위임입법의 한계를 벗어나고 죄형법정주의의 원칙에 위배된 것으로 무효라 하지 않을 수 없다(대판 1999. 2. 11, 98도2816).

이 판결은 위임입법금지원칙의 대표적 사례이다. 죄형법정주의의 요청으로 형벌법규는 명확할 것을 요구받는다. 그러나 문자의 다의성과 형법의 현실관련성은 입법자가 모든 사건의 범죄 구성요건해당성을 예측할 수 없도록 만들어, 실제로는 입법자의 재량과 불명확한 규정이 필요하다. 위임입법도 결국 법률의 신축적 운용과 구체적 정의 실현을 위해 입법기술상 불가피한 범죄구성요건의 규정을 보충규범에 위임하는 경우이다. 그러나 위임입법은 죄형법정주의의 성문법원칙에 반할 우려가 있으므로 허용요건을 지켜야 하는데, 형벌구성요건의 경우 형벌의 종류 및 상한과 폭 등이 형식적 의미의 '법률'에 규정되어야 한다. 위의 판결에서 총포·도검·화약류단속법 시행령은 총의 부품까지 총포에 속하는 것으로 규정하여, 하위법규가 모법보다 형사처벌의 대상을 확장하거나 형벌을 강화하는 것으로 법률주의에 위배되어 허용되지 않는 것이다.

④ 형벌 구성요건의 실질적 내용을 법률에서 직접 규정하지 아니하고 금고의 정관에 위임하고 있는 것은 범죄와 형벌에 관하여는 입법부가 제정한 형식적 의미의 '법률'로써 정하여야 한다는 죄형법정주의 원칙에 위반된다. 금고 또는 연합회는 국가 또는 지방자치단체의 사업육성을 위한 필요한 지원 등을 받을 수 있고, 정치관여가 일체 허용되지 않는 등 공공성이 강하며, 정관은 법인 내부의 자치규범으로써 법규범에 준하는 성질을 인정받

고 있지만, 죄형법정주의가 지니고 있는 법치주의, 국민주권 및 권력분립의 의미를 고려할 때 무엇이 범죄이며 그에 대한 형벌이 어떠한 것인가는 입법부가 제정한 법률에 의하여야 한다는 것은 훼손되어서는 안 되는 헌법상의 원칙이다. 그런데 이 규정은 **금고의 발기인들에게 처벌법규의 내용을 형성할 권한을 주어**, 그러한 헌법상의 원칙을 위반하였다 (헌재 2001. 1. 19, 99헌바112).

2. 죄형법정주의에 위반되지 않는다는 판례

① 구 의료법 제17조 제2항을 보면 "제1항의 규정에 의한 적출물(의료행위에 따라 신체로부터 적출되거나 절단된 물체)의 처리에 관하여 필요한 사항은 보건사회부령으로 정한다"고 규정하고 있다. 그러나 동 규정은 범죄의 구성요건을 포괄적으로 위임하고 있을 뿐, 적출물처리업자에게 어떤 규범적인 작위 또는 부작위의무(요구 또는 금지명령)를 부과하고 있지 않다. 따라서 적출물처리업자는 위 제17조 제2항의 규정 자체를 위반할 여지가 없으므로 '의료법 제17조의 규정에 위반한 자'를 처벌하는 위 의료법 제68조에 해당할 수 없고, 또한 '적출물의 처리'에 관한 필요한 사항을 정할 것을 위임받은 보사부령이 그 처리절차를 규정하고 있고, **적출물처리업자가 그 처리절차규정을 위반**하였다 하더라도 위 의료법 제68조는 '의료법 제17조 위반 행위자'를 처벌하는 것이지, 제17조 제2항의 위임을 받아 규정된 '시행령 위반 행위자'를 처벌하는 규정은 아니므로, 제17조에서 "적출물처리업자는 위 적출물 등을 보건사회부령으로 정하는 바에 의하여 처리하여야 한다"는 등의 **어떤 규범적 작위 또는 부작위의무를 명하는 규정이 없는 한**, 적출물처리업자가 그 적출물을 보사부령이 정하는 장소에서 처리하지 않은 경우까지 동법 제68조 위반으로 처벌할 수는 없다(대판 1989. 8. 8, 88도1161).

② 수질환경보전법 제56조 3호가 '배출시설 및 방지시설을 정당하게 운영하지 아니한 자'라고만 규정하고 있고 또한 동법 제8조가 오염물질의 배출허용기준을 직접 법률에서 규정하지 아니하고 총리령 등으로 정하도록 위임하고 있는 것은 **수질환경보전법 제56조 3호는 배출시설이나 방지시설을 정상적으로 운영하지 아니함으로써 배출허용기준을 초과하여 오염물질을 배출시킨 자를 가리키는 것**임이 분명하므로, 그 행위가 구체적이고 명확하게 규정되어 있지 않다고 볼 수 없을뿐만 아니라, 오염물질의 배출허용기준을 직접 법률에서 모두 규정하지 아니 하고 총리령 등으로 정하도록 위임하였다 하여 죄형법정주의에 위반된다고 볼 수 없다(대판 1992. 12. 8, 92도407).

③ …그 직무의 공공적 성격으로 인하여 청렴성과 불가매수성이 요구되는 경우에 그

직무와 관련된 **수재행위를 공무원의 수뢰행위와 같거나 유사하게 처벌**하는 사례는, 정부관리기업체의 간부직원에 관한 특정범죄가중처벌등에관한법률 제4조, 금융기관의 임·직원에 관한 특정경제범죄가중처벌등에관한법률 제5조 제1항, 도시재개발조합의 임·직원에 관한 도시재개발법 제61조 등 우리 형사법 체계상 흔히 찾아볼 수 있는 점 등에 비추어 보면, 형법 제129조 내지 132조의 적용에 있어서 지방공사와 지방공단의 임원 및 직원을 공무원으로 본다고 규정한 **지방공기업법 제83조**는 헌법 제11조 제1항, 제37조 제2항 등에 위반된다고 볼 수 없으며, 또한 지방공기업법은 제3장 제2절과 제4장에서 지방공사와 지방공단의 임원 및 직원에 관하여 구체적인 규정을 두고 있으므로, 위 제83조가 죄형법정주의에 위배되는 것이라고 할 수도 없다(대판 2001. 1. 19, 99도5753).

④ **공직선거및선거부정방지법 제90조** 전문은 선거일 전 180일부터 선거에 영향을 미치게 하기 위하여 법정의 방법 이외의 방법으로 시설물설치 등을 하는 것을 금지한 규정으로서, 이는 선거의 부당한 과열경쟁으로 인한 사회경제적 손실을 막고 후보자 간의 실질적인 기회균등을 보장함과 동시에 탈법적인 선거운동으로 인하여 선거의 공정과 평온이 침해되는 것을 방지하고자 일정 범위의 **선거운동방법**에 대하여는 그 주체, 시간, 태양을 불문하고 일률적으로 이를 금지하는 것인바, 위와 같은 목적 달성을 위하여 달리 효과적인 수단을 상정할 수가 없고, 제한되는 자유의 범위도 예상되는 다양한 선거운동의 방법 중에서 특히 중대한 폐해를 초래할 우려가 크다고 인정되는 특정의 선거운동방법과 내용에 국한되는 것이며, 선거일 전 180일부터는 이미 사실상 선거운동의 준비작업이 시작되었다고 볼 수 있으므로, 이러한 제한은 폐해방지에 필요한 최소한의 정도를 넘지 아니하여 표현의 자유 등을 침해한다고 할 수 없고, 설치가 허용되는 **간판의 규격**과 같은 세부적이고 기술적인 사항을 중앙선거관리위원회 규칙에서 정하도록 위임하였다 하여 이를 죄형법정주의와 포괄위임금지의 원칙에 어긋난다고 볼 수도 없다(대판 2005. 1. 13, 2004도7360).

Ⅱ. 명확성의 원칙

1. 구성요건의 명확성

(1) 명확성의 원칙에 반한다고 본 사안

① **특정범죄가중처벌등에관한법률 제4조 제1항의 "정부관리기업체"**라는 용어는 수뢰

죄와 같은 이른바 신분범(身分犯)에 있어서 그 주체에 관한 구성요건의 규정을 지나치게 광범위하고 불명확하게 규정하여 전체로서의 구성요건의 명확성을 결여한 것으로 죄형법정주의(罪刑法定主義)에 위배되고, 나아가 그 법률 자체가 불명확함으로 인하여 그 법률에서 대통령령에 규정될 내용의 대강을 예측할 수 없는 경우라 할 것이므로 위임입법(委任立法)의 한계를 일탈한 것으로서 위헌이다(헌재 1995. 9. 28, 93헌바50).

② '음란'의 개념과는 달리 '**저속**'의 개념은 그 적용범위가 매우 광범위할 뿐만 아니라 법관의 보충적인 해석에 의한다 하더라도 그 의미 내용을 확정하기 어려울 정도로 매우 추상적이다. 이 '저속'의 개념에는 출판사등록이 취소되는 성적 표현의 하한이 열려 있을 뿐만 아니라 폭력성이나 잔인성 및 천한 정도도 그 하한이 모두 열려 있기 때문에 출판을 하고자 하는 자는 어느 정도로 자신의 표현내용을 조절해야 되는지를 도저히 알 수 없도록 되어 있어 명확성의 원칙 및 과도한 광범성의 원칙에 반한다(헌재 1998. 4. 30, 95헌가16).

③ **외국환관리규정상의 '도박 기타 범죄 등 선량한 풍속 및 사회질서에 반하는 행위'**라는 요건은 이를 한정할 합리적인 기준이 없다면 형벌법규의 구성요건요소로는 지나치게 광범위하고 불명확하다. 그러므로 죄형법정주의에 위배된 것일 뿐만 아니라 위임입법의 한계도 벗어난 것으로서 무효이다(대판 1998. 6. 18, 97도2231).

④ **미성년자보호법**은 '미성년자에게 음란성 또는 잔인성을 조장할 우려'가 있거나 범죄의 충동을 일으키게 할 수 있는 만화(불량만화)의 반포 등 행위를 금지하는 조항(제2조의2 제1호)을 두고 있다. 이에 대해 먼저 '음란성'은 법관의 보충적 해석을 통하여 그 규범내용이 확정될 수 있는 개념으로 명확성의 원칙에 반하지 않으나, '**잔인성**'에 대하여는 아직 판례상 개념규정이 확립되지 않은 상태이고 법집행자의 자의적인 판단을 허용할 여지가 높아 그 처벌범위가 광범위해져 명확성의 원칙에 반한다. 또한 '**범죄의 충동을 일으킬 수 있게**'라는 부분도 그 규범내용이 확정될 수 없는 것이다. 따라서 위 조항은 법관의 보충해석을 통하여서도 그 규범내용이 확정될 수 없는 모호하고 막연한 개념을 사용함으로써 그 적용범위를 집행기관의 자의적인 판단에 맡기고 있으므로 명확성의 원칙에 반한다(헌재 2002. 2. 28, 99헌가8).

⑤ **구 아동복지법은 '아동의 덕성을 심히 해할 우려'**가 있는 도서 등의 제작행위를 금지하고 있다(아동복지법 제18조 제11호). 이 조항의 '어질고 너그러운 품성'을 의미하는 '덕성'이라는 개념은 도덕이나 윤리가 품성으로 인격화된 것을 의미한다 할 것인바, 도덕이나 윤리는 일의적으로 확정된 의미를 가진다고 보기 어려우므로 그 적용범위의 한계가 명확하다고 할 수 없고, 여기에 '심히 해할 우려'라는 요소까지 고려하면 이 조항 역시 법관의 보충해석을 통하여서도 그 규범내용이 확정될 수 없는 모호하고 막연한 개념을 사용함

으로써 그 적용범위를 집행기관의 자의적인 판단에 맡기고 있으므로 명확성의 원칙에 반한다(헌재 2002. 2. 28, 99헌가8).

⑥ **국가보안법 제13조**(군형법 제13조, 제15조 또는 형법 제2편 제1장 내란의 죄, 제2장 외환의 죄를 범하여 금고이상의 형의 선고를 받고 그 형의 집행을 종료하지 아니한 자 또는 그 집행을 종료하거나 집행을 받지 아니하기로 확정된 후 5년이 경과하지 아니한 자가 제3조 제1항 제3호 및 제2항 내지 제5항, 제4조 제1항 제1호 중 형법 제94조 제2항, 제97조 및 제99조, 동항 제5호 및 제6호, 제2항 내지 제4항, 제5조, 제6조 제1항 및 제4항 내지 제6항, 제7조 내지 제9조의 죄를 범한 때에는 그 죄에 대한 법정형의 최고를 사형으로 한다) 중 제7조 제5항과 제1항 부분은 과잉금지원칙 및 명확성의 원칙에 위배된다(헌재 2002. 11. 28, 2002헌가5).

(2) 명확성의 원칙에 반하지 않는다고 본 사안

① **음란**이라는 규범적 구성요건요소의 사용은 명확성의 원칙에 반하지 아니한다(대판 2000. 10. 27, 98도679).

② 식품위생법의 위임을 받은 보건복지부장관의 고시인 구 식품공전에서 식품의 제조·가공·조리용으로 사용할 수 없는 것으로 **'일반인이 전래적인 식생활이나 통념상 식용으로 하지 아니하는 것' 또는 '식품원료로서 안전성 및 건전성이 입증되지 아니한 것'** 등을 열거하고 있는바, 이에 대해 판례는 이들 개념이 다소 불명확하다고 보여지지만, "일반인들이 식용으로 하는 것과 식용으로 하지 아니하는 것은 너무 다양하여 일일이 나열할 수 없고, 또 안전성 및 건전성이 입증되지 아니한 식품원료를 미리 예측하여 규정하는 것이 사실상 불가능한 점에 비추어 보면 위 규정이 추상적이고 규범적인 개념을 사용한 것은 불가피하다 할 것이고, 또한 위 규정의 개념은 구 식품위생법의 입법목적과 건전한 상식 및 통상적인 법감정을 통하여 판단할 수 있음은 물론 구체적인 사건에서 법관의 합리적인 해석에 의하여 판단할 수 있다고 할 것이어서 명확성을 결한 것이라고는 할 수 없다(대판 2000. 10. 27, 2000도1007).

칡냉면가루를 제조하면서 칡가루 대신 보리숯가루를 혼입한 행위에 대해 식품위생법위반으로 처벌한 사안이다.

③ **유해화학물질관리법** 제35조 제1항에서 금지하는 환각물질을 구체적으로 명확하게 규정하지 아니하고 다만 그 성질에 관하여 **'흥분·환각 또는 마취의 작용을 일으키는 유해화학물질로서 대통령령이 정하는 물질'**로 그 한계를 설정하여 놓고, 같은법시행령 제22조에서 이를 구체적으로 규정하게 한 취지는 과학 기술의 급격한 발전으로 말미암아 흥분·환

각 또는 마취의 작용을 일으키는 유해화학물질이 수시로 생겨나기 때문에 이에 신속하게 대처하려는 데에 있으므로, 위임의 한계를 벗어난 것으로 볼 수 없고, 한편 그러한 환각물질은 누구에게나 그 섭취 또는 흡입행위 자체가 금지됨이 마땅하므로, … 같은 법 제35조 제1항의 '섭취 또는 흡입'의 개념이 추상적이고 불명확하다거나 지나치게 광범위하다고 볼 수도 없다(대판 2000. 10. 27, 2000도4187).

④ "구 학교보건법시행령"(1998. 1. 16, 대통령령 제15607호로 개정되기 전의 것) 제4조의2가 같은 법 제6조 제1항 제14호에서 위임된 '행위 및 시설'을 규정하면서 "법 제6조 제1항 제14호의 규정에 의하여 대통령령으로 정하는 '시설'은 다음과 같다."고 하여 '행위 및 시설'이란 문언 대신 '시설'이란 문언만을 사용하여 같은 법시행령이 의도적으로 같은 법조항의 적용범위를 좁히려는 취지를 나타낸 것은 아닌가 하는 의문이 들 수도 있으나, 위임규정인 같은 법 제6조 제1항 전단과 제14호가 금지되는 '행위 및 시설'의 범위를 같은 법시행령에 위임한다고 미리 밝혀둠으로써 행위 또는 시설 중의 한 가지 선택을 위임한 것이 아니라 시설명칭의 범위를 한정하는 일만을 위임한 취지임이 분명하며, 같은 법시행령 제4조의2는 '행위 및 시설'을 규정한 것으로 풀이되는 같은 법 제6조 제1항 제2호 내지 제13호와 마찬가지로 시설이름만을 열거하는 규정형식을 취하고 있는 터이므로 같은 법시행령 제4조의2 각 호의 경우도 같은 법 제6조 제1항 제2호 내지 제13호의 해석과 마찬가지로 그 시설에서의 영업행위도 금지한다는 뜻으로 풀이되어야 한다"고 하면서, "처벌법규의 입법목적이나 그 전체적 내용, 구조 등을 살펴보아 사물의 변별능력을 제대로 갖춘 일반인의 이해와 판단으로서 그 구성요건요소에 해당하는 행위유형을 정형화하거나 한정할 합리적 해석기준을 찾을 수 있다면 죄형법정주의가 요구하는 형벌법규의 명확성의 원칙에 반하는 것이 아닌바, 이 사건 공소사실에 적용될 법규인 구 학교보건법(1998. 12. 31. 법률 제5618호로 개정되기 전의 것) 제19조, 제6조 제1항, 구 학교보건법시행령(1998. 1. 16. 대통령령 제15607호로 개정되기 전의 것) 제4조의2 제1호의 규정은 그 금지의 대상인 '행위 및 시설'의 유형을 한정할 합리적 해석기준이 분명하여 처벌규정으로서의 명확성을 지니는 것이어서 헌법 제12조의 죄형법정주의에 **위반되지 않는다**"고 판시했다(대판 2000. 11. 16, 98도3665 전원합의체 다수의견).[1]

1 학교보건법은 제6조 제1항에서 학교환경위생정화구역 안에서는 다음 각 호의 1에 해당하는 '행위 및 시설'을 하여서는 아니된다고 하면서 제14호에서 기타 제1호 내지 제13호와 유사한 행위 및 시설과 미풍양속을 해하는 행위 및 시설로서 대통령령으로 정하는 '행위 및 시설'로 규정하고 있다(이 규정의 위임을 받은 동법시행령 제4조의 2는 '시설'만을 열거하고 있다). 문제된 사안의 경우 새로이 컴퓨터게임장 시설을 설치하는 행위가 아니라 그 이전에 이미 설치한 컴퓨터게임장의 '시설에서 영업하는 행위'로 같은 법 제6조 제1항에 의하여 금지된 것으로 볼 수 있는가가 다투어졌다. 위의 판시에서 별개의견은 새로이 유해시설은 하지 않고 기존의 시설에서 유해행위만 한 경우까지 모법위반행위로 처벌하는 것은 죄형법정

⑤ 형법 제129조 내지 132조의 적용에 있어서 지방공사와 지방공단의 임원 및 직원을 공무원으로 본다고 규정한 **지방공기업법 제83조**는 헌법 제11조 제1항, 제37조 제2항 등에 위반된다고 볼 수 없으며, 또한 지방공기업법은 제3장 제2절과 제4장에서 지방공사와 지방공단의 임원 및 직원에 관하여 구체적인 규정을 두고 있으므로, 위 제83조가 죄형법정주의에 위배되는 것이라고 할 수도 없다(대판 2001. 1. 19, 99도5753).

⑥ 처벌법규의 입법목적이나 그 전체적 내용, 구조 등을 살펴보아 사물의 변별능력을 제대로 갖춘 일반인의 이해와 판단으로서 그의 구성요건 요소에 해당하는 행위유형을 정형화하거나 한정할 합리적 해석기준을 찾을 수 있다면 죄형법정주의가 요구하는 형벌법규의 명확성의 원칙에 반하는 것이 아니라 할 것인바, **구 신용협동조합법(1998. 1. 13. 법률 제5506호로 전문 개정되기 전의 것) 제96조 제1항 제1호**는 '이 법 또는 이 법에 의한 명령에 위반하여 자금을 사용 또는 대부하거나 투기의 목적으로 조합 또는 연합회의 재산을 처분하거나 이용한 때'라고 규정하여 처벌규정 자체에서 범죄구성요건에 해당하는 행위유형을 한정하고 있어 처벌규정으로서의 명확성을 지니고 있다고 할 것이므로, 위 규정이 죄형법정주의에 관한 헌법 규정에 위반된다고 할 수 없다(대판 2001. 11. 13, 2001도3531).

⑦ 처벌법규의 입법목적이나 그 전체적 내용, 구조 등을 살펴보아 사물의 변별능력을 제대로 갖춘 일반인의 이해와 판단으로서 그의 구성요건 요소에 해당하는 행위유형을 정형화하거나 한정할 합리적 해석기준을 찾을 수 있다면 죄형법정주의가 요구하는 형벌법규의 명확성의 원칙에 반하는 것이 아닌바, **증권거래법 제207조의2의 규정** 중 '다만, 그 위반행위로 얻은 이익 또는 회피한 손실액의 3배에 해당하는 금액이 2천만원을 초과하는 때에는 그 이익 또는 회피손실액의 3배에 상당하는 금액 이하의 벌금에 처한다'는 부분은 이익액을 산출해 낼 합리적 해석기준이 분명하여 처벌규정으로서의 명확성을 지니는 것이어서 헌법 제12조의 죄형법정주의에 위반되지 않는다(대판 2002. 7. 26, 2002도1855).

⑧ 청소년보호법 제26조의2 제8호 소정의 "**풍기를 문란**하게 하는 영업행위를 하거나 그를 목적으로 장소를 제공하는 행위"의 의미는 청소년보호법의 입법 취지, 입법연혁, 규정형식에 비추어 볼 때 "청소년이 건전한 인격체로 성장하는 것을 침해하는 영업행위 또는 그를 목적으로 장소를 제공하는 행위"를 의미하는 것으로 보아야 할 것이고, 그 구체적인 예가 바로 위 규정에 열거된 "청소년에 대하여 이성혼숙을 하게 하거나 그를 목적으로 장소를 제공하는 행위" 등이라고 보이는바, 이는 건전한 상식과 통상적인 법감정을 통하여 판단할 수 있고, 구체적인 사건에서는 법관의 보충적인 해석을 통하여 그 규범내용이 확정될 수 있는 개념이라 할 것이어서 위 법률조항은 명확성의 원칙에 반하지 아니하

주의에 반한다는 입장을 보였다.

여 실질적 죄형법정주의에도 반하지 아니한다(대판 2003. 12. 26, 2003도5980).

⑨ 사람을 기망하여 재물의 교부를 받거나 재산상의 이익을 취득한 자를 사기죄로 처벌하도록 규정하고 있는바, 사기죄의 요건으로서의 **기망**은 널리 재산상의 거래관계에 있어서 서로 지켜야 할 신의와 성실의 의무를 저버리는 모든 적극적 또는 소극적 행위를 말하는 것으로서, 통상의 해석방법에 의하여 건전한 상식과 통상적인 법감정을 가진 사람이면 사기죄의 보호법익과 금지된 행위를 알 수 있다고 할 것이므로, 형법 제347조 제1항이 헌법이 요구하는 처벌법규의 명확성에 배치되는 것이라고 할 수 없다(대판 2006. 5. 11, 2006도1715).

⑩ 죄형법정주의로부터 파생되는 명확성원칙은 법률이 처벌하고자 하는 행위가 무엇이며 그에 대한 형벌이 어떠한 것인지를 국민이 알고 그에 따라 자신의 행위를 결정할 수 있도록 범죄의 구성요건과 형벌은 명확히 규정되어야 한다는 원칙이다(헌재 2003. 1. 30, 2002헌바53). 이 사건 법률조항에 의한 **사회봉사명령**은 보안처분으로서의 성격과 함께 자유형 집행의 대체수단으로서 형사제재적인 성격도 가지고 있으므로, 그로 인한 제재가 어떠한 것인지를 국민이 알 수 있고, 법 집행자에게 객관적 판단지침을 줄 수 있을 정도로 명확하여야 한다. 그런데 사회봉사의 사전적 의미는 '사회의 이익이나 복지를 위하여 노동력이나 금품 따위를 제공하는 행위'이고, '벌금 미납자의 사회봉사 집행에 관한 특례법' 제2조 제2호는 "사회봉사란 보호관찰관이 지정한 일시와 장소에서 공공의 이익을 위하여 실시하는 무보수 근로를 말한다."라고 규정하고 있다. 그리고 대법원은 이 사건 법률조항의 '사회봉사'를 '자유형의 집행을 대체하기 위한 것으로서 500시간 내에서 시간단위로 부과될 수 있는 일 또는 근로활동'이라고 판시하였고, 보호관찰법 제59조는, 사회봉사명령은 500시간의 범위에서 그 기간을 정하고 사회봉사할 분야와 장소 등을 법원이 정할 수 있도록 규정하고 있다.

위와 같은 점들에 비추어 보면, 이 사건 법률조항의 '사회봉사'란 '사회의 이익이나 복지를 위하여 범죄자에게 부과하는 일 또는 근로활동'이라고 해석할 수 있어서, 국민이 그 의미를 충분히 알 수 있을 뿐만 아니라 법 집행자에게 객관적 판단지침을 줄 수 있을 정도로 명확하다. 그리고 사회봉사명령의 부과요건 및 부과대상자는 이 사건 법률조항과 형법 제62조 제1항을 종합하면 '범죄사실이 유죄로 인정되어 3년 이하의 징역 또는 금고의 형을 선고받음과 동시에 그 형의 집행을 유예받는 피고인'이며, 사회봉사명령의 집행방법은 보호관찰법에서 집행기관, 집행담당자, 집행절차 등을 규정하고 있다. 다만, 사회봉사명령을 할지 여부 및 사회봉사 시산의 선택은 법관의 재량에, 사회봉사의 종류 및 내용의 선택은 집행기관의 재량에 각 맡기고 있으나, 앞서 본 바와 같이 사회봉사명령에 관한 주요한 내용은 이미 법률에 정하여져 있는 점, 사회봉사가 범죄인에게 가지는 형사제재적 기능 및 재범방지 효과는 범죄의 종류 및 태양, 범죄인의 연령, 성행, 지능과 환경 등에 따라 다를 수 있고, 사회봉사의 방법은 다양하고 사회의 변화에 따라 변할 뿐만 아니라 사회봉사의 수요, 장소 및 시설, 집행·감독기관의 사정 등에 따라 달라질 수밖에 없어서, 사회봉사명령 여부 및 사회봉사의 시간, 종류, 내용은 이를 법률에 일률적으로 규정하기 보다는 법관이나 집행기관이 위와 같은 사정을 고려하여 결정할 수 있도록 재량을 부여하는 것이 합리적인 점 등에 비추어 보면 이 사건 법률조항이 명확성원칙에서 요구하는 정도의 명확성을 갖추지 못하였다고 할 수 없다. 따라서 이 사건 법률조항은 명확성원칙에 위배되지 아니한다(헌재 2012. 3. 29, 2010헌바100).

형의 집행을 유예하면서 사회봉사를 명할 수 있도록 한 형법 제62조의2 제1항 중 사회봉사 명령에 관한 부분이 사회봉사의 의의, 부과요건, 부과대상자를 구체적으로 규정하지 아니하여 명확성원칙에 위배되는지가 문제된 사안이다.

2. 제재의 명확성

부정선거관련자처벌법 제5조 제4항에 동법 제5조 제1항의 예비음모는 이를 처벌한다고만 규정하고 있을 뿐이고 그 형에 관하여 따로 규정하고 있지 아니한 이상 죄형법정주의의 원칙상 위 예비음모를 처벌할 수 없다(대판 1977. 6. 28, 77도251).

Ⅲ. 소급효금지의 원칙

1. 판례의 변경과 소급효금지

형사처벌의 근거가 되는 것은 법률이지 판례가 아니고 구 건축법 제57조(현행 제81조의 양벌규정)에 관한 판례의 변경은 그 법률조항의 내용을 확인하는 것에 지나지 아니하여 이로써 위 **법률조항 자체가 변경된 것이라고는 볼 수 없으므로,** 행위 당시의 판례에 의하면 처벌대상이 되지 아니하는 것으로 해석되었던 행위를 판례의 변경에 따라 확인된 내용의 위 법률조항에 근거하여 처벌한다고 하여 그것이 (평등원칙과) 형벌불소급의 원칙에 반한다고 할 수 없다(대판 1999. 7. 15, 95도2870 전원합의체 다수의견).

2. 보안처분과 소급효금지

① 사회보호법 제5조 제1항 제1호 전단의 동종 또는 유사한 죄로 2회 이상 실형선고를 받은 피감호청구인의 전력이 위 법 시행이전의 사실이라 하더라도 그 후단의 동종 또는 유사한 범죄를 저지른 것이 위 법 시행(1980. 12. 18)이후에 속하는 이상 피감호청구인은 같은 법 소정의 **보호감호**처분의 대상자가 되는 것이고, 위 법률이 죄형법정주의의 원칙에 위배된다거나 법률불소급의 원칙을 정한 헌법규정에 위반된다고 할 수 없다(대판 1987. 2. 24, 86감도286).

② **보호관찰**은 형벌이 아니라 보안처분의 성격을 갖는 것으로서 과거의 불법에 대한 책임에 기초하고 있는 제재가 아니라 장래의 위험성으로부터 행위자를 보호하고 사회를 방위하기 위한 합목적적 조치이므로 그에 관하여 반드시 행위 이전에 규정되어 있어야 하는 것은 아니며, 재판시의 규정에 의하여 보호관찰을 받을 것을 명할 수 있다고 할 것이고 이같은 해석이 형벌불소급의 원칙이나 죄형법정주의에 위배되는 것이라고 볼 수 없다(대판 1997. 6. 13, 97도703).

3. 공소시효의 연장과 소급효금지

이들 법률제정 당시 공소시효가 완성되지 아니한 부진정소급효는 물론 이미 공소시효가 완성된 진정소급효의 경우에도 소급효금지의 원칙에 반하지 않는다(헌재 1996. 2. 16, 전원재판부결정, 96헌가2, 96헌바7, 96헌바13 병합).

헌정질서파괴범죄에 대한 형소법상의 공소시효의 적용을 배제하는 '헌정질서파괴범죄의 공소시효 등에 관한 법률' 제2조 및 헌정질서파괴범죄에 대하여 공소시효의 진행정지를 규정한 '5·18민주화운동 등에 관한 특별법' 제2조에 대한 위헌심판사건으로, 헌법재판소는 합헌결정을 하였다. 이 판결을 토대로 大法院은 "5·18민주화운동 등에 관한 특별법 제2조는 그 제1항에서 그 적용대상을 1979년 12월 12일과 1980년 5월 18일을 전후하여 발생한 헌정질서파괴범죄의 공소시효 등에 관한 특례법 제2조의 '헌정질서파괴행위'라고 특정하고 있으므로, 그에 해당하는 범죄는 5·18민주화운동 등에 관한 특별법 시행 당시 이미 형사소송법 제249조에 의한 공소시효가 완성되었는지 여부에 관계없이 모두 그 적용대상이 됨이 명백하다 할 것인데, 위 법률 조항에 대하여는 헌법재판소가 1996. 2. 16, 96헌가2, 96헌마7.13 사건에서 위 법률 조항이 헌법에 위반되지 아니한다는 합헌결정을 하였으므로, 위 법률 조항의 적용범위에 속하는 범죄에 대하여는 이를 그대로 적용할 수밖에 없다"라고 판시하였다(대판 1997. 4. 17, 96도3376. 전원합의체).
이처럼 헌법재판소와 대법원은 진정소급입법일지라도 예외적인 경우에 한하여 허용된다는 입장으로 볼 수 있다.

4. 양형기준과 소급효금지원칙

법원조직법 제81조의2 이하의 규정에 의하여 마련된 **대법원 양형위원회의 양형기준**은 법관이 합리적인 양형을 정하는 데 참고할 수 있는 구체적이고 객관적인 기준으로 마련된 것이다(같은 법 제81조의6 제1항 참조). 위 양형기준은 법적 구속력을 가지지 아니하고(같은 법 제81조의7 제1항 단서), 단지 위와 같은 취지로 마련되어 그 내용의 타당성에 의하여 일반적인 설득력을 가지는 것으로 예정되어 있으므로 법관의 양형에 있어서 그 존중이 요구되는 것일 뿐이다. 대법원 양형위원회가 설정한 '양형기준'이 발효하기 전에 공소가 제기된 범죄에 대하여 위 '양형기준'을 참고하여 형을 양정한 사안에서, 피고인에게 불리한 법률을 소급하여 적용한 위법이 있다고 할 수 없다(대판 2009. 12. 10, 2009도11448).

Ⅳ. 유추해석금지의 원칙

1. 유추해석금지원칙에 반한다고 본 경우

① 입주개시일로부터 6개월간 전매 또는 전대를 금지하고 있는 주택건설촉진법 제52조의 규정을 입주개시일 전에 전매한 자에게 적용하는 것은 유추해석금지에 반한다(대판 1991. 4. 23, 90도1287).

② 경합범 중 가장 중한 죄의 소정형에서 무기징역형을 선택한 이상 무기징역형으로만 처벌하고 따로이 경합범가중을 하거나 가장 중한 죄가 누범이라 하여 누범가중을 할 수 없으므로, 경합범 중 가장 중한 죄의 소정형에서 무기징역을 선택하여 작량감경하는 경우 7년 이상의 징역(그 상한은 15년임)으로 감형되기 때문에 경합범가중사유나 누범가중사유가 있다하여 **15년을 초과하는 징역형**을 선고하는 것은 유추해석금지의 원칙에 반한다(대판 1992. 10. 13, 92도1428 전원합의체 다수의견).

③ 형벌법규는 그 규정내용이 명확하여야 할 뿐만 아니라 그 해석에 있어서도 엄격함을 요하고 유추해석은 허용되지 않는 것이므로 **성폭력범죄의처벌및피해자보호등에관한법률 제9조 제1항의 죄의 주체**는 "제6조의 죄를 범한 자"로 한정되고 같은 법 제6조 제1항의 미수범까지 여기에 포함되는 것으로 풀이할 수는 없다(대판 1995. 4. 7, 95도94).

④ **공직선거법 제262조의 '자수'를 '범행발각 전에 자수'**한 경우로 풀이하는 것은 언어의 가능한 의미를 넘어 그 문언보다 제한해석하는 것이고 그로 인해 처벌범위를 확대하는 것이 되어 유추해석금지에 반하고, 위법성 및 책임의 조각사유나 소추조건 또는 처벌

조각사유인 형면제사유에 관하여 그 범위를 제한적으로 유추적용하는 것은 유추해석금지의 원칙에 위반된다(대판 1997. 3. 20, 96도1167 전원합의체 다수의견).

대상판결은 유추해석금지의 원칙이 범죄 구성요건뿐만 아니라, 위법성과 책임, 소추조건, 나아가 처벌조각사유에까지 적용됨을 명시하였다는 점에서 의미가 있다. 그리고 자수의 인정 시기를 좁히는 축소해석이 가능한가에 대해, 다수의견은 유추해석금지의 원칙상 허용되지 않는다는 입장인 반면, 소수의견은 목적론적 축소해석으로서 허용된다는 입장을 밝혔다.

⑤ 구 성폭력범죄의처벌및피해자보호등에관한법률 제8조는 신체장애로 항거불능인 상태에 있음을 이용하여 여자를 간음하거나 사람에 대하여 추행한 자는 형법 제297조(강간) 또는 제298조(강제추행)에 정한 형으로 처벌한다고 규정하고 있는 바, 관련 법률의 장애인에 관한 규정과 형법상의 유추해석 금지의 원칙에 비추어 볼 때, 이 규정에서 말하는 **'신체장애'**에 정신박약 등으로 인한 정신장애도 포함된다고 해석하기는 어렵다(대판 1998. 4. 10, 97도3392).[2]

⑥ 군형법 제74조 소정의 군용물분실죄의 **'분실'**이라 행위자의 의사에 의하지 아니하고 물건의 소지를 상실한 것을 의미한다고 할 것이므로 … 분실의 개념을 군용물의 소지상실시 행위자의 의사가 개입되었는지의 여부에 관계없이 군용물의 보관책임이 있는 자가 결과적으로 군용물의 소지를 상실하는 모든 경우로 확장해석하거나 유추해석할 수는 없다. 따라서 **군용물을 편취당한 것**이 군용물분실죄에서의 분실, 즉 의사에 의하지 않은 소지의 상실이라고 볼 수 없다(대판 1999. 7. 9, 98도1719).

피고인은 "군단에서 온 백소령이다"라는 성명 불상의 사람의 말을 믿고 그의 소속이나 직책을 확인하지 않고 그가 상황실 총기대에서 총을 가져 가는 것을 방치하였고, "해안순찰을 가야 하는데 여기는 간첩도 오고 위험하니 탄을 좀 달라"고 하자 탄약고에 보관중이던 탄약을 건네주어 위 총기와 탄환의 군용물을 분실한 사안이다. 대법원은 대상 판결에서 '분실'의 의미를 문언에 충실하게 해석하면서, 확장해석과 유추해석은 허용되지 않는다는 점을 명확히 하였다.

⑦ **아동복지법 제18조 제5호는 '아동에게 음행을 시키는' 행위**를 금지행위의 하나로 규정하고 있는바, 여기에서 '아동에게 음행을 시킨다'는 것은 행위자가 아동으로 하여금 제3자를 상대방으로 하여 음행을 하게 하는 행위를 가리키는 것일 뿐 행위자 자신이 직접

2 이후 성폭력범죄의처벌및피해자보호등에관한법률이 개정되어 정신상의 장애로 항거불능인 상태에 있는 경우를 이용하는 것도 처벌하도록 규정하고 있다.

그 아동의 음행의 상대방이 되는 것까지를 포함하는 의미로 볼 것은 아니다(대판 2000. 4. 25, 2000도223).

⑧ 피고인 등이 **학교 졸업앨범** 등을 통하여 입수한 졸업생의 이름, 주소, 전화번호 등은 신용정보의 이용 및 보호에 관한 법률 제23조에서 그 제공 또는 사용시 개인의 서면 동의를 받도록 규정하고 있는 '개인신용정보'에 속하지 않는다(대판 2000. 7. 28, 99도6).

⑨ 구 도로교통법 제68조의2 제2항의 위임을 받은 구 도로교통법시행규칙 제26조의2는 연습운전면허를 받은 사람이 도로에서 주행연습을 하는 때에 지켜야 할 준수사항을 규정하면서 제1호에서 운전면허를 받은 날부터 2년이 경과한 사람과 함께 타서 그의 지도를 받아야 한다고 규정하고 있는바, **연습운전면허**를 받은 사람이 도로에서 주행연습을 함에 있어서 위와 같은 준수사항을 지키지 않았다고 하더라도 준수사항을 지키지 않은 데에 따른 제재를 가할 수 있음은 별론으로 하고 그 운전을 무면허운전이라고 할 수는 없나(대판 2001. 4. 10, 2000도5540).

⑩ 마사지업소에서 종업원이 대가를 받고 윤락행위를 위하여 성적 흥분을 일으키려는 목적으로 손님들의 몸을 손으로 문지르는 등의 행위는 의료법 제67조 소정의 '영리를 목적으로 한 안마행위'에 해당하지 않는다(대판 2001. 6. 1, 2001도1568).

⑪ …이 사건 **죽은 소쩍새**는 구 문화재보호법 제89조 제1항 제2호에서 규정하는 위반행위의 대상인 천연기념물에 해당한다고 볼 수 없고, 따라서 위 죽은 소쩍새를 박제하기 위한 단순한 교부행위를 위 법조 소정의 허가 없이 지정문화재의 현상을 변경하거나 기타 그 관리·보존에 영향을 미치는 행위에 해당하는 것으로 볼 수도 없다고 판단하여, 피고인들에 대하여 각 무죄를 선고한 조치는 정당하다(대판 2002. 2. 8, 2001도5410).

⑫ 형법 제 229조, 제228조 제1항의 규정과 형벌법규는 문언에 따라 엄격하게 해석하여야 하고 피고인에게 불리한 방향으로 지나치게 확장해석하거나 유추해석하여서는 아니되는 원칙에 비추어 볼 때, 위 각 조항에서 규정한 '공정증서원본'에는 공정증서의 정본이 포함된다고 볼 수 없으므로 불실의 사실이 기재된 공정증서의 정본을 그 정을 모르는 법원 직원에게 교부한 행위는 형법 제229조의 불실기재공정증서원본행사죄에 해당하지 아니한다(대판 2002. 3. 26, 2002도6503).

⑬ 죄형법정주의와 군통수권의 특수성에 비추어 볼 때 군형법 제47조 소정의 정당한 명령 또는 규칙이라 함은, 통수권을 담당하는 기관이, 입법기관인 국회가 군형법 제47조로 위임한 것으로 해석되는 군통수작용상 중요하고도 구체성 있는 특정의 사항에 관하여 발하는, 본질적으로는 입법사항인 형벌의 실질적 내용에 해당하는 사항에 관한 명령을 뜻하고, 군인의 일상행동의 준칙을 정하는 사항 등은 이에 해당하지 아니한다. … **휴전선**

20km 이내 부대에서 개인이동전화의 사용을 금지한 군사보안업무시행규칙에 위반하여 개인이동전화를 사용한 경우 군형법 제47조 소정의 명령위반죄에 해당하지 않는다(대판 2002. 6. 14, 2002도1282).

⑭ 형법은 재산범죄의 객체가 재물인지 재산상의 이익인지에 따라 이를 재물죄와 이득죄로 명시하여 규정하고 있는데, 형법 제347조가 일반 사기죄를 재물죄 겸 이득죄로 규정한 것과 달리 형법 제347조의2는 **컴퓨터등사용사기죄의 객체**를 재물이 아닌 재산상의 이익으로만 한정하여 규정하고 있으므로, 절취한 타인의 신용카드로 현금자동지급기에서 현금을 인출하는 행위가 재물에 관한 범죄임이 분명한 이상 이를 위 컴퓨터등사용사기죄로 처벌할 수는 없다고 할 것이고, 입법자의 의도가 이와 달리 이를 위 죄로 처벌하고자 하는 데 있었다거나 유사한 사례와 비교하여 처벌상의 불균형이 발생할 우려가 있다는 이유만으로 그와 달리 볼 수는 없다(대판 2003. 5. 13, 2003도1178).

⑮ **부정수표단속법**이 규정하는 **수표의 발행**이라 함은 수표용지에 수표의 기본요건을 작성하여 상대방에 교부하는 행위를 일컫는다 할 것이고, 이미 적법하게 발행된 백지수표의 금액이나 발행일을 기입 완성하는 행위는 보충권의 행사로서 이 보충행위를 가리켜 동법에서 규정하는 수표의 발행으로 볼 수 없다(대판 2004. 2. 13, 2002도4464).

⑯ 주민등록법 제21조 제2항 제3호는 같은 법 제7조 제4항의 규정에 의한 주민등록번호 부여 방법으로 허위의 주민등록번호를 생성하여 자기 또는 다른 사람의 재물이나 재산상의 이익을 위하여 이를 사용한 자를 처벌한다고 규정하고 있으므로, 피고인이 허위의 주민등록번호를 생성하여 사용한 것이 아니라 타인에 의하여 **이미 생성된 주민등록번호를 단순히 사용**한 것에 불과하다면, 피고인의 이러한 행위는 피고인에게 불리한 유추해석을 금지하는 법리에 비추어 위 법조 소정의 구성요건을 충족시켰다고 할 수 없다(대판 2004. 2. 27, 2003도6535).

⑰ 공직선거및선거부정방지법 제18조 제3항은 어디까지나 경합범의 처리에 관한 일반 규정인 형법 제38조에 대한 예외규정이므로 공직선거및선거부정방지법이 적용되지 않는 다른 선거범죄에 대하여도 형법 제38조의 적용을 배제하고 다른 죄의 경합범에 대하여 분리 심리하여 따로 선고하려면 위 공직선거및선거부정방지법 제18조 제3항처럼 예외를 인정한 명문의 규정이 있어야 할 것인바, 농업협동조합법 제173조도 "조합 또는 중앙회의 임원선거의 당선인이 당해 선거에 있어서 제172조에 규정된 죄를 범하여 징역형 또는 100만 원 이상의 벌금형의 선고를 받은 때에는 그 당선은 무효로 한다."라고 규정하고 있으므로, 농업협동소합 임원의 선거에 있어서도 선거범이 아닌 다른 죄가 선거범의 양형에 영향을 미치는 것을 최소화할 필요가 있다고 볼 수도 있겠으나, 이를 위하여 형법 제38조

의 규정과 달리 선거범이 아닌 다른 죄를 분리 심리하여 따로 선고하도록 할 것인지 여부는 입법자의 결단에 따른 입법으로 해결되어야 할 것이고, 그와 같은 입법의 조치도 없는 마당에 그 적용 범위를 대통령선거·국회의원선거·지방의회의원 및 지방자치단체의 장의 선거에 국한하고 있고 있는 **공직선거및선거부정방지법의 제18조 제3항을 농업협동조합 임원의 선거범 재판절차에 유추적용할 수는 없다**(대판 2004. 4. 9, 2003도606).

⑱ 독점규제 및 공정거래에 관한 법률 제71조 제1항은 "제66조 제1항 제9호 소정의 부당한 공동행위를 한 죄는 공정거래위원회의 고발이 있어야 공소를 제기할 수 있다."고 규정함으로써 그 소추조건을 명시하고 있다. 반면에 위 법은 공정거래위원회가 같은 법 위반행위자 중 일부에 대하여만 고발을 한 경우에 그 고발의 효력이 나머지 위반행위자에게도 미치는지 여부 즉, 고발의 주관적 불가분원칙의 적용 여부에 관하여는 명시적으로 규정하고 있지 아니하고, 형사소송법도 제233조에서 친고죄에 관한 고소의 주관적 불가분원칙을 규정하고 있을 뿐 고발에 대하여 그 주관적 불가분의 원칙에 관한 규정을 두고 있지 않고, 또한 형사소송법 제233조를 준용하고 있지도 아니하다. 이와 같이 명문의 근거 규정이 없을 뿐만 아니라 소추요건이라는 성질상의 공통점 외에 그 고소·고발의 주체와 제도적 취지 등이 상이함에도, 친고죄에 관한 고소의 주관적 불가분원칙을 규정하고 있는 **형사소송법 제233조가 공정거래위원회의 고발에도 유추적용된다고 해석**한다면 이는 공정거래위원회의 고발이 없는 행위자에 대해서까지 형사처벌의 범위를 확장하는 것으로서, 결국 피고인에게 불리하게 형벌법규의 문언을 유추해석한 경우에 해당하므로 죄형법정수의에 반하여 허용될 수 없다(대판 2010. 9. 30, 2008도4762).

⑲ 죄형법정주의는 국가형벌권의 자의적인 행사로부터 개인의 자유와 권리를 보호하기 위하여 죄와 형을 법률로 정할 것을 요구하고, 이로부터 파생된 유추해석금지의 원칙은 성문의 규정은 엄격히 해석되어야 한다는 전제 아래 피고인에게 불리하게 성문규정이 표현하는 본래의 의미와 다른 내용으로 유추해석함을 금지하고 있다. 그리고 국가보안법 제1조 제2항은 "이 법을 해석적용함에 있어서는 제1항의 목적달성을 위하여 필요한 최소한도에 그쳐야 하며, 이를 확대해석하거나 헌법상 보장된 국민의 기본적 인권을 부당하게 제한하는 일이 있어서는 아니된다."고 규정하고 있다. 한편 국가보안법 제7조 제1항은 "국가의 존립·안전이나 자유민주적 기본질서를 위태롭게 한다는 정을 알면서 반국가단체나 그 구성원 또는 그 지령을 받은 자의 활동을 찬양·고무·선전 또는 이에 동조하거나 국가변란을 선전·선동한 자는 7년 이하의 징역에 처한다."고 규정하고 있고, 같은 조 제5항은 "제1항·제3항 또는 제4항의 행위를 할 목적으로 문서·도화 기타의 표현물을 제작·수입·복사·소지·운반·반포·판매 또는 취득한 자는 그 각 항에 정한 형에 처한다."고 규정하고

있다. 이와 같은 법리와 규정에 비추어 볼 때, '블로그', '미니 홈페이지', '카페' 등의 이름으로 개설된 사적(사적) 인터넷 게시공간의 운영자가 그 **사적 인터넷 게시공간**에 게시된 타인의 글을 삭제할 권한이 있음에도 이를 **삭제하지 아니하고 그대로 두었다**고 하더라도, 그 사정만으로 사적 인터넷 게시공간의 운영자가 그 타인의 글을 **국가보안법 제7조 제5항**에서 규정하는 바와 같이 '**소지**'하였다고 볼 수는 없다고 할 것이다(대판 2012. 1. 27, 2010도8336).

⑳ 죄형법정주의의 원칙상 형벌법규는 문언에 따라 엄격하게 해석·적용하여야 하고 피고인에게 불리한 방향으로 지나치게 확장해석하거나 유추해석하여서는 안 되는 것이 원칙이고, 이는 특정 범죄자에 대한 위치추적 전자장치 부착명령의 요건의 해석에 있어서도 마찬가지이다. **특정 범죄자에 대한 위치추적 전자장치 부착 등에 관한 법률**(이하 '전자장치부착법'이라 한다) 제5조 제1항 제3호는 검사가 전자장치 부착명령을 법원에 청구할 수 있는 경우 중의 하나로 '성폭력범죄를 2회 이상 범하여(유죄의 확정판결을 받은 경우를 포함한다) 그 습벽이 인정된 때'라고 규정하고 있는바, 이 규정 전단은 그 문언상 '**유죄의 확정판결을 받은 전과사실을 포함하여 성폭력범죄를 2회 이상 범한 경우**'를 의미한다고 해석된다. 따라서 피부착명령청구자가 **소년법에 의한 보호처분**(이하 '소년보호처분'이라고 한다)을 받은 전력이 있다고 하더라도, 이는 유죄의 확정판결을 받은 경우에 해당하지 아니함이 명백하므로, 피부착명령청구자가 2회 이상 성폭력범죄를 범하였는지를 판단함에 있어 그 소년보호처분을 받은 전력을 고려할 것이 아니다(대판 2012. 3. 22, 2011도15057 전원합의체 판결 다수의견).[3]

㉑ 구 성폭력범죄의 처벌 등에 관한 특례법(2012. 12. 18. 법률 제11556호로 전부 개정되기 전의 것, 이하 '법'이라 한다) 제13조 제1항은 "카메라나 그 밖에 이와 유사한 기능을 갖춘 기계장치를 이용하여 성적 욕망 또는 수치심을 유발할 수 있는 다른 사람의 신체를 그 의사에 반하여 촬영"하는 행위를 처벌 대상으로 삼고 있는데, "촬영"의 사전적·통상적 의미는 "사람, 사물, 풍경 따위를 사진이나 영화로 찍음"이라고 할 것이고, 위 촬영의 대상은 "성적 욕망 또는 수치심을 유발할 수 있는 다른 사람의 신체"라고 보아야 함이 문언상 명백하므로 위 규정의 처벌 대상은 '다른 사람의 신체 그 자체'를 카메라 등 기계장치를 이용해서 '직접' 촬영하는 경우에 한정된다고 해석함이 타당하다고 전제한 다음, 이 사건의 경우 피해자는 스스로 자신의 신체 부위를 **화상카메라**에 비추었고 카메라 렌즈를 통과한 상

---

3 반면 반대의견은 전자장치부착법 제5조 제1항 제3호에서 정한 2회 이상의 성폭력범죄에 소년보호처분을 받은 성폭력범죄 행위가 포함될 수 있고, 다른 사정들과 함께 종합하여 성폭력범죄의 습벽이 인정되는 경우에는 위 규정에 해당된다고 해석하여야 하며, 이러한 해석이 위 규정의 문언 및 전자장치부착법의 목적과 위 규정의 취지에 비추어 타당하다고 판시하였다.

의 정보가 디지털화되어 피고인의 **컴퓨터에 전송**되었으며, 피고인은 수신된 정보가 영상으로 변환된 것을 **휴대전화 내장 카메라를 통해 동영상 파일로 저장**하였으므로 피고인이 촬영한 대상은 피해자의 신체 이미지가 담긴 영상일 뿐 피해자의 신체 그 자체는 아니라고 할 것이어서 법 제13조 제1항의 구성요건에 해당하지 않으며, 검사가 주장하는 형벌법규의 목적론적 해석도 해당 법률문언의 통상적인 의미 내에서만 가능한 것으로, 다른 사람의 신체 이미지가 담긴 영상도 위 규정의 "다른 사람의 신체"에 포함된다고 해석하는 것은 법률문언의 통상적인 의미를 벗어나는 것이므로 죄형법정주의 원칙상 허용될 수 없다(대판 2013. 6. 27, 2013도4279).

(2) 유추해석금지원칙에 위반되지 않는다고 본 경우

① 형법 제170조 제2항의 '자기의 소유에 속하는 제166조 또는 제167조에 기재한 물건'을 '**자기의 소유에 속하는 제166조에 기재한 물건 또는 자기의 소유에 속하든 타인의 소유에 속하든 불문하고 제167조에 기재한 물건**'으로 해석하여야 하며, … 이렇게 해석한다고 하더라도 그것이 법규정의 가능한 의미를 벗어나 법형성이나 법창조행위에 이른 것이라고는 할 수 없어 죄형법정주의의 원칙상 금지되는 유추해석이나 확장해석에 해당한다고 볼 수 없다(대판 1994. 12. 20, 94모32).

본 판례는 유추해석과 확장해석이 모두 금지되며 그 한계는 '법규정 또는 언어의 의미'에서 찾는데, 이는 유추해석은 금지되나 확장해석은 허용되며 그 기준은 '언어의 가능한 의미'를 들고 있는 통설과 대비된다. 또한 형법 제170조 제2항의 입법상 결함을 법관의 해석으로써 해결가능한가에 대해, 다수의견은 방화죄 관련조문의 전체적, 종합적 해석을 통해 형사처벌의 목적을 달성할 수 있다고 본 반면, 소수의견은 우리말의 통상의 어의 한계를 넘어서는 해석은 죄형법정주의의 정신을 훼손할 염려가 큰 것으로 처벌의 필요성은 법률개정에 의해 해결하여야 한다고 판시함으로써 대조적인 입장을 보이고 있다.

② 캐나다국적을 가진 한인이 캐나다에 거주하다가 일본과 중국을 경유하여 평양에 들어가 북한의 지령을 받고 국내에 잠입하여 활동하던 중 그 목적수행을 위하여 대한항공편으로 중국 북경으로 출국한 후 북경에서 평양에 들어간 경우 국가보안법상의 탈출에 해당하고, 또 이는 제5조, 제6조의 외국인의 국외범의 문제가 아니라 대한민국영역 내와 대한민국영역 외에 있는 대한민국의 항공기 내 및 제3국에 걸쳐서 이루어진 것으로 형법 제2조, 제4조에 의하여 대한민국의 형벌법규가 적용되어야 한다(대판 1997. 11. 20, 97도2021 전원합의체 다수의견).

이른바 '송○○ 교수 사건'인 2004도4899 전원합의체 판결에서 대한민국 국민이 아닌 사람이 외국에 거주하다가 그곳을 떠나 반국가단체의 지배하에 있는 지역으로 들어가는 행위는, "대한민국의 영역에 대한 통치권이 실지로 미치는 지역을 떠나는 행위 또는 대한민국의 국민에 대한 통치권으로부터 벗어나는 행위 어디에도 해당하지 않으므로, 이는 국가보안법 제6조 제1항, 제2항의 탈출 개념에 포함되지 않는 것"으로서, 대한민국 국민이 아닌 사람이 외국에 거주하다가 반국가단체의 지배하에 있는 지역으로 들어가는 행위 역시 국가보안법 제6조 제1항, 제2항에서 정한 탈출 개념에 포함된다는 취지로 판시한 본 판결이 변경되었다(대판 2008. 4. 17, 2004도4899 전원합의체 판결). 본 판결은 또한 송교수가 독일에서 거주하다가 대한민국 국적을 상실한 시기를 전후하여 북한을 방문한 범죄사실에 대해서, 대한민국 국적을 상실하기 전의 방문행위는 국가보안법 제6조 제2항의 탈출에 해당하지만 국적 상실 후의 방문행위는 이에 해당하지 않는다고 판시하였다.

③ 구 변호사법 제90조 제2호 후단에서 말하는 **'알선'**이라 함은 법률사건의 당사자와 그 사건에 관하여 대리 등의 법률사무를 취급하는 상대방 사이에서 양자간에 법률사건이나 법률사무에 관한 위임계약 등의 체결을 중개하거나 그 편의를 도모하는 행위를 말하므로, 현실적으로 위임계약 등이 성립하지 않아도 무방하며, 그 대가로서의 보수를 알선을 의뢰하는 자뿐만 아니라 그 상대방 또는 쌍방으로부터 지급받는 경우도 포함하고, 비변호사가 법률사건의 대리를 다른 비변호사에게 알선하는 경우는 물론, 변호사에게 알선하는 경우도 이에 해당하는바, 이러한 법리는 변호사에게 법률사건의 수임을 알선하고 그 대가로 금품을 받는 행위에 대하여 변호사법 제90조 제3호, 제27조 제1항에서 따로 처벌하고 있다고 하여 달리 볼 것도 아니다. 그러므로 **비변호사인 경찰관, 법원·검찰의 직원 등이 변호사인 피고인에게 소송사건의 대리를 알선하고 그 대가로 금품을 받은 행위**는 구 변호사법 제90조 제2호 후단 소정의 알선에 해당하고, 변호사인 피고인이 그러한 사정을 알면서 위와 같이 비변호사들로부터 법률사건의 수임을 알선받은 행위는 구 변호사법 제90조 제3호, 제27조 제2항, 제90조 제2호 위반죄를 구성한다(대판 2000. 6. 15, 98도3697 전원합의체 다수의견).

④ 노래방에서 고객들로 하여금 노래방 기기에 녹음 또는 녹화된 음악저작물을 이용하게 하는 것은 **저작권법 소정의 '공연'**의 개념 중 '일반 공중에게 공개하는 것'에 해당한다.

⑤ **후보자의 배우자와 선거사무원 사이의 현금 수수**는 후보자의 배우자가 특정의 선거인에게 전달하기 위하여 선거사무원에게 단순히 보관시키거나 돈 심부름을 시킨 것이 아니라 그로 하여금 불특정 다수의 선거인들을 매수하여 지지표를 확보하는 등의 부정한 선거운동에 사용하도록 제공한 것으로서 공직선거법 제112조 제1항 소정의 '기부행위'에 해당한다 할 것이고, 이를 들어 기부행위를 실행하기 위한 준비 내지 예비 행위에 불과하

다고 할 수는 없다(대판 2002. 2. 21, 2001도2819 다수의견).[4]

⑥ 농업협동조합은 조합원들이 자신들의 이익을 옹호하기 위하여 자주적으로 결성한 임의단체로서 그 내부 운영에 있어서 조합 정관 및 다수결에 의한 자치가 보장되므로, 조합정관의 규정에 따라 조합이 자체적으로 마련한 임원선거규약은 일종의 자치적 법규범으로서 농업협동조합법 및 조합 정관과 더불어 법적 효력을 가진다고 할 것이고, 따라서 위 법률에서 선거인의 정의에 관한 규정을 두고 있지 않더라도 임원선거규약에서 그에 대한 규정들을 두고 있는 경우 같은 법 제50조 제1항 제1호, 제172조 제1항을 해석함에 있어서는 임원선거규약의 내용도 기초로 삼아야 할 것이므로, 농업협동조합의 경우 같은 법 제50조 제1항 제1호의 '선거인'인지의 여부가 임원선거규약의 규정에 따라 선거일 공고일에 이르러 비로소 확정된다면 같은 법 제172조 제1항, 제50조 제1항 제1호 위반죄는 선거일 공고일 이후의 금품 제공 등의 경우에만 성립하고, 그 전의 행위는 유추해석을 금지하는 죄형법정주의의 원칙상 선거인에 대한 금품제공이라고 볼 수가 없어 위 죄가 성립될 수 없다(대판 2002. 11. 8, 2002도5060).

⑦ 이와 같은 규정에서 감청설비제외대상으로 하고 있는 것은 수신전용무선기기임을 전제로 하고 있음은 명백한데, 원심이 인정한 사실관계에 의하더라도 이 사건 무전기는 한국도로공사 상황실과 순찰차간에 순찰상황 보고 등의 통신목적으로 사용된 송수신이 가능한 무전기라는 것이어서 당초에 수신전용무선기기로 제작된 것이 아님을 알 수 있고, 비록 이 사건 무전기가 위 피고인 4 주식회사 (**렉카**)기사대기용 컨테이너박스 안에 설치될 당시 송신이 가능하지 않도록 마이크를 떼어버렸다고 하더라도 언제든지 다시 마이크를 부착하여 송신이 가능한 이상 달리 볼 것이 아니므로 이 사건 무전기는 수신전용무선기기가 아니라고 할 것이어서 구 통신비밀보호법시행령 제3조 제8호에 규정된 감청설비제외대상에 해당한다고 할 수 없다. … **통신비밀보호법**에서는 그 규율의 대상을 통신과 대화로 분류하고 그 중 통신을 다시 우편물과 전기통신으로 나눈 다음, 그 제2조 제3호로 "전기통신"이라 함은 유선·무선·광선 및 기타의 전자적 방식에 의하여 모든 종류의 음향·문언·부호 또는 영상을 송신하거나 수신하는 것을 말한다고 규정하고 있는바, 이 사건 무전기와 같은 무선전화기를 이용한 통화가 위 법에서 규정하고 있는 전기통신에 해당함은 전화통화의 성질 및 위 규정 내용에 비추어 명백하므로 이를 같은 법 제3조 제1항 소정의

---

4 반대견해는 공직선거법 제112조 제1항 제1호는 선거구민 등에 대하여 금전 등 물품을 제공하는 행위가 기부행위에 해당한다고 규정하고 있고, 여기에서 '제공'이라 함은 금전 등 물품을 상대방에게 귀속시키는 것을 뜻하므로, 금전 등 물품을 유권자에게 전달하라고 선거사무원에게 주는 교부행위는 물품의 제공행위가 아니고, 공직선거법 제112조 제1항 제1호의 기부행위를 실행하기 위한 공모자 사이의 준비행위에 불과하다고 한다.

'타인간의 대화'에 포함된다고 할 수 없는데, 이 사건의 경우 검사는 위 피고인들에 대한 이 부분 공소사실을 적시함에 있어 이 사건 무전기를 설치하여 한국도로공사 울산지사의 순찰차, 상황실 등간의 무선통화내역을 청취하여 타인간의 대화를 청취하였다라고 하고 있지만, 위 공소사실은 전체적으로 보아 이 사건 **무전기를 이용하여 한국도로공사 울산지사의 상황실과 순찰차간의 전기통신에 해당하는 무선전화통화를 감청**한 사실을 기소하고 있다고 보는 것이 타당하다고 할 것이다. … 이와 같이 이 사건 무전기를 위 피고인 4 주식회사 기사대기용 컨테이너박스 안에 설치함에 있어 한국도로공사 울산지사의 정당한 계통을 밟은 결재가 있었던 것이 아닌 이상 전기통신의 당사자인 한국도로공사 울산지사의 동의가 있었다고는 볼 수 없으므로 위 피고인들이 이 사건 무전기를 이용하여 한국도로공사 울산지사의 상황실과 순찰차 간의 무선전화통화를 청취한 것은 통신비밀보호법상의 감청에 해당한다고 할 것이다(대판 2003. 11. 13, 2001도6213).

⑧ 형사소송법상 소송능력이라 함은 소송당사자가 유효하게 소송행위를 할 수 있는 능력, 즉 피고인 또는 피의자가 자기의 소송상의 지위와 이해관계를 이해하고 이에 따라 방어행위를 할 수 있는 의사능력을 의미한다. **의사능력이 있으면 소송능력이 있다는 원칙**은 피해자 등 제3자가 소송행위를 하는 경우에도 마찬가지라고 보아야 한다. 따라서 반의사불벌죄에 있어서 피해자의 피고인 또는 피의자에 대한 처벌을 희망하지 않는다는 의사표시 또는 처벌을 희망하는 의사표시의 철회는, 위와 같은 형사소송절차에 있어서의 소송능력에 관한 일반원칙에 따라, 의사능력이 있는 피해자가 단독으로 이를 할 수 있고, 거기에 법정대리인의 동의가 있어야 한다거나 법정대리인에 의해 대리되어야만 한다고 볼 것은 아니다. 나아가 청소년 성보호에 관한 법률이 형사소송법과 다른 특별한 규정을 두고 있지 않는 한, 위와 같은 반의사불벌죄에 관한 해석론은 청소년 성보호에 관한 법률의 경우에도 그대로 적용되어야 한다. 그러므로 **청소년 성보호에 관한 법률 제16조에 규정된 반의사불벌죄라고 하더라도, 피해자인 청소년에게 의사능력이 있는 이상, 단독으로 피고인 또는 피의자의 처벌을 희망하지 않는다는 의사표시 또는 처벌희망 의사표시의 철회를 할 수 있고**, 거기에 법정대리인의 동의가 있어야 하는 것으로 볼 것은 아니다(대판 2009. 11. 19, 2009도6058 전원합의체 다수의견).[5]

---

5 반대견해는 형사소송법 등에서 친고죄와 달리 반의사불벌죄에 대하여는 법정대리인이 관여할 수 있는 규정을 명시적으로 두고 있지 않다는 이유만으로 일률적으로 피해 청소년이 그와 같이 중요한 의미를 갖는 소송행위를 단독으로 결정하도록 내버려두는 것은 헌법이 요구하는 국가의 책무인 청소년에 대한 보호를 방기하는 결과로 될 것이며, 피해 청소년의 그와 같은 소송행위에 대하여 법정대리인이 관여한다는 의미는 불완전한 피해 청소년의 소송능력을 완성할 수 있도록 한다는 것일 뿐, 법정대리인에게 피고인 또는 피의자에 대한 형사처벌 여부를 결정할 새로운 권한을 부여한다거나 소극적 소송조건의 요건을 강화함으로써 피고인 또는 피의자에 대한 가벌성의 범위를 넓히는 것도 아니므로, 이를 두고 죄형법정주

⑨ 이 사건 고시(청소년보호법 제8조에 의한 청소년보호위원회 고시)의 제정취지와 목적은 '폰팅, 전화방, 화상대화방 및 그와 동일시 할 수 있을 정도의 서비스 전화번호 광고' 혹은 '폰팅, 전화방, 화상대화방 및 그와 동일시 할 수 있을 정도의 서비스 이용을 안내하는 전화번호 광고'를 '**불건전 전화 서비스 등 전화번호 광고**'로 규제하려는 것임을 알 수 있는바, 피고인의 광고 내용인 화상채팅 서비스는 컴퓨터를 이용하여 상대방의 용모 등을 보면서 글자 또는 음성으로 상대방과 대화를 주고받을 수 있게 한다는 점에서 폰팅의 기능 및 그 이상의 기능을 함께 포함하는 한편, 화상대화방 서비스 제공자의 물적 시설 이용이라는 공간적 개념의 차이 외에는 화상대화방 서비스와도 별다른 차이가 없다고 보여진다. 따라서 **화상채팅 서비스**는 폰팅 및 화상대화방 서비스와 동일시 할 수 있을 정도의 것으로서 이 사건 고시의 '불건전 전화 서비스 등'에 포함된다고 보는 것이 상당하며, 이러한 해석이 형벌법규의 명확성의 원칙에 반하는 것이거나 죄형법정주의에 의하여 금지되는 확장해석이나 유추해석에 해당한다고 할 수도 없다(대판 2006. 5. 12, 2005도6525).

피고인이 화상채팅 서비스를 제공하려던 성인 인터넷 사이트의 존재 및 이를 안내하기 위한 전화번호를 전신주 등에 설치·부착하여, 청소년보호법을 위반한 혐의로 기소되었다. 청소년보호법 제8조 등에 의한 청소년보호위원회 고시는 청소년유해매체물의 한 종류로 '불건전 전화서비스 등 전화번호 광고'를 규정하고, 그 구체적 내용으로 '폰팅, 전화방, 화상대화방 등의 전화번호 광고와 이러한 서비스 이용을 안내하는 전화번호 광고'를 들고 있을 뿐, 이와 유사한 목적을 가진 인터넷 사이트 등을 알리는 전화번호 광고는 청소년유해매체물로 들고 있지 않았다. 대법원은 위 판결에서 형벌법규는 문언에 따라 엄격하게 해석 · 적용하여야 하고 피고인에게 불리한 방향으로 지나치게 확장해석하거나 유추해석하여서는 아니되지만, 형벌법규의 해석에서도 법률문언의 통상적인 의미를 벗어나지 않는 한 그 법률의 입법취지와 목적, 입법연혁 등을 고려한 목적론적 해석이 배제되는 것은 아니라고 할 것이라고 하여, 청소년보호법 위반을 인정하는 취지로 파기환송하였다.

⑩ **미성년자의제강간·강제추행죄**를 규정한 형법 제305조가 "13세 미만의 부녀를 간음하거나 13세 미만의 사람에게 추행을 한 자는 제297조, 제298조, 제301조 또는 제301조의2의 예에 의한다"로 되어 있어 강간죄와 강제추행죄의 미수범의 처벌에 관한 형법 제300조를 명시적으로 인용하고 있지 아니하나, 형법 제305조의 입법 취지는 성적으로 미성숙한 13세 미만의 미성년자를 특별히 보호하기 위한 것으로 보이는바 이러한 입법 취지에 비추어 보면 동조에서 규정한 형법 제297조와 제298조의 '**예에 의한다**'는 의미는 미성년자의제강간·강제추행죄의 처벌에 있어 그 법정형뿐만 아니라 미수범에 관하여도 강간죄와 강제추행죄의 예에 따른다는 취지로 해석되고, 이러한 해석이 형벌법규의 명확성의 원

의의 파생원칙인 유추해석금지의 원칙에 어긋나는 법률 해석이라 할 것은 아니라고 한다.

칙에 반하는 것이거나 죄형법정주의에 의하여 금지되는 확장해석이나 유추해석에 해당하는 것으로 볼 수 없다(대판 2007. 3. 15, 2006도9453).

⑪ 피고인은 속칭 PC방을 운영하는 피고인이 자신의 PC방 컴퓨터 바탕화면 중앙에 **음란한 영상을 전문적으로 제공하는 웹사이트로 연결되는 바로가기 아이콘**들을 집중적으로 설치하는 한편, 미리 위 웹사이트의 접속에 필요한 성인인증을 받아 두어 PC방 이용자가 위 아이콘을 클릭하기만 하면 별도의 성인인증절차 없이 위 웹사이트에 바로 들어가 그곳에 전시된 음란한 영상을 볼 수 있도록 하였다면, 그와 같이 바로가기 아이콘을 설치하는 등의 방법으로 위 웹사이트를 사실상 지배·이용한 셈이어서 이는 그 실질에 있어 위 웹사이트의 음란한 영상을 피고인이 직접 전시한 것과 다를 바 없고, 이에 따라 PC방을 이용하는 불특정·다수인이 이러한 바로가기 아이콘을 클릭함으로써 정보통신망을 통하여 아무런 제한 없이 위 웹사이트의 음란한 영상을 바로 접할 수 있는 상태가 실제 조성되었으므로, 피고인의 위와 같은 행위는 전체로 보아 음란한 영상을 **공연히 전시**한다는 이 사건 법률 규정의 구성요건을 충족한다고 봄이 상당하다. 그리고 이러한 해석은 앞서 본 이 사건 법률 규정(구 정보통신망이용촉진및정보보호등에관한법률)의 입법 취지에 부합하는 것으로서 죄형법정주의에 반하지 않는다(대판 2008. 2. 1, 2007도8286).

Ⅴ. 과잉금지의 원칙

1. 필요성의 원칙

간통죄를 처벌하는 형법규정은 선량한 성도덕과 일부일처주의의 혼인제도의 유지 및 가족생활의 보장을 위해서나 부부간의 성적 성실의무의 수호를 위하여, 그리고 간통으로 인하여 야기되는 사회적 해악의 사전예방을 위한 것이므로 헌법에 위배되지 않는다(헌재 1990. 9. 10, 89헌마82).

2. 비례성의 원칙

① 본 법률조항[6]에서 과실로 사람을 치상하게 한 자가 구호행위를 하지 아니하고 도

6 특정범죄가중처벌 등에 관한 법률 제5조의 3(도주차량운전자의 가중처벌) 제2항 제1호(차량운전자가 과실로 치사후 피해자를 사고장소로부터 옮겨 유기하고 도주한 경우나 치상후 피해자를 사고장소로부터 옮겨 유기하고 도주한 후에 피해자가 사망한 경우 가중처벌) 조항이다.

주하거나 고의로 유기함으로써 치사의 결과에 이르게 한 경우에 살인죄와 비교하여 그 법정형을 더 무겁게 한 것은 형벌체계상의 정당성과 균형을 상실한 것으로서 헌법 제10조의 인간(人間)으로서의 존엄과 가치를 보장한 국가의 의무와 헌법 제11조의 평등(平等)의 원칙(原則) 및 헌법 제37조 제2항의 과잉입법금지의 원칙에 반한다(헌재 1992. 4. 28, 90헌바24).

② 강도상해죄의 법정최저형이 살인죄의 그것보다 높으나 이는 살인죄에 있어서는 그 행위의 태양이나 동기가 극히 다양하므로 그 죄질 또는 비난가능성의 정도가 매우 가변적임에 비하여 강도상해죄의 경우 그 행위태양이나 동기가 비교적 단순하여 죄질과 정상의 폭이 넓지 않다 할 것이고 일반적으로 행위자의 비난가능성도 크다고 할 것이므로 준강도가 범한 강도상해죄의 법정형의 하한이 살인죄의 그것보다 높다고 하여 바로 과잉금지의 원칙을 위배하였다고 할 수 없다(헌재 1997. 8. 21, 96헌바9).

③ 형법은 사람의 생명을 박탈한 고의적인 살인범을 고실과 모살의 구분없이 사형, 무기 또는 5년 이상의 징역형으로 규정하여 구체적 사건을 재판하는 법관에게 범행의 정상과 범죄인의 죄질을 참작한 후 탄력적으로 형을 선택하여 선고하고 작량감경할 사유가 있는 경우에는 집행유예의 선고가 가능하도록 폭넓은 법정형을 정하고 있고, 존속살인의 경우에도 사형, 무기 또는 7년 이상의 징역형에 처하도록 하고 있으며, **군형법**상 초병살해의 경우에도 사형 또는 무기징역에 처하도록 하고 있는 점을 비교 교량해 보면 평시에 일어난 군대 내 **상관살해를 그 동기와 행위태양을 묻지 아니하고 무조건 사형**으로 다스리는 것은 형벌체계상의 정당성을 잃은 것으로서 범죄의 중대성 정도에 비하여 심각하게 불균형적인 과중한 형벌[7]이고, 형사정책적인 관점에서 보거나 작금의 세계적인 입법추세에 비추어 보더라도 적정한 형벌의 제정이라고 보기 어렵다(헌재 2007. 11. 29, 2006헌가13).

④ (특정 성폭력범죄자에 대한 위치추적 전자장치 부착에 관한 법률의) **전자감시제도**의 목적과 성격, 그 운영에 관한 이 사건 법률의 규정 내용 및 취지 등을 종합해 보면, 보안처분의 일종인 전자감시제도는 범죄행위를 한 자에 대한 응보를 주된 목적으로 그 책임을 추궁하는 사후적 처분인 형벌과 구별되어 그 본질을 달리하는 것으로서 형벌에 관한 일사

7 이 판결에서도 법정형의 종류와 범위를 정할 때, 실질적 법치국가원리를 구현하고 형벌이 죄질과 책임에 상응하게 비례성의 원칙을 준수하여야 하며, 이는 형벌을 가중하는 경우에도 입법취지에서 보아 중벌(重罰)주의로 대처할 필요성이 인정되는 경우라 하더라도 그 가중의 정도가 통상의 형벌과 비교하여 현저히 형벌체계상의 정당성과 균형성을 잃은 것이 명백하다면, 그러한 입법의 정당성은 부인되고, 인간의 존엄성과 가치를 보장하는 헌법의 기본원리에 반하여 위헌적인 법률이라는 논거가 제시되었다. 이러한 논거를 바탕으로 '특정범죄 가중처벌 등에 관한 법률' 제5조의3 제2항 제1호에 대한 헌법소원사건(헌재 1992. 4. 28, 90헌바24), '특정범죄 가중처벌 등에 관한 법률' 제11조 제1항 위헌소원사건(헌재 2003. 11. 27, 2002헌바24), '폭력행위 등 처벌에 관한 법률' 제3조 제2항 중 협박죄 부분에 대한 위헌제청사건(헌재 2004. 12. 16, 2003헌가12), '특정경제범죄 가중처벌 등에 관한 법률' 제5조 제4항 제1호 등 위헌제청사건(헌재 2006. 4. 27, 2006헌가5) 등에서 해당 법률조항에 대한 위헌이 선언된 바 있다.

부재리의 원칙이 그대로 적용되지 않으므로 이 사건 법률이 형 집행의 종료 이후에 부착명령을 집행하도록 규정하고 있다 하더라도 그것이 일사부재리의 원칙에 반한다고 볼 수 없다. 또 이 사건 법률이 그 목적 달성을 위한 합리적 범위 내에서 전자감시제도를 탄력적으로 운영하도록 하면서 그에 따른 피부착자의 기본권 침해를 최소화하기 위한 방안을 마련하고 있는 이상 상고이유의 주장과 같이 이 사건 법률이 전자감시제도를 오로지 형기를 마친 성폭력범죄자의 감시를 위한 방편으로만 이용함으로써 피부착자의 기본권을 과도하게 제한하는 과잉입법에 해당한다고 볼 수도 없다. 그리고 이 사건 법률은 피부착자의 전자장치로부터 발신되는 전자파의 수신자료에 대한 사용을 피부착자의 재범방지와 성행교정 등을 위하여 필요한 경우로 엄격히 제한하고 있을 뿐 아니라 부착명령의 선고와 함께 '야간 등 특정 시간대의 외출제한'을 준수사항으로 부과할 수 있도록 한 것도 범죄에 취약한 시간대의 외출을 제한함으로써 가능한 한 재범의 발생을 방지하려는 데 있으므로, 헌법이 보장한 거주이전의 자유를 본질적으로 침해하는 측면도 없다(대판 2009. 9. 10, 2009도6061).

제 2 장 刑法의 適用範圍

제 1 절 장소적 적용범위

Ⅰ. 속지주의(영토주의)

① 형법 제2조를 적용함에 있어 공모공동정범의 경우는 공모지도 범죄지로 보아야 한다(대판 1998. 11. 27, 98도2734).

한국인 甲 등과 미국인 乙이 공모하여 홍콩에서 히로뽕을 구입하여 괌에서 팔기로 하고, 신혼부부로 가장한 甲 등이 홍콩에서 괌으로 히로뽕을 운반하려 하였다. 그러나 중간경유지인 김포 공항에서 환적을 위하여 항공사측에 의해 이 히로뽕이 일시적으로 지상반출되어 공항마약수사관들에 의해 발각된 사안으로, 대법원은 히로뽕의 오·남용으로 인한 위험성이 이미 발생하였으므로 향정신성의약품의 수입에 해당한다고 보아 국내법인 향정신성의약품관리법(現 마약류등관리에관한법률)이 적용되며, 외국인인 乙의 경우 한국인과 한국 내에서 공모만 한 경우에도 속지주의가 적용된다고 하였다.

② **외국인이 대한민국 공무원에게 알선한다는 명목으로 금품을 수수하는 행위**가 대한민국 영역 내에서 이루어진 이상, 비록 금품수수의 명목이 된 알선행위를 하는 장소가 대한민국 영역 외라 하더라도 대한민국 영역 내에서 죄를 범한 것이라고 하여야 할 것이

므로, 형법 제2조에 의하여 대한민국의 형벌법규인 구 변호사법(2000. 1. 28. 법률 제6207호로 전문 개정되기 전의 것) 제90조 제1호가 적용되어야 한다(대판 2000. 4. 21, 99도3403).

Ⅱ. 속인주의

① 국제협정이나 관행에 의하여 대한민국 내에 있는 **미국문화원**이 치외법권지역이고 그 곳을 미국영토의 연장으로 본다 하더라도 그 곳에서 죄를 범한 대한민국국민에 대하여 우리 법원에 먼저 공소가 제기되고 미국이 자국의 재판권을 주장하지 않고 있는 이상 속인주의를 함께 채택하고 있는 우리나라의 재판권은 동인들에게도 당연히 미친다 할 것이며 미문화원측이 동인들에 대한 처벌을 바라지 않았다고 하여 그 재판권이 배제되는 것도 아니다(대판 1986. 6. 24, 86도403).[1]

② **형법 제7조**의 취지는 **외국에서 형의 전부 또는 일부의 집행을 받은 자**에 대해 법원의 재량으로 형을 감경 또는 면제할 수 있다는 것을 의미하므로, 외국에서 형의 집행을 받은 자에게 형을 선고하더라도 위법은 아니다(대판 1988. 1. 19, 87도2287).

③ 형법 제3조는 '본법은 대한민국 영역 외에서 죄를 범한 내국인에게 적용한다.'고 하여 형법의 적용 범위에 관한 속인주의를 규정하고 있는바, 필리핀국에서 카지노의 외국인 출입이 허용되어 있다 하여도, 형법 제3조에 따라, **필리핀국에서 도박을 한 피고인**에게 우리나라 형법이 당연히 적용된다(대판 2001. 9. 25, 99도3337).

④ 형법 제3조는 "본법은 대한민국 영역 외에서 죄를 범한 내국인에게 적용한다."고 하여 형법의 적용 범위에 관한 속인주의를 규정하고 있고, 또한 국가 정책적 견지에서 도박죄의 보호법익보다 좀더 높은 국가이익을 위하여 예외적으로 내국인의 출입을 허용하는 폐광지역개발지원에관한특별법 등에 따라 카지노에 출입하는 것은 법령에 의한 행위로 위법성이 조각된다고 할 것이나, 도박죄를 처벌하지 않는 외국 카지노에서의 도박이라는 사정만으로 그 위법성이 조각된다고 할 수 없다(대판 2004. 4. 23, 2002도2518).

---

1 이 판결에 대해서 형법 제3조의 속인주의가 아닌 제2조의 속지주의로 해결하는 것이 타당하다는 견해도 있다[신농운, 판례백선 형법총론(제2판), 경세원, 2011, 122면]. 외교사절의 집무장소가 아닌 단순한 미국문화원은 국제법상 특별보호의 대상이 되지 않으며, 제국주의 각축시대에 사용되던 치외법권이라는 용어를 법리적으로 배척하지 못한 대법원의 태도는 적절하지 못하다는 것이다.

Ⅲ. 보호주의

① 중국국적의 조선족선원 7인이 사실상 한국회사의 소유이지만 형식상 니카라과 선적인 **원양어선 페스카마호** 내에서 선박을 강취하기 위하여 선장 등을 살해한 경우, 우리 형법이 적용되는 것은 보호주의의 결과이다(대판 1997. 7. 25, 97도1142).

② 형법 제239조 제1항의 사인위조죄는 형법 제6조의 대한민국 또는 대한민국국민에 대하여 범한 죄에 해당하지 아니하므로 **중국 국적자가 중국에서 대한민국 국적 주식회사의 인장을 위조**한 경우에는 외국인의 국외범으로서 그에 대하여 재판권이 없다(대판 2002. 11. 26, 2002도4929).

Ⅳ. 세계주의

국제조약('항공기내에서 범한 범죄 및 기타 행위에 관한 협약' 및 '항공기의 불법납치억제를 위한 협약'은 항공기등록지국은 물론 항공기착륙지국에도 재판관할권을 인정함)에 의해서 **항공기 납치사건**(중국인이 중국에서 중국민항기를 납치하여 대만으로 가다 우리나라에 불시착한 사건)에 대해 우리법(항공기운항안전법)을 적용할 수 있다(대판 1984. 5. 22, 84도39).[2]

제 2 절 시간적 적용범위

Ⅰ. 행위시법주의

1. 원 칙

① '범죄의 성립과 처벌은 행위시의 법률에 의한다'고 할 때의 '행위시'란 범죄행위의 종료시를 말한다(대판 1994. 5. 10, 94도563).

② "1개의 죄가 본법 시행 전후에 걸쳐서 행하여진 때에는 본법 시행 전에 범한 것으

2 형법 제296조의2에서 약취, 유인 및 인신매매의 죄에 대하여 '대한민국 영역 밖에서 죄를 범한 외국인에게도 적용한다'고 규정하여, 2013년 형법 개정에서 세계주의를 도입하였다.

로 간주한다"고 규정하고 있는 **형법 부칙** 제4조 제1항은 형법을 시행함에 즈음하여 구형법과의 관계에서 그 적용범위를 정한 경과규정으로서, **형법 제8조**가 타법령에 정한 죄에도 적용하도록 규정한 "본법 총칙"에 해당되지 않을 뿐만 아니라, 범죄의 성립과 처벌은 행위시의 법률에 의한다고 규정한 형법 제1조 제1항의 해석으로서도 행위가 종료된 때 시행되는 법률의 적용을 배제한점에서 타당한 것이 아니므로, 신·구형법 사이의 관계가 아닌 다른 법률 사이의 관계에서는 형법 부칙 제4조 제1항을 그대로 적용하거나 유추적용할 것이 아니다. 또 **수질환경보전법**이 시행된 1991. 2. 1. 이후에도 계속되어 온 이 사건 범행을 같은 법 부칙 제15조가 규정하고 있는 "이 법 시행 전에 행한 종전의 환경보전법의 위반행위"라고 볼 수는 없으므로, 같은 법 부칙 제15조에 따라 이 사건 범행에 대한 벌칙의 적용을 종전의 규정인 환경보전법에 의할 것도 아니다. 이와 취지를 같이하여 피고인들의 이 사건 범행을 계속범으로 보고 그 행위가 종료된 때인 1991. 3. 20.에 시행되고 있는 수질환경보전법의 관계규정을 적용한 원심판결에 행위시법주의와 법률불소급의 원칙에 관한 법리를 오해한 위법이 있다고 비난하는 논지도 받아들일 수 없다(대판 1992. 12. 8, 92도407).

대상판결의 사실관계는 피고인 회사의 구미공장에서 폐수소각로가 고장나면서 환경오염물질인 페놀이 배출허용기준을 초과하여 방류되었으며, 방류기간 동안 단속법규인 환경보전법이 수질환경보전법으로 변경되면서 더욱 중형이 규정되었다. 이러한 사실관계에 대해 대법원은 회사의 페놀방류행위를 계속범으로 파악하고 수질환경보전법 시행이후에도 방류행위가 존재하였으므로 행위시법, 재판시법의 문제가 아니라, 바로 수질환경보전법의 적용대상 행위라고 판단하였다.

③ 골재채취법 시행 이후 피고인들이 허가 없이 골재를 채취하였다면 비록 **행위 당시 시행령이 제정되지 아니하였다고 하더라도 골재채취법이 행위시에 유효**한 법이므로 골재채취법위반죄에 해당한다고 아니할 수 없다(대판 1993. 10. 26, 94도2340).

④ 1999. 2. 8. 법률 제5895호로 개정된 건축법의 시행 전후에 걸쳐 판매시설로 사용승인을 얻은 바닥면적 179.58㎡의 건축물을 유흥주점용도로 계속하여 사용한 경우, 1999. 2. 8. 법률 제5895호로 개정되기 전의 건축법 제14조 제1항 제3호, 제3항, 같은법시행령(1999. 4. 30, 대통령령 제16284호로 개정되기 전의 것) 제14조 제4항 [별표 16] 제3호 (라)목, 제2항의 각 규정에 의하면, 판매시설로 사용승인을 받은 건축물의 용도를 유흥주점 용도로 변경하고자 하는 경우, 당해 용도에 쓰이는 바닥면적의 합계가 200㎡이상인 경우에 한하여 구청장 등의 허가를 필요로 하는 것이고, 바닥면적의 합계가 179.58㎡인 경우에는 허가는

물론 신고 없이도 자유로이 용도를 변경할 수 있었고, 1999. 2. 8. 법률 제5895호로 개정된 건축법 제14조 제2항, 제3항 제1호, 같은법시행령(1999. 4. 30, 대통령령 제16284호로 개정된 것) 제14조 제4항 제1호, 제3조의4 [별표 1] 및 부칙 제3항의 규정에 의하더라도, 유흥주점과 판매시설은 구청장 등에게 신고할 필요 없이 그 사이의 용도를 변경하여 사용할 수 있으므로, 판매시설로 사용승인을 얻은 바닥면적 179.58㎡의 건축물을 위 **개정된 건축법 시행 전후에 걸쳐** 유흥주점용도로 계속하여 사용한 행위는 위 개정 전 건축법은 물론 개정된 건축법에 의하더라도 범죄를 구성하지 않는다(대판 2001. 6. 29, 2000도2530).

⑤ 일반적으로 **계속범**의 경우 실행행위가 종료되는 시점에서의 법률이 적용되어야 할 것이나, **법률이 개정되면서 그 부칙에서** '개정된 법 시행 전의 행위에 대한 벌칙의 적용에 있어서는 종전의 규정에 의한다'는 **경과규정**을 두고 있는 경우 개정된 법이 시행되기 전의 행위에 대해서는 개정 전의 법을, 그 이후의 행위에 대해서는 개정된 법을 각각 적용하여야 한다고 한다(대판 2001. 9. 25, 2001도3990).

2. 법률의 변경이 있는 경우

① 피고인의 이 사건 관세포탈미수의 점에 관하여 제1심재판 당시의 구 특정범죄가중처벌등에관한법률 제6조 제6항은 이를 적용할 수 없었다 할 것이며 그 후 원심판결 이전에 위 법률은 법률 제2032호로 개정되었으므로 이 사건 범행 후 원심재판시까지는 2회의 법률변경이 있었고 그중 제1심재판당시의 관세법 제182조 2항 제180조 1항 소정의 **형이 가장 가벼움**이 본조 제1항 본법 제50조에 의하여 분명하다(대판 1968. 9. 17, 68도914).

② 형의 경중의 비교는 원칙적으로 법정형을 표준으로 할 것이고 처단형이나 선고형에 의할 것이 아니며, 법정형의 경중을 비교함에 있어서 법정형 중 병과형 또는 선택형이 있을 때에는 이 중 가장 중한 형을 기준으로 하여 다른 형과 경중을 정하는 것이 원칙이다(대판 1992. 11. 13, 92도2194).

③ 2004. 1. 20. 법률 제7077호로 공포, 시행된 형법 중 개정법률에 의해 **형법 제37조 후단의 "판결이 확정된 죄"가 "금고 이상의 형에 처한 판결이 확정된 죄"로 개정**되었는바, 위 개정법률은 특별한 경과규정을 두고 있지 않으나, 형법 제37조는 경합범의 처벌에 관하여 형을 가중하는 규정으로서 일반적으로 두 개의 형을 선고하는 것보다는 하나의 형을 선고하는 것이 피고인에게 유리하므로 위 개정법률을 적용하는 것이 오히려 피고인에게 불리하게 되는 등의 특별한 사정이 없는 한 형법 제1조 제2항을 유추적용하여 위 개정법률 시행 당시 법원에 계속중인 사건 중 위 개정법률 전에 벌금형에 처한 판결이 확정된

경우에도 적용되는 것으로 보아야 할 것이다(대판 2004. 1. 27, 2001도3178).

④ 2010. 3. 31. 법률 제10209호로 개정된 특정강력범죄의 처벌에 관한 특례법(이하 '법률 제10209호 특강법'이라고 한다) 제2조 제1항 제3호는 개정 전과 달리 형법 제301조에 관해서도 '흉기나 그 밖의 위험한 물건을 휴대하거나 2인 이상이 합동하여 범한'이라는 요건을 갖추어야 '특정강력범죄'에 해당하는 것으로 규정하였고, 이는 개정된 조항의 의미와 취지 등에 비추어 피고인에게 유리하게 법률 개정이 이루어진 것으로서 형법 제1조 제2항에 규정된 '범죄 후 법률의 변경에 의하여 형이 구법보다 경한 때'에 해당한다고 보는 것이 타당하다. 따라서 법률 제10209호 특강법 개정 전에 이루어진 강간 등 상해·치상의 행위가 흉기나 그 밖의 위험한 물건을 휴대하거나 2인 이상이 합동하여 저질러진 경우가 아니라 단순 강간행위에 의하여 저질러진 경우에는 그 범죄행위에 의하여 상해라는 중한 결과가 발생하였더라도 그 강간 등 상해·치상의 죄(형법 제301조의 죄)는 법률 제10209호 특강법 제2조 제1항 제3호에 규정된 '**특정강력범죄**'에 해당하지 않는다. 한편 법률 제10209호 특강법 제2조 제1항 제3호는 2011. 3. 7. 법률 제10431호로 개정됨으로써 2010. 3. 31. 개정되기 전과 같이 단순 강간행위에 의한 상해·치상죄도 '특정강력범죄'의 범위에 포함시켰으나, 범죄행위 시와 재판 시 사이에 여러 차례 법령이 개정되어 형의 변경이 있는 경우에는 이 점에 관한 당사자의 주장이 없더라도 형법 제1조 제2항에 의하여 직권으로 그 전부의 법령을 비교하여 그 중 가장 형이 가벼운 법령을 적용하여야 하므로, 법률 제10209호 특강법 개정 전에 이루어진 단순 강간행위에 의한 상해·치상의 죄는 2011. 3. 7.의 개정에도 불구하고 여전히 '특정강력범죄'에 해당하지 않는다(대판 2012. 9. 13, 2012도7760).

대상판결의 피고인은 2001년 단순강제추행치상죄, 2002년 단순강간치상죄를 범하여 5년 6개월을 복역하고 2007년 출소하였는데, 3년의 누범 기간 중 2009년 5월 또다시 단순강간상해죄를 범하여 장·단기 모두 2배까지 가중하여 처단형이 결정될 상황에 놓였다. 쟁점이 된 특정강력범죄의 처벌에 관한 특례법은 일정 성범죄를 가중처벌되는 특정강력범죄의 하나로 규정하고 있는데, 그 중 강간상해·치상죄에 대해 수차례 개정이 진행되었다. 1991년 제정 당시 특강법[3]에는 단순강간치사상죄가 특정강력범죄에 포함되었다. 그리고 이런 규정 형식은 2010년 3월 개정 이전까지 지속되어 유지되었다.[4] 그러나 1995년 강간상해와 강간살인 행위에 대한 형법의 흠결을 보완하기 위한 형법 일부 개정이 있었으며, 2010년 3월 특강법 개정에도 이 점이 반영되어 조문이 변경되었다.[5] 여기에서 조문 상 '및'의 위치가 변경되고, 강간상해가 포함됨으로써 '흉기 그 밖의 위험한 물건의 휴대 또는 2인 이상의 합동'이라는 제한 요건이 단순강간상해·치상에도 적용되는 것처럼 해석이 변동될 가능성이 발생하였다. 이에 대해 대법원도 2010. 10. 28. 선고 2010도7997 판결에서 엄격해석을 통해 단순강간상해·치상죄는 특정강력범죄에 포함되지 않는다고 판시하였다. 국회는 이런 대법원의 입장에 반대하여 2011년 3월 특강법 일부개정을 통해 "형법 제2편제32장 강간과 추행의 죄 중 제301조(강간등 상해·치상), 세301조의2(강간등 살인·치사)의 죄 및 흉기나 그 밖의 위험한 물건을 휴대하거나 2명 이상이 합동하여 범한 제297조(강간), 제298조(강제추행), 제

299조(준강간·준강제추행), 제300조(미수범) 및 제305조(미성년자에 대한 간음, 추행)의 죄"로 개정하여 단순강간상해·치상도 특정강력범죄에 포함되는 것으로 확실히 하였다.
결국 단순강간치상죄가 특정강력범죄에 해당되었다가, 제외되고, 다시 해당되는 것으로 변경되고, 단순강간상해죄의 경우 견해 대립(부진정결과적 가중범으로 포함시키는 견해, 상해죄와 강간치상죄의 상상적 경합으로 제외된다는 견해)이 되다가, 제외되는 것으로 되었다가, 다시 해당되는 것으로 변경된 것이다. 대법원은 사안에서 죄형법정주의 원칙에 충실하여 행위시와 재판시 사이에 여러 차례 법령이 개정되어 형이 변경된 경우, 당사자의 주장이 없더라도 형법 제1조 제2항에 의하여 직권으로 그 전부의 법령을 비교하여 그 중 가장 형이 가벼운 법령을 적용하여 2010년 3월 특강법 개정 전에 이루어진 단순강간상해·치상죄는 2011년 3월 개정에도 특정강력범죄에 해당하지 않는다고 판단하고, 누범가중 규정을 적용하여 그 처단형을 정한 원심판결을 파기하였다.

Ⅱ. 재판시법주의

① 상고심 계속 중 법률개정으로 형이 가볍게 변경된 경우에는 상고심은 직권으로 원 판결을 파기하여야 한다(대판 1981. 4. 14, 80도3089).

② 형법 제1조 제2항이나 형사소송법 제326조 제4호의 규정은 형벌법령제정의 이유가 된 법률이념의 변경에 따라 종래의 처벌 자체가 부당하였다거나 또는 과형이 과중하였다는 반성적 고려에서 법령을 개폐하였을 경우에 적용된다고 해석하여야 할 것이고 법률이념의 변경에 의한 것이 아닌 다른 사정의 변천에 따라 그때그때의 특수한 필요에 대처하기 위하여 법령을 개폐한 것에 불과한 경우에 있어서는 구법 당시에 범해진 위반행위에 대한 가벌성을 소멸시키거나 축소시킬 아무런 이유가 없으므로 후일 그 법령이 개폐되었다 하더라도 행위 당시의 형벌법령에 비추어 그 위반행위를 처벌하여야 할 것이다(대판 1987. 3. 10, 86도42).

3 "형법 제32장의 정조에 관한 죄 중 흉기 기타 위험한 물건을 휴대하거나 2인 이상이 합동하여 범한 제297조(강간), 제298조(강제추행), 제299조(준강간·준강제추행), 제300조(미수범), 제305조(미성년자에 대한 간음·추행)의 죄 및 제301조(강간등에 의한 치사상)의 죄"

4 "형법 제32장의 강간과 추행의 죄 중 흉기 기타 위험한 물건을 휴대하거나 2인 이상이 합동하여 범한 제297조(강간), 제298조(강제추행), 제299조(준강간·준강제추행), 제300조(미수범), 제305조(미성년자에 대한 간음·추행)의 죄 및 제301조(강간등에 의한 치사상)의 죄"

5 "형법 제2편 제32장 강간과 추행의 죄 중 흉기나 그 밖의 위험한 물건을 휴대하거나 2명 이상이 합동하여 범한 제297조(강간), 제298조(강제추행), 제299조(준강간·준강제추행), 제300조(미수범), 제305조(미성년자에 대한 간음, 추행), 제301조(강간등 상해·치상) 및 제301조의2(강간등 살인·치사)의 죄"

Ⅲ. 한시법과 추급효[6]

1. 사실관계의 변경으로 본 경우

① **공산품품질관리법 제6조 제1항**에 의한 공업진흥청의 품질검사 지정상품에 관한 고시의 변경은 법률이념의 변천으로 종래의 규정에 따른 처벌 자체가 부당하다는 고려에서 비롯되기보다는 공산품의 품질향상에 따른 정책의 변경 등 특수한 필요에 대처하기 위한 것이므로, 그 고시의 변경으로 그 이전에 범한 위반행위의 가벌성이 소멸되는 것은 아니다(대판 1989. 4. 25, 88도1993).

대상판결의 피고인은 공산품품질관리법상의 규정에 의해 품질검사대상품목으로 지정 고시되어있던 밀링머신을 품질검사를 받지 않고 제조하여 공산품품질관리법위반죄로 기소되었는데, 항소심 판결 전에 밀링머신이 공업진흥청 고시에 의해 검사대상품목에서 제외되어 피고인이 유죄판결에 불복 상고하였다. 이에 대해 대법원은 동기설에 입각하여 고시의 변경이 법률이념의 변경에 의한 것이 아니므로 면소판결을 할 필요가 없다고 판단하였다. 대상판결은 벌칙조항은 공산품품질관리법 제22조의 구성요건이 제6조 제1항에 의해 충족되는데, 이 조항은 다시 품질검사지정상품을 공업진흥청장의 고시로 정하도록 하여, 백지형법과 고시의 변경이 형법 제1조 제2항의 법률의 변경에 해당되는가의 문제를 내포하고 있다. 이에 대해서는 고시도 보충규범으로서 넓은 의미의 법률의 변경에 해당하여 면소판결을 하여야 한다는 견해, 고시 자체는 '법률'이 아니므로 형법 제1조 제2항이 적용되지 않는다는 견해, 법률이 변경된 동기에 따라 구분하여 보자는 견해로 나누어지고 있다.

② 한국전기통신공사법을 폐지하고, 공기업의경영구조개선및민영화에관한법률에서 **한국전기통신공사**를 더 이상 정부투자기관관리기본법상의 '정부투자기관'으로 보지 아니하도록 정한 것이, 피고인들의 뇌물수수 행위에 대하여 형의 폐지·변경이 있었던 것이라고 볼 수 없다(대판 1997. 12. 9, 97도2682).

③ … 이러한 법령의 개정은 법률이념의 변천으로 종래의 규정에 따른 처벌 자체가 부당하다는 반성적 고려에서 비롯된 것이라기보다는 사회상황의 변화에 따른 일반음식점의 영업시간제한 필요성의 감소와 그 위반행위의 단속과정에 있어서 발생하는 부작용을 줄이기 위한 특수한 정책적인 필요 등에 대처하기 위하여 취하여진 조치에 불과한 것이므로,

6 대법원은 법률의 변경이 단순한 사실(정책)의 변경에 불과한 경우에는 행위의 가벌성에 변화가 없어 한시법의 추급효를 인정할 수 있지만, 법률변경이 법적 견해의 변경으로 반성적 고려에서 기인한 것이라면 행위의 가벌성이 없어져 한시법의 추급효를 인정할 수 없다는 動機說을 취하고 있다. 추급효를 부정하는 통설적 견해와 달리 이러한 동기설의 가장 큰 문제점은 어떠한 사안이 사실관계의 변경에 불과한 것인지, 법률이념의 변경까지 인정되는 것인지 그 한계가 명확하지 않아 법적 안정성을 해할 우려가 있다는 점이다.

위와 같이 일반음식점의 영업시간제한 규정이 폐지되었다고 하더라도 그 이전에 범하여진 피고인의 **영업시간제한 위반행위**에 대한 가벌성이 소멸되는 것은 아니다(대판 1999. 10. 12, 99도3870).

④ **도로교통법상의 지정차로 제도**가 한때 **폐지**된 일이 있었으나 그 폐지는 법률이념의 변천으로 종래의 규정에 따른 처벌 자체가 부당하다는 반성적 고려에서 비롯된 것이라기 보다는 당시의 특수한 필요에 대처하기 위한 정책적 조치에 따른 것이라고 판단되므로 그 제도 폐지 전에 이미 범하여진 위반행위에 대한 가벌성은 소멸되지 않는 것이다(대판 1999. 11. 12, 99도3567).

⑤ 누설한 **군사기밀사항이 누설행위 이후 평문으로 저하되었거나 군사기밀이 해제**되었다고 하더라도 이를 법률의 변경으로 볼 수 없으므로 재판시 법적용 여부가 문제될 여지는 없다(대판 2000. 1. 28, 99도4022).

⑥ 구 부동산중개업법(1999. 3. 31. 법률 제5957호로 개정되기 전의 것) 제6조 제2항, 같은 법시행령(1999. 6. 30, 대통령령 제16462호로 개정되기 전의 것) 제8조 제1항에 의하여 부동산중개업자가 둘 수 있는 **중개보조원의 인원수가 제한**되어 있었다가 위의 개정된 법령에 의하여 위의 각 규정들이 삭제됨으로써 부동산중개업자가 인원수의 제한 없이 중개보조원을 고용할 수 있게 되었으나, 이러한 법령의 개정은 법률이념의 변천으로 종래의 규정에 따른 처벌 자체가 부당하다는 반성적 고려에서 비롯된 것이라기보다는 사회·경제상황의 변화에 따라 부동산중개업자의 중개보조원 고용인원수를 제한할 필요성이 감소됨으로써 취하여진 정책적인 조치에 불과한 것이라고 판단되고 위의 개정된 법률에서 그 법 시행 전의 범죄에 대한 벌칙 적용의 경과규정을 두지 않았다 하여 달리 볼 것은 아니므로, 중개보조원 고용인원수제한 규정이 폐지되었다고 하더라도 그 이전에 이미 범하여진 위반행위에 대한 가벌성이 소멸되는 것은 아니다(대판 2000. 8. 18, 2000도2943).

⑦ 2005. 1. 27. 법률 제7383호로 개정된 **개발제한구역의 지정 및 관리에 관한 특별조치법에서 신설한 제11조 제3항**은 "건설교통부령이 정하는 경미한 행위는 허가 또는 신고를 하지 아니하고 행할 수 있다"고 규정하고 있고 그 부칙에 의하여 공포 후 6개월이 경과한 날부터 시행되었으며, 2005. 8. 10. 건설교통부령 제464호에서 신설한 같은 법 시행규칙 제7조의2와 [별표 3의2]는 그러한 경미한 행위들을 열거하여 규정하고 있으나, 이와 같이 종전에 허가를 받거나 신고를 하여야만 할 수 있던 행위의 일부를 허가나 신고 없이 할 수 있도록 법령이 개정되었다 하더라도 이는 법률 이념의 변천으로 과거에 범죄로서 처벌하던 일부 행위에 대한 처벌 자체가 부당하다는 반성적 고려에서 비롯된 것이라기보다는 사정의 변천에 따른 규제 범위의 합리적 조정의 필요에 따른 것이라고 보이므로, 위

개발제한구역의 지정 및 관리에 관한 특별조치법과 같은 법 시행규칙의 신설 조항들이 시행되기 전에 이미 범하여진 개발제한구역 내 **비닐하우스 설치행위**에 대한 가벌성이 소멸하는 것은 아니다(대판 2007. 9. 6, 2007도4197).

2. 법률 이념의 변경으로 본 경우

① 원심은 **군의회 의원선거에서 최종학력**에 관하여 허위사실을 공표하게 한 범죄사실에 대하여 당시 시행 중인 공직선거및선거부정방지법 제250조 제1항을 적용하였는데, 위 법이 상고심 계속 중 법률 제5127호(1995. 12. 30. 공포)로 개정되었고 개정된 법 제250조 제1항에 의하면 개정 전의 '3년 이하의 징역 또는 200만 원 이상 1천만 원 이하의 벌금'이 '3년 이하의 징역 또는 1천만 원 이하의 벌금'으로 되어 형법 제1조 제2항에 따라 개정된 법률에 의하여 처벌하여야 할 것이므로 개정 전의 법조를 적용한 원심판결은 결과적으로 법률적용이 잘못되었다(대판 1996. 2. 13, 95도2843).

② 구 증권거래법 제188조의2가 1997. 1. 13. 법률 제5254호로 개정되면서 등록법인이지만 아직 한국증권업협회에의 등록을 마치지 아니하여 장외등록법인 내지 협회등록법인에까지는 이르지 못한 회사의 미공개 중요정보를 이용한 내부자거래를 처벌의 대상에서 제외한 취지는 유가증권시장이나 협회중개시장을 통하여 주식 등의 유가증권이 공개적으로 거래되는 상장법인이나 협회등록법인(장외등록법인)의 경우와는 달리 단순한 등록법인의 경우에는 유가증권의 발행이나 매매거래의 공정성 및 원활한 유통성의 확보나 투자자의 보호 차원에서 별다른 문제가 발생할 여지가 많지 않음에도 불구하고 이러한 경우까지 내부자거래의 규제 대상으로 삼은 종전의 조치가 부당하다는 데에서 나온 반성적 조치라고 보아야 할 것이므로 이는 범죄 후의 법령개폐로 형이 폐지되었을 때에 해당한다(대판 1999. 6. 11, 98도3097).

③ 청소년보호법 제2조 제5호의 개정으로 **청소년의 숙박업소출입허용행위**가 처벌대상에서 제외된 것은 청소년의 숙박행위까지 처벌대상으로 삼은 종전의 조치가 부당하다는 데서 나온 반성적 조치라고 보아야 할 것이므로 이는 범죄 후 법률의 변경에 의하여 그 행위가 범죄를 구성하지 아니한 경우에 해당한다(대판 2000. 12. 8, 2000도2626).

④ 정당한 사유 없이 명시기일에 출석하지 아니한 사람에 대하여 3년 이하의 징역 또는 500만 원 이하의 벌금에 처하도록 규정하고 있던 **구 민사소송법 제524조의8 제1항**이 2002. 7. 1.부터 시행된 민사집행법 제68조 제1항 제1호에서 법원의 결정으로 20일 이내의 감치에 처하는 것으로 개정되었고, 이러한 법률의 개정은 민사채무불이행에 대한 간접강

제수단으로서의 성격을 가지고 있는 재산명시신청절차에서 법원의 출석 요구 등에 따르지 아니한 채무자에 대하여 바로 형벌을 과하는 것이 부당하다는 반성적 고려에서 이루어진 것으로서 형사소송법 제326조 제4호의 범죄 후의 법령개폐로 형이 폐지되었을 때에 해당한다(대판 2002. 9. 24, 2002도4300).

⑤ 구 자동차관리법시행규칙(2003. 1. 2. 건설교통부령 제346호로 개정되기 전의 것) 제138조 제1항 제1호가 삭제되면서 제138조 제3항, 제4항이 신설되어 폐차 과정에서 회수되어 **자동차 수리용으로 재사용되는 중고 부품**은 자동차안전기준 등에 저촉되지 아니하여야 하고, 폐차업자는 재사용되는 원동기 등 기능성장치 또는 부품에 업체명, 전화번호, 사용된 차종, 그 형식 및 연식, 부품의 명칭, 주행거리 등이 기재된 표지를 부착하도록 하였는데, 그 취지는 자동차 생산기술의 발달로 그 부품의 성능과 품질이 향상됨에 따라 폐차되는 자동차의 원동기를 재사용할 필요가 있고 이를 일정한 조건 아래에서 허용하더라도 별다른 문제가 발생할 여지가 많지 않음에도 불구하고 폐차시 원동기를 압축·파쇄 또는 절단하도록 한 종전의 조치가 부당하다는 데에서 나온 **반성적 조치**라고 보아야 한다(대판 2003. 10. 10, 2003도2770).

⑥ **공직선거법**의 개정 경과에 비추어 고비용의 정치구조를 개혁하자는 취지에서 명함을 선거운동에 사용하지 못하도록 전면적으로 제한하였다가 선거기간 중 후보자가 명함을 직접 주는 행위까지 처벌대상으로 삼은 종전의 조치가 부당하였다는 반성적 고려에서 제93조 제1항 단서가 신설된 것으로 보이는 점 및 위 단서의 신설로 **후보자가 명함을 '직접 주는' 행위만 허용**되었을 뿐 제93조 제1항 본문에 의하여 선거에 영향을 미치게 하기 위하여 명함을 '배부'하는 행위 일반은 여전히 금지되고 있는 점 등을 종합하여 보면, 위와 같이 신설된 제93조 제1항 단서가 시행된 2002. 3. 7.부터는 선거기간 중 후보자가 명함을 직접 주는 경우에 한하여 예외적으로 금지대상에서 제외된 것으로 볼 것이고, 이와 달리 선거에 영향을 미치게 하기 위하여 명함을 아파트 현관의 세대별 우편함에 넣어두거나 아파트 출입문 틈새 사이로 밀어 넣어 안으로 투입하거나 틈새 사이에 끼워 놓은 경우에는 설령 그 투입행위 자체를 후보자 본인이 하였다고 하더라도 명함을 직접 준 것과 동일시할 수 없으므로 여전히 제93조 제1항 본문 위반행위에 해당한다(대판 2004. 8. 16, 2004도3062).

⑦ **구 의료법**(2007. 1. 3. 법률 제8203호로 개정되기 전의 것)이 약효에 관한 광고를 허용하고 그에 대한 벌칙조항을 삭제하면서 부칙에 그 시행 전의 약효에 관한 광고행위에 대한 벌칙의 적용에 관하여 아무런 경과규정을 두지 않은 것은 **약효에 대한 광고행위**까지 처벌대상으로 삼은 종전의 조치가 부당하다는 반성적 고려에 의한 것이어서, 범죄 후 법

률의 변경에 의하여 그 행위가 범죄를 구성하지 아니하는 경우에 해당하여 형법 제1조 제2항에 따라 신법을 적용하여야 함에도 구법을 적용한 조치가 위법하다(대판 2009. 2. 26, 2006도9311).

⑧ **구 군형법**(2009. 11. 2. 법률 제9820호로 개정되기 전의 것) **제79조**는 "허가 없이 근무장소 또는 지정장소를 일시이탈하거나 지정한 시간 내에 지정한 장소에 도달하지 못한 자는 1년 이하의 징역이나 금고에 처한다"고 규정하였으나, 원심판결 선고 후 시행된 군형법 제79조는 "허가 없이 근무장소 또는 지정장소를 일시적으로 이탈하거나 지정한 시간까지 지정한 장소에 도달하지 못한 사람은 1년 이하의 징역이나 금고 또는 300만 원 이하의 벌금에 처한다"고 규정하여 **벌금형이 법정형으로 추가**되었는바, 그 취지는 무단이탈의 형태와 동기가 다양함에도 불구하고 죄질이 경미한 **무단이탈**에 대하여도 반드시 징역형 내지 금고형으로 처벌하도록 한 종전의 조치가 과중하다는 데에서 나온 반성적 조치라고 보아야 할 것이어서, 이는 형법 제1조 제2항의 '범죄 후 법률의 변경에 의하여 형이 구법보다 경한 때'에 해당한다(대판 2010. 3. 11, 2009도12930).

⑨ 구 특정범죄가중처벌법 제5조의2 제4항은 "형법 제288조·형법 제289조 또는 제292조 제1항의 죄를 범한 사람은 무기 또는 5년 이상의 징역에 처한다."고 규정하고, 구 형법 제288조 제1항은 "추행, 간음 또는 영리의 목적으로 사람을 약취 또는 유인한 자는 1년 이상의 유기징역에 처한다."고 규정하였으나, 원심판결 선고 전 시행된 특정범죄 가중처벌 등에 관한 법률(2013. 4. 5. 법률 제11731호로 개정된 것)에는 제5조의2 제4항이 삭제되고, 형법(2013. 4. 5. 법률 제11731호로 개정된 것) 제288조 제1항은 "추행, 간음, 결혼 또는 영리의 목직으로 사람을 약취 또는 유인한 사람은 1년 이상 10년 이하의 징역에 처한다."고 규정하여 추행 목적의 유인죄에 대한 법정형이 변경되었는바, 그 취지는 추행 목적의 유인의 형태와 동기가 다양함에도 불구하고 무기 또는 5년 이상의 징역으로 가중처벌하도록 한 종전의 조치가 과중하다는 데에서 나온 반성적 조치라고 보아야 할 것이어서, 이는 형법 제1조 제2항의 '범죄 후 법률의 변경에 의하여 그 행위가 범죄를 구성하지 아니하거나 형이 구법보다 경한 때'에 해당한다고 할 것이다. 그렇다면 이 사건 공소사실 중 피고인이 추행 목적으로 피해자를 유인한 각 행위는 행위시법인 구 특정범죄가중처벌법의 규정에 의해서 가중처벌할 수 없다(대판 2013. 7. 11, 2013도4862).

3. 행위시법주의의 예외

① 범죄 후 법률의 변경으로 형이 경해진 경우 공소시효기간의 계산은 가벼운 신법

의 법정형을 기준으로 한다(대판 1987. 12. 22, 87도84).

② 사회보호법에 의하여 보호감호의 판결을 받은 자에 대해서 그 후 법령이 개폐되어 그 행위가 보호감호의 대상에서 빠진 경우, 사회보호법에 규정된 보호감호처분은 형이 아니므로 형사소송법 제326조 제4호의 적용대상이 되지 않는 것이고, 또 개정된 사회보호법 부칙 제2조 제1항의 규정내용에 비추어 보더라도, 개정되기 전의 **사회보호법에 의하여 보호감호**의 판결을 받은 자에 대하여 법령개폐를 이유로 면소의 판결을 선고하거나 보호감호의 집행을 면제할 수는 없다(대판 1991. 8. 13, 91감도72–보호감호와 형법의 시간적 적용범위).

③ 범죄 후 법률의 변경에 의하여 그 행위가 범죄를 구성하지 아니하거나 형이 구법보다 경하더라도 **신법에 경과규정**을 두어 재판시법의 적용을 배제하는 것은 물론 한시법의 경우 그 실효 후 유효기간 중의 위반행위를 처벌할 수 있다는 규정이 있으면 행위시법의 추급효가 인정되어 실효 후에도 처벌할 수 있다(대판 1992. 2. 28, 91도2935).

④ **헌법재판소의 위헌결정으로 인하여 형벌에 관한 법률 또는 법률조항이 소급하여 그 효력을 상실**한 경우에는 당해 법조를 적용하여 기소한 피고사건이 범죄로 되지 아니한 때에 해당한다고 할 것이고, 범죄후의 법령의 개폐로 형이 폐지되었을 때에 해당한다거나 혹은 공소장에 기재된 사실이 진실하다 하더라도 범죄가 될 만한 사실이 포함되지 아니하는 때에 해당한다고는 할 수 없다고 할 것이다. 같은 취지에서 원심이, 헌법재판소의 1991. 7. 8.자, 91헌가4결정에 의하여 복표발행현상기타사행행위단속법 제9조 중 '제5조의 규정에 의한 각령의 규정에 위반한 행위로서 각령에서 본조의 벌칙을 적용할 것을 정한 조항에 해당한 자'라는 부분은 헌법에 위반된다는 위헌결정이 있었으므로 형벌에 관한 위 조항부분은 헌법재판소법 제47조 제2항 단서에 의하여 소급하여 그 효력을 상실한다 할 것이라고 판단하고, 위 법조를 적용하여 기소한 피고인에 대한 이 사건 공소사실이 죄가 되지 아니한다는 이유로 피고인에 대하여 '**무죄**'의 선고를 하였는바, 이는 정당하고 거기에 논지가 지적하는 법리오해로 인하여 판결에 영향을 미친 위법이 있다 할 수 없다(대판 1992. 5. 8, 91도2825).

⑤ **상고심 계속 중 법률** 제5127호(1995. 12. 30. 공포)**로 개정**되었고 개정된 공직선거및선거부정방지법 제250조 제1항에 의하면 개정 전의 "3년 이하의 징역 또는 200만 원 이상 1천만 원 이하의 벌금"이 "3년 이하의 징역 또는 1천만 원 이하의 벌금"으로 개정된 경우에 형법 제1조 제2항에 따라 개정된 법률에 따라 처벌하여야 할 것이므로 개정 전의 법조를 적용한 원심판결은 결과적으로 법률적용이 잘못되었다(대판 1996. 2. 13, 95도2843).

⑥ 헌법재판소의 **헌법불합치결정**은 헌법과 헌법재판소법이 규정하고 있지 않은 변형된 형태이지만 법률조항에 대한 위헌결정에 해당하고, 집시법 제23조 제1호는 집회 주최

자가 집시법 제10조 본문을 위반할 것을 구성요건으로 삼고 있어 **집시법 제10조 본문**은 집시법 제23조 제1호와 결합하여 형벌에 관한 법률조항을 이루게 되므로, 집시법의 위 조항들(이하 '이 사건 법률조항'이라 한다)에 대하여 선고된 이 사건 헌법불합치결정은 형벌에 관한 법률조항에 대한 위헌결정이라 할 것이다. 그리고 헌법재판소법 제47조 제2항 단서는 형벌에 관한 법률조항에 대하여 위헌결정이 선고된 경우 그 조항이 소급하여 효력을 상실한다고 규정하고 있으므로, 형벌에 관한 법률조항이 소급하여 효력을 상실한 경우에 당해 조항을 적용하여 공소가 제기된 피고사건은 범죄로 되지 아니한 때에 해당한다 할 것이고, 법원은 그 피고사건에 대하여 형사소송법 제325조 전단에 따라 **무죄를 선고**하여야 한다. 또한 헌법 제111조 제1항과 헌법재판소법 제45조 본문에 의하면 헌법재판소는 법률 또는 법률조항의 위헌 여부만을 심판·결정할 수 있으므로, 형벌에 관한 법률조항이 위헌으로 결정된 이상 그 조항은 헌법재판소법 제47조 제2항 단서에 정해진 대로 효력이 상실된다 할 것이다. 그러므로 헌법재판소가 이 사건 헌법불합치결정의 주문에서 이 사건 법률조항이 개정될 때까지 계속 적용되고, 이유 중 결론에서 개정시한까지 개선입법이 이루어지지 않는 경우 그 다음날부터 이 사건 법률조항이 효력을 상실하도록 하였더라도, 이 사건 헌법불합치결정을 위헌결정으로 보는 이상 이와 달리 해석할 여지가 없다. 따라서 이 사건 헌법불합치결정에 의하여 헌법에 합치되지 아니한다고 선언되고 그 결정에서 정한 개정시한까지 법률 개정이 이루어지지 않은 이 사건 법률조항은 소급하여 그 효력을 상실한다 할 것이므로 이 사건 법률조항을 적용하여 공소가 제기된 야간옥외집회 주최의 피고사건에 대하여 형사소송법 제325조 전단에 따라 무죄가 선고되어야 할 것이다(대판 2011. 6. 23, 2008도7562 전원합의체 다수의견).

제 3 절 인적 적용범위

Ⅰ. 국내법상 특례

원고의 내용이 공개회의에서 행할 발언내용이고(회의의 공개성), 원고의 배포시기가 당초 발언하기로 예정된 **회의 시작 30분 전**으로 근접되어 있으며(시간적 근접성), 원고 배포의 장소 및 대상이 **국회의사당 내에 위치한 기자실에서 국회출입기자들만을 상대**로 한정적으로 이루어지고(장소 및 대상의 한정성), 원고 배포의 목적이 보도의 편의를 위한 것

(목적의 정당성)이라면, 국회의원이 국회본회의에서 질문할 원고를 사전에 배포한 행위는 면책특권의 대상이 되는 직무부수행위에 해당한다 … 국회의원의 면책특권에 속하는 행위에 대하여는 공소를 제기할 수 없으며 이에 반하여 공소가 제기된 것은 결국 공소권이 없음에도 공소가 제기된 것이 되어 형사소송법 제327조 제2호의 '공소제기의 절차가 법률의 규정에 위반하여 무효인 때'에 해당되므로 공소를 기각하여야 한다(대판 1992. 9. 22, 91도3317).

Ⅱ. 국제법상 특례

미합중국 군대의 군속 중 통상적으로 대한민국에 거주하고 있는 자는 협정이 적용되는 군속의 개념에서 배제되므로, 그에 대하여는 대한민국의 형사재판권 등에 관하여 협정에서 정한 조항이 적용될 여지가 없다. … 미합중국 국적을 가진 미합중국 군대의 군속인 피고인은 이 사건 교통사고 범행 당시 10년 넘게 대한민국에 머물면서 한국인 아내와 결혼하여 가정을 마련하고 직장생활을 하는 등 생활근거지를 대한민국에 두고 있었던 사실이 인정되므로, 피고인은 협정에서 말하는 통상적으로 대한민국에 거주하는 자에 해당한다고 볼 것인바, 결국 피고인에게는 협정에서 정한 미합중국 군대의 군속에 관한 형사재판권 관련 조항이 적용될 수 없다. … 한반도의 평시상태에서 미합중국 군 당국은 미합중국 군대의 군속에 대하여 형사재판권을 가지지 않으므로 미합중국 군대의 군속이 범한 범죄에 대하여 대한민국의 형사재판권과 미합중국 군 당국의 형사재판권이 경합하는 문제는 발생할 여지가 없고, 대한민국은 협정 제22조 제1항 (나)에 따라 미합중국 군대의 군속이 대한민국 영역 안에서 저지른 범죄로서 대한민국 법령에 의하여 처벌할 수 있는 범죄에 대한 형사재판권을 바로 행사할 수 있는 것이다(대판 2006. 5. 11, 2005도798).

Ⅲ. 기　　타

1. 국제형법과 준거법

장물이라 함은 재산죄인 범죄행위에 의하여 영득된 물건을 말하는 것으로서 절도·강도·사기·공갈·횡령 등 영득죄에 의하여 취득된 물건이어야 한다. 여기에서의 범죄행위는 절도죄 등 본범의 구성요건에 해당하는 위법한 행위일 것을 요한다. 그리고 **본범의 행위에 관한 법적 평가**는 그 행위에 대하여 우리 형법이 적용되지 아니하는 경우에도 우리 형법을 기준으로 하여야 하고 또한 이로써 충분하므로, 본범의 행위가 우리 형법에 비추어 절도죄 등의 구성요건에 해당하는 위법한 행위라고 인정되는 이상 이에 의하여 영득된 재물은 장물에 해당한다. 한편 횡령죄가 성립하기 위하여는 그 주체가 "타인의 재물을 보관하는 자"이어야 하고, 타인의 재물인가 또는 그 재물을 보관하는가의 여부는 민법·상법 기타의 민사실체법에 의하여 결정되어야 한다. 따라서 타인의 재물인가 등과 관련된 법률관계에 당사자의 국적·주소, 물건 소재지, 행위지 등이 외국과 밀접하게 관련되어 있어서 국제사법 제1조 소정의 외국적 요소가 있는 경우에는 다른 특별한 사정이 없는 한 **국제사법**의 규정에 좇아 정하여지는 **준거법**을 1차적인 기준으로 하여 당해 재물의 소유권의 귀속관계 등을 결정하여야 할 것이다(대판 2011. 4. 28, 2010도15350).

대한민국 국민 A와 미국인 B가 미국 캘리포니아주에서 미국 리스회사와 미국 캘리포니아주의 법에 따라 차량 이용에 관한 리스계약을 체결하면서 준거법에 관하여는 별도로 약정하지 아니하였는데, 이후 자동차수입업자인 피고인이 리스기간 중 위 리스이용자들이 임의로 처분한 리스계약의 목적물인 차량들을 수입하여 장물취득죄로 기소된 사안이다. 대법원은 국제사법에 따라 위 리스계약에 적용될 준거법인 미국 캘리포니아주의 법에 의하면, 위 차량들의 소유권은 리스회사에 속하고, 리스이용자는 일정 기간 차량의 점유·사용의 권한을 이전받을 뿐이어서 (미국 캘리포니아주 상법 제10103조 제a항 제10호도 참조), 리스이용자들은 리스회사에 대한 관계에서 위 차량들에 관한 보관자로서의 지위에 있으므로, 피고인에게도 장물취득죄가 성립한다고 판단하였다.

2. 저작권법의 책임면제조항

구 저작권법(2008. 2. 29. 법률 제8852호로 개정되기 전의 것, 이하 같다)은 제102조 제1항에서 '온라인서비스제공자가 저작물의 복제·전송과 관련된 서비스를 제공하는 것과 관련하여 다른 사람에 의한 저작물의 복제·전송으로 인하여 그 저작권이 침해된다는 사실을 알고 당해 복제·전송을 방지하거나 중단시킨 경우에는 다른 사람에 의한 저작권의 침해에 관한 **온라인서비스제공자의 책임을 감경 또는 면제**할 수 있다'고 규정하고, 같은 조 제2항에서 '온라인서비스제공자가 저작물의 복제·전송과 관련된 서비스를 제공하는 것과 관련하여 다른 사람에 의한 저작물의 복제·전송으로 인하여 그 저작권이 침해된다는 사실을 알고 당해 복제·전송을 방지하거나 중단시키고자 하였으나 기술적으로 불가능한 경우에는 그 다른 사람에 의한 저작권의 침해에 관한 온라인서비스제공자의 **책임은 면제**된다'고 규정하고, 같은 법 제103조 제5항에서 '온라인서비스제공자가 저작권자로부터 불법 저작물의 복제·전송을 중단시킬 것을 요구받고 즉시 그 저작물의 복제·전송을 중단시킨 경우에는 온라인서비스제공자의 책임을 감경 또는 면제할 수 있다'고 규정하고 있는데, 위 각

조항의 입법 취지나 위 각 조항의 해당 문구상 별다른 제한이 없는 점 등에 비추어 보면, 위 각 조항은 **형사상 책임에도 적용**된다고 봄이 상당하다. 한편 구 저작권법 제102조 제2항이 규정하고 있는 '기술적으로 불가능한 경우'라 함은, 온라인서비스의 제공 자체는 유지함을 전제로 이용자들의 복제·전송행위 중 저작권의 침해행위가 되는 복제·전송을 선별하여 방지 또는 중단하는 것이 기술적으로 불가능한 경우를 말하는 것이므로, 비록 온라인서비스이용자들이 해당 온라인서비스를 이용하여 저작물을 복제·전송함으로써 그 저작권을 침해하였다고 하더라도, 온라인서비스제공자가 그와 같은 침해사실을 알고 저작권의 침해가 되는 복제·전송을 선별하여 이를 방지 또는 중단하는 기술적 조치를 다하였다고 인정되는 경우에는 해당 침해행위에 대한 형사상 책임이 면제된다고 할 것이다. 그리고 온라인서비스제공자가 구 저작권법 제103조 제5항에 의하여 그 책임을 감경 또는 면제받을 수 있기 위해서는 저작권자로부터 중단 요구를 받은 즉시 그 저작물의 복제·전송을 중단시켜야 하는 점에 비추어, 온라인서비스제공자가 스스로 저작권 침해사실을 알게 된 경우에도 그 즉시 당해 복제·전송을 중단시켜야 구 저작권법 제102조 제1항에 의하여 그 책임을 감경 또는 면제받을 수 있다고 봄이 상당하다(대판 2013. 9. 26, 2011도1435).

피고인은 A회사가 운영하는 인터넷 웹스토리지서비스 제공 사이트 B의 실질적 운영자로, 사이트를 통한 불법다운로드를 방지하기 위하여 필터링 등의 방지조치를 취하였다. 그러나 이러한 기술적 조치가 충분하지 못하여 이용자들이 사이트를 통해 불법다운로드를 받고, 방문객 수의 증가로 인해 A회사는 광고수익을 거두었다. 당시 구 저작권법(2008. 2. 29. 법률 제8852호로 개정되기 전의 것)은 온라인서비스제공자가 이용자의 저작권 침해 사실을 알고 복제·전송을 방지하거나 중단시킨 경우 책임을 감경 또는 면제할 수 있으며, 저작권자로부터 불법 저작물의 복제·전송을 중단 요구받고 즉시 중단한 경우 책임을 감경 또는 면제할 수 있고, 이용자의 저작권 침해 사실을 알고 중단시키고자 하였으나 기술적으로 불가능한 경우 책임이 면제된다고 규정하고 있었다. 이 조항은 과거 친고죄 규정이던 것을 2006년 12월 전면적으로 개정하여 온라인서비스제공자의 책임 제한 규정으로 변경되었다. 대법원은 이러한 저작권법상의 면책 조항이 형사책임에도 동일하게 적용된다는 점을 인정하였다. 그런데 저작권법은 2011년 6월 개정을 통해 방지조치를 침해 유형에 따라 세분하면서 '책임을 지지 않는다'로 또다시 개정하여, 여전히 인터넷서비스제공자의 형사책임 면제에 대한 해석의 문제가 남아있다.

제 2 편

犯 罪 論

제 1 장 범죄의 개념과 종류
제 2 장 행 위 론
제 3 장 구성요건
제 4 장 위 법 성
제 5 장 책 임
제 6 장 과실범론
제 7 장 부작위범론
제 8 장 미 수 론
제 9 장 정범과 공범
제10장 죄 수 론

제1장 犯罪의 概念과 種類

제1절 범죄의 유형

Ⅰ. 즉 시 범

① **도주죄**는 즉시범으로서 범인이 간수자의 실력적 지배를 이탈한 상태에 이르렀을 때에 기수가 되어 도주행위가 종료하는 것이다(대판 1991. 10. 11, 91도1656).

② 구 폭력행위등처벌에관한법률(1990. 12. 31. 법률 제4294호로 개정되기 전의 것) 제4조 소정의 단체 등의 조직죄는 같은 법에 규정된 범죄를 목적으로 한 단체 또는 집단을 구성함으로써 즉시 성립하고 그와 동시에 완성되는 즉시범이다(대판 1995. 1. 20, 94도1752).

Ⅱ. 상 태 범

① **내란죄**는 국토를 참절하거나 국헌을 문란할 목적으로 폭동한 행위로서, 다수인이 결합하여 위와 같은 목적으로 한 지방의 평온을 해할 정도의 폭행·협박행위를 하면 기수가 되고, 그 목적의 달성 여부는 이와 부관한 것으로 해석되므로, 다수인이 한 지방의 평온을 해할 정도의 폭동을 하였을 때 이미 내란의 구성요건은 완전히 충족된다고 할 것이

어서 상태범으로 봄이 상당하다(대판 1997. 4. 17, 96도3376).

② **직무유기죄**는 그 작위의무를 수행하지 아니함으로써 구성요건에 해당하는 사실이 있었고 그 후에도 계속하여 그 작위의무를 수행하지 아니하는 위법한 부작위상태가 계속되는 한 가 벌적 위법상태는 계속 존재하고 있다고 할 것이므로 이를 즉시범이라고 할 수 없다(대판 1997. 8. 29, 97도675).

Ⅲ. 계 속 범

① 건축법상 허가를 받지 아니하거나 또는 신고를 하지 아니한 경우 처벌의 대상이 되는 **건축물의 용도변경행위**는 유형적으로 용도를 변경하는 행위뿐만 아니라 다른 용도로 사용하는 것까지를 포함하며, 이와 같이 허가를 받지 아니하거나 신고를 하지 아니한 채 건축물을 다른 용도로 사용하는 행위는 계속범의 성질을 가지는 것이어서 허가 또는 신고 없이 다른 용도로 계속 사용하는 한 가벌적 위법상태는 계속 존재하고 있다고 할 것이므로, 그러한 용도변경행위에 대하여는 공소시효가 진행하지 아니하는 것으로 보아야 한다(대판 2001. 9. 25, 2001도3990).

② 공유수면인 바닷가를 허가 없이 점·사용하는 행위는 그로 인하여 공유수면의 외부적 형상이 변경되었는지 여부와 관계 없이 그 **공유수면을 무단으로 점·사용**하는 한 가벌적인 위법행위가 계속 반복되고 있는 계속범이라고 보아야 한다. … 피고인의 가벌적인 위법행위는 위 2006. 11. 10.까지 계속 반복되었고, 그로부터 공소시효기간이 경과하지 않은 2006. 11. 22. 이 사건 공소가 제기되었으므로, 이 부분 공소사실은 아직 공소시효가 완성되지 않았다 할 것이다(대판 2010. 9. 30, 2008도7678).

Ⅳ. 위 험 범

횡령죄는 다른 사람의 재물에 관한 소유권 등 본권을 그 보호법익으로 하고 본권이 침해될 위험성이 있으면 그 침해의 결과가 발생되지 아니하더라도 성립하는 이른바 위태범이므로, 다른 사람의 재물을 보관하는 사람이 그 사람의 동의 없이 함부로 이를 담보로 제공하는 행위는 불법영득의 의사를 표현하는 횡령행위로서 사법(사법)상 그 담보제공행위가 무효이거나 그 재물에 대한 소유권이 침해되는 결과가 발생하는지 여부에 관계없이 횡령죄를 구성한다(대판 2002. 11. 13, 2002도2219).

V. 신 분 범

① 특정범죄가중처벌등에관한법률 제4조는 형법 제129조 내지 제132조의 적용에 있어서는 정부관리기업체의 간부직원은 공무원으로 보도록 하되 그 정부관리기업체 및 간부직원의 범위는 대통령령으로 정하도록 하였고, **한국전기통신공사**는 위 법 시행령 제2조 제30호에 의하여 위 법 제4조 소정의 정부관리기업체로 지정되었으며, 한편 위 법 시행령 제3조 제1호는 위 공사 등의 임원과 과장대리급(과장대리급제가 없는 정부관리기업체에서는 과장급) 이상의 직원을 공무원으로 보도록 하고 있는 바(정부투자기관관리기본법 제18조, 동법 시행령 제14조에 의하더라도 같다), 위 시행령 소정의 **과장대리급 또는 과장급** 이상의 직원이라 함은 직급을 기준으로 하여 과장대리 또는 과장과 동급이거나 그 이상의 직원을 말하는 것으로서 현실적으로 과장이나 과장대리의 직위를 가지고 있는지의 여부는 문제삼지 않는 것으로 봄이 상당하다. 기록에 의하면, 위 공사 경기사업본부에는 조직의 최소단위가 부이고 과는 없어 위 공사 일반직 3급 직원인 피고인도 이 사건 범행 당시 위 공사 경기사업본부 총무부 또는 관리국 인사부에 일반직원으로 근무하고 있었으나 위 공사 직제규정시행세칙은 편제상 직위가 부여되지 않은 일반직 3급 직원을 과장으로 호칭하도록 하고 있으며, 또 위 사업본부 산하 현업기관에서는 피고인과 같은 일반직 3급 직원을 과장으로 보하도록 규정하고 있음을 알 수 있으므로, 피고인이 비록 현실적으로 과장의 직위를 가지고 있지는 않다 하더라도 과장과 동급의 직급에 있다고 보아야 할 것이어서 형법 제129조 제1항 소정의 뇌물수수죄의 주체가 될 수 있다 할 것이다. 같은 취지의 원심판단은 정당하고 뇌물수수죄의 주체에 관한 법리를 오해한 위법이 있다고 할 수 없다. 그리고 피고인이 가사 과장대리급 이상의 직원이 아니라 하여도 다른 과장대리급 이상인 직원들과 함께 뇌물수수죄의 공동정범이 될 수 있다고 한 원심의 판단 또한 정당하고 소론과 같은 뇌물수수죄의 공동정범에 관한 법리오해가 있다고할 수 없다(대판 1992. 8. 14, 91도3191).

② 구 도시정비법 제18조에 의하면 토지등소유자로 구성되어 정비사업을 시행하려는 조합은 제13조 내지 제17조를 비롯한 관계 법령에서 정한 요건과 절차를 갖추어 조합설립인가처분을 받은 후에 등기함으로써 성립하며, 그때 비로소 관할 행정청의 감독 아래 정비구역 안에서 정비사업을 시행하는 행정주체로서의 지위가 인정된다. 여기서 행정청의

조합설립인가처분은 조합에 정비사업을 시행할 수 있는 권한을 갖는 행정주체(공법인)로서의 지위를 부여하는 일종의 설권적 처분의 성격을 가진다. 따라서 토지등소유자로 구성되는 조합이 그 설립과정에서 조합설립인가처분을 받지 아니하였거나 설령 이를 받았다 하더라도 처음부터 조합설립인가처분으로서 효력이 없는 경우에는, 구 도시정비법 제13조에 의하여 정비사업을 시행할 수 있는 권한을 가지는 행정주체인 공법인으로서의 조합이 성립되었다 할 수 없고, 또한 이러한 조합의 조합장, 이사, 감사로 선임된 자 역시 구 도시정비법에서 정한 조합의 임원이라 할 수 없다(대판 2014. 5. 22, 2012도7190 전합).

피고인들은 주택재개발정비사업조합의 조합장과 총무이사로 타 조합원들이 조합과 관련된 사건의 변호사 비용을 공개하도록 요청하자 거절하였으며, 이후 건축사무소 선정에 관한 자료, 감리비 및 철거비 지급 내역 등의 공개요청에도 거절함으로써 구 도시정비법을 위반한 혐의로 기소되었다. 대법원 다수의견은 이 사건에서 공법상 조합설립인가처분이 무효여서 피고인들이 조합의 임원에 해당하지 않는다는 전제에서 처벌할 수 없다고 판단하였다. 이러한 논리는 형사처벌의 전제가 되는 행정처분이 무효인 경우 형사처벌을 할 수 없다는 기존의 입장(2003도5631, 2011도11109)의 연장선으로 볼 수 있다. 그러나 이 경우 조합설립이 취소된 경우와의 균형문제, 형사처벌이 공법상의 유무효에 따라 결정된다는 문제점이 있다.

제 2 절 소추조건

I. 친 고 죄

① 형법상 **강간 및 강제추행죄**의 성질[1]은 청소년의성보호에관한법률에 의해 가중처벌되는 경우에도 친고죄에 관한 형법의 적용을 배제한다는 명시적인 규정이 없는 한 그대로 적용된다(대판 2001. 5. 15, 2001도1392).

② 성폭력범죄의처벌및피해자보호등에관한법률이 시행된 이후에도 여전히 친고죄로 남아 있는 강간죄의 경우, 고소가 없거나 고소가 취소된 경우 또는 강간죄의 고소기간이 경과된 후에 고소가 있는 때에는 강간죄로 공소를 제기할 수 없음은 물론, 나아가 그 **강간범행의 수단**으로 또는 그에 수반하여 저질러진 폭행·협박의 점 또한 강간죄의 구성요소로서 그에 흡수되는 법조경합의 관계에 있는 만큼 이를 **따로 떼어내어 폭행죄·협박죄**

1 형법 개정(2012. 12. 18 법률 제11574호)에 의해 현재 강간죄와 강제추행죄는 친고죄가 아니다.

또는 폭력행위등처벌에관한법률위반의 죄로 공소제기할 수 없다고 해야 마땅하고, 이는 만일 이러한 공소제기를 허용한다면, 강간죄를 친고죄로 규정한 취지에 반하기 때문이므로 결국 그와 같은 공소는 공소제기의 절차가 법률에 위반되어 무효인 경우로서 형사소송법 제327조 제2호에 따라 **공소기각의 판결**을 하여야 한다. 따라서 강간죄에 대하여 고소취소가 있는 경우에 그 수단인 폭행만을 분리하여 공소제기하였다면 이는 범죄로 되지 아니하는 경우에 해당하므로, 무죄를 선고하여야 한다고 본 대법원 1976. 4. 27. 선고 75도3365 판결의 견해는 이와 저촉되는 한도 내에서 변경하기로 한다(대판 2002. 5. 16, 2002도51 전원합의체).

③ 성폭력범죄의처벌및피해자보호등에관한법률 제15조에서 같은 법 제14조의2의 죄를 친고죄로 규정하고 있지 아니하고, 또한 같은 법 제14조의2를 신설하면서 그 죄를 친고죄로 하지 아니한 것이 입법의 미비라고 볼 수도 없으므로 같은 법 제14조의2[2]의 죄는 친고죄가 아니다(대판 2004. 8. 30, 2004도4020).

Ⅱ. 반의사불벌죄

① 형법 제283조 제3항에 의하면 같은 조 제1항의 죄는 피해자의 명시한 의사에 반하여 공소를 제기할 수 없다고 규정하고 있고, 2001. 12. 19. 법률 제6534호로 개정되어 같은 날부터 시행되는 폭력행위등처벌에관한법률 제2조 제4항에 의하면 종전에는 야간에 형법 제283조 제1항의 죄를 범한 경우 같은 조 제3항의 규정의 적용을 배제함으로써 피해자의 의사에 상관없이 처벌할 수 있던 것이 위 반의사불벌에 관한 형법 규정이 그대로 적용되는 것으로 변경되었음이 분명하고, 한편 형사소송법 제232조 제3항, 제1항의 규정에 의하면, 피해자의 명시한 의사에 반하여 죄를 논할 수 없는 사건에서 처벌을 희망하는 의사표시의 철회 또는 처벌을 희망하지 아니하는 의사표시는 제1심판결 선고시까지 할 수 있다(대판 2002. 3. 15, 2002도158).

② 폭행죄는 피해자의 명시한 의사에 반하여 공소를 제기할 수 없는 반의사불벌죄로서 **처벌불원의 의사표시**는 의사능력이 있는 피해자가 단독으로 할 수 있는 것이고, 피해자가 사망한 후 그 상속인이 피해자를 대신하여 처벌불원의 의사표시를 할 수는 없다고 보아야 한다(대판 2010. 5. 27, 2010도2680).

---

2 판결당시 第14條의2(카메라등 利用撮影)는 "카메라 기타 이와 유사한 기능을 갖춘 機械裝置를 利用하여 性的 욕망 또는 수치심을 유발할 수 있는 他人의 身體를 그 意思에 反하여 撮影한 者는 5年이하의 懲役 또는 1千萬원이하의 罰金에 處한다."였다.

제 2 장 行爲論

제 1 절 법인의 형사책임

Ⅰ. 법인의 범죄능력 및 형벌능력

1. 법인의 범죄능력

형법 제355조 제2항의 배임죄에 있어서 타인의 사무를 처리할 의무의 주체가 법인이 되는 경우라도 법인은 다만 사법상의 의무 주체가 될 뿐 범죄능력이 없는 것이며 그 타인의 사무는 법인을 대표하는 자연인인 대표기관의 의사결정에 따른 대표행위에 의하여 실현될 수밖에 없어 그 대표기관은 마땅히 법인이 타인에 대하여 부담하고 있는 의무 내용대로 사무를 처리할 임무가 있다 할 것이므로 법인이 처리할 의무를 지는 타인의 사무에 관하여는 **법인이 배임죄의 주체가 될 수 없고 그 법인을 대표하여 사무를 처리하는 자연인인 대표기관이 바로 타인의 사무를 처리하는 자, 즉 배임죄의 주체**가 된다(대판 1984. 10. 10, 82도2595 전원합의체 다수의견).[1]

---

1 반면 소수의견은 범죄능력이 없는 법인이 불처벌된다고 하여 법인의 대표자를 처벌하는 것은 죄 없는 자를 처벌하는 것과 같은 결론이 되어 형벌법규의 엄격해석 원칙에 반한다는 입장을 표명하였다.

2. 법인의 형벌능력(양벌규정)

① '형법 제355조 제2항의 **배임죄**에 있어서 타인의 사무를 처리할 의무의 주체가 법인이 되는 경우라도 법인은 다만 사법상의 의무의 주체가 될 뿐 범죄능력이 없는 것이며 그 타인의 사무는 법인을 대표하는 자연인인 대표기관의 의사결정에 따른 대표행위에 의하여 실현될 수밖에 없어 그 대표기관은 마땅히 법인이 타인에 대하여 부담하고 있는 의무내용대로 사무를 처리할 의무가 있다 할 것이므로 … 법인이 배임죄의 주체가 될 수 없고 그 법인을 대표하여 사무를 처리하는 자연인이 대표기관이 바로 타인의 사무를 처리하는 자, 즉 배임죄의 주체가 된다(대판 1984. 10. 10, 82도2595).[2]

② **관세법** 제197조에 의하면 법인이 같은 법 제196조에 의하여 처벌받게 되는 경우에도 본인으로서 그 직원 또는 임원의 위반행위를 방지하는 방도가 없었음을 증명한 때에는 **면책**되는바, 이는 법인에게 무과실책임은 아니더라도 입증책임을 부과함으로써 업무주체에 대한 과실의 추정을 강하게 하려는 데 목적이 있다(대판 1995. 7. 25, 95도391).

③ 도로교통법 양벌규정은 … 질서벌의 성격을 갖는 규정이므로 비록 행위자에 대한 감독책임을 다하였다거나 또는 행위자의 위반사실을 몰랐다 하더라도 이의 적용이 배제된다고 할 수 없다(대판 1982. 9. 14, 82도1439).

④ **자동차운수사업법** 제72조 제5호는 같은 법 제58조의 규정에 의한 허가를 받지 아니하고 자가용자동차를 유상으로 운송용에 제공하거나 임대한 자를 처벌한다고 규정하고, 같은 법 **제74조는 이른바 양벌규정**으로서 "법인의 대표자나 법인 또는 개인의 대리인, 사용인 기타의 종업원이 그 법인 또는 개인의 업무와 관련하여 같은 법 제72조의 위반행위를 한 때에는 행위자를 벌하는 외에 그 법인 또는 개인에 대하여도 각 해당 조항의 벌금형에 처한다"고 규정하고 있을 뿐이고 **법인격 없는 사단**에 대하여서도 위 양벌규정을 적용할 것인가에 관하여는 아무런 명문의 규정을 두고 있지 아니하므로, 죄형법정주의의 원칙상 법인격 없는 사단에 대하여는 같은 법 제74조에 의하여 처벌할 수 없고, 나아가 법인격 없는 사단에 고용된 사람이 유상운송행위를 하였다 하여 법인격 없는 사단의 구성원 개개인이 위 법 제74조 소정의 "개인"의 지위에 있다하여 처벌할 수도 없다(대판 1995. 7. 28, 94도3325).

⑤ 노래방의 종업원이 경영주가 없는 사이에 18세 미만의 청소년을 출입시켰다가 적발된 경우, 구 풍속영업의규제에관한법률 및 구 청소년보호법의 양벌규정에 따라 그 경영주에 대하여는 벌금형으로 처벌할 수밖에 없으므로 징역형을 선고할 수 없다(2000. 5. 26, 2000도440).

---

2 通說도 판례처럼 범죄능력은 부정하면서 형벌능력만을 인정하고 있다.

⑥ 법인이 아닌 약국에서 영업으로 인한 사법상 권리의무는 그 약국을 개설한 약사에게 귀속되므로 대외적으로는 그 약국의 영업주는 그 약국을 개설한 약사라고 할 것이지만, 그 약국을 실질적으로 경영하는 약사가 다른 약사를 고용하여 그 고용된 약사를 명의상의 개설약사로 등록해 두고 실질적인 영업약사가 아닌 종업원을 직접 고용하여 영업하던 중 그 종업원이 약사법위반행위를 하였다면 약사법 제78조의 양벌규정상의 형사책임은 그 실질적 경영자가 지게 된다(대판 2000. 10. 27, 2000도3570).

⑦ 건설기계대여업을 공동경영하기로 하고 연명으로 신고하고 그 중 1인을 대표자로 한 경우 대표자와 연명으로 신고한 다른 구성원 사이에 건설기계대여업을 공동으로 운영한다고 할 수 있을지언정 그와 같은 연명신고를 위한 관리계약을 체결하였다는 사유만으로 그 대표자와 구성원 사이에 당연히 **도로법상 양벌규정**이 적용되는 법인과 대리인·사용인 기타의 종업원 관계에 있다고 할 수는 없다(대판 2001. 6. 15, 2001도1339).

⑧ **중도매인**은 자신의 명의로 독자적으로 중도매업의 허가를 받아 별도의 사업자로서 도매시장법인과는 독립적인 영업을 하고 있다고 볼 수 있고, 또한 도매시장법인을 중도매인이 수행하고 있는 업무의 주체라고 볼 수도 없으므로, 도매시장법인에 소속된 중도매인이 **양벌규정**인 농수산물유통및가격안정에관한법률 제89조에 정한 법인의 대리인·사용인 기타 종업원에 해당한다고 보기 어렵다(대판 2005. 6. 24, 2005도2651).

⑨ 이 사건 법률조항(**보건범죄단속법 제6조**)이 **종업원의 업무 관련 무면허의료행위**가 있으면 이에 대해 영업주가 비난받을 만한 행위가 있었는지 여부와는 관계없이 자동적으로 영업주도 처벌하도록 규정하고 있고, 그 문언상 명백한 의미와 달리 "종업원의 범죄행위에 대해 영업주의 선임감독상의 과실(기타 영업주의 귀책사유)이 인정되는 경우"라는 요건을 추가하여 해석하는 것은 문리해석의 범위를 넘어서는 것으로서 허용될 수 없으므로, 결국 위 법률조항은 다른 사람의 범죄에 대해 그 책임 유무를 묻지 않고 형벌을 부과함으로써, 법정형에 나아가 판단할 것 없이, 형사법의 기본원리인 '책임없는 자에게 형벌을 부과할 수 없다'는 책임주의에 반한다(헌재 2007. 11. 29, 2005헌가10 재판관 이강국, 재판관 김종대, 재판관 민형기, 재판관 목영준의 의견).

본 판결로 개인인 영업주에 대해 무과실 책임을 규정한 양벌규정은 위헌임이 선언되었으며, 뒤 이은 2009헌가18 판결로 법인인 영업주에 대해서도 이러한 입장을 재확인하였다. 그리고 이러한 헌법재판소의 위헌판결로 인해 400여개가 넘는 법률의 양벌규정이 대부분 면책조항을 두는 것으로 개정되었는데, 이는 양벌규정의 유형과 취지를 무시하고 일률적으로 면책조항을 둠으로써 문제점이 있다고 하겠다.

⑩ 이 사건 법률조항(**폐기물관리법** 제67조 제1항)은 법인이 고용한 종업원등이 업무에

관하여 구 법 제96조 제4호의 위반행위를 저지른 사실이 인정되면, 법인이 그와 같은 종업원등의 범죄에 대해 어떠한 잘못이 있는지를 전혀 묻지 않고 곧바로 그 종업원등을 고용한 법인에게도 종업원등에 대한 처벌조항에 규정된 벌금형을 과하도록 규정하고 있어, 법인이 종업원등의 위반행위와 관련하여 선임·감독상의 주의의무를 다하여 아무런 잘못이 없는 경우까지도 법인에게 형벌을 부과될 수밖에 없게 되므로 책임주의 원칙에 반하여 헌법에 위반된다(헌재 2010. 7. 29, 2009헌가18).

⑪ 화물자동차운송사업면허를 가진 운송사업자와 실질적으로 자동차를 소유하고 있는 차주간의 계약으로 외부적으로는 자동차를 운송사업자 명의로 등록하여 운송사업자에게 귀속시키고 내부적으로는 각 차주들이 독립된 관리 및 계산으로 영업을 하며 운송사업자에 대하여는 지입료를 지불하는 **지입제 형식의 운송사업**에 있어, 그 지입차주가 세무관서에 독립된 사업자등록을 하고, 지입된 차량을 직접 운행·관리하면서 그 명의로 운송계약을 체결하였다고 하더라도 지입차주는 객관적으로나 외형상으로나 그 차량의 소유자인 지입회사와의 위탁계약에 의하여 그 위임을 받아 운행·관리를 대행하는 지위에 있는 자로서, 구 도로법 제86조(2008. 3. 21. 법률 제8976호로 전부 개정되기 전의 것, 이하 같다)에서 정한 "대리인·사용인 기타의 종업원"에 해당하고, 한편 그 사업장의 근로자와의 관계에 있어서도 지입차량의 소유자이자 대외적인 경영주체에 해당하는 지입회사가 직접 근로관계에 대한 책임을 지는 사용자라고 보아야 하므로, 비록 **지입회사**가 지입차량의 운전자를 직접 고용하여 지휘·감독을 한 바 없다 하더라도 객관적으로 지입차량의 운전자를 지휘·감독할 관계에 있는 사용자로서 그 지휘·감독의 소홀에 따른 **책임**을 진다 할 것이다(대판 2009. 9. 24, 2009도5302).[3]

2. 양벌규정의 수범자범위 확대기능

① **중기관리법 제36조**의의 규정취지는 각 본조의 위반행위를 중기소유자인 법인이나 개인이 직접 하지 않은 경우에도 그 행위자와 중기소유자 쌍방을 모두 처벌하려는 데에 있으므로, **이 양벌규정에 의하여 중기소유자가 아닌 행위자**도 중기소유자에 대한 각 본조의 벌칙규정의 적용대상이 된다. 회사 소유 중기의 관리를 사원이 담당하고 있다면 그 관리에 직접 관여하지 아니한 대표이사는 위 법 위반행위(건설장비의 정기검사 불이행)의 행위자라 할 수 없다(대판 1992. 11. 10, 92도2324).

② **산업안전보건법**은 … 양벌규정을 두고 있고, 이 규정의 취지는 같은 법 제67조 내

3 이 판결은 지입차주의 도로법위반행위에 대해 지입차주가 아닌 지입회사가 양벌규정에 의한 처벌대상이 된다는 기존 판례의 입장(2003. 9. 2, 2003도3073)의 재확인한 판결이다.

지 제70조의 위반행위를 사업자인 법인이나 개인이 직접 하지 않은 경우에는 그 행위자와 사업자 쌍방을 모두 처벌하려는데 있으므로, 이 양벌규정에 의하여 사업자 아닌 행위자도 사업자에 대한 각 같은 법 제67조 제1호, 제69조 제4호 벌칙규정의 적용대상이 된다(대판 1995. 5. 26, 95도230).

③ **구 건축법**(1991. 5. 31. 법률 제4381호로 전문 개정되기 전의 것) 제54조 내지 제56조의 벌칙규정에서 그 적용대상자를 건축주, 공사감리자, 공사시공자 등 일정한 업무주(業務主)로 한정한 경우에 있어서, 같은 법 **제57조의 양벌규정**은 업무주가 아니면서 당해 업무를 실제로 집행하는 자가 있는 때에 위 벌칙규정의 실효성을 확보하기 위하여 그 적용대상자를 당해 업무를 실제로 집행하는 자에게까지 확장함으로써 그러한 자가 당해 업무집행과 관련하여 위 벌칙규정의 위반행위를 한 경우 위 양벌규정에 의하여 처벌할 수 있도록 한 행위자의 처벌규정임과 동시에 그 위반행위의 이익귀속주체인 업무주에 대한 처벌규정이라고 할 것이다(대판 1999. 7. 15, 95도2870).

양벌규정의 수범자 확대기능은 행정형벌법규에서 금지규정의 준수의무 주체 내지 수범자가 법인이나 업무주로 한정되어 있고, 실제 행위자를 처벌하는 규정을 두고 있지 않은 경우 비신범으로 행위자에 까지 처벌을 확대할 수 있는가의 문제이다. 이에 대해서는 긍정설과 부정설의 견해대립이 있으며, 대법원은 과거 중기관리법, 석유사업법, 산업안전보건법 등의 행정형벌법규에서는 벌칙규정의 적용범위를 확대하여 직접행위자인 종업원의 처벌을 긍정하였으나, 건축법상의 양벌규정에 대해 수범자범위 확대기능을 부정해왔다(대판 1993. 2. 9, 92도3207 등). 그러나 본 판결을 통하여 견해를 변경하였다.
한편 대상판결은 소급효금지의 원칙과 관련하여, '형사처벌의 근거가 되는 것은 법률이지 판례가 아니고, 구 건축법 제57조에 관한 판례의 변경은 그 법률조항의 내용을 확인하는 것에 지나지 아니하여 이로써 위 법률조항 자체가 변경된 것이라고 볼 수 없으므로'라고 하여 판례변경에 의해 처벌되지 않던 행위를 처벌한다고 하여 소급효금지원칙에 반하지 않음을 명시하였다.

④ **구 건설기계관리법 제43조**는 법인의 대표자나 법인 또는 개인의 대리인, 사용인 기타의 종업원이 그 법인 또는 개인의 업무에 관하여 같은 법 위반행위를 한 때에는 그 행위자를 벌하는 외에 그 법인 또는 개인에 대하여도 각 해당조의 벌금형을 과한다고 규정되어 있는바, 이 규정의 취지는 해당 본조의 위반행위를 중기소유자인 법인이나 개인이 직접 하지 않은 경우에도 그 행위자와 중기소유자 쌍방을 모두 처벌하려는 데에 있으므로, 위 양벌규정에 의하여 중기소유자가 아닌 행위자도 중기소유자에 대한 해당 각 본조의 벌칙규정의 적용대상이 되는 것에 불과하고, 중기소유자가 개인일 때 그 개인을 사용인으로 하는 또 다른 개인이나 법인을 처벌하기 위한 규정은 아니라고 봄이 상당하다(대판 2000. 5. 26, 99도1257).

제2편 犯罪論

제 3 장 構成要件

제 1 절 고의와 과실

Ⅰ. 고 의

1. 고의의 인식대상과 인정 기준

(1) 고의의 인식대상

① 주거침입죄는 사실상의 주거의 평온을 보호법익으로 하는 것이므로, 반드시 행위자의 신체의 전부가 범행의 목적인 타인의 주거 안으로 들어가야만 성립하는 것이 아니라 신체의 일부만 타인의 주거 안으로 들어갔다고 하더라도 거주자가 누리는 사실상의 주거의 평온을 해할 수 있는 정도에 이르렀다면 범죄구성요건을 충족하는 것이라고 보아야 할 것이고, 따라서 **주거침입죄의 범의**는 반드시 신체의 전부가 타인의 주거 안으로 들어간다는 인식이 있어야만 하는 것이 아니라 신체의 일부라도 타인의 주거 안으로 들어간다는 인식이 있으면 족하다고 할 것이고, … 야간에 타인의 집의 창문을 열고 집 안으로 얼굴을 들이미는 등의 행위를 하였다면 피고인이 자신의 신체의 일부가 집 안으로 들어간다는 인식 하에 하였더라도 주거침입죄의 범의는 인정되고, 또한 비록 신체의 일부만이 집 안으로 들어갔다고 하더라도 사실상 주거의 평온을 해하였다면 주거침입죄는 기수에 이르

렀다고 할 것이다(대판 1995. 9. 15, 94도2561).

대상판결은 종래 주거침입죄의 성립은 신체의 전부가 타인의 주거에 들어가야 한다는 전부침입설에서, 신체의 일부만 들어가면 족하다는 일부침입설로 새롭게 주거 '침입'의 개념을 정리하였다. 이를 통해 객관적 구성요건 표지에 대한 인식과 인용이라는 고의의 인정에 있어 전부침입설에 의할 때 주거권자의 의사에 반하여 '신체의 전부'가 들어가야 한다는 인식에서, 일부침입설을 통해 '신체의 일부'가 들어감을 인식하는 것으로 기준을 변경하여 전부침입설에 따른 1심 법원과 원심법원의 무죄판단과 달리 유죄 판단이 가능하게 되었다.

② 절도죄의 성립에 필요한 **불법영득의 의사**라 함은 권리자를 배제하고 타인의 물건을 자기의 소유물과 같이 그 경제적 용법에 따라 이용, 처분하려는 의사를 말한다. 원심판결 이유에 의하면 원심은, 피고인이 살해도구로 이용한 골프채와 피고인의 옷 등 다른 증거품들과 함께 피고인의 차량 트렁크에 싣고 서울로 돌아오는 중 이 사건 지갑을 쓰레기 소각장에서 태워버린 사실이 인정되므로, 피고인이 살해된 피해자의 주머니에서 지갑을 꺼낸 것은 자신의 살인 범행의 증거를 인멸하기 위한 것이어서 결국 불법영득의 의사가 있었다고 보기 어렵다고 판단하여 이 사건 공소사실 중 절도 부분에 대하여는 무죄를 선고한 제1심판결을 유지하였는바, 위에서 본 법리 및 기록에 비추어 살펴보면, 원심의 위 사실인정 및 판단은 정당하고, 거기에 상고이유에서 주장하는 바와 같은 채증법칙 위반으로 인한 사실오인의 위법이나 절도죄에 있어서 불법영득의사에 관한 법리오해의 위법이 있다고 할 수 없다(대판 2000. 10. 13, 2000도3655).

고의는 모든 객관적 구성요건요소에 대한 인식과 인용이므로, 행위의 주체, 객체, 행위, 행위상황, 인과관계, 결과 등이 인식대상이 되나, 구성요건요소가 아닌 책임요소, 처벌조건, 소추조건 등은 인식대상이 될 수 없으며 구성요건요소라고 하더라도 목적, 불법영득의사와 같은 고의 이외의 주관적 요소는 인식대상이 아니다.

③ 아동·청소년의 성보호에 관한 법률(이하 '법'이라 한다) 제2조 제2호 (가)목은 '제7조부터 제12조까지의 죄(제8조 제4항의 죄는 제외한다)'를, 같은 호 (다)목은 '아동 · 청소년에 대한 「형법」 제297조부터 제301조까지, 제301조의2, 제302조, 제303조, 제305조 및 제339조의 죄'를 각 '아동 · 청소년대상 성범죄'의 하나로 규정하고 있고, 법 제7조 제1항은 "여자 아동 · 청소년에 대하여 「형법」 제297조의 죄를 범한 자는 5년 이상의 유기징역에 처한다."고 규정하고 있으며, 법 제7조 제3항은 "아동 · 청소년에 대하여 「형법」 제298조의 죄를 범한 자는 1년 이상의 유기징역 또는 500만 원 이상 2천만 원 이하의 벌금에 처한다."고 규정하고 있다. 한편 법 제13조 제1항 본문은 "법원은 아동 · 청소년대상 성범죄를 범한

자에 대하여 유죄판결을 선고하면서 300시간의 범위에서 재범예방에 필요한 수강명령 또는 성폭력 치료프로그램의 이수명령(이하 '이수명령'이라 한다)을 병과하여야 한다."고 규정하고 있고, 법 제33조 제1항 본문은 "아동·청소년대상 성범죄로 유죄판결이 확정된 자 또는 제38조 제1항 제5호에 따라 공개명령이 확정된 자는 신상정보 등록대상자(이하 '등록대상자'라 한다)가 된다."고 규정하고 있다. 위와 같이 법 제7조에서 아동·청소년에 대한 강간·강제추행 등을 가중하여 처벌하는 별도의 규정을 두고 있는 점을 비롯하여 법의 입법취지 및 경위에 비추어 볼 때, 법 제2조 제2호 (다)목의 **아동·청소년대상 성범죄를 범한 자**라 함은 성범죄의 대상이 아동·청소년이라는 사실을 **인식하였는지 여부에 관계없이** 아동·청소년에 대한 형법 제297조부터 제301조까지, 제301조의2, 제302조, 제303조, 제305조 및 제339조의 죄를 범한 자를 의미한다고 할 것이다(대판 2011. 12. 8, 2011도8163).

비교판례 1

특정 범죄자에 대한 위치추적 전자장치 부착 등에 관한 법률에 의한 성폭력범죄자에 대한 전자감시제도는, 성폭력범죄자의 재범방지와 성행교정을 통한 재사회화를 위하여 그의 행적을 추적하여 위치를 확인할 수 있는 전자장치를 신체에 부착하게 하는 부가적인 조치를 취함으로써 성폭력범죄로부터 국민을 보호함을 목적으로 하는 일종의 보안처분이다. 이러한 전자감시제도의 목적과 성격, 그 운영에 관한 위 법률의 규정 내용 및 취지 등을 종합해 보면, 전자감시제도는 범죄행위를 한 자에 대한 응보를 주된 목적으로 그 책임을 추궁하는 사후적 처분인 형벌과 구별되어 그 본질을 달리한다. 따라서 성폭력범죄를 다시 범할 위험성이 있는 사람에 대한 **전자장치 부착명령의 청구 요건**의 하나로 위 법률 제5조 제1항 제4호에서 규정한 **'16세 미만의 사람에 대하여 성폭력범죄를 저지른 때'**란 피부착명령청구자가 저지른 성폭력범죄의 피해자가 16세 미만의 사람인 것을 말하고, 더 나아가 피부착명령청구자가 자신이 저지른 성폭력범죄의 피해자가 16세 미만이라는 점까지 인식하여야 하는 것은 아니라고 할 것이다(대판 2011. 7. 28, 2011도5813).

비교판례 2

형사재판에서 공소가 제기된 범죄의 구성요건을 이루는 사실은 그것이 주관적 요건이든 객관적 요건이든 그 입증책임이 검사에게 있으므로, 이 사건 법조항에서 정하는 범죄의 성립이 인정되려면, **피고인이 피해자가 13세 미만의 여자임을 알면서 그를 강간하였다는 사실이 검사에 의하여 입증**되어야 한다. 물론 피고인이 일정한 사정의 인식 여부와 같은 내심의 사실에 관하여 이를 부인하는 경우에는 이러한 주관적 요소로 되는 사실은 사물의 성질상 그 내심과 상당한 관련이 있는 간접사실 또는 정황사실을 증명하는 방법에 의하여 이를 입증할 수밖에 없고, 이 때 무엇이 상당한 관련성이 있는 간접사실에 해당할 것인가는 정상적인 경험칙에 바탕을 두고 사실의 연결상태를 합리적으로 분석·판단하는 방법에 의하여야 한다. 그러나 피해자가 13세 미만의 여자라는 객관적 사실로부터 피고인이 그 사실을 알고 있었다는 점이 추단된다고 볼 만한 경험칙 기타 사실상 또는 법적 근거는 이를 어디서도 찾을 수 없다. 그렇다면 "피해자가 13세 미만의 여자인 이상 그 당시의 객관적인 정황에 비추어 피고인이 피해자가 13세 미만의 여자라는 사실을 인식하였더라면 강간행위로 나아가지 아니하였으리라고 인정할 만한 합리적인 근거를 찾을 수 없다면" 이 사건 법조항에서 정하는 강간죄에 관한 미필적 고의가 인정될 수 있다고 하는 법리는 범죄의 주관적 구성요건사실 역시 객관적 구성요건사실과 마찬가지로 검사에 의하여 입증되어야 한다는 형사소송법상의 중요한 원칙을 정당한 이유 없이 광범위한 범위에서 훼손하는 것으로서 쉽사리 용납될 수 없다. 설사 이 사건 법조항이 원심이 이해하는 대로 신체적 또는 정신적으로 미숙한 단계인 13세 미만 미성년자의 정상적인 성적 발달을 특별히 보호하기 위한 규정이라고 하더라도, 그것이 13세 미만의 여자라는 사실에 대한 피고인의 인식에 관한 검사의 입증책임을 완화하기에 충분한 이유가 되지 아니하는 것이다. 따라서 13세 미만의 여자에 대한 강간죄에 있어서 피해자가 13세 미만이라고 하더라도 피고인이 피해자가 13세 미만인 사실을 몰랐다고 범의를 부인하는 경우에는 다른 범죄의 경우와 마찬가지로 상당한 관련성이 있는 간접사실 또는 정황사실에 의하여 그 입증 여부가 판단되어야 한다(대판 2012. 8. 30, 2012도7377).

이 판결은 2011도8163과 비교판례인 2011도5813과 비교하였을 때 의미가 있다. 대법원은 형벌과 구분되는 보안처분이라는 이유로 성폭법상의 위치추적 전자장치의 부착 요건으로 성폭력범죄 피해자의 연령, 즉 행위객체에 대한 인식이 필요없다고 판단하였으며, 나아가 아청법의 경우 가중처벌 규정, 입법 취지 및 입법경위를 고려하여 아동·청소년 대상 성범죄를 범한 자를 성범죄의 대상이 아동·청소년이라는 사실을 인식하였는지 여부에 관계없이 형법상의 강간죄, 강제추행죄 등을 범한 자로 판단하고 있다. 그러나 이러한 판단은 형법의 일반원리에 비추어 무리가 있다. 행위객체에 대한 인식이 있어야지만 구성요건적 고의가 인정될 수 있기 때문이다. 그리고 구성요건적 고의 판단은 보안처분에 있어서도 동일한 것이다. 이 점에서 2012도7377 판결과 달리 2011도8163과 2011도5813 판결은 국민의 법감정, 여론 등으로 입법과정에서 형법의 상징형법으로의 변질이 있었으며, 재판에서도 형법의 왜곡이 이뤄진 대표적인 판례라고 할 수 있을 것이다.

(2) 고의의 인정

범의가 있다 함은 자기가 의도한 행위에 의해 범죄사실이 발생할 것을 인식하면서 그 행위를 감행하거나 하려고 하면 충분하고, 결과발생을 희망할 필요는 없다(대판 1987. 10. 13, 87도1240).

비교판례 1

무고죄에 있어 형사 또는 징계처분을 받게 할 목적에는 처분을 받게 될 것이라는 인식으로 충분하고 결과발생의 희망을 요하지 않는다(대판 1991. 5. 10, 90도2601).

비교판례 2

국가보안법 제7조 제5항의 죄는 제1, 3, 4항에 규정된 이적행위를 할 목적으로 문서·도화 기타의 표현물을 제작·수입·복사·소지·운반·반포·판매 또는 취득하는 것으로서 이른바 목적범임이 명백하다. 목적범에서의 **목적**은 범죄 성립을 위한 초과주관적 위법요소로서 고의 외에 별도로 요구되는 것이므로, 행위자가 표현물의 이적성을 인식하고 제5항의 행위를 하였다고 하더라도 이적행위를 할 목적이 인정되지 아니하면 그 구성요건은 충족되지 아니한다. 그리고 형사재판에서 공소가 제기된 범죄의 구성요건을 이루는 사실에 대한 증명책임은 검사에게 있으므로 행위자에게 이적행위를 할 목적이 있었다는 점은 검사가 증명하여야 하며, 행위자가 이적표현물임을 인식하고 제5항의 행위를 하였다는 사실만으로 그에게 이적행위를 할 목적이 있었다고 추정해서는 아니된다. 이 경우 행위자에게 이적행위 목적이 있음을 증명할 직접증거가 없는 때에는 표현물의 이적성의 징표가 되는 여러 사정들에 더하여 피고인의 경력과 지위, 피고인이 이적표현물과 관련하여 제5항의 행위를 하게 된 경위, 피고인의 이적단체 가입 여부 및 이적표현물과 피고인이 소속한 이적단체의 실질적인 목표 및 활동과의 연관성 등 간접사실을 종합적으로 고려하여 판단할 수 있다. 이와 달리 이적표현물임을 인식하면서 취득·소지 또는 제작·반포하였다면 그 행위자에게는 위 표현물의 내용과 같은 이적행위를 할 목적이 있는 것으로 추정된다는 취지로 판시한 대법원 1992. 3. 31. 선고 90도2033 전원합의체 판결을 비롯하여 이 사건 전원합의체 판결의 견해에 배치되는 다른 대법원 판결들을 변경한다(대판 2010. 7. 23, 2010도1189 전원합의체 다수의견).

이 판결은 객관적 구성요건요소의 인식과 인용, 즉 고의라는 주관적 구성요건요소에 더하여 추가로 필요한 초과주관적 구성요건요소로서 목적에 대한 판단과 입증의 문제를 명시적으로 언급하였다는 점에 의미가 있다(대법원은 초과주관적 '위법'요소라는 표현을 쓰고 있다). 목적과 같은 초과주관적 구성요건요소는 현실적으로 실현되지 않더라도 범죄의 성립에는 지장이 없으나 존재하지 않으면 구성요건의 실현은 불가능하게 되므로, 이적표현물임을 알았다고 하더라도 이적행위를 할 '목적'이 인정되어야만 국가보안법 위반죄의 구성요건이 충족되는 것이다. 그리고 이러한 목적은 입증책임이 검사에게 있으므로 이적행위를 할 목적을 검사가 증명하여야 하며, 이적표현물임을 인식하고 취득 또는 소지하였다고 하여 곧바로 그러한 목적이 있었다고 추정해서는 안된다고 하여 기존 견해를 변경하였다.

2. 확정적 고의

(1) 고의를 인정한 경우

① 피고인이 피해자인 누나의 집에서 온 몸에 연소성이 높은 고무놀을 바르고 라이타 불을 켜는 동작을 하면서 이를 말리려는 피해자 등에게 가위, 송곳을 휘두르면서 **"방에 불을 지르겠다", "가족 전부를 죽여버리겠다"고** 소리지고 이를 약 1시간 가량 말리던 피해자가 끝내 무섭고 두려워 신고를 하였다면, 피고인의 행위는 피해자로 하여금 공포심

을 일으킬 수 있는 정도의 해악의 고지가 되고, 피고인에게 협박의 고의가 있었다(대판 1991. 5. 10, 90도2102). : 협박죄

② 야간에 타인의 집의 창문을 열고 집 안으로 **얼굴**을 들이미는 등의 행위를 하였다면 피고인이 자신의 신체의 일부가 집 안으로 들어간다는 인식하에 하였더라도 주거침입죄의 범의는 인정되고, 또한 비록 신체의 일부만이 집 안으로 들어갔다고 하더라도 사실상 주거의 평온을 해하였다면 주거침입죄는 기수에 이르렀다(대판 1995. 9. 15, 94도2561). : 주거침입죄

③ 이 사건 범행은 피고인의 운전 부주의로 승용차가 저수지에 추락하여 발생한 것이 아니라, 피고인이 교통사고를 가장하여 피해자인 자녀들을 살해하고 보험금을 수령하여 자신의 경제적 곤란을 해결하고 신변을 정리하는 한편, 그 범행을 은폐할 목적으로 보험의 피보험자인 자녀들 외에 조카들과 피해자 1을 승용차에 태운 후에 고의로 승용차를 저수지에 추락시켜 피해자들을 사망하게 한 것으로서 피해자들에 대한 살인의 범의가 인정된다(대판 2001. 11. 27, 2001도4392). : 살인죄

(2) 고의를 부정한 경우

① 민사소송법 기타의 공법의 해석을 잘못하여 피고인이 가압류의 효력이 없는 것이라 하여 가압류가 없는 것으로 착오하였거나 또는 봉인 등을 손상 또는 효력을 해할 권리가 있다고 오신한 경우에는 민사법령 기타 공법의 부지에 인한 것으로서 이러한 **법령의 부지**는 형벌법규의 부지와 구별되어 범의를 저각한다고 해석할 것이다(대판 1970. 9. 22, 70도1206). : 공무상비밀표시무효죄

② 절도의 범의는 타인의 점유하에 있는 타인소유물을 그 의사에 반하여 자기 또는 제3자의 점유하에 이전하는 데에 대한 인식을 말하므로, 타인이 그 **소유권을 포기하고 버린 물건으로 오인**하여 이를 취득하였다면 이와 같이 오인하는 데에 정당한 이유가 인정되는 한 절도의 범의를 인정하기 어렵다고 할 것이다(대판 1989. 1. 17, 88도971). : 절도죄

> 피고인 甲은 고물행상인으로서 새벽에 청소부들이 쓰레기를 수거하기 전에 고물을 수집하기 위하여 다니는데, 乙이 경영하는 대성슈퍼의 쓰레기통 옆에 놓여 있고 그 위에 쓰레기로 보이는 신문지 등이 덮여 있어서 소유권을 포기하고 버린 것으로 알고 그 종이와 두부상자를 피고인의 리어카에 싣고 왔다. 그러나 두부상자는 丙이 대성슈퍼마켓에 두부를 담아 납품하고 난 빈상자로서 회수해 가도록 신문지를 덮어 새벽에 점포 밖에 내놓아두는데 그 위치는 위 슈퍼마켓 옆에 있는 쓰레기통 옆이었다. 이에 甲은 두부상자 1개 1,200원 상당을 절취한 혐의로 기소되었다.

③ 위증죄에서 증인의 증언이 기억에 반하는 허위의 진술인지 여부를 가릴 때에는 그 증언의 단편적인 구절에 구애될 것이 아니라 당해 신문 절차에서 한 증언 전체를 일체로 파악하여야 하고, 그 결과 **증인**이 무엇인가 **착오**에 빠져 기억에 반한다는 인식 없이 증언하였음이 밝혀진 경우에는 위증의 범의를 인정할 수 없는 것(이다)(대판 1991. 5. 10, 89도1748). : 위증죄

④ 관할 경찰당국에서 피고인에게 통지에 갈음하여 적법한 공고를 거쳤다고 하더라도 피고인에 대한 **운전면허취소**처분이 효력을 발생하게 되는 것은 별론으로 하고 위 **공고**만으로 피고인이 이 사건 피고인의 운전면허가 취소된 사실을 알게 되었다고 볼 수는 없다 할 것이므로 피고인에게 무면허운전이라는 점에 대한 고의가 있었다고 할 수 없다(대판 1993. 3. 23, 92도3045). : 도로교통법위반

⑤ 별다른 학식이 없는 평범한 가정주부에 지나지 않는 피고인으로서는 등기부에 등재된 이○○가 피고인의 남편과 동일인이라고 믿을 수밖에는 없었다고 보여지고, 더욱이 위 상속등기 후 위 이○○을 찾아가 나머지 등기까지 넘겨달라고 따진 적이 있었던 사실까지 보태어 보면 도저히 피고인이 이 사건 상속등기를 의뢰할 당시 등기부에 등재된 공소외 1이 피고인의 남편과 동일인이 아니라는 사실을 알고 있었다고 볼 수는 없다 할 것이다. 그렇다면 피고인에게는 이 사건 공정증서원본불실기재 및 동행사죄에 대한 범의가 없어 그에 대한 죄책을 물을 수는 없다(대판 1995. 4. 28, 94도2679). : 공정증서원본부실기재 및 동행사죄

피고인은 1931년생으로 초등학교 2학년을 중퇴하고 22세 때 남편과 결혼한 후 남편이 사망할 때까지 함께 생활하였다. 그런데 경주시청이 전산화 과정에서 조사착오로 이 사건 부동산의 토지대장상에 피고인의 남편 주민등록번호를 등재하게 되었고, 종합토지세 고지서를 송부받고 이와 같은 사실을 알게 되자 경주시청에 가서 확인하고, 상속등기를 의뢰한 사안이다. 그런데 피고인은 남편으로부터 생전에 경주에 부동산을 사두었다는 말을 들은 적이 있으며 실제로 피고인의 남편이 경주에 주소를 두고 많은 부동산을 소유하고 있었고, 피고인이 적극적으로 수소문하여 토지대장에 피고인의 남편의 주민등록번호가 등재되었음을 알게 된 것이 아니라 종합토지세 고지서를 통해 알게 되었다.

⑥ 건설면허를 대여받아 자기 소유의 건물을 신축하면서 공소외인으로부터 교부받은 허위의 세금계산서를 세무서에 제출하여 매입세액을 환급받은 경우, 피고인에게 조세범처벌법 제9조 소정의 조세포탈등죄의 고의가 있다고 인정하기 위해서는 "허위의 세금계산서에 의하여 매입세액의 환급을 받는다는 인식 이외에 공소외인이 위 허위의 세금계산서상의 매출세액을 제외하고 부가가치세의 과세표준 및 납부세액을 신고·납부하거나 또

는 위 허위의 세금계산서상의 매출세액 전부를 신고·납입한 후 그 매출세액을 환급받는 등으로 위 허위의 세금계산서상의 부가가치세 납부의무를 면탈함으로써 결과적으로 피고인이 위 허위의 세금계산서에 의한 매입세액의 공제를 받는 것이 국가의 조세수입의 감소를 가져오게 될 것이라는 인식이 있어야 한다"(대판 2001. 2. 9, 99도2358). : 조세범처벌법위반죄

3. 미필적 고의

(1) 살인죄의 경우

1) 미필적 고의를 인정한 판례

① 피고인이 범행에 이르게 된 경위, 범행의 동기, 준비된 흉기의 유무·종류·용법, 공격의 부위와 반복성, 사망의 결과발생가능성 정도, 범행 후에 있어서의 결과회피행동의 유무 등 범행 전후의 객관적인 사정을 종합적으로 고려하여 판단(한다)(대판 2000. 8. 18, 2000도2231).

② **식도로 피해자의 하복부**를 2회, 좌측 대퇴부를 1회 힘껏 찔러 자궁벽파열로 인한 실혈로 피해자를 그 자리에서 사망케 한 피고인의 범행은 살인의 결과발생을 인식하고 저지른 소행이었다고 추단하기에 어렵지 아니하므로 피고인에게 살인의 범의가 있었다(대판 1983. 11. 22, 83도2481).

③ 길이 26센티미터 가량의 식칼로 피해자의 **복부**를 1회 찌르고 다시 도망하다가 배를 움켜쥐고 엎드려 있는 피해자를 20미터 가량 추격하여 오른쪽 옆구리를 1회 찔러 그 자리에서 사망케 한 경우, 살의가 있었다고 판단한 것은 정당하다(대판 1986. 5. 27, 86도367 등).[1]

④ 피고인이 피해자의 욕설에 크게 격분하여 흉기인 **과도**를 들고 피해자에게 달려가서 막바로 피해자의 **목**(경부)을 위 흉기로 치명상을 입도록 힘껏 내리 찔러 그 자리에서 바로 사망하게 하였다면 위 피고인에게 살해의 의식이 없었다 할 수는 없다(대판 1987. 7. 21, 87도1091).

---

1 대법원은 이혼소송중인 남편이 찾아와 가위로 폭행하고 변태적 성행위를 강요하는 데에 격분하여 침대 밑에 숨겨두었던 칼(길이 34㎝, 칼날길이 21㎝) 한 자루를 꺼내 들고 피해자의 복부 명치 부분을 1회 힘껏 찔러 복부자창을 가하고, 이로 인하여 장간막 및 복대동맥 관통에 의한 실혈로 인하여 그 자리에서 사망하게 妻에 대하여, '상해'의 고의를 인정하여 살인죄가 아닌 상해치사죄의 구성요건해당성은 인정하였다. 다만 정당방위나 과잉방위가 부정되어 위법성을 인정하고 있다. 즉 妻의 행위는 방위행위로서의 한도를 넘어선 것으로 사회통념상 용인될 수 없다는 이유로 정당방위나 과잉방위에 해당하지 않는다고 본 것이다(대판 2001. 5. 15, 2001도1089).

⑤ 술이 취한 채 **탈취한 버스**를 운전하여 그때 시위대를 진압하기 위하여 차도를 차단하여 포진하고 있는 충남경찰국 기동대원을 향하여 시속 50킬로미터의 속력으로 돌진하자, … 인도쪽으로 피하는 대원들을 따라 일부러 핸들을 우측으로 틀면서 돌진하여 위 버스 전면차체부위로 피해자들을 들이받아 … 사망케 하여 그를 살해하고 … 피고인의 위 범행에 대하여 미필적인 살의가 있었다(대판 1988. 6. 14, 88도692).

⑥ 피해자들의 머리나 가슴 등 치명적인 부위를 낫이나 칼로 찌르지는 않았다고 하더라도, **쇠파이프와 각목**으로 피해자들의 **머리와 몸**을 마구 때리고 낫으로 팔과 다리를 난자한 이상(그로 인하여 피해자 1은 10일이 지나도록 의식조차 회복하지 못하였고, 피해자 2는 16주 내지 18주의 치료를 요하는 상해를 입었다), 위 피고인들이 소론과 같이 자기들의 가해행위로 인하여 피해자들이 사망할 수도 있다는 사실을 인식하지 못하였다고 볼 수 없고(오히려 살인의 미필적 고의가 있었다고 볼 수 있다)(대판 1994. 3. 22, 93도3612).[2]

⑦ 채무에 대하여 보증을 선 문제로 피해자와 말다툼을 하던 중 피해자가 피고인에게 욕설을 하고 얼굴에 침을 뱉는 등으로 모욕을 주자 이에 격분하여 그 주변 길바닥에 있던 가로 **15㎝, 세로 6㎝, 길이 153㎝(무게 7㎏)의 목재**를 들고 길바닥에 누워 있던 피해자의 머리(왼쪽 귀 윗부분)를 1회 때려 피해자로 하여금 그 자리에서 외상성뇌지주막하출혈로 사망하게 한 … 피고인에 대하여 최소한 살인의 미필적 고의가 있었다고 하는 원심의 판단은 정당하(다)(대판 1998. 6. 9, 98도980).

⑧ 피고인이 **무술교관출신**으로서 인체의 급소를 잘 알고 있으면서도 무술의 방법으로 피해자의 **울대**를 가격하여 피해자를 사망케 한 행위에 살인의 범의가 있다(대판 2000. 8. 18, 2000도2231).

⑨ 피고인은 건장한 체격의 군인으로서 키 150㎝, 몸무게 42㎏의 왜소한 피해자를 상대로 폭력을 행사하였고 특히 **급소인 목**을 15초 내지 20초 동안 세게 졸라 피해자의 설골이 부러질 정도였던 … 피고인에게 최소한 살인의 미필적 고의는 있었다(대판 2001. 3. 9, 2000도5590).

⑩ 강도가 **베개**로 피해자의 머리부분을 약 3분간 누르던 중 피해자가 저항을 멈추고 사지가 늘어졌음에도 계속하여 누른 행위에 살해의 고의가 있었다(대판 2002. 2. 8, 2001도6425).

2) 미필적 고의를 부정한 판례

① 생모가 사망의 위험이 예견되는 그 딸에 대하여는 수혈이 최선의 치료방법이라는

---

2 대법원은 돌로 '후두부와 전안부'를 강타한 경우(대판 1968. 1. 31, 67도1495)에도 미필적 고의를 인정하였다.

의사의 권유를 자신의 종교적 신념이나 후유증 발생의 염려만을 이유로 완강하게 거부하고 방해하였다면 이는 결과적으로 요부조자를 위험한 장소에 두고 떠난 경우나 다름이 없다고 할 것이고 그때 사리를 변식할 지능이 없다고 보아야 마땅한 11세 남짓의 환자본인 역시 **수혈을 거부**하였다고 하더라도 생모의 수혈거부 행위가 위법한 점에 영향을 미치는 것이 아니다(대판 1980. 9. 24, 79도1387).

피고인은 11세 딸이 전격성간염으로 장내출혈증세를 보여 병원에 입원을 시켰으나, 현대의학상 최선의 치료방법이라며 의사들이 권유하는 수혈을 자신이 믿는 **'여호와의 증인'**의 교리에 어긋난다는 이유와 후유증발생의 염려만을 이유로 의사의 수혈을 방해하여 딸을 장내출혈에 따른 실혈로 인해 사망케 한 사안으로 유기치사죄가 인정되었다.

② 평소 절친하게 지내던 **직장 동료**로서 이 사건 해변으로 놀러와서 이틀 동안 연이어 지나치게 과음하는 바람에 피해자의 술주정으로 싸움이 벌어져 서로 폭행을 주고받는 과정에서 우발적으로 피해자가 사망한 사고가 발생하게 되었고, 피고인에게 평소 피해자를 살해할 만한 특별한 동기가 있었던 것으로는 보여지지 아니하며, 피고인이 술에 취해 피해자와 싸우던 중 모래사장에 엎어진 피해자의 **뒷머리**를 잠시 누르기는 하였으나 위 싸움의 과정에서 흉기를 사용하지는 아니하였고, 그다지 심한 방법으로 반복하여 폭행을 가한 것도 아니었으며, 피고인이 위와 같이 피해자의 뒷머리를 누를 당시 술에 만취한 데다가 순간적으로 격분한 상태였던 점을 감안하면 피해자가 사망할지도 모른다는 인식까지 한 것으로는 보여지지 아니하므로, … 피고인에게 피해자를 살해하려는 범의가 있었던 것으로 쉽사리 단정하기 어렵다(대판 2001. 6. 29, 2001도1091).

(2) 기타범죄

1) 미필적 고의를 인정한 경우

① 다수인이 현존하는 건조물에 **방화**한 경우 살인의 점에 대한 미필적 고의가 있다고 보아야 한다(대판 1983. 3. 8, 82도3248). : 현주건조물방화죄

② 극도로 재무구조가 악화되어 특별한 금융혜택을 받지 않는 한 기업의 도산이 불가피한 상황에 이르렀는데 당시 피고인이 특별한 금융혜택을 받을 수 있는 가능성은 없었던 사실과 피고인은 위와 같은 상황을 숨기고 이 사건 피해자들로부터 원심판시와 같은 생산자재용 물품을 납품받은 사실이 적법하게 인정된다. … 피고인에게 편취의 미필적 범의가 인정된다(대판 1983. 5. 1, 83도340 전원합의체판결 다수의견). : 사기죄

③ 피고인들이 피조개양식장에 피해를 주지 아니하도록 할 의도에서 선박의 닻줄을 7샤클(175미터)에서 5샤클(125미터)로 감아놓았고 그 경우에 **피조개양식장**까지의 거리는 약 30미터까지 근접한다는 것이므로 닻줄을 50미터 더 늘여서 7샤클로 묘박하였다면 선박이 태풍에 밀려 피조개양식장을 침범하여 물적 손해를 입히리라는 것은 당연히 예상되는 것이고, 그럼에도 불구하고 태풍에 대비한 선박의 안전을 위하여 선박의 닻줄을 7샤클로 늘여 놓았다면 이는 피조개양식장의 물적피해를 인용한 것이라 할 것이어서 재물손괴의 점에 대한 미필적 고의를 인정할 수 있다(대판 1987. 1. 20, 85도221)[3]. : 재물손괴죄

④ 의무경찰이 학생들의 가두캠페인 행사관계로 직진하여 오는 택시의 운전자에게 좌회전 지시를 하였음에도 택시의 운전자가 계속 직진하여 와서 택시를 세우고는 항의하므로 그 의무경찰이 택시 약 30㎝ 전방에 서서 이유를 설명하고 있는데 그 운전자가 신경질적으로 갑자기 좌회전하는 바람에 **택시 우측 앞 범퍼**부분으로 의무경찰의 무릎을 들이받은 사안에서, … 의무경찰을 충격하리라는 사실을 쉽게 알고도 이러한 결과발생을 용인하는 내심의 의사, 즉 미필적 고의가 있었다고 봄이 경험칙상 당연하다(대판 1995. 1. 24, 94도1949). : 공무집행방해죄

⑤ 어음이 지급기일에 결제되지 않으리라는 점을 예견하였거나 지급기일에 지급될 수 있다는 확신이 없으면서도 그러한 내용을 수취인에게 고지하지 아니하고 이를 속여서 할인을 받았다면 사기죄가 성립한다고 할 것이고, 사기죄의 주관적 구성요건인 편취의 범의는 피고인이 자백하지 않는 이상 범행 전후의 피고인의 재력, 환경, 범행의 내용, 거래의 이행과정 등과 같은 객관적인 사정 등을 종합하여 판단할 수밖에 없다 할 것이고, 그 범의는 확정적인 고의가 아닌 미필적인 고의로도 족하다(대판 1997. 12. 26, 97도2609). : 사기죄

⑥ **선박매몰죄**의 고의가 성립하기 위하여는 행위시에 사람이 현존하는 것이라는 점에 대한 인식과 함께 이를 매몰한다는 결과발생에 대한 인식이 필요하며, 현존하는 사람을 사상에 이르게 한다는 등 공공의 위험에 대한 인식까지는 필요하지 않고, 사람의 현존하는 선박에 대해 매몰행위의 실행을 개시하고 그로 인하여 선박을 매몰시켰다면 매몰의 결과발생시 사람이 현존하지 않았거나 범인이 선박에 있는 사람을 안전하게 대피시켰다고 하더라도 선박매몰죄의 기수로 보아야 할 것이지 이를 미수로 볼 것은 아니다(대판 2000. 6. 23, 99도4688). : 선박매몰죄

⑦ 상해죄의 성립에는 상해의 원인인 폭행에 대한 인식이 있으면 충분하고 상해를

---

3 이른바 금성호사건으로, 결론적으로는 피고인들의 행위가 태풍을 피하기 위한 긴급피난에 해당하여 위법성이 조각된 사안이다.

가할 의사의 존재까지는 필요하지 않(다)(대판 2000. 7. 4, 99도4341). : 상해죄

비교판례

자동차보험의 약관에서 규정하고 있는 고의라 함은 자신의 행위에 의하여 일정한 결과가 발생하리라는 것을 알면서 이를 행하는 심리 상태를 말하고, 여기에는 확정적 고의는 물론 미필적 고의도 포함된다고 할 것이다. 그리고 고의와 같은 내심의 의사는 이를 인정할 직접적인 증거가 없는 경우에는 사물의 성질상 고의와 상당한 관련성이 있는 간접사실을 증명하는 방법에 의하여 입증할 수밖에 없고, 무엇이 상당한 관련성이 있는 간접사실에 해당할 것인가는 사실관계의 연결상태를 논리와 경험칙에 의하여 합리적으로 판단하여야 할 것이다. … 사건 승용차를 40여m 가량 주행하다 급하게 멈추어 승용차 보닛 위에 매달려 있던 원고를 도로에 떨어뜨린 후 원고의 부상 여부조차 확인하지 않고 자신의 집으로 간 점, 이 사건 사고 장소가 아스팔트 포장도로로서 추락시 크게 다칠 수 있는 곳이었던 점 등 그 판시 사정을 종합하여 볼 때, 제1심공동피고 2가 일부러 원고를 승용차에서 떨어뜨려 상해를 입게 할 것을 적극적으로 의욕하였다고 단정할 수는 없다고 하더라도 적어도 원고를 승용차에서 떼어낼 요량으로 급정거함으로써 그러한 결과 발생을 용인하였거나 자기의 행위로 인하여 상해가 발생하리라는 점을 예견하였다고 보아, 제1심공동피고 2에게 적어도 미필적 고의는 있었다고 판단한 다음, 이 사건 사고로 인하여 원고가 입은 손해는 이 사건 보험계약 약관 규정에서 정한 '고의로 인한 손해'에 해당하는 것이(다)(대판 2010. 1. 28, 2009다72209).

⑧ 청소년보호법 제26조의2 제8호는 누구든지 "청소년에 대하여 **이성혼숙**을 하게 하는 등 풍기를 문란하게 하는 영업행위를 하거나 그를 목적으로 장소를 제공하는 행위"를 하여서는 아니된다고 규정하고 있는바, 위 법률의 입법 취지가 청소년을 각종 유해행위로부터 보호함으로써 청소년이 건전한 인격체로 성장할 수 있도록 하기 위한 것인 점 등을 감안하면, … 여관업을 하는 자로서는 이성혼숙하려는 자의 외모나 차림 등에 의하여 청소년이라고 의심할 만한 사정이 있는 때에는 신분증이나 기타 확실한 방법에 의하여 청소년인지 여부를 확인하고 청소년이 아닌 것으로 확인된 경우에만 이성혼숙을 허용하여야 할 것이므로, 위와 같은 경우 신분증을 소지하지 않았다는 말을 듣고 단지 구두로만 연령을 확인하여 이성혼숙을 허용하였다면, 적어도 청소년 이성혼숙에 관한 미필적 고의가 있다고 보아도 좋을 것이다(대판 2001. 8. 21, 2001도3295). : 청소년보호법위반

유사판례

피고인들이 청소년인 공소외 1 등을 소개업자인 공소외 2에게서 소개받아 자신들의 업소에 고용할 때 위 공소외 2가 이들을 성년자라고 하여 소개하였고 위 공소외 1 등 역시 청소년인 사실을 숨기기 위해 가명을 쓰고 주민등록증을 분실하였다고 하면서 성년자라고 속였으며 선불금을 지급받으면서 업주에게 작성해주는 차

> 용증이나 현금보관증 등에 인적 사항을 기재하면서 가명과 허위의 성년자 주민등록번호를 써준 사실은 있으나, 더 나아가 위조된 성년자의 주민등록증을 소지하고 다니면서 자신들이 그 명의인인 것처럼 행세하면서 피고인들을 속인 것은 아닌 사실을 알 수 있다. 따라서 피고인들이 상고이유에서 주장하는 바와 같이 소개업자와 공소외 1 등의 말이나 차용증 또는 현금보관증상의 주민등록번호 기재를 그대로 믿었다거나, 공소외 1이 가르쳐준 연락처로 전화하여 공소외 1의 모친이라는 사람과 통화하였다거나, 공소외 1 등의 외모가 청소년이라고 생각할 수 없을 정도였다거나, 성년자의 주민등록번호가 기재된 보건증을 확인하였다거나, 분실한 주민등록증을 다시 발급받아 오도록 독촉하였다거나, 공소외 1 등의 고용을 업소마담이나 지배인에게 맡겨두었을 뿐이라는 등의 사유가 있었다고 하더라도, 그러한 사정만으로는 피고인들이 **청소년유해업소 업주로서의 청소년연령확인**에 관하여 필요한 조치를 다하였다고는 할 수 없고, 그렇다면 피고인들에게는 위 공소외 1 등이 청소년임에도 이들을 고용한다는 점에 관하여 적어도 미필적 고의가 있었다고 볼 것이다(대판 2006. 3. 23, 2006도477).

⑨ 피고인이 배임죄의 범의를 부인하는 경우에는 사물의 성질상 배임죄의 주관적 요소로 되는 사실은 고의와 상당한 관련성이 있는 간접사실을 증명하는 방법에 의하여 입증할 수밖에 없고, 이때 무엇이 상당한 관련성이 있는 간접사실에 해당할 것인가는 정상적인 경험칙에 바탕을 두고 치밀한 관찰력이나 분석력에 의하여 사실의 연결상태를 합리적으로 판단하여야 한다. 위 법리와 기록에 비추어 알 수 있는 다음과 같은 사정, 즉 피고인은 ○○화학 재직 중에 '직원으로서 재직 중 취득하거나 알게 된 회사의 경영정보, 업무상 비밀 등을 회사의 사전 서면 승낙 없이 업무 이외의 목적이나 부정한 목적으로 근무지 외로 반출하거나 사용하지 않을 것' 등을 내용으로 하는 정보보호동의서를 작성하였고, ○○화학은 회사의 경영정보 등 영업비밀을 메신저 등을 통하여 외부로 유출하는 일체의 행위를 하여서는 아니된다는 내용의 정보보호규정과 외부발송메일관리요령에 관한 규정을 두고 있었으며, 피고인도 위와 같은 규정을 알고 있었던 점, 피고인이 이메일로 전송한 이 사건 파일들 중 제1, 2번 파일에는 비밀문서 표시가 기재되어 있어 이를 무단으로 반출하면 안 되는 파일임을 쉽게 알 수 있었던 점, 피고인은 이 사건 파일들을 개인 이메일로 전송한 이후에 자신의 집에 있는 외장하드디스크에 보관하고 있다가 ○○화학의 보안담당자로부터 보안체크 확인서의 제출을 요구받고 나서야 이 사건 파일들을 삭제한 점, 피고인이 이 사건 파일들을 개인 이메일로 전송한 바로 당일 저녁에 엘지화학과 경쟁업체인 ◇◇석유화학 주식회사(이하 '◇◇석유화학'이라고 한다)에 인터넷으로 입사를 신청하였고, 그 후 ◇◇석유화학에 입사하여 상품기획팀에서 ○○화학에서의 업무와 유사한 업무를 담당하였는데, 이 사건 파일들에 있는 문서들은 ◇◇석유화학에도 경제적 유용성이 있는 정보였던 점, 피고인은 '2009년도 다웍스 사업계획서'를 작성하기 위해서 이 사건 파일들을 전송하

였다고 주장하지만, 피고인이 위 사업계획서를 작성하지 않은 것으로 보아 업무상 필요에 의하여 이 사건 파일들을 반출한 것으로 보이지 않는 점 등을 종합할 때, 피고인은 이 사건 파일들을 ○○화학의 외부로 반출할 당시 적어도 미필적으로나마 배임의 고의가 있었다고 보아야 할 것이다(대판 2011. 7. 28, 2010도9652). : 업무상배임죄

2) 미필적 고의를 부정한 경우

① 개장사인 피고인이 갑으로부터 개를 살 때에 그의 집에까지 가서 동인이 가족과 일정한 주소에서 주거하고 있다면 사실을 확인하고 또 동인이 장꾼들과 같이 개를 팔러왔기 때문에 의심하지 않고 **시세대로** 샀다면 피고인은 장물의 지정에 대한 미필적 고의가 있었다고 보기 어렵다(대판 1965. 2. 4, 64도800). : 장물취득죄

② **현역병증서**가 명령수령인에게 전달되었으나 병역의무자가 주거지를 떠나 그 소재를 알리지 않았기 때문에 실제로 전달된 사실을 몰랐다면 소정기일에 입영하지 아니한 것에 의사가 있었다고 할 수 없다(대판 1965. 10. 21, 65도564). : 병역법위반

③ 어부인 피고인들이 어로저지선을 넘어 어업을 하였다고 하더라도 북괴경비정이 출현하는 경우 납치되어 가드래도 좋다고 생각하면서 어로저지선을 넘어서 어로작업을 한 것이 아니라면 북괴집단의 구성원들과 회합이 있을 것이라는 미필적 고의가 있었다고 단정할 수 없다(대판 1975. 1. 28, 73도2207). : 반공법위반

④ 새로 목사로서 부임한 피고인이 **전임목사**에 관한 교회 내의 불미스러운 **소문의 진위를 확인**하기 위하여 이를 교회집사들에게 물어보았다면 이는 경험칙상 충분히 있을 수 있는 일로서 명예훼손의 고의없는 단순한 확인에 지나지 아니하여 사실의 적시라고 할 수 없다(대판 1985. 5. 28, 85도588). : 명예훼손죄

⑤ 사촌처남인 공소외 1로부터 미국 휴스턴 지역의 조선회사 등에 취업할 희망자를 소개하여 달라는 부탁을 받고, 설시 피해자들에게 해외취업을 하도록 권유하여 오던 중, 공소외 1은 해외취업 알선업면허가 없을 뿐만 아니라 미국이나 호주는 입국규제가 까다롭고 특히 취업비자는 더욱 얻기가 어려운 까닭에 공소외 1이 미국이나 호주에 근로자들을 합법적으로 취업시키기가 어렵다는 사실을 알면서도, … 해외취업을 미끼로 사람을 모집, 해외기업체로부터 취업초청장을 받아 합법적으로 입국시켜 정상적으로 취업할 수 있는 것처럼 가장하여 그 비용등 명목으로 돈을 받(았으나) … 피고인과 공소외 1과의 접촉과정, 피해자등과 피고인과의 인간관계, 피해자들 중에 형 또는 외사촌동생이 포함되어 있고, 그들 또한 많은 피해를 입었으며 피고인 또한 피해를 입은 점, 경위야 어찌되었건 정식 출국절차를 밟아 **도미니카국**까지 가서 약 50일정도 체류한 점, 피고인의 학력, 직업

등을 참작하여 보면 피고인에게 기망과 편취의 고의가 없었다는 피고인의 변소를 수긍못할 바도 아니(다)(대판 1987. 2. 10, 86도2338). : 사기죄

비교판례

사기죄의 주관적 구성요건인 편취의 범의는 피고인이 자백하지 않는 이상 범행 전후의 피고인의 재력, 환경, 범행의 내용, 거래의 이행과정 등과 같은 객관적인 사정 등을 종합하여 판단할 수밖에 없으며, 미필적 고의에 의하여도 사기죄는 성립되는 것인바, 범죄구성요건의 주관적 요소로서 미필적 고의라 함은 범죄사실의 발생 가능성을 불확실한 것으로 표상하면서 이를 용인하고 있는 경우를 말하고, 미필적 고의가 있었다고 하려면 범죄사실의 발생 가능성에 대한 인식이 있음은 물론 나아가 범죄사실이 발생할 위험을 용인하는 내심의 의사가 있어야 하며, 그 행위자가 범죄사실이 발생할 가능성을 용인하고 있었는지의 여부는 행위자의 진술에 의존하지 아니하고 외부에 나타난 행위의 형태와 행위의 상황 등 구체적인 사정을 기초로 하여 일반인이라면 당해 범죄사실이 발생할 가능성을 어떻게 평가할 것인가를 고려하면서 행위자의 입장에서 그 심리상태를 추인하여야 한다(대판 2008. 3. 27, 2008도443).

⑥ 위 공소외 1이 피고인으로부터 위 금 45,000,000원을 수령할 때부터 위 공소외 1에게 계획적인 편취의사가 있었다는 취지의 고소장의 기재내용이 실제의 사실과 다르다고 하더라도, 나중에 위 공소외 1이 계속하여 피고인을 속여온 점에 비추어 보면 피고인으로서는 위 공소외 1에게 처음부터 돈을 편취할 의사가 있었던 것이라고 믿을 수밖에 없었을 것이고, 또 위와 같은 상황에서는 위 공소외 1의 연대보증인으로서 위 공소외 1과 같이 행동하였던 위 이상운이나 위 공소외 1의 아버지로서 위 이상운과 공동으로 위 공소외 1의 연대보증인이 된 위 공소외 2도 위 공소외 1의 공범이라고 의심할 만한 합리적인 이유가 있다고 할 것인바, 이와 같이 진실한 객관적인 사실들에 근거하여 고소인이 피고소인의 주관적인 의사에 관하여 갖게 된 의심을 고소장에 기재하였을 경우에 법률 전문가 아닌 일반인의 입장에서 볼 때 그와 같은 **의심을 갖는 것이 충분히 합리적인 근거**가 있다고 볼 수 있다면, 비록 그 의심이 나중에 진실하지 않는 것으로 밝혀졌다고 하여 곧바로 고소인에게 무고의 미필적 고의가 있었다고 단정하여서는 안될 것이다(대판 1996. 3. 26, 95도2998). : 무고죄

⑦ **대구지하철화재 사고 현장을 수습**하기 위한 청소 작업이 한참 진행되고 있는 시간 중에 실종자 유족들로부터 이의제기가 있었음에도 대구지하철공사 사장이 즉각 청소 작업을 중단하도록 지시하지 아니하였고 수사기관과 협의하거나 확인하지 아니하였다고 하여 위 사장에게 그러한 청소 작업으로 인하여 증거인멸의 결과가 발생할 가능성을 용인하

는 내심의 의사까지 있었다고 단정하기는 어렵다(대판 2004. 5. 14, 2004도74).[4] : 증거인멸죄

⑧ … 피고인의 화물적재 경위, 총중량에 있어서의 초과중량은 1.9t, 제3축에 있어서의 초과하중은 1.5t으로서 그 초과의 정도가 크지 않아 피고인이 이를 알았거나 체감적으로 알 수 있을 정도라고 보기 어려운 점, 일반적으로 수출화물의 운송인이나 화물차량의 운전자 등은 컨테이너를 개봉하기 어려운 점, 화물차량의 운행자가 운행 전에 축하중을 측정하기는 상당히 어려운 실정인 점 등의 사정에 비추어 보면, 사실상 피고인에게 축하중 제한기준을 초과하여 운행한다는 도로법위반의 범의가 있었다고 볼 수 있는지의 여부에 관하여 의문이 들(다)(대판 2005. 7. 15, 2005도1472). : 도로법위반죄

4. 개괄적 고의

피해자가 피고인들의 살해의 의도로 행한 구타행위에 의하여 직접 사망한 것이 아니라 죄적을 인멸할 목적으로 행한 매장행위에 의하여 사망하게 되었다 할지라도 **전 과정을 개괄적으로 보면 피해자의 살해라는 처음에 예견된 사실이 결국은 실현된 것으로서 살인죄**의 죄책을 면할 수 없다(대판 1988. 6. 28, 88도650).

피고인은 평소 피해자가 약간 저능아인 자신의 妻에게 젖을 달라는 등의 희롱을 하는데 심한 불만을 품어오던 중, 어느 날 피해자를 구타하던 중 순간적으로 분노가 폭발하여 살해하기로 마음먹고 돌멩이로 A의 가슴과 머리를 수 회 내리쳤고, 피해자가 뇌진탕으로 인하여 정신을 잃고 축 늘어지자 죽은 것으로 오인하고 그 사체를 몰래 파묻어 증거를 인멸할 목적으로 피해자를 개울가로 끌고가 웅덩이를 파고 매장하였다. 그런데 피해자는 실질적인 사망원인은 웅덩이 속에서의 질식사로 밝혀진 사안이다.
결과실현을 위한 고의의 제1행위로 결과가 발생한 것으로 행위자가 오인하였으나, 사실은 다른 목적으로 인한 제2의 행위에 의해 원래 의도한 결과가 발생한 '개괄적 고의'사안으로, 이 판결에 대해서 학설에 따라 개괄적 고의설을 취했다고 평가하나, 일부에서는 계획실현설을 취한 판결이라고 평가하기도 한다.

※ 이른바 '개괄적 과실'

피고인이 피해자에게 우측 흉골골절 및 늑골골절상과 이로 인한 우측 심장벽좌상과 심낭내출혈 등의 상해를 가함으로써, 피해자가 바닥에 쓰러진 채 정신을 잃고 빈사상태에 빠지자, 피해자가 사망한 것으로 오인하고, 피고인의 행위를 은폐하고 피해자가 자살한 것처럼 가장하기 위하여 피해자를 베란다로 옮긴 후 베란다 밑 약 13m 아래의 바닥으로

4 본 판례는 과거 인식설의 입장에서 다시 용인설의 입장으로 전환하고 있는 판결로 볼 수 있다.

떨어뜨려 피해자로 하여금 현장에서 좌측 측두부 분쇄함몰골절에 의한 뇌손상 및 뇌출혈 등으로 사망에 이르게 하였다면, 피고인의 행위는 포괄하여 **단일의 상해치사죄**에 해당한 다(대판 1994. 11. 4, 94도2361).

정부 사이인 甲과 乙은 함께 낙산비치호텔에 투숙한 후 甲이 결혼을 강요하다가 피해자가 말을 듣지 않자 서로 말다툼을 하던 중, 乙의 멱살을 잡고 머리를 벽에 수회 부딪치게 하고 바닥에 넘어진 뒤에도 가슴부위를 수 회 밟아 乙에게 늑골골절상 등의 상해를 가하였다. 그런데 甲은 乙이 바닥에 쓰러진 채 정신을 잃고 빈사상태에 빠지자, 乙이 사망한 것으로 오인하고 범행을 은폐하고자 乙이 자살한 것처럼 가장하여 호텔 테라스 아래의 바닥으로 떨어뜨렸는데, 乙은 떨어진 충격으로 인한 뇌손상 및 뇌출혈 등으로 사망에 이른 사안이다.
이른바 개괄적 과실이 개괄적 고의와 다른 점은 제1행위시의 고의가 위의 사안에서 보듯이 '살인'이 아니라 '상해'라는 점이다. 이러한 사례의 해결에 대해서는 결과적 가중범에 있어 인과과정의 착오문제이며 이미 발생한 상해의 결과로 사망이 예견가능한 비본질적 착오로 상해치사죄를 인정하여야 한다는 견해와, 상해행위와 사망의 결과 사이에 직접성의 원칙이 충족되지 않으므로 상해죄와 과실치사죄의 경합범으로 보아야 하며, 자살로 위장하기 위해 추락시킨 행위는 사체손괴죄의 불능미수가 되므로 과실치사죄와 사체손괴죄의 불능미수는 상상적 경합이 되고, 상해죄와는 실체적 경합범이 된다는 견해가 주장되고 있다.

Ⅱ. 과 실[5]

1. 주의의무 위반

(1) 주의의무의 내용

① 산부인과 개업의들이 매 분만마다 수혈용 혈액을 준비한다 하더라도 이를 사용하지 아니한 경우(대부분의 분만에서 사용하지 아니한다)에는 혈액원에 반납할 수 없고, 산부인과 의원에서는 이를 보관하였다가 다른 산모에게 사용할 수도 없기 때문에 결국 사용하지 못한 혈액은 폐기하여야 하고, 헌혈 부족으로 충분한 혈액을 확보하지 못하고 있는 당시 우리나라의 실정상 만약 산부인과 개업의들이 매 분만마다 수혈용 혈액을 미리 준비하고, 이를 폐기한다면 혈액 부족이 심화될 우려가 있음을 알 수 있는바, **제왕절개분만**을 함에 있어서 산모에게 수혈을 할 필요가 있을 것이라고 예상할 수 있었다는 사정이 보이지 않는 한, 산후과다출혈에 대비하여 제왕절개수술을 시행하기 전에 미리 혈액을 준비할 업무상 주의의무가 있다고 보기 어렵다(대판 1997. 4. 8, 96도3082).

② **수혈**은 종종 그 과정에서 부작용을 수반하는 의료행위이므로, 수혈을 담당하는 의

5 상세한 논의는 제6장 과실범론 부분 참조

사는 혈액형의 일치 여부는 물론 수혈의 완성 여부를 확인하고, 수혈 도중에도 세심하게 환자의 반응을 주시하여 부작용이 있을 경우 필요한 조치를 취할 준비를 갖추는 등의 주의의무가 있다. 그리고 의사는 전문적 지식과 기능을 가지고 환자의 전적인 신뢰하에서 환자의 생명과 건강을 보호하는 것을 업으로 하는 자로서, 그 의료행위를 시술하는 기회에 환자에게 위해가 미치는 것을 방지하기 위하여 최선의 조치를 취할 의무를 지고 있고, 간호사로 하여금 의료행위에 관여하게 하는 경우에도 그 의료행위는 의사의 책임하에 이루어지는 것이고 간호사는 그 보조자에 불과하므로, 의사는 당해 의료행위가 환자에게 위해가 미칠 위험이 있는 이상 간호사가 과오를 범하지 않도록 충분히 지도·감독을 하여 사고의 발생을 미연에 방지하여야 할 주의의무가 있고, 이를 소홀히 한 채 만연히 간호사를 신뢰하여 간호사에게 당해 의료행위를 일임함으로써 간호사의 과오로 환자에게 위해가 발생하였다면 의사는 그에 대한 과실책임을 면할 수 없다(대판 1998. 2. 27, 97도2812 판결).

③ 피고인이 경력이 오래된 간호사라 하더라도 단지 잘 모르는 약제가 처방되었다는 등의 사유만으로 그 처방의 적정성을 의심하여 의사에게 이를 확인하여야 할 주의의무까지 있다고 보기는 어렵다 할 것이지만, 환자에 대한 투약 과정 및 그 이후의 경과를 관찰·보고하고 환자의 요양에 필요한 간호를 수행함을 그 직무로 하고 있는 **종합병원의 간호사**로서는 그 직무 수행을 위하여 처방 약제의 투약 전에 미리 그 기본적인 약효나 부작용 및 주사 투약에 따르는 주의사항 등을 확인·숙지하여야 할 의무가 있다 할 것인바, 이 사건 처방의 경위와 위 베큐로니움의 특수한 용도 및 그 오용의 치명적 결과 등을 감안할 때, 만일 베큐로니움이라는 약제가 수술 후 회복과정에 있는 환자에게는 사용할 수 없는 성질이며 특히 인공호흡의 준비 없이 투여되어서는 아니된다는 등의 약효와 주의사항 및 그 오용의 치명적 결과를 미리 확인하였다면 위 처방이 너무나 엉뚱한 약제를 투약하라는 내용이어서 필시 착오 또는 실수에 기인한 것이라고 의심할 만한 사정이 있음을 쉽게 인식할 수 있었다 할 것이고, 그러한 사정이 있다면 간호사에게는 그 처방을 기계적으로 실행하기에 앞서 당해 처방의 경위와 내용을 관련자에게 재확인함으로써 그 실행으로 인한 위험을 방지할 주의의무가 있다고 봄이 상당하다(대판 2009. 12. 24, 2005도8980).

(2) 주의의무의 판단

① 임차인이 자신의 비용으로 설치·사용하던 가스설비의 휴즈콕크를 아무런 조치 없이 제거하고 이사를 간 후 가스공급을 개별적으로 차단할 수 있는 주밸브가 열려져 가스가 유입되어 폭발사고가 발생한 경우, 구 액화석유가스의안전및사업관리법상의 관련 규정 취지와 그 주밸브가 누군가에 의하여 개폐될 가능성을 배제할 수 없다는 점 등에 비

추어 그 휴즈콕크를 제거하면서 그 제거부분에 아무런 조치를 하지 않고 방치하면 주밸브가 열리는 경우 유입되는 가스를 막을 아무런 안전장치가 없어 가스 유출로 인한 대형사고의 가능성이 있다는 것은 **평균인**의 관점에서 객관적으로 볼 때 충분히 예견할 수 있다(대판 2001. 6. 1, 99도5086).

② 의료사고에 있어서 의사의 과실을 인정하기 위해서는 의사가 결과발생을 예견할 수 있었음에도 불구하고 그 결과발생을 예견하지 못하였고 그 결과발생을 회피할 수 있었음에도 불구하고 그 결과발생을 회피하지 못한 과실이 검토되어야 하고, 그 과실의 유무를 판단함에는 같은 업무와 직무에 종사하는 일반적 보통인의 주의정도를 표준으로 하여야 하며, 이에는 사고 당시의 일반적인 의학의 수준과 의료환경 및 조건, 의료행위의 특수성 등이 고려되어야 한다(대판 1999. 12. 10, 99도3711).

요추 척추후궁절제 수술도중에 수술용 메스가 부러지자 담당의사가 부러진 메스조각(3×5㎜)을 찾아 제거하기 위한 최선의 노력을 다하였으나 찾지 못하여 부러진 메스조각을 그대로 둔 채 수술부위를 봉합한 경우, 같은 수술과정에서 메스 끝이 부러지는 일이 흔히 있고, 부러진 메스가 쉽게 발견되지 않을 경우 수술과정에서 무리하게 제거하려고 하면 부가적인 손상을 줄 우려가 있어 일단 봉합한 후에 재수술을 통하여 제거하거나 그대로 두는 경우가 있는 점에 비추어 담당의사의 과실을 인정할 수 없다고 한 사안이다.

2. 신뢰의 원칙

① 침범금지의 황색중앙선이 설치된 도로에서 자기차선을 따라 운행하는 자동차운전수는 반대방향에서 오는 차량도 그쪽 차선에 따라 운행하리라고 신뢰하는 것이 보통이고 **중앙선**을 침범하여 이쪽 차선에 돌입할 경우까지 예견하여 운전할 주의의무는 없으나, 다만 반대방향에서 오는 차량이 이미 중앙선을 침범하여 비정상적인 운행을 하고 있음을 목격한 경우에는 자기의 진행전방에 돌입할 가능성을 예견하여 그 차량의 동태를 주의깊게 살피면서 속도를 줄여 피행하는 등 적절한 조치를 취함으로써 사고발생을 미연에 방지할 업무상 주의의무가 있다(대판 1986. 2. 25, 85도2651).

② **고속도로**를 운행하는 자동차의 운전자로서는 일반적인 경우에 고속도로를 횡단하는 보행자가 있을 것까지 예견하여 보행자와의 충돌사고를 예방하기 위하여 급정차 등의 조치를 취할 수 있도록 대비하면서 운전할 주의의무가 없고, 다만 고속도로를 무단횡단하는 보행자를 충격하여 사고를 발생시킨 경우라도 운전자가 상당한 거리에서 보행자의 무단횡단을 미리 예상할 수 있는 사정이 있었고, 그에 따라 즉시 감속하거나 급제동하는 등

의 조치를 취하였다면 보행자와의 충돌을 피할 수 있었다는 등의 특별한 사정이 인정되는 경우에만 자동차 운전자의 과실이 인정될 수 있다(대판 2000. 9. 5, 2000도2671).

③ 피고인들이 신경과 전문의에 대한 **협의진료** 결과 피해자의 증세와 관련하여 신경과 영역에서 이상이 없다는 회신을 받았고, 그 회신 전후의 진료 경과에 비추어 그 회신 내용에 의문을 품을 만한 사정이 있다고 보이지 않자 그 회신을 신뢰하여 뇌혈관계통 질환의 가능성을 염두에 두지 않고 내과 영역의 진료 행위를 계속하다가 피해자의 증세가 호전되기에 이르자 퇴원하도록 조치한 점 등에 비추어 볼 때, 내과의사인 피고인들이 피해자를 진료함에 있어서 지주막하출혈을 발견하지 못한 데 대하여 업무상과실이 있었다고 단정하기는 어렵다(대판 2003. 1. 10, 2001도3292).

내과의사인 피고인들이 극심한 두통과 분출성 구토로 내원한 피해자에 대하여 같은 병원의 신경과 전문의와 대한 협의진료 결과 피해자의 증세와 관련하여 신경과 영역에서 이상이 없다는 회신을 받았고, 그 회신 전후의 진료 경과에 비추어 그 회신 내용에 의문을 품을 만한 사정이 있다고 보이지 않자 그 회신을 신뢰하여 뇌혈관계통 질환의 가능성을 염두에 두지 않고 내과 영역의 진료 행위를 계속하다가 피해자의 증세가 호전되기에 이르자 퇴원하도록 조치하였으나, 피해자의 지주막하출혈을 발견하지 못하여 뇌동맥류 소파열에 의한 1차 지주막하출혈을 야기시키고, 같은 해 11. 10. 2차 출혈을 야기시키고, 같은 해 11. 19.경 뇌동맥류 대파열에 의한 지주막하출혈로 인하여 같은 해 12. 4.경 세브란스 병원에서 뇌동맥류 결찰 수술을 받았으나, 회복되지 못하고 의식불명상태인 이른바 식물인간의 상태에 이르게 하는 상해를 입혔으나, 업무상 주의의무를 다하였다고 판단한 사안이다.

제 2 절 인과관계와 객관적 귀속

Ⅰ. 상당인과관계

1. 원 칙

피고인의 폭행에 의하여 피해자가 그 두부에 외부적인 타박상을 받지 아니하였다 하여도 피해자가 피고인의 폭행행위로 지면에 전도케 할 때에 평소부터 고혈압증세에 있는 피해자를 전도시의 자극에 의하여 뇌출혈을 일으켜서 사망하였을 때에는 폭행과 치사사이에 상당인과관계가 있다고 볼 것이다(대판 1967. 2. 28, 67도45).

대법원은 Bar에 의해 창시된 相當因果關係說을 취하고 있는데, '사회생활상의 일반 경험칙'에 비추어 결과발생에 상당성이 인정되는 조건만이 행위와 결과 사이에 인과관계가 있다고 판단하며, 이때 상당성은 객관적 가능성 내지 개연성의 의미로 파악된다. 판례는 상당인과관계설중에서도 행위당시에 통찰력 있는 일반인이라면 인식할 수 있었던 사정과 행위자가 특별히 인식하고 있는 사정을 기초로 판단하는 절충적 상당인과관계설을 취하고 있다. 이러한 판례의 이론적 盲點은 상당성의 개념이 모호하여 명확한 기준을 제시할 수 없으며 비전형적 인과진행의 경우 애시당초부터 인과간계를 부정하게 되며, 사실판단인 인과관계의 문제와 법적 판단인 객관적 귀속의 문제를 인과관계의 상당성 개념으로 한 번에 해결하려는 점에 있다.

2. 인과관계를 인정한 경우

① 피고인의 자상행위가 피해자를 사망하게 한 직접적 원인은 아니었다 하더라도 이로부터 발생된 다른 간접적 원인이 결합되어 사망의 결과를 발생하게 한 경우라도 그 행위와 사망 간에는 인과관계가 있다고 할 것인바, 이 사건 진단서에는 직접사인 심장마비, 호흡부전, 중간선행사인 패혈증, 급성심부전증, 선행사인 자상, 장골정맥파열로 되어 있으며, 피해자가 부상한 후 1개월이 지난 후에 위 패혈증 등으로 사망하였다 하더라도 그 **패혈증이 위 자창으로 인한 과다한 출혈과 상처의 감염 등에 연유**한 것인 이상 자상행위와 사망과의 사이에 인과관계의 존재를 부정할 수 없다(대판 1982. 12. 28, 82도2525).

② 피고인이 주먹으로 피해자의 복부를 1회 힘껏 때려 장파열로 인한 복막염으로 사망에 이르게 한 사실이 증거상 명백한 이상 피해자의 사망은 결국 피고인의 폭행행위에 의한 결과라고 봄이 상당하고, 비록 소론의 **의사의 수술지연** 등의 과실이 피해자 사망의 공동원인이 되었다 하더라도 역시 피고인의 행위가 사망의 결과에 대한 유력한 원인이 된 이상 그 폭행행위와 치사의 결과와의 간에 인과관계는 있다(대판 1984. 6. 26, 84도831).

이 판결은 피고인의 폭행행위와 피해자의 사망사이에 의사의 수술지연이라는 제3자의 행위가 개입된 경우 인과관계의 판단을 어떻게 하여야 하는가에 대한 사안이다. 통상 제3자나 피해자의 행위가 피고인의 행위와 결과발생 사이에 개입되더라도, 제3자 등의 행위가 보다 강력한 인과추진력을 지녀 추월적 인과관계에 의해 선행행위로 인한 결과 발생을 단절시키지 못하면, 제3자나 피해자의 행위는 인과관계에 영향을 미치지 않는 것으로 이해한다. 이러한 관점이라면 피고인의 폭행행위와 피해자의 복부타격에 의한 장파열사는 경험칙상 예상가능하므로 상당인과관계를 인정할 수 있게 되며, 대법원은 이러한 시각에서 의사의 수술지연이 공동의 원인이 되었다고 하더라도 피고인의 선행행위에 대한 인과관계를 부정하지 않은 것으로 보인다. 그러나 객관적 귀속이론을 철저히 적용하면 비유형적 인과관계로서 후행행위인 의사의 과실에 의해 새로운 추가적 위험이 창출·실현되었냐고 보아 객관적 귀속을 부정할 가능성도 있다.

③ 피고인의 오토바이에 충격당하여 쓰러져 있는 피해자를 구조하지 아니하고 머뭇거리는 사이 약 40 내지 60초 후에 다른 사람의 트럭에 치어 사망한 경우, 이사건 사고지점 부근 도로의 상황에 비추어 야간에 피해자를 충격하여 위 도로에 넘어지게 한 후 40초 내지 60초 동안 그대로 있게 한다면 후속차량의 운전사들이 조금만 전방주시를 태만히 하여도 피해자를 **역과**할 수 있음이 당연히 예상되었던 경우라면 피고인의 과실행위는 피해자의 사망에 대한 직접적 원인을 이루는 것이어서 양자간에는 상당인과관계가 있다(대판 1990. 5. 22, 90도580).

④ … 위 의사에게는 그 원인 사실을 모르고 병명을 문의하는 환자에게 그 병명을 알려주고 이에 대한 주의사항인 피해장소인 방의 수선이나 환자에 대한 요양의 방법 기타 건강관리에 필요한 사항을 지도하여 줄 요양방법의 지도의무가 있는 것이므로 이를 태만한 것으로서 의사로서의 업무상과실이 있고, 이 과실과 **재차의 일산화탄소 중독**과의 사이에 인과관계가 있다(대판 1991. 2. 12, 90도2547).

> 연탄가스 중독환자를 치료한 의사가 병명을 묻는 환자에게 병명은 물론 아무런 요양방법을 지도해 주지 않아 재차 그 방에서 잠을 자다 다시 연탄가스에 중독된 사안이다.

⑤ 피고인이 아파트 안방에서 안방문에 못질을 하여 동거하던 피해자가 술집에 나갈 수 없게 감금하고, 피해자를 때리고 옷을 벗기는 등 가혹한 행위를 하여 피해자가 이를 피하기 위하여 창문을 통해 밖으로 뛰어 내리려 하자 피고인이 이를 제지한 후, 피고인이 거실로 나오는 사이에 갑자기 안방 창문을 통하여 알몸으로 아파트 아래 잔디밭에 뛰어 내리다가 다발성 실질장기파열상 등을 입고 사망한 경우, 피고인의 **중감금행위와 피해자의 사망** 사이에는 인과관계가 있어 피고인은 중감금치사죄의 죄책을 진다(대판 1991. 10. 25, 91도2085).

⑥ 동일한 부동산을 피해자와 함께 매수하면서 매도인과 공모하여, 사실은 그 부동산의 평당 매수단가를 피해자보다 싸게 매수하면서도 피해자에게는 자신이 마치 피해자와 같은 값으로 매수하는 것처럼 말하며 피해자를 착오에 빠뜨려 그 부동산을 비싼 값에 매수케 하고, 그 매매차액을 분배, 교부받은 경우 기행행위와 피해자의 매수행위 사이에 인과관계가 있다고 보아야 한다(대판 1992. 3. 10, 91도2746).

⑦ 살인의 실행행위가 피해자의 사망이라는 결과를 발생하게 한 유일한 원인이거나 직접적인 원인이어야만 되는 것은 아니므로, 살인의 실행행위와 피해자의 사망과의 사이에 다른 사실이 개재되어 그 사실이 치사의 직접적인 원인이 되었다고 하더라도, 그와 같

은 사실이 통상 예견할 수 있는 것에 지나지 않는다면 살인의 실행행위와 피해자의 사망과의 사이에 인과관계가 있는 것으로 보아야 할 것이다. … 피해자는 외상으로 인하여 급성신부전증이 발생하였고 또 소변량도 심하게 감소된 상태였으므로 음식과 수분의 섭취를 더욱 철저히 억제하여야 하는데, 위 사실을 모르고 **콜라와 김밥** 등을 함부로 먹은 탓으로 체내에 수분저류가 발생하여 위와 같은 합병증이 유발됨으로써 사망하게 된 사실 등을 인정할 수 있는바, 사실관계가 이와 같다면, 위 피고인들의 이 사건 범행이 위 피해자를 사망하게 한 직접적인 원인이 된 것은 아니지만, 그 범행으로 인하여 위 피해자에게 급성신부전증이 발생하였고 또 그 합병증으로 위 피해자의 직접사인이 된 패혈증 등이 유발된 이상, 비록 그 직접사인의 유발에 위 **피해자 자신의 과실**이 개재되었다고 하더라도 이와 같은 사실은 통상 예견할 수 있는 것으로 인정되므로, 위 피고인들의 이 사건 범행과 위 피해자의 사망과의 사이에는 인과관계가 있다(대판 1994. 3. 22, 93도3612).

이른바 김밥·콜라사건으로 객관적 귀속이론에서는 지배가능성 측면에서 지나치게 비유형적인 인과과정으로 문제될 수 있으나, 대법원은 피해자의 과실이 결합되어 사망의 결과가 발생하더라도 상당인과관계가 '인정'된다고 판시하였다.

⑧ 피고인이 자신이 경영하는 속셈학원의 강사로 피해자를 채용하고 학습교재를 설명하겠다는 구실로 유인하여 **호텔 객실**에 감금한 후 강간하려 하자, 피해자가 완강히 반항하던 중 피고인이 **대실시간 연장**을 위해 전화하는 사이에 객실 창문을 통해 탈출하려다가 지상에 추락하여 사망한 사안에서, 피고인의 **강간미수행위와 피해자의 사망**과의 사이에 상당인과관계가 있다(대판 1995. 5. 12, 95도425).

⑨ 피해자가 다른 병원으로 **전원할 당시 이미 후복막에 농양**이 광범위하게 형성되어 있었고 췌장이나 십이지장과 같은 후복막 내 장기 등 조직의 괴사가 진행되어 이미 회복하기 어려운 상태에 빠져 있었다면, 피해자가 다른 병원으로 전원하여 진료를 받던 중 사망하였다는 사실 때문에 피고인의 진료상의 과실과 피해자의 사망과의 사이의 인과관계가 단절된다고 볼 수는 없다(대판 1996. 9. 24, 95도245).

⑩ 임차인이 자신의 비용으로 설치·사용하던 **가스설비의 휴즈콕크**를 아무런 조치 없이 제거하고 이사를 간 후 가스공급을 개별적으로 차단할 수 있는 주밸브가 열려져 가스가 유입되어 폭발사고가 발생한 경우, … 주밸브가 열리는 경우 유입되는 가스를 막을 아무런 안전장치가 없어 가스 유출로 인한 대형사고의 가능성이 있다는 것은 평균인의 관점에서 객관적으로 볼 때 충분히 예견할 수 있으므로 임차인의 과실과 가스폭발사고 사이의

상당인과관계를 인정할 수 있다(대판 2001. 6. 1, 99도5086).

⑪ 앞차를 뒤따라 진행하는 차량의 운전사로서는 앞차에 의하여 전방의 시야가 가리는 관계상 앞차의 어떠한 돌발적인 운전 또는 사고에 의하여서라도 자기 차량에 연쇄적인 사고가 일어나지 않도록 앞차와의 충분한 안전거리를 유지하고 진로 전방좌우를 잘 살펴 진로의 안전을 확인하면서 진행할 주의의무가 있다. 따라서 이 사건 피해자는 이 사건 사고 전까지는 좌측 얼굴에 피를 흘리고 있었던 것 외에는 신체나 의류에 외형적인 손상이 가해진 흔적 없이 도로에 반듯하게 누워있었던 사실, … 피고인이 다시 피해자를 **역과**함으로써 피해자의 심장 등 내부 장기가 파열되고 두부가 손상되었을 뿐만 아니라 신체의 여러 부위가 골절되는 등의 손상을 입게 된 것이라고 보아야 할 것이고, 피해자의 위 각 손상부위마다 생활반응이 나타난 이상, 피고인이 피해자를 역과하기 전에는 피해자는 아직 생존해 있었고, 피고인 운전차량의 역과에 의하여 비로소 사망하게 된 것으로 판단함이 상당하다고 할 것이다. 같은 취지에서 원심이 피고인 운전 차량의 역과와 피해자의 사망 사이에 인과관계가 있다고 판단한 조치는 수긍할 수 있고, 거기에 상당인과관계의 존부에 관하여 채증법칙을 위배하여 사실을 오인한 위법이 있다고 할 수 없다. … 이 사건 사고 당시는 01 : 10경으로서 야간인데다가 비까지 내려 시계가 불량하고 내린 비로 인하여 노면이 다소 젖어있는 상태였으며, 이 사건 사고지점은 비탈길의 고개마루를 지나 내리막길이 시작되는 곳으로부터 가까운 지점인 사실, 피고인은 이 사건 사고차량을 운전하고 편도 2차선 도로 중 2차로를 시속 약 60km의 속도로 선행 차량과 약 30m가량의 간격을 유지한 채 진행하다가 선행차량에 역과된 채 진행 도로상에 누워있는 피해자를 뒤늦게 발견하고 급제동을 할 겨를도 없이 이를 그대로 역과한 사실을 인정할 수 있는바, 이러한 경우 피고인이 사전에 사람이 도로에 누워있을 것까지를 예상하여 이에 대비하면서 운전하여야 할 주의의무는 없다고 하더라도, 사고 당시의 도로상황에 맞추어 속도를 줄이고 (위 사고지점은 비탈길의 고개마루를 막 지난 지점이므로 피고인으로서는 미리 법정 제한속도보다도 더 감속하여 서행하였어야 할 것이다) 전방시계의 확보를 위하여 선행차량과의 적절한 안전거리를 유지한 채 전방 좌우를 잘 살펴 진로의 안전을 확인하면서 운전하는 등 자동차 운전자에게 요구되는 통상의 주의의무를 다하였더라면, 진행 전방 도로에 누워있는 피해자를 상당한 거리에서 미리 발견하고 좌측의 1차로로 피양하는 등 사고를 미연에 방지할 수 있었음에도 불구하고 위와 같은 주의를 게을리 한 탓으로 피해자를 미리 발견하지 못하고 역과한 것이라고 할 것이므로, 이 사건 사고에 관하여 피고인에게 업무상 과실이 없다고 할 수는 없을 것이다(대판 2001. 12. 11, 2001도5005).

선행차량에 이어 피고인이 운전한 차가 피해자를 연속하여 역과하는 과정에서 피해자가 사망한 사안으로, 후행행위자의 책임귀속이 쟁점이 된다. 이에 대해 대법원은 상당인과관계설의 입장에서 고개마루를 내려오는 운전자로서 통상의 주의의무를 다하였다면 피해자의 사망이라는 결과가 발생하지 않았으리라는 사정을 '과실' 인정의 전제로 삼고, 객관적 귀속의 기준으로 검토하지 않았다.

⑫ 4일 가량 물조차 제대로 마시지 못하고 잠도 자지 아니하여 거의 탈진 상태에 이른 (정신병자인) 피해자의 손과 발을 17시간 이상 묶어 두고 좁은 차량 속에서 움직이지 못하게 감금한 행위와 묶인 부위의 혈액 순환에 장애가 발생하여 혈전이 형성되고 그 혈전이 폐동맥을 막아 사망에 이르게 된 결과 사이에는 상당인과관계가 있다(대판 2002. 10. 11, 2002도4315).

⑬ 사기죄는 상대방을 기망하여 하자 있는 상대방의 의사에 의하여 재물을 교부받음으로써 성립하는 것이므로 **분식회계에 의한 재무제표 등으로 금융기관을 기망하여 대출**을 받았다면 사기죄는 성립하고, 변제의사와 변제능력의 유무 그리고 충분한 담보가 제공되었다거나 피해자의 전체 재산상에 손해가 없고, 사후에 대출금이 상환되었다고 하더라도 사기죄의 성립에는 영향이 없다(대판 2005. 4. 29, 2002도7262).

⑭ **피고인의 전원지체** 등의 과실로 (제왕절개수술 후 대량출혈이 있었던) 피해자에 대한 신속한 수혈 등의 조치가 지연된 이상 피해자의 사망과 피고인의 과실 사이에는 인과관계를 부정하기 어렵고, ㅇㅇ병원 의료진의 조치가 다소 미흡하여 피해자가 ㅇㅇ병원 응급실에 도착한 지 **약 1시간 20분이 지나 수혈**이 시작되었다는 사정만으로 피고인의 과실과 피해자 사망 사이에 **인과관계가 단절된다고 볼 수 없으므로**, 피해자의 사망에 대한 피고인의 책임을 인정한 원심의 조치는 정당하(다)(대판 2010. 4. 29, 2009도7070).

이 판례에서 명시적으로 인과관계 유무를 판단한 것은 아니나, 2003. 10. 10, 2003도3516 판결에서 "피고인들이 위 각 대출 당시 허위의 재무제표 등을 제출하여 영남종합금융을 기망하였다 하더라도 그로 인하여 사기죄가 성립하기 위하여는 위 각 피고인들의 위와 같은 기망행위와 위 각 대출 사이에 인과관계가 있어야 할 것인 바"라는 판시내용에 비추어 허위의 재무제표 제출과 부당대출 사이에 인과관계를 인정한 것으로 생각된다.

3. 인과관계를 부정한 경우

① 자동차는 운전기술이 없는 사람이 운전할 경우에는 제삼자에게 위해를 가할 위험

성이 많으므로 자동차를 운전하는 사람이 운전석을 떠날 때는 자동차를 다른 사람이 함부로 운전하지 못하게 하는 조처를 강구하여야 할 주의의무가 있는 것이라 할 것이다. 그러나 자동차는 정차조처에 소홀한 점이 없다면 사람의 작동에 의하지 아니하고는 움직일 수 없는 것이어서 자동차 자체가 직접적으로 제삼자에 권리를 침해할 수 있는 물건이 아니라 할 것이니 이 점을 감안하면 자동차를 운전하는 사람이 운전석을 떠날 때에 강구하여야 할 조처는 다른 사람이 자동차를 함부로 조작할 수 없게끔 하는 정도의 조처로서 족한 것이라 할 것이다(대판 1975. 6. 10, 74다407).

운전사 甲은 사고차량에 매수양곡을 싣고와서 위 창고문 앞에 적재함 부분을 뒤로 향하여 세워 둔 채, 차의 스위치를 끄고 열쇠를 가지고 점심을 먹으러 잠시 자리를 비웠는데, 그 사이에 창고의 경비 및 인부로 종사하는 乙이 위 차에 올라가서 가지고 있던 다른 열쇠로 차의 스위치를 조작한 후 시동을 걸고 차를 전진시키려하였으나, 반대로 차가 갑자기 후진하여 마침 일을 마치고 위 창고의 문을 나오던 피해자 丙을 적재함 부분으로 충격하여 땅에 넘어지게 하였고 이로 인하여 상해를 입었다.

비교판례

운전자가 1단 기어가 들어가 있는 상태에서 시동을 끄고 시동열쇠를 끼워둔 상태에서 11세의 어린이를 조수석에 두고 내린 후 그 어린이가 악세레이터를 밟은 상태에서 시동열쇠를 돌려 차량이 진행하여 발생한 사고에 대해서 운전자는 인과관계가 인정된다(대판 1986. 7. 8, 86도1048).

② 탄광덕대인 피고인이 화약류취급면허가 없는 자에게 화약고열쇠를 맡겼다가 그 자가 경찰관의 화약고 검열에 대비하여 노무자숙소 아궁이에 화약을 숨긴 결과 화약류폭발로 사람이 사상한 경우 피고인에게는 인과관계가 없다(대판 1981. 9. 8, 81도53).

③ 피고인 운전의 차가 이미 정차하였음에도 **뒤쫓아오던 차의 충돌로 인하여 앞차를 충격하여 사고가 발생**한 경우, 설사 피고인에게 안전거리를 준수치 않은 위법이 있었다 할지라도 그것이 이 사건 피해 결과에 대하여 인과관계가 있다고 단정할 수 없다(대판 1983. 8. 23, 82도3222).

④ 피고인이 좌회전 금지구역에서 좌회전한 것은 잘못이나 이러한 경우에도 피고인으로서는 50여 미터 후방에서 따라오던 후행차량이 중앙선을 넘어 피고인 운전차량의 좌측으로 돌진하는 등 극히 비정상적인 방법으로 진행할 것까지를 예상하여 사고발생 방지조치를 취하여야 할 업무상 주의의무가 있다고 할 수는 없고, 따라서 **좌회전 금지구역에서 좌회전**한 행위와 사고발생 사이에 상당인과관계가 인정되지 아니한다(대판 1996. 5. 28,

95도1200).

⑤ 피해자는 이전에도 여러 차례 봉침시술을 받아왔었고 봉침시술로 인하여 아나필락시 쇼크 및 면역치료가 필요한 상태에 이르는 발생빈도가 낮은 점 등에 비추어 피고인 1이 **봉침시술**에 앞서 피해자에게 설명의무를 다하였다 하더라도 피해자가 반드시 봉침시술을 거부하였을 것이라고 볼 수 없으므로, 피고인 1의 설명의무 위반과 피해자의 상해 사이에 상당인과관계를 인정하기는 어렵다(대법원 2011. 4. 14, 2010도10104).

한의사인 피고인이 피해자에게 문진하여 과거 봉침을 맞고도 별다른 이상반응이 없었다는 답변을 듣고 알레르기 반응검사(skin test)를 생략한 채 환부인 목 부위에 봉침시술을 하였는데, 피해자가 위 시술 직후 아나필락시 쇼크반응을 나타내는 등 상해를 입은 사안으로, 대법원은 이 사안에서 의료사고에서 의사의 과실을 인정하기 위해서는 의사가 결과발생을 예견할 수 있었음에도 이를 예견하지 못하였고 결과발생을 회피할 수 있었음에도 이를 회피하지 못한 과실이 검토되어야 하고, 과실의 유무를 판단할 때에는 같은 업무와 직무에 종사하는 보통인의 주의정도를 표준으로 하여야 하며, 여기에는 사고 당시의 일반적인 의학의 수준과 의료환경 및 조건, 의료행위의 특수성 등이 고려되어야 하고, 이러한 법리는 한의사의 경우에도 마찬가지라는 점을 판시하였고, 아울러 의사가 설명의무를 위반한 채 의료행위를 하여 피해자에게 상해가 발생하였다고 하더라도, 업무상 과실로 인한 형사책임을 지기 위해서는 피해자의 상해와 의사의 설명의무 위반 내지 승낙취득 과정의 잘못 사이에 상당인과관계가 존재하여야 하고, 이는 한의사의 경우에도 마찬가지라는 점도 명확히 설시하였다. 또한 이 판례는 '봉침시술에 앞서 피해자에게 설명의무를 다하였다 하더라도'는 표현을 통해 상당인과관계를 부정함으로써 적법한 대체행위이론을 원용한 것으로 보인다.

4. 특이체질과 인과관계

(1) 인과관계를 인정한 경우

① 피해자가 평소 병약한 상태에 있었고 피고인의 폭행으로 그가 사망함에 있어 **지병**이 또한 사망결과에 영향을 주었다고 해서 피고인의 폭행과 사망 간에 인과관계가 없다고 함은 독자의 견해로서 받아들일 수 없다(대판 1979. 10. 10, 79도2040).

② 피해자를 2회에 걸쳐 두 손으로 힘껏 밀어 땅바닥에 넘어뜨리는 폭행을 가함으로써 그 충격으로 인한 쇼크성 심장마비로 사망케 하였다면 비록 위 피해자에게 그 당시 심관성동맥경화 및 심근섬유화 증세 등의 **심장질환의 지병**이 있었고 음주로 만취된 상태였으며 그것이 피해자가 사망함에 있어 영향을 주었다고 해서 피고인의 폭행과 피해자의 사망 간에 상당인과 관계가 없다고 할 수 없다(대판 1986. 9. 9, 85도2433).

(2) 인과관계를 부정한 경우

고등학교 교사인 피고인이 공소 일시·장소에서 동교 3학년 학생인 피해자가 민방공 훈련에 불참하였다는 이유를 들어 주의를 환기시킴에 있어 **왼쪽뺨**을 한번 살짝 때린 사실이 있고, 이 순간 피해자가 뒤로 넘어지면서 머리를 지면에 부딪혀 우측 측두골부위에 선상골절상을 입고 지주막하출혈 및 뇌좌상을 일으켜 사망한 것은 사실이나, 피해자가 위와 같이 뒤로 넘어진 것은 피고인으로부터 뺨을 맞은 탓이 아니라 그 피해자의 원심판시와 같은 평소의 허약상태에서 온 급격한 뇌압상승 때문이었고, 또 위 사망의 원인이 된 측두골 골절이나 뇌좌상은 보통 사람의 두개골은 3 내지 5미리미터인 데 비하여 피해자는 0.5미리미터밖에 안되는 **비정상적인 얇은 두개골**이었고 또 뇌수종이 있었던데 연유한 것이라는 사실과, 피고인은 이 피해자가 다른 학생에 비하여 체질이 허약함은 알고 있었으나 위와 같은 두뇌의 특별이상이 있음은 미처 알지 못하였던 것이라고 인정하고 있다. … 피고인의 소위와 피해자의 사망 간에는 이른바 인과관계가 없는 경우에 해당하거나, 또는 피고인으로서는 본건 사망의 결과발생에 대한 예견가능성이 없었다고 인정한 원심판단은 정당한 것(이다)(대판 1978. 11. 28, 78도1961).

Ⅱ. 객관적 귀속

1. 객관적 귀속의 관점을 고려하여 인과관계를 인정한 사안

(1) 일반적인 경우

만일 자격있는 자가 시공을 하였다면 당해 재해가 발생하지 아니하였거나 재해발생의 위험이 상당히 줄어들었으리라고 인정된다면 공사감독관의 그와 같은 직무상의 의무위반과 붕괴사고 등의 재해로 인한 치사상의 결과 사이에 상당인과관계가 있다(대판 1995. 9. 15, 95도906).

공사감독관이 당해 건축공사가 불법 하도급되어 건설업 면허나 건설기술 자격이 없는 무자격자에 의해 시공되고 있는 점을 알고도 방치하였거나 그러한 사정을 쉽게 적발할 수 있었음에도 방치한 결과 붕괴사고 등의 재해가 발생하여 사람이 사망한 사안이었다.

(2) 규범의 보호목적관련성이론을 고려한 경우

① 자동차의 운전자가 그 운전상의 주의의무를 게을리하여 열차건널목을 그대로 건너는 바람에 그 자동차가 열차좌측 모서리와 충돌하여 20여 미터쯤 열차 진행방향으로 끌려가면서 튕겨나갔고 피해자는 타고 가던 자전거에서 내려 위 자동차 왼쪽에서 **열차가 지나가기를 기다리고 있다가 위 충돌사고로 놀라 넘어져 상처**를 입었다면 비록 위 자동차와 피해자가 직접 충돌하지는 아니하였더라도 자동차운전자의 위 과실과 피해자가 입은 상처 사이에는 상당한 인과관계가 있다(대판 1989. 9. 12, 89도866).

② … 위 의사에게는 그 원인 사실을 모르고 병명을 문의하는 환자에게 그 병명을 알려주고 이에 대한 주의사항인 피해장소인 방의 수선이나 환자에 대한 요양의 방법 기타 건강관리에 필요한 사항을 지도하여 줄 요양방법의 지도의무가 있는 것이므로 이를 태만한 것으로서 의사로서의 업무상과실이 있고, 이 과실과 재차의 일산화탄소 중독과의 사이에 인과관계가 있다(대판 1991. 2. 12, 90도2547).

2. 상당인과관계를 부정한 사안

① **혈청에 의한 간기능검사를 시행하지 않거**나 이를 확인하지 않은 피고인들의 과실과 피해자의 사망 간에 인과관계가 있다고 하려면 피고인들이 수술 전에 피해자에 대한 간기능검사를 하였더라면 피해자가 사망하지 않았을 것(즉 피해자의 간기능에 이상이 있었다는 검사결과가 나왔을 것)이라는 증명이 있어야 할 것이다(대판 1990. 12. 11, 90도694).

혈청에 의한 간기능검사를 시행하지 않고 정확성이 떨어지는 소변검사만으로 간기능에 이상이 없는 것으로 판단하고 할로테인전신마취를 실시하여 난소종양환자를 수술한 결과 수술 후 22일 만에 급성전격성간염으로 환자가 사망한 사안이다.
본 판례는 의료과오에 있어 과실범의 주의의무위반과 인과관계 판단의 중요성을 시사해 주고 있다. 먼저 의사의 주의의무위반과 관련하여, 대법원은 응급환자가 아닌 피해자의 경우 마취 및 수술을 하기 전에는 간기능검사를 하여 환자가 간손상 상태에 있는지 확인해야 할 의무가 있으므로 의사의 주의의무 위반이 인정된다고 보았다. 다음으로 인과관계 판단과 관련하여서는 '피고인들이 수술전에 간기능검사를 하였더라면 피해자가 사망하지 않았을 것'이라고 하여 객관적 귀속이론의 합법적 대체행위의 개념을 차용한 듯한 판단을 내렸다. 이처럼 적법한 대체행위가 행해졌을 경우, 그래도 결과발생이 이루어졌을 것인가와 관련하여 무죄추정설, 위험증대설, 절충설이 주장되고 있다. 무죄추정설에 의할 경우, 적법한 대체행위가 행해졌을 경우 결과가 발생하지 않았을 것이라는 점이 확실히 증명되지 않는 경우 인과관계를 인정하지 않으므로, 의사가 '혈청에 의한 간기능검사를 하였더라면 피해자의 간기능에 이상이 있었다는 검사결과가 나왔으리라는 점'이 증명되지 않는 이상 인과관계를 인정할 수 없고 위의 판결은 경우 이러한 사정을 찾아볼 수 없으므로 인과관계가 부정되고 의사에게 업무상과실치사죄를 인정할 수 없다. 반면 위험증대설에 의할 경우 적법한 대체행위가 있었다고 하더라도 결과의 불발생이 불분명한 경우에는 인과관계를 인정하게 되므로, 간부전, 간성혼수의 가능성이 내재된 개복수술의 경우 혈청의 생화학적 반응에 의한 간기능검사가 보편적이므로 의사의 주의의무 위반이 인정되고, 이로 인해 피해자의 생명, 신체에 대한 위험이 증대되므로, 간기능검사를 했더라도 피해자의 사망이라는 결과가 발생하였을 것이라는 점이 입증되지 않는 이상 인과관계를 인정하게 된다.
대법원은 피고인들의 과실과 피해자의 사망 간에 인과관계가 있다고 하기 위해서는 '수술 전에 피해자에 대한 간기능검사를 하였더라면 피해자가 사망하지 않았을 것임이 입증되어야 할 것'이라고 하여 무죄추정설의 입장에 가깝다고 하겠다.

② 피고인이 트럭을 도로의 중앙선 위에 왼쪽 바깥바퀴가 걸친 상태로 운행하던 중 피해자가 승용차를 운전하여 피고인이 진행하던 차선으로 달려오다가 급히 자기차선으로 들어가면서 피고인이 운전하던 트럭과 교행할 무렵 다시 피고인의 차선으로 들어와 그 차량의 왼쪽 앞부분으로 **트럭의 왼쪽 뒷바퀴** 부분을 스치듯이 충돌하고 이어서 트럭을 바짝 뒤따라가던 차량을 들이받았다면, 설사 피고인이 중앙선 위를 달리지 아니하고 정상차선으로 달렸다 하더라도 사고는 피할 수 없다 할 것이므로 피고인이 트럭의 왼쪽 바퀴를 중앙선 위에 올려놓은 상태에서 운전한 것만으로는 위 사고의 직접적인 원인이 되었다고 할 수 없다(대판 1991. 2. 26, 90도2856).

③ 공사감독관이 위와 같은 직무에 위배하여 당해 건축공사가 불법하도급되어 무자격자에 의하여 시공되고 있는 점을 알고도 이를 묵인하였거나 그와 같은 사정을 쉽게 적발할 수가 있었음에도 직무상의 의무를 태만히 하여 무자격자로 하여금 공사를 계속하게 함으로써 붕괴사고 등의 재해가 발생한 경우에, 만일 자격있는 자가 시공을 하였다면 당해 재해가 발생하지 아니하였거나 재해 발생의 위험이 상당히 줄어들었으리라고 인정된다면, 공사감독관의 그와 같은 직무상의 의무위반과 (펌프장)붕괴사고 등의 재해로 인한 치사상의 결과 사이에 상당인과관계가 있다(대판 1995. 9. 15, 95도906).

④ 피고인이 **농배양**을 하지 않은 과실이 피해자의 사망에 기여한 인과관계 있는 과실이 된다고 하려면, 농배양을 하였더라면 피고인이 투약해 온 항생제와 다른 어떤 항생제를 사용하게 되었을 것이라거나 어떤 다른 조치를 취할 수 있었을 것이고, 따라서 피해자가 사망하지 않았을 것이라는 점을 심리·판단하여야 한다(대판 1996. 11. 8, 95도2710).

사랑니 발치 후에 농이 발생하였는데 치과의사인 피고인이 농배양을 하여 가급적 빨리 원인균을 규명하고 항생제 감수성검사를 통하여 적절한 항생제를 선택하여야 함에도 이를 하지 않았고 피해자가 사망한 사안이다.

⑤ 녹색등화에 따라 왕복 8차선의 간선도로를 직진하는 차량의 운전자는 특별한 사정이 없는 한 왕복 2차선의 **접속도로**에서 진행하여 오는 다른 차량들도 교통법규를 준수하여 함부로 금지된 좌회전을 시도하지는 아니할 것으로 믿고 운전하면 족하고, 접속도로에서 진행하여 오던 차량이 아예 허용되지 아니하는 좌회전을 감행하여 직진하는 자기 차량의 앞을 가로질러 진행하여 올 경우까지 예상하여 그에 따른 사고발생을 미리 방지하기 위하여 특별한 조치까지 강구할 주의의무는 없다 할 것이고, 또한 운전자가 제한속도를 지키며 진행하였더라면 피해자가 좌회전하여 진입하는 것을 발견한 후에 충돌을 피할 수 있었다는 등의 사정이 없는 한 운전자가 제한속도를 초과하여 과속으로 진행한 잘못이 있다 하더라도 그러한 잘못과 교통사고의 발생 사이에 상당인과관계가 있다고 볼 수는 없다(대판 1998. 9. 22, 98도1854).

⑥ 선행 교통사고와 후행 교통사고 중 어느 쪽이 원인이 되어 피해자가 사망에 이르게 되었는지 **밝혀지지 않은 경우** 후행 교통사고를 일으킨 사람의 과실과 피해자의 사망 사이에 인과관계가 인정되기 위해서는 후행 교통사고를 일으킨 사람이 주의의무를 게을리하지 않았다면 피해자가 사망에 이르지 않았을 것이라는 사실이 증명되어야 하고, 그 증명책임은 검사에게 있다(대판 2007. 10. 26, 2005도8822).

선행 교통사고와 후행 교통사고 중 어느 쪽이 원인이 되어 피해자가 사망하였는지가 분명하지 않은 경우, 어떠한 가해자에게 피해자의 사망에 대한 책임을 묻느냐는 적법한 대체행위로 인해 결과발생이 방지될 수 있었는가라는 문제로, 가상의 주의의무에 합치되는 행위로 인해 결과방지 가능성의 확률이 어느 정도일 때 과실에 대한 결과의 귀속을 인정할 수 있는가가 핵심이다. 이에 대해서는 무죄추정설과 위험증대설, 절충설이 주장되고 있다.
대법원은 역과사고에 대해, 피고인이 선행사고를 일으켜 후행사고로 피해자가 사망에 이른 경우, 선행사고로 인한 손상 자체가 바로 사망의 원인이 되지 않은 경우에도 인과관계를 인정하여(72도433, 2003도2622 등), 선행사고자의 주의의무 준수 주장을 배척하고 후행사고가 인과관계의 단절을 가져올 정도에만 인과관계가 부정될 수 있다고 판단하였으며, 후행 사고의 피고인이 선행사고로 손상을 입고 도로에 쓰러져 있는 피해자를 충격한 경우에는 후행 충격자체가 사망의 원인이 되었다고 판단할 수 있는 경우에 인과관계를 인정하고 있다(2001도5005, 2003도5138 등). 위 판결의 경우 피해자는 선행사고 단독 또는 선행사고와 결합된 후행사고로 인해 사망하였다고 볼 수 있다. 이 경우 선행사고의 가해자는 피해자의 사망이 선행사고 단독이든, 후행사고와의 결합에 의해 발생하였든 사망의 결과 귀속이 부정될 수 없다. 피고인의 후행사고가 인과관계를 단절시킨 만한 사례는 아니기 때문이다. 그렇다면 후행사고를 일으킨 피고인이 피해자 사망의 책임을 부담하기 위해서는 후행사고 자체가 사망의 원인이 되어야 한다. 이에 대해 무죄추정설과 위험증대설은 검사가 후행사고가 발생하지 않았다면 피해자가 사망에 이르지 '않았을 것'이라는 합리적 의심의 정도로 입증하여야 하는지 아니면 피해자가 사망에 이르지 '않았을 가능성'이 있다는 정도로 입증하면 족한지 입증의 차이를 보인다. 그러나 결과귀속을 위한 무죄추정설과 위험증대설의 이러한 규범적 판단도 중요하지만, 그보다 교통사고 발생과정의 시뮬레이션 등을 통한 과학적인 사실관계의 확정 작업이 선행되어야 한다(이 점에서 2001도5005의 판결은 사실관계의 과학적 규명이라는 측면에서 의미가 있다.) 이러한 구체적이고 과학적인 사실규명 작업없이 무죄추정과 위험증대의 일반적인 이론으로 해결하는 것은 충실한 인과관계 판단이라고 볼 수 없을 것이다.

제 3 절 구성요건적 착오

Ⅰ. 기본적 구성요건의 착오

1. 방법의 착오

① 타격의 착오가 있는 경우라 할지라도 행위자의 살인의 범의 성립에 방해가 되지 아니한다(대판 1984. 1. 24, 83도2813).

형수를 살해하려고 몽둥이로 내려쳤으나, 형수는 상처만 입고 형수의 등에 업힌 조카가 머리를 맞고 사망한 사안이다. 본 사건에서 피고인의 인식은 2가지로 상정해 볼 수 있다. 첫째 형수를 살해하려고 몽둥이를 휘들렀으나 타격점을 제대로 잡지 못하고 서투르게 휘둘러 전혀 생각하지 않았던 조카를 타격한 경우, 둘째 마당에 밤중이라 쓰러진 사람의 머리를 보고 형수라고 생각하여 가격한 경우이다. 이들은 형법 제15조 제1항의 한계사례로, 전자의 경우는 타격의 착오가 될 수 있으며, 후자의 경우에는 객체의 착오가 될 수 있어 각각의 구체적 부합설과 법정적 부합설, 추상적 부합설에 따라 해결되게 된다.
구성요건적 착오는 인식과 실제 존재하는 현상과의 불일치를 전제로 하고 있다. 그러나 본 사안의 피고인의 경우 캄캄한 밤중에 소나무 몽둥이로 이미 형수를 내리쳐 등에 업혀 있던 조카까지 함께 쓰러진 경우 이들에 대해 다시 가격할 경우 둘 중 누군가는 죽을 수 있다는 불확정적 고의(택일적 고의 내지 미필적 고의)를 인정할 수 있으며 이때에는 착오론을 통한 해결이 필요 없게 된다.

② 甲이 乙 등 3명과 싸우다가 힘이 달리자 식칼을 가지고 이들 3명을 상대로 휘두르다가 이를 말리면서 식칼을 뺏으려던 피해자 병에게 상해를 입혔다면 갑에게 상해의 범의가 인정되며 상해를 입은 사람이 목적한 사람이 아닌 다른 사람이라 하여 과실상해죄에 해당한다고 할 수 없다(대판 1987. 10. 2, 87도1745).

2. 규범적 구성요건요소의 착오

절도죄에서 **재물의 타인성**을 오신하여 그 재물이 자기에게 취득(빌린 것)할 것이 허용된 동일한 물건으로 오인하고 가져온 경우에는 범죄사실에 대한 인식이 있다고 할 수 없으므로 범의가 조각되어 절도죄가 성립하지 아니한다(대판 1983. 9. 13, 83도1762).

피고인 甲은 乙에게서 고양이 한 마리를 빌렸다가 그 고양이를 잃어버렸는데, 몇 시간 후 우연히 丙이 경영하는 평원닭집 평상위에 있는 丙소유의 고양이를 발견하였다. 이에 甲은 그 고양이가 자신이 빌렸다 잃어버린 고양이로 착각하고 러닝셔츠 속에 넣어 오다가 丙에게 발각되어 이를 丙에게 돌려주었으나, 과거 상습절도의 전과가 있어 본 사건에서도 상습절도로 기소되었다.
절도죄에서 財物의 他人性은 규범적 구성요건요소로 법적 개념에 속한다. 본 사안은 착오의 두 유형, 즉 구성요건착오와 금지의 착오개념이 사실의 착오와 법률의 착오개념보다 적절함을 보여주었다. 즉 사실적 요소이나 법적 개념이나 법적 판단이 요구되는 경우에는 사실과 법률의 착오 양자로 구분하기에는 개별 사안에 따라서 혼동을 불러일으킬 수 있으며, 재물의 타인성도 바로 이러한 예가 되는 것이다. 본 사안에서 행위시에 甲에게는 재물의 타인성에 대한 의미의 인식이 없었다고 볼 수 있으며, 결국 이는 구성요건적 착오에 해당하여 고의가 조각되게 된다.

Ⅱ. 가중적 구성요건의 착오

1. 원　　칙

제 분에 이기지 못하여 식도를 휘두르는 피고인을 말리거나 그 식도를 뺏으려고 한 그 밖의 피해자들을 닥치는 대로 찌르는 무차별 횡포를 부리던 중에 그의 父까지 찌르게 된 결과를 빚은 경우 피고인이 칼에 찔려 쓰러진 부를 부축해 데리고 나가지 못하도록 한 일이 있다고 하여 그의 부를 살해할 의사로 식도로 찔러 살해하였다는 사실을 인정하기는 어렵다고 봄이 상당하다(대판 1977. 1. 11, 76도3871).

형법 제15조는 단순히 "특별히 중한 죄가 되는 사실을 인식하지 못한 행위는 중한 죄로 벌하지 아니한다"고 하여 (기본적 구성요건을 인식하고 가중적 구성요건을 실현한 경우), 구성요건적 착오의 모든 유형을 상세히 규정하고 있지 못하다. 여기서 복잡한 해석론(부합론)의 필요성이 대두된다. 사안의 경우도 피고인이 현장에 있던 사람들을 닥치는 대로 찌르지 않고, 아버지의 존재를 알고 있었으며 아버지가 아닌 다른 사람들에게 칼을 휘두르다 아버지가 찔려 살해되었다면 구성요건적 착오(추상적 사실의 착오)의 문제가 발생할 수 있다.

유사판례

위 둥글댁은 동 피고인의 처 조모요 또 위 OO는 동 피고인의 장모로서 동 피고인의 배우자인 처 △△의 직계 존속임에도 불구하고 원심이 이를 보통살인죄로 의율하였음은 위법이라 할 것이나, 다시 기록을 정사하니 동 피고인의 범행 당시는 암야이고 또 집합인이 다수로 인하여 혼잡하던 중 주도자인 거면 분주소장 ◎◎의 급 촉 등으로 처 조모, 장모임을 인식치 못하고 가해한 것임을 규지하지 못할 바 아니므로 위는 형법 제15조 1항 소정의 "특히 중한 죄가 되는 사실을 인식하지 못한 배우자의 직계 존속살해 행위"로 해석되고 여 여사 경우에는 보통살인죄의 형의로서 처단하여야 할 것이니 위 위법은 원판결을 파기할 이유가 되지 아니한다(대판 1960.10.31., 4293형상494).

2. 성전환수술을 받은 자에 대한 강간

① 무릇 사람에 있어서 남자, 여자라는 성의 분화는 정자와 난자가 수정된 후 태아의 형성초기에 성염색체의 구성(정상적인 경우 남성은 XY, 여성은 XX)에 의하여 이루어지고, 발생과정이 진행됨에 따라 각 성염색체의 구성에 맞추어 내부생식기인 고환 또는 난소 등의 해당 성선(性腺)이 형성되고, 이어서 호르몬의 분비와 함께 음경 또는 질, 음순 등의 외부생식기가 발달하며, 출생 후에는 타고난 성선과 외부성기 및 교육 등에 의하여 심리적·정신적인 성이 형성되는 것이다. 그러므로 형법 제297조에서 말하는 부녀, 즉 여자에 해당하는지 여부도 위 발생학적인 성인 성염색체의 구성을 기본적 요소로 하여 성선, 외부성기를 비롯한 신체의 외관은 물론이고 심리적·정신적인 성, 그리고 사회생활에서 수행하는 주관적·개인적인 성역할(성전환의 경우에는 그 전후를 포함하여) 및 이에 대한 일반인의 평가나 태도 등 모든 요소를 종합적으로 고려하여 사회통념에 따라 결정하여야 할 것이다. … 기본적인 요소인 성염색체의 구성이나 본래의 내·외부성기의 구조, 정상적인 남자로서 생활한 기간, 성전환수술을 한 경위·시기 및 수술 후에도 여성으로서의 생식능력은 없는 점, 그리고 이에 대한 사회 일반인의 평가와 태도 등 여러 요소를 종합적으로 고려하여 보면 사회통념상 여자로 볼 수는 없다(대판 1996. 6. 11, 96도791).[6]

② 성전환증을 가진 사람의 경우에도 남성 또는 여성 중 어느 한쪽의 성염색체를 보유하고 있고 그 염색체와 일치하는 생식기와 성기가 형성·발달되어 출생하지만, 출생 당

6 이러한 이유로 대법원은 강간죄가 아닌 강제추행치상죄를 인정하였다. 그러나 이러한 논리구성에는 문제가 있다. 피고인들은 행위당시에 피해자를 여성으로 인식하였으므로 강간의 대상의 착오가 발생하였고 따라서 판례의 논리를 따르더라도 강간죄의 불능미수에 해당되며, 결국 강간치상으로 의율함이 타당하다. 그러나 이러한 논란은 최근 대법원이 성전환자에 대한 강간죄를 인정함으로써 일단락되었다고 하겠다.

시에는 아직 그 사람의 정신적·사회적인 의미에서의 성을 인지할 수 없으므로, 사회통념상 그 출생 당시에는 생물학적인 신체적 성징에 따라 법률적인 성이 평가된다. 그러나 출생 후의 성장에 따라 일관되게 출생 당시의 생물학적인 성에 대한 불일치감 및 위화감·혐오감을 갖고 반대의 성에 귀속감을 느끼면서 반대의 성으로서의 역할을 수행하며 성기를 포함한 신체 외관 역시 반대의 성으로서 형성하기를 강력히 원하여, 정신과적으로 성전환증의 진단을 받고 상당기간 정신과적 치료나 호르몬치료 등을 실시하여도 여전히 위 증세가 치유되지 않고 반대의 성에 대한 정신적·사회적 적응이 이루어짐에 따라, 일반적인 의학적 기준에 의하여 성전환수술을 받고 반대 성으로서의 외부 성기를 비롯한 신체를 갖추고, 나아가 전환된 신체에 따른 성을 가진 사람으로서 만족감을 느끼며 공고한 성정체성의 인식 아래 그 성에 맞춘 의복, 두발 등의 외관을 하고 성관계 등 개인적인 영역 및 직업 등 사회적인 영역에서 모두 전환된 성으로서의 역할을 수행함으로써 주위 사람들로부터도 그 성으로서 인식되고 있으며, 전환된 성을 그 사람의 성이라고 보더라도 다른 사람들과의 신분관계에 중대한 변동을 초래하거나 사회에 부정적인 영향을 주지 아니하여 사회적으로 허용된다고 볼 수 있다면, 이러한 여러 사정을 종합적으로 고려하여 사람의 성에 대한 평가 기준에 비추어 사회통념상 신체적으로 전환된 성을 갖추고 있다고 인정될 수 있는 경우가 있다. 이와 같은 성전환자는 출생시와는 달리 전환된 성이 법률적으로도 그 성전환자의 성이라고 평가받을 수 있다(대판 2009. 9. 10, 2009도3580).

피해자가 성장기부터 남성에 대한 불일치감과 여성으로의 성귀속감을 나타냈고, 성전환 수술로 인하여 여성으로서의 신체와 외관을 갖추었으며, 성전환수술 이후 30여 년간 개인적·사회적으로 여성으로서의 생활을 영위해 가고 있었다는 점 등을 고려하여 사회통념상 여성으로 평가되는 성전환자로서 강간죄의 객체인 '부녀'에 해당한다고 본 판결로, 이는 대법원의 과거 견해를 변경한 것이다.

제 4 장 違 法 性

제 1 절 위법성의 본질과 평가방법

Ⅰ. 객관적 위법성론

형법 제20조 소정의 '사회상규에 위배되지 아니하는 행위'라 함은 법질서 전체의 정신이나 그 배후에 놓여 있는 사회윤리 내지 사회통념에 비추어 용인될 수 있는 행위를 말하고, 어떠한 행위가 사회상규에 위배되지 아니하는 정당한 행위로서 위법성이 조각되는 것인지는 구체적인 사정 아래서 합목적적, 합리적으로 고찰하여 개별적으로 판단되어야 할 것이다(대판 2000. 4. 25, 98도2389).

제 2 절 정당행위

Ⅰ. 사회상규에 위배되지 않는 행위

형법 제20조 소정의 '사회상규에 위배되지 아니하는 행위'라 함은 법질서 전체의 정신이나 그 배후에 놓여 있는 사회윤리 내지 사회통념에 비추어 용인될 수 있는 행위를 말하고, 어떠한 행위가 사회상규에 위배되지 아니하는 정당한 행위로서 위법성이 조각되는 것인지는 구체적인 사정 아래서 합목적적, 합리적으로 고찰하여 개별적으로 판단하여야 할 것인바, 이와 같은 정당행위를 인정하려면 첫째 그 행위의 동기나 목적의 정당성, 둘째 행위의 수단이나 방법의 상당성, 셋째 보호이익과 침해이익과의 법익균형성, 넷째 긴급성, 다섯째 그 행위 외에 다른 수단이나 방법이 없다는 보충성 등의 요건을 갖추어야 한다(대판 2001. 2. 23, 2000도4415).

Ⅱ. 법령에 의한 행위

1. 공무원의 직무집행행위

① 임야와 개간된 밭을 구분 평가 하는 것이 오히려 전체 가격의 저락을 가져오게 된다하여 국세청 통첩인 감정사무요령에 따라 임야로 일괄평가하여 재산평가조서를 작성한 소위는 이른바 법령에 의한 행위로 위법성이 없다(대판 1971. 6. 22, 71도928).

② **집달관이 압류집행**을 위하여 채무자의 주거에 들어가는 과정에서 상해를 가한 것을 상당성이 있는 행위로서 위법성이 조각된다(대판 1993. 10. 12, 93도875).

③ 형사소송법이나 경찰관직무집행법 등의 법률에 정하여진 구금 또는 보호유치 요건에 의하지 아니하고는 즉결심판 피의자라는 사유만으로 피의자를 구금, 유치할 수 있는 아무런 법률상 근거가 없고, 경찰 업무상 그러한 관행이나 지침이 있었다 하더라도 이로써 원칙적으로 금지되어 있는 인신구속을 행할 수 있는 근거로 할 수 없으므로, 즉결심판 피의자의 정당한 귀가요청을 거절한 채 다음날 즉결심판법정이 열릴 때까지 피의자를 경찰서 보호실에 강제유치시키려고 함으로써 피의자를 경찰서 내 **즉결피의자 대기실에 10-20분** 동안 있게 한 행위는 형법 제124조 제1항의 불법감금죄에 해당하고, 이로 인하여 피의자를 보호실에 밀어 넣으려는 과정에서 상해를 입게 하였다면 특정범죄가중처벌등에관한법률 제4조의2 제1항 위반죄에 해당한다(대판 1997. 6. 13, 97도877).

④ **검사 및 검찰수사관의 범죄혐의자들에 대한 폭행과 가혹행위**가 직권을 남용한 과도한 물리력의 행사로서 사회통념상 용인될 수 있는 정당행위에 해당한다고 볼 수 없다(대판 2005. 5. 26, 2005도945).

검사 甲은 2002. 10. 26. 01 : 00경부터 피해자를 직접 조사하였으나 여전히 범행을 부인하자 피해자를 무릎을 꿇린 상태로 검찰수사관 乙에게 인계하면서 계속 신문하라고 지시하고, 乙은 같은 날 02 : 00부터 피해자를 조사하던 중 발로 피해자의 낭심 부위를 차고 발로 허벅지를 수회 밟고, 검찰수사관 丙은 같은 날 03 : 00경 피해자의 신병을 인계받아 무릎을 꿇린 상태에서 양팔꿈치를 바닥에 대고 얼굴을 박게 한 채 발로 허벅지 부위를 수회 걷어찬 다음 허벅지 부위를 수회 밟고, 丙은 같은 날 05 : 00경 피해자 의 신병을 인계받아 같은 날 08:00까지 조사하면서 발로 엉덩이 부위를 차고, 수갑을 찬 상태로 '엎드려 뻗쳐'를 시키는 등 파견 경찰관 丁과 乙, 丙이 번갈아 가며 무수히 피해자 의 전신을 폭행하거나 가혹행위를 하고, 검사 甲은 같은 날 08 : 00경 내지 08 : 30경 위 1146호 조사실로 내려와 살펴본 결과 피해자가 건강에 이상이 있는 것으로 판단할 수 있는 거동을 보이고 있었음에도 그를 병원으로 후송하는 등의 조치 없이 피해자를 침대에 눕히고 그대로 내버려두었다가 같은 날 12 : 41경 피해자의 건강상태가 악화되어 호흡곤란에 이른 것을 보고서야 급히 강남성모병원 응급실로 피해자를 후송하였으나, 같은 날 19 : 45경 위 병원에서 다발성좌상에 의한 속발성 쇼크 및 외상성 지주막하 출혈로 사망에 이르게 한 사안으로, 대법원은 검사 甲도 검찰수사관 乙, 丙의 독직가혹행위치사상죄의 공동정범으로서 형사책임이 인정된다고 하였다.

⑤ 비록 **장차 특정 지역**에서 구 집회 및 시위에 관한 법률에 의하여 금지되어 그 주최 또는 참가행위가 형사처벌의 대상이 되는 **위법한 집회·시위가 개최될 것이 예상**된다고 하더라도, 이와 시간적·장소적으로 근접하지 않은 다른 지역에서 **그 집회·시위에 참가하기 위하여 출발 또는 이동하는 행위를 함부로 제지**하는 것은 경찰관직무집행법 제6조 제1항에 의한 행정상 즉시강제인 경찰관의 제지의 범위를 명백히 넘어서는 것이어서 허용될 수 없으므로, 이러한 제지 행위는 공무집행방해죄의 보호대상이 되는 공무원의 적법한 직무집행에 포함될 수 없다(대판 2008. 11. 13, 2007도9794).

2. 상관의 명령수행행위

(1) 적법한 상관의 명령

상관의 적법한 직무상 명령에 따른 행위는 정당행위로서 형법 제20조에 의하여 그 위법성이 조각된다고 할 것이나, 상관의 위법한 명령에 따라 범죄행위를 한 경우에는 상관의 명령에 따랐다고 하여 부하가 한 범죄행위의 위법성이 조각될 수는 없다(대판 1997. 4. 17, 96도3376 전원합의체).

(2) 위법한 상관의 명령

① 공무원이 그 직무를 수행함에 있어 상관은 하관에 대하여 범죄행위 등 위법한 행위를 하도록 명령할 직권이 없는 것이고 하관은 소속상관의 적법한 명령에 복종할 의무는

있으나 그 명령이 참고인으로 소환된 사람에게 **가혹행위**를 가하라는 등과 같이 명백한 위법 내지 불법한 명령인 때에는 이는 벌써 직무상의 지시명령이라 할 수 없으므로 이에 따라야 할 의무는 없다. 설령 대공수사단 직원은 상관의 명령에 절대복종하여야 한다는 것이 불문율로 되어 있다 할지라도 국민의 기본권인 신체의 자유를 침해하는 고문행위 등이 금지되어 있는 우리의 국법질서에 비추어볼 때 그와 같은 불문율이 있다는 것만으로는 고문치사와 같이 중대하고도 명백한 위법명령에 따른 행위가 정당한 행위에 해당하거나 강요된 행위로서 적법행위에 대한 기대가능성이 없는 경우에 해당하게 되는 것이라고는 볼 수 없다(대판 1988. 2. 23, 87도2358).

② 공무원이 그 직무를 수행함에 즈음하여 상관은 하관에 대하여 범죄행위 등 위법한 행위를 하도록 명령할 직권이 없는 것이며, 또한 하관은 소속상관의 적법한 명령에 복종할 의무는 있으나 그 명령이 대통령 선거를 앞두고 특정후보에 대하여 반대하는 여론을 조성할 목적으로 확인되지도 않은 허위의 사실을 담은 책자를 발간·배포하거나 기사를 게재하도록 하라는 것과 같이 **명백히 위법 내지 불법한 명령**인 때에는 이는 벌써 직무상의 지시명령이라 할 수 없으므로 이에 따라야 할 의무가 없다(대판 1999. 4. 23, 99도636).

비교판례

◎ 위법명령을 적법명령으로 오인한 경우

관사이탈행위는 중대장의 직접적인 허가를 받지 아니하였다 하더라도 당번병으로서의 임무범위내에 속하는 것으로 오인하고 한 행위로서 그 오인에 정당한 이유가 있어 위법성이 없다(대판 1986. 10. 28, 86도1406).

중대장 당번병이 중대장의 지시로 관사를 지키던 중 중대장과 함께 외출나간 그 처로부터 동일 24:00시경 비가 오고 밤이 늦어 혼자 귀가할 수 없으니 우산을 들고 마중 나오라는 연락을 받고, 관행대로 그것이 당번병의 의무로 생각하고 마중을 나가 다음날 01 : 00시경에 귀대하여 근무지 이탈로 기소된 사안이다.

중대장이 자신의 처를 마중나가라고 명령한 것은 사적 임무의 부과로 적법한 명령이라고 할 수 없으며, 따라서 위법한 명령을 적법한 명령으로 오인하여 수행한 당번병의 행위는 오상정당행위에 해당한다고 볼 수 있다. 즉 위법성조각사유의 전제사실에 관한 착오를 일으킨 것이다. 그런데 대법원은 본 사안에서 당번병의 오인에 형법 제16조의 '정당한 이유'가 있는지를 판단하여 근무지이탈죄의 '위법성'을 조각하고 있다. '정당한 이유'만 놓고 본다면 군대의 일반화된 관행이라고 하더라도 사회일반의 경험칙상 정당한 이유가 인정된다고 하기 어려울 것이다. 대법원도 박종철 고문치사사건에 대하여 위법한 명령의 수행행위는 금지되는 행위로 판시한 바 있다.

3. 현행범인의 체포

피고인의 차를 손괴하고 도망하려는 피해자를 도망하지 못하게 멱살을 잡고 흔들어 피해자에게 전치 14일의 흉부찰과상을 가한 경우, 정당행위에 해당한다(대판 1999. 1. 26, 98도3029).

4. 노동쟁의행위

① 단체협약에 따른 공사 사장의 지시로 09 : 00 이전에 출근하여 업무준비를 한 후 09 : 00부터 근무를 하도록 되어 있음에도 피고인이 쟁의행위의 적법한 절차를 거치지도 아니한 채 조합원들로 하여금 집단으로 09 : 00 정각에 출근하도록 지시를 하여 이에 따라 수백, 수천 명의 조합원들이 집단적으로 09 : 00 정각에 출근함으로써 전화고장수리가 지연되는 등으로 위 공사의 업무수행에 지장을 초래하였다면 … 정당한 쟁의행위의 한계를 벗어난 것으로 업무방해죄를 구성하고, 피고인의 이와 같은 행위가 노동3권을 보장받고 있는 근로자의 당연한 권리행사로서 형법 제20조 소정의 정당행위에 해당한다고 볼 수 없다(대판 1996. 5. 10, 96도419).

② 비록 조합원들이 노동조합을 결성하면서 단체협약의 체결에 관한 사항을 위원장과 중앙집행위원회에 위임하기로 의결하였다고 하더라도 노동조합측에서 이와 같이 별도의 위임까지 받았다는 사정을 회사측에 통보하지 않고 노동조합측에서 회사측의 단체협약 체결권한에 대한 의문을 해소시키지 않은 채 단체교섭만을 요구하였다면 단체교섭을 위한 진지한 노력을 다하였다고 볼 수 없고 따라서 그러한 상황에서 가진 단체교섭이 결렬되었다고 하더라도 이를 이유로 하는 쟁의행위는 그 목적과 시기, 절차에 있어서 정당한 쟁의행위라고 볼 수 없다(대판 2000. 5. 12, 98도3299).

③ 정리해고나 사업조직의 통폐합 등 **기업의 구조조정의 실시 여부**는 경영주체에 의한 고도의 경영상 결단에 속하는 사항으로서 이는 원칙적으로 단체교섭의 대상이 될 수 없고, 그것이 긴박한 경영상의 필요나 합리적인 이유 없이 불순한 의도로 추진되는 등의 특별한 사정이 없는 한, 노동조합이 실질적으로 그 실시 자체를 반대하기 위하여 쟁의행위에 나아간다면, 비록 그 실시로 인하여 근로자들의 지위나 근로조건의 변경이 필연적으로 수반된다 하더라도 그 쟁의행위는 목적의 정당성을 인정할 수 없다. … 쟁의행위에서 추구되는 목적이 여러 가지이고 그 중 일부가 정당하지 못한 경우에는 주된 목적 내지 진정한 목적의 당부에 의하여 그 쟁의목적의 당부를 판단하여야 할 것이고, 부당한 요구사

항을 뺐더라면 쟁의행위를 하지 않았을 것이라고 인정되는 경우에는 그 쟁의행위 전체가 정당성을 갖지 못한다고 보아야 한다(대판 2002. 2. 26, 99도5380).

④ 근로자의 쟁의행위가 형법상 정당행위가 되기 위하여는 첫째 그 주체가 단체교섭의 주체로 될 수 있는 자이어야 하고, 둘째 그 목적이 근로조건의 향상을 위한 노사간의 자치적 교섭을 조성하는 데에 있어야 하며, 셋째 사용자가 근로자의 근로조건 개선에 관한 구체적인 요구에 대하여 단체교섭을 거부하였을 때 개시하되 특별한 사정이 없는 한 조합원의 찬성결정 등 법령이 규정한 절차를 거쳐야 하고, 넷째 그 수단과 방법이 사용자의 재산권과 조화를 이루어야 함은 물론 폭력의 행사에 해당되지 아니하여야 한다는 여러 조건을 모두 구비하여야 한다(대판 2003. 11. 13, 2003도687).

⑤ 노동쟁의는 특별한 사정이 없는 한 그 절차에 있어 조정절차를 거쳐야 하는 것이지만 이는 반드시 노동위원회가 조정결정을 한 뒤에 쟁의행위를 하여야만 그 절차가 정당한 것은 아니라고 할 것이고, 노동조합이 노동위원회에 노동쟁의 조정신청을 하여 **조정절차가 마쳐지거나 조정이 종료되지 아니한 채 조정기간이 끝나면** 조정절차를 거친 것으로서 쟁의행위를 할 수 있다(대판 2003. 12. 26, 2001도1863).

⑥ 근로자는 원칙적으로 헌법상 보장된 기본권으로서 근로조건 향상을 위한 자주적인 단결권·단체교섭권 및 단체행동권을 가지므로(헌법 제33조 제1항), 쟁의행위로서 파업이 언제나 업무방해죄에 해당하는 것으로 볼 것은 아니고, 전후 사정과 경위 등에 비추어 사용자가 예측할 수 없는 시기에 전격적으로 이루어져 사용자의 사업운영에 심대한 혼란 내지 막대한 손해를 초래하는 등으로 사용자의 사업계속에 관한 자유의사가 제압·혼란될 수 있다고 평가할 수 있는 경우에 비로소 집단적 노무제공의 거부가 위력에 해당하여 업무방해죄가 성립한다고 보는 것이 타당하다. 이와 달리, 근로자들이 집단적으로 근로의 제공을 거부하여 사용자의 정상적인 업무운영을 저해하고 손해를 발생하게 한 행위가 당연히 위력에 해당하는 것을 전제로 노동관계 법령에 따른 정당한 쟁의행위로서 위법성이 조각되는 경우가 아닌 한 업무방해죄를 구성한다는 취지로 판시한 대법원 1991. 4. 23. 선고 90도2771 판결, 대법원 1991. 11. 8. 선고 91도326 판결, 대법원 2004. 5. 27. 선고 2004도689 판결, 대법원 2006. 5. 12. 선고 2002도3450 판결, 대법원 2006. 5. 25. 선고 2002도5577 판결 등은 이 판결의 견해에 배치되는 범위 내에서 변경한다(대판 2011. 3. 17, 2007도482 전원합의체 다수의견).

이 판결은 종래 모든 형태의 파업이 업무방해죄의 구성요건해당성이 있다고 본 입장에서 벗어나, 일정한 범위의 파업만이 업무방해죄의 구성요건해당성이 있다고 본 점에 의미가 있다. 다만 근로자의 단체행동권 등 헌법상 보장된 권리들을 실질적으로 향유할 수 있도록 하는 방법이 대법원 다수의견처럼 업무방해죄의 구성요건해당성을 좁게 인정할 것인지, 정당행위로서 쟁의행위의 위법성조각을 폭넓게 인정할 것인지에 대해서는 논란이 있어 보인다.

5. 징계행위

(1) 법령에 의한 징계행위

① 4세인 아들이 대소변을 가리지 못한다고 닭장에 가두고 전신을 구타한 것은 친권자의 징계권행사에 해당한다고 볼 수 없다(대판 1969. 2. 4, 68도1793).

② 친권자는 자를 보호하고 교양할 권리의무가 있고(민법 제913조) 그 자를 보호 또는 교양하기 위하여 필요한 징계를 할 수 있기는 하지만(민법 제915조) 인격의 건전한 육성을 위하여 필요한 범위 안에서 상당한 방법으로 행사되어야만 할 것인데, 스스로의 감정을 이기지 못하고 **야구방망이로 때릴 듯이 피해자에게 "죽여 버린다."**고 말하여 협박하는 것은 그 자체로 피해자의 인격 성장에 장해를 가져올 우려가 커서 이를 교양권의 행사라고 보기도 어렵다(대판 2002. 2. 8, 2001도6468).

(2) 교사의 체벌행위

① 중학교 교장직무대리자가 훈계의 목적으로 교칙위반학생에게 **뺨을 몇차례 때린 정도**는 감호교육상의 견지에서 볼 때 징계의 방법으로서 사회 관념상 비난의 대상이 될만큼 사회상규를 벗어난 것으로는 볼 수 없어 처벌의 대상이 되지 아니한다(대판 1976. 4. 27, 75도115).

② 교사가 피해자인 학생이 욕설을 하였는지도 확인하지 못할 정도로 침착성과 냉정성을 잃은 상태에서 욕설을 하지도 아니한 학생을 오인하여 **구타**하였다면 그 교사가 비록 교육상 학생을 훈계하기 위하여 한 것이라 하더라도 이는 징계권의 범위를 일탈한 위법한 폭력행위이다(대판 1980. 9. 9, 80도762).

③ 교사가 학생을 **엎드러지게 한 후 몽둥이와 당구큐대**로 그의 둔부를 때려 3주간의 치료를 요하는 우둔부심부혈종좌이부좌상을 입혔다면 비록 학생주임을 맡고 있는 교사로서 제자를 훈계하기 위한 것이었다 하더라도 이는 징계의 범위를 넘는 것으로서 형법 제20조의 정당행위에는 해당하지 아니한다(대판 1991. 5. 14, 91도513).

④ 초·중등교육법령에 따르면 교사는 학교장의 위임을 받아 교육상 필요하다고 인정할 때에는 징계를 할 수 있고 징계를 하지 않는 경우에는 그 밖의 방법으로 지도를 할 수 있는데 그 지도에 있어서는 교육상 불가피한 경우에만 신체적 고통을 가하는 방법인 이른바 체벌로 할 수 있고 그 외의 경우에는 훈육, 훈계의 방법만이 허용되어 있는바, 교사가 학생을 징계 아닌 방법으로 지도하는 경우에도 징계하는 경우와 마찬가지로 교육상의 필요가 있어야 될 뿐만 아니라 특히 학생에게 신체적, 정신적 고통을 가하는 체벌, 비하(卑下)하는 말 등의 언행은 교육상 불가피한 때에만 허용되는 것이어서, **학생에 대한 폭행, 욕설에 해당되는 지도행위**는 학생의 잘못된 언행을 교정하려는 목적에서 나온 것이었으며 다른 교육적 수단으로는 교정이 불가능하였던 경우로서 그 방법과 정도에서 사회통념상 용인될 수 있을 만한 객관적 타당성을 갖추었던 경우에만 법령에 의한 정당행위로 볼 수 있을 것이고, 교정의 목적에서 나온 지도행위가 아니어서 학생에게 체벌, 훈계 등의 교육적 의미를 알리지도 않은 채 지도교사의 성격 또는 감정에서 비롯된 지도행위라든가, 다른 사람이 없는 곳에서 개별적으로 훈계, 훈육의 방법으로 지도·교정될 수 있는 상황이었음에도 낯모르는 사람들이 있는 데서 공개적으로 학생에게 체벌·모욕을 가하는 지도행위라든가, 학생의 신체나 정신건강에 위험한 물건 또는 지도교사의 신체를 이용하여 학생의 신체 중 부상의 위험성이 있는 부위를 때리거나 학생의 성별, 연령, 개인적 사정에서 견디기 어려운 모욕감을 주어 방법·정도가 지나치게 된 지도행위 등은 특별한 사정이 없는 한 사회통념상 객관적 타당성을 갖추었다고 보기 어렵다(대판 2004. 6. 10, 2001도5380).

(3) 군인의 징계행위

① 상관인 피고인이 군내부에서 부하인 방위병들의 훈련중에 그들에게 군인정신을 환기시키기 위하여 한 일이라 하더라도 감금과 구타행위는 징계권 내지 훈계권의 범위를 넘어선 것으로 위법하다(대판 1984. 6. 12, 84도799).

② 상사 계급의 피고인이 병사들에 대해 수시로 폭력을 행사해 와 신체에 위해를 느끼고 겁을 먹은 상태에 있던 병사들에게 청소 불량 등을 이유로 40분 내지 50분간 **머리박아(속칭 '원산폭격')를** 시키거나 양손을 깍지 낀 상태에서 약 2시간 동안 팔굽혀펴기를 50~60회 정도 하게 한 … 피고인의 행위가 형법 제324조에서 정한 강요죄에 해당한다(대판 2006. 4. 27, 2003도4151).

Ⅲ. 업무로 인한 행위

1. 성직자·변호사의 직무행위

성직자라 하여 초법규적인 존재일 수는 없으며 성직자의 직무상 행위가 사회상규에 반하지 아니한다 하여 그에 적법성이 부여되는 것은 그것이 성직자의 행위이기 때문이 아니라 그 직무로 인한 행위에 정당, 적법성을 인정하기 때문인바, 사제가 죄지은 자를 능동적으로 고발하지 않는 것에 그치지 아니하고 은신처 마련, 도피자금 제공 등 범인을 적극적으로 은닉·도피케 하는 행위는 사제의 정당한 직무에 속하는 것이라고 할 수 없다(대판 1983. 3. 8, 82도3248).

2. 의사의 치료행위

(1) 정당행위를 인정한 경우

① 피고인이 태반의 일부를 떼어낸 행위는 그 의도, 수단, 절단부위 및 그 정도등에 비추어 볼 때 의사로서의 정상적인 진찰행위의 일환이라고 볼 수 있으므로 형법 제 20조 소정의 정당행위에 해당한다(대판 1976. 6. 8, 76도144).

② 의사가 **인공분만기인 샥손**을 사용하면 통상 약간의 상해정도가 있을 수 있으므로 그 상해가 있다고 하여 샥손을 거칠고 심하게 사용한 결과라고는 보기 어려워 의사의 정당업무의 범위를 넘는 위법행위라고 볼 수 없다(대판 1978. 11. 14, 78도2388).

(2) 정당행위를 부정한 경우

산부인과 전문의 수련과정 2년차인 의사가 자신의 시진, 촉진결과 등을 과신한 나머지 초음파검사 등 피해자의 병증이 자궁외 임신인지, 자궁근종인지를 판별하기 위한 정밀한 진단방법을 실시하지 아니한 채 피해자의 병명을 자궁근종으로 오진하고 이에 근거하여 의학에 대한 전문지식이 없는 피해자에게 **자궁적출술**의 불가피성만을 강조하였을 뿐 위와 같은 진단상의 과오가 없었으면 당연히 설명받았을 자궁외 임신에 관한 내용을 설명받지 못한 피해자로부터 수술승낙을 받았다면 위 승낙은 부정확 또는 불충분한 설명을 근거로 이루어진 것으로서 수술의 위법성을 조각할 유효한 승낙이라고 볼 수 없다(대판 1993. 7. 27, 92도2345).

☑ 의료행위에 대한 기타 판례

① 지압서비스 행위

피고인의 위와 같은 행위는 그 내용과 수준으로 보아 의료인이 행하지 아니하면 사람의 생명이나 신체 또는 일반 보건위생에 위험을 초래할 우려가 있는 행위가 아니므로, 의료행위에 해당된다고 볼 수 없다(대판 2000. 2. 22, 99도4541).

피고인이 자신이 운영하는 지압서비스업소에서 근육통을 호소하는 손님들에게 엄지손가락과 팔꿈치를 사용하여 근육이 뭉쳐진 허리와 어깨 등의 부위를 누르는 방법으로 근육통을 완화시켜 준 사안이다.

② 수지침시술행위

일반적으로 면허 또는 자격 없이 침술행위를 하는 것은 의료법 제25조의 무면허 의료행위(한방의료행위)에 해당되어 같은 법 제66조에 의하여 처벌되어야 하고, 수지침 시술행위도 위와 같은 침술행위의 일종으로서 의료법에서 금지하고 있는 의료행위에 해당하며, 이러한 수지침 시술행위가 광범위하고 보편화된 민간요법이고, 그 시술로 인한 위험성이 적다는 사정만으로 그것이 바로 사회상규에 위배되지 아니하는 행위에 해당한다고 보기는 어렵다고 할 것이나, 수지침은 시술부위나 시술방법 등에 있어서 예로부터 동양의학으로 전래되어 내려오는 체침의 경우와 현저한 차이가 있고, 일반인들의 인식도 이에 대한 관용의 입장에 기울어져 있으므로, 이러한 사정과 함께 시술자의 시술의 동기, 목적, 방법, 횟수, 시술에 대한 지식수준, 시술경력, 피시술자의 나이, 체질, 건강상태, 시술행위로 인한 부작용 내지 위험발생 가능성 등을 종합적으로 고려하여 구체적인 경우에 있어서 개별적으로 보아 법질서 전체의 정신이나 그 배후에 놓여 있는 사회윤리 내지 사회통념에 비추어 용인될 수 있는 행위에 해당한다고 인정되는 경우에는 형법 제20조 소정의 사회상규에 위배되지 아니하는 행위로서 위법성이 조각된다(대판 2000. 4. 25, 98도2389).

③ 찜질기구제공행위

… 이를 장기간 사용할 경우 피부 등에 화상을 입거나 환자의 신체에 다른 부작용이 일어날 가능성을 배제할 수 없으므로 이러한 치료행위는 의학상 전문지식이 있는 의료인이 행하지 않으면 보건위생상 위해가 생길 우려가 있는 행위, 즉 의료행위에 해당한다고 보면서 위법성이 조각될 이유도 없다(대판 2000. 9. 8, 2000도432).

'지공사십기운기'라는 찜질기구(돌 등을 스테인리스로 된 가마솥 안의 받침대위에 올려놓고 40도 내지 45도 정도로 가열하여 천 등으로 덮어 환부에 대고 찜질하게 하는 기구)를 환자에게 주어 환자가 직접 찜질하게 한 사안이다.

④ 마사지행위

의료법 제67조에 규정된 '안마행위'라 함은 '국민의 건강증진을 목적으로, 손이나 특수한 기구로 몸을 주무르거나, 누르거나, 잡아당기거나, 두드리거나 하는 등의 안마, 마사지 또는 지압 등 각종 수기요법과, 전기기구의 사용, 그 밖의 자극요법에 의하여 인체에 대한 물리적 시술을 하여 혈액의 순환을 촉진시킴으로써 뭉쳐진 근육을 풀어주는 등에 이를 정도의 행위'라고 풀이되고, 나아가 같은 법조에 규정된 '영리를 목적으로 한 안마행위'라 함은 영리를 목적으로 한 행위가 '안마행위' 그 자체이거나 적어도 '안마행위'가 주된 행위라고 풀이함이 상당하다. … 마사지업소에서 종업원이 대가를 받고 손님들의 몸을 손으로 문지른 등의 행위가 사실관계 등에 비추어 윤락행위를 위하여 성적 흥분을 일으키게 하는 행위이지 의료법 제67조 소정의 '영리를 목적으로 한 안마행위'에 해당하지 않는다(대판 2001. 6. 1, 2001도1568).[1]

⑤ 뱀가루 판매행위

… 진찰이라 함은 환자의 용태를 관찰하여 병상과 병명을 규명·판단하는 작용으로 그 진단 방법으로는 문진, 시진, 청진, 타진, 촉진, 기타 각종의 과학적 방법을 써서 검사하는 등 여러 가지가 있고, 위와 같은 작용에 의하여 밝혀진 질병에 적합한 약품을 처방, 조제, 공여하거나 시술하는 것이 치료행위에 속한다고 할 것이다. 기록에 따르니, 피고인은 그가 운영하는 역전건강원을 찾아온 손님들에게 뱀가루를 판매함에 있어 그들로부터 그들의 증상에 대하여 듣고 나서 손바닥을 펴보게 하거나 혀를 내보이게 한 후 뱀가루를 복용할 것을 권유하였을 뿐 그들의 병상이나 병명이 무엇인지를 규명하여 판단을 내리거나 설명을 한 바가 전혀 없음을 알 수 있으므로 피고인의 그와 같은 행위는 단지 피고인이 그들에게 뱀가루를 판매함에 있어 이를 용이하게 하기 위하여 한 부수적인 행위에 해당할 뿐 그들의 병상이나 병명을 규명·판단하는 진찰행위에 해당한다고 볼 수 없다. 따라서 피고인의 행위는 의료행위에 해당하지 아니한다(대판 2001. 7. 13, 99도2328).

⑥ 물리치료사의 의료행위

… 이 사건 의료행위는 물리치료사가 할 수 있는 업무범위를 벗어난 의료행위를 물

1 반면 안마나 지압이 단순한 피로회복을 위하여 시술하는 데 그치는 것이 아니라, 신체에 대하여 상당한 물리적인 충격을 가하는 방법으로 어떤 질병의 치료행위에까지 이른다면 이는 보건위생상 위해가 생길 우려가 있는 행위, 즉 의료행위에 해당한다(대판 2002. 6. 20, 2002도807 전원합의체판결).

리치료사에 불과한 피고인이 한 것이므로 무면허의료행위에 해당한다고 보아야 할 것이고, 그렇다면 피고인2(의사) 또한 피고인으로 하여금 이 사건 의료행위를 하도록 지시하는 방법으로 피고인과 공모하여 의료법위반죄를 범하였다고 보아야 한다(대판 2002. 8. 23, 2002도2014).

겨드랑이 밑이 아프다고 하는 피해자에게 의사가 물리치료사에게 피해자의 좌측 옆구리에 길이 약 6cm 가량의 침 4개를 깊이 0.5cm 가량 4군데 꽂는 방법으로 의료행위를 할 것을 지시하고, 물리치료사가 그 지시에 따라 침을 꽂은 사안이다.

⑦ '통합의학'에 근거한 진찰 및 처방행위

피고인이 나름대로 소위 '통합의학'이라는 분야의 지식을 쌓아 온 사실은 인정되나, 국내에서 진찰 및 처방행위를 할 수 있는 면허나 자격을 취득하지는 못한 사실, 위와 같은 '통합의학'은 아직 이에 대한 체계적인 연구가 부족하여 그 치료효과에 관한 과학적 근거가 부족한 사실, 이 사건 환자들은 간암, 간경화 등 질병의 치료를 목적으로 피고인을 찾아가 가입비를 납부한 뒤, 피고인으로부터 진찰을 받고, 그 상태에 따라 한의사가 아니면 처방할 수 없고 한약사라고 하더라도 한약조제지침서에 정하여진 처방에 따라서 조제할 수 있을 뿐인 한약재로 구성된 소위 '달인 물'을 처방받아 이를 복용하였는데, 이러한 '통합의학'에 기초한 피고인의 질병에 대한 진찰 및 처방은 그 치료효과에 관한 과학적 근거가 부족하여 그로 인한 부작용 내지 위험발생의 개연성이 적지 아니할 것으로 보이는 사실 등을 인정할 수 있는바, 그렇다면 이러한 피고인의 진찰 및 처방은 의료법을 포함한 법질서 전체의 정신이나 사회통념에 비추어 용인될 수 있는 행위에 해당한다고 볼 수 없으므로 위법성이 조각되지 아니한다(대판 2009. 10. 15, 2006도6870).

Ⅳ. 사회상규에 위배되지 않는 행위

1. 사회상규의 의미

① 형법상 처벌하지 아니하는 소위 사회상규에 반하지 아니하는 행위라 함은 행위가 법규정의 문언상 일응 범죄구성요건에 해당된다고 보이는 경우에도 그것이 극히 정상적인 생활형태의 하나로서 역사적으로 생성된 사회생활질서의 범위 안에 있는 것이라고 생각되는 경우에 한하여 그 위법성이 조각되어 처벌할 수 없게 되는 것으로서, 어떤 법규정

이 처벌대상으로 하는 행위가 사회발전에 따라 전혀 위법하지 않다고 인식되고 그 처벌이 무가치할 뿐 아니라 사회정의에 위반된다고 생각될 정도에 이를 경우나, 국가법질서가 추구하는 사회의 목적가치에 비추어 이를 실현하기 위하여서 사회적 상당성이 있는 수단으로 행하여졌다는 평가가 가능한 경우에 한하여 이를 사회상규에 위배되지 아니한다고 할 것(이다)(대판 1985. 6. 11, 84도1958).

② 형법 제20조 소정의 '사회상규에 위배되지 아니하는 행위'라 함은 법질서 전체의 정신이나 그 배후에 놓여 있는 사회윤리 내지 사회통념에 비추어 용인될 수 있는 행위를 말하고, 어떠한 행위가 사회상규에 위배되지 아니하는 정당한 행위로서 위법성이 조각되는 것인지는 구체적인 사정 아래서 합목적적, 합리적으로 고찰하여 개별적으로 판단되어야 할 것인바, 이와 같은 정당행위를 인정하려면 첫째 그 행위의 동기나 목적의 정당성, 둘째 행위의 수단이나 방법의 상당성, 셋째 보호이익과 침해이익과의 법익권형성, 넷째 긴급성, 다섯째 그 행위 외에 다른 수단이나 방법이 없다는 보충성 등의 요건을 갖추어야 한다. 그리고 일반적으로 면허 또는 자격 없이 침술행위를 하는 것은 의료법 제25조의 무면허 의료행위(한방의료행위)에 해당되어 같은 법 제66조에 의하여 처벌되어야 하고, **수지침** 시술행위도 위와 같은 침술행위의 일종으로서 의료법에서 금지하고 있는 의료행위에 해당하며, 이러한 수지침 시술행위가 광범위하고 보편화된 민간요법이고, 그 시술로 인한 위험성이 적다는 사정만으로 그것이 바로 사회상규에 위배되지 아니하는 행위에 해당한다고 보기는 어렵다고 할 것이나, 수지침은 위와 같이 시술부위나 시술방법 등에 있어서 예로부터 동양의학으로 전래되어 내려오는 체침의 경우와 현저한 차이가 있고, 일반인들의 인식도 이에 대한 관용의 입장에 기울어져 있으므로, 이러한 사정과 함께 시술자의 시술의 동기, 목적, 방법, 횟수, 시술에 대한 지식수준, 시술경력, 피시술자의 나이, 체질, 건강상태, 시술행위로 인한 부작용 내지 위험발생 가능성 등을 종합적으로 고려하여 구체적인 경우에 있어서 개별적으로 보아 법질서 전체의 정신이나 그 배후에 놓여 있는 사회윤리 내지 사회통념에 비추어 용인될 수 있는 행위에 해당한다고 인정되는 경우에는 형법 제20조 소정의 사회상규에 위배되지 아니하는 행위로서 위법성이 조각된다(대판 2000. 4. 25, 98도2389).

위 판결은 사회상규의 의미에 대해 기존 대법원이 취하던 '범죄구성요건에 해당된다고 보이는 경우에도 그것이 극히 정상적인 생활형태의 하나로서 역사적으로 생성된 사회생활질서의 범위 안에 있는 것이라고 생각되는 경우'라는 벨첼의 사회적 상당성 개념을 차용하던 입장(82도357, 84도1958 등)에서 벗어나, '법질서 전체의 정신이나 그 배후에 놓여 있는 사회윤리 내지 사회통념에 비추어 용인될 수 있는 행위'라고 새롭게 정의함으로써 사회윤리 내지 사회통념에 기초한 규범적 관점으로 전환한 입장을 보였다는 점에서 의미가 있다. 그리고 사회상규 판단의 구체적 요건으로 행위의 동기나 목적의 정당성, 행위의 수단이나 방법의 상당성, 보호이익과 침해이익과의 법익 균형성, 긴급성, 그 행위 외에 다른 수단이나 방법이 없다는 보충성 등의 요건을 명시하였다는 점에서 사회상규와 사회적 상당성을 혼동하였다는 비판에서 벗어나 독자적인 사회상규의 개념을 정립한 모습을 보이고 있으며, 이러한 입장은 이후 판결에도 지속되고 있다.

2. 사회상규와 사회적 상당성의 관계

① 형법 제20조 소정의 사회상규에 위배되지 아니하는 행위는 초 법규적인 법익교량의 원칙이나 목적과 수단의 정당성에 관한 원칙 또는 사회적 상당성의 원리 등에 의하여 도출된 개념이었다(대판 1971. 6. 22, 71도827).

대법원은 사회상규와 사회적 상당성을 구분하지 않고 있는데, 이는 위법성을 조각시키는 사회상규의 판단기준으로 구성요건해당성을 조각시키는 사회적 상당성을 포함시킨 오류라고 하겠다.

② 인간의 생명은 잉태된 때부터 시작되는 것이고 회임된 태아는 새로운 존재와 인격의 근원으로서 존엄과 가치를 지니므로 그 자신이 이를 인식하고 있던지 또 스스로를 방어할 수 있는지에 관계없이 침해되지 않도록 보호되어야 한다 함이 헌법 아래에서 국민일반이 지니는 건전한 도의적 감정과 합치되는 바이고 비록 모자보건법이 모성의 생명과 건강을 보호하고 건전한 자녀의 출산과 양육을 도모함으로써 국민의 보건향상에 기여하기 위하여 같은법 제8조 소정의 특별한 의학적, 우생학적 또는 윤리적 적응이 인정되는 경우에 한하여 임산부와 배우자의 동의아래 **인공임신중절수술**을 허용하였다 하더라도 이로써 의사가 부녀의 촉탁 또는 승낙을 받으면 일체의 낙태행위가 정상적인 행위이고 형법 제270조 제1항 소정의 업무상촉탁낙태죄에 의한 처벌을 무가치하게 되었다고 할 수는 없으며 임산부의 촉탁이 있으면 의사로서 낙태를 거절하는 것이 보통의 경우 도저히 기대할 수 없게 되었다고 할 수도 없다(대판 1985. 6. 11, 84도1958).

③ 사회상규에 반하지 아니하는 행위라 함은 법규정의 문언상 일응 범죄구성요건에 해당된다고 보이는 경우에도 그것이 극히 정상적인 생활형태의 하나로서 역사적으로 생성된 사회질서의 범위 안에 있는 것이라고 생각되는 경우에 한하여 그 위법성이 조각되어 처벌할 수 없게 되는 것(이다)(대판 1994. 11. 8, 94도1657).

3. 사회상규의 판단기준

정당행위를 인정하려면 첫째 그 행위의 동기나 목적의 정당성, 둘째 행위의 수단이나 방법의 상당성, 셋째 보호이익과 침해이익과의 법익권형성, 넷째 긴급성, 다섯째 그 행위 외에 다른 수단이나 방법이 없다는 보충성 등의 요건을 갖추어야 한다(대판 2001. 2. 23, 2000도4415).

피고인은 알코올의존증 등의 증상을 보이던 남편을 정신병이 있다는 이유로 정신병원에 입원시키고자 원무과장 A에게 부탁하였고, 부탁을 받은 원무과장은 피고인과 함께 피해자를 강제로 구급차에 실어 병원에 입원시켰다. 그런데 관련 법령에 의하면 정신질환자는 보호의무자의 동의가 있더라도 정신과전문의가 정신질환자를 직접 대면하여 진찰하고 입원이 필요하다고 진단하여야만 강제입원이 가능하다고 규정되어 있는데, 피고인은 피해자의 입원 전 이 병원 정신과전문의 B와 상담하여 입원치료가 필요하다는 의견만 듣고 피해자를 입원시켜, 폭력행위 등 처벌에 관한 법률 위반죄(감금)로 기소되었으며, 피고인은 상고이유로 자신의 행위가 정당행위임을 주장하였다. 강제입원 후 정신과전문의의 진료결과 편집성 인격장애 및 알코올의존증의 치료를 위한 입원이 필요하다고 진단되어 입원이 결정되었다.

4. 소극적 저항행위

① **강제연행을 모면**하기 의하여 팔꿈치로 뿌리치면서 가슴을 잡고 벽에 밀어 부친 행위는 소극적인 저항으로 사회상규에 위반되지 아니한다(대판 1982. 2. 23, 81도2958).

② 피해자가 채권변제를 요구하면서 고함치고 욕설하며 안방에까지 뛰어들어와 피고인이 가만히 있는데도 피고인의 러닝셔츠를 잡아 당기며 찢기까지하는 등의 상황하에서 그를 **뿌리치기 위하여 방밖으로 밀어낸 소위**는 사회통념상 용인되는 행위로서 위법성이 없다(대판 1985. 11. 12, 85도1978).

③ 택시운전사가 승객의 요구로 택시를 출발시키려 할 때 피해자가 부부싸움끝에 도망나온 위 승객을 택시로부터 강제로 끌어내리려고 운전사에게 폭언과 함께 택시 안으로 몸을 들이밀면서 양손으로 운전사의 멱살을 세게 잡아 상의단추가 떨어질 정도로 심하게 흔들어 대었고, 이에 운전사가 위 **피해자의 손을 뿌리치면서 택시를 출발**시켜 운행하였을 뿐이라면 운전사의 이러한 행위는 사회상규에 위배되지 아니하는 행위라고 할 것이다(대판 1989. 11. 14, 89도1426).

④ 택시운전사인 피고인이 고객인 가정주부들에게 입에 담지 못할 욕설을 퍼부은 데서 발단이 되어 가정주부인 피해자 등으로부터 핸드백과 하이힐 등으로 얻어맞아 상처를

입게 되자 이를 고발하기 위해 파출소로 끌고 가려고 피해자의 손목을 잡아 비틀어 상해를 가한 경우 사회통념상 용인될 만한 상당성이 있는 정당행위라고 볼 수 없다(대판 1991. 12. 27, 91도1169).

⑤ 피해자(남, 57세)가 술에 만취하여 아무런 연고도 없는 **가정주부인 피고인**의 집에 들어가 유리창을 깨고 아무데나 소변을 보는 등 행패를 부리고 나가자, 피고인이 유리창 값을 받으러 피해자를 뒤따라가며 그 어깨를 붙잡았으나, 상스러운 욕설을 계속하므로 더 이상 참지 못하고 잡고 있던 손으로 피해자의 **어깨부분을 밀치자** 술에 취하여 비틀거리던 피해자가 몸을 제대로 가누지 못하고 앞으로 넘어져 시멘트 바닥에 이마를 부딪쳐 1차성 쇼크로 사망한 경우, 피고인의 위와 같은 행위는 피해자의 부당한 행패를 저지하기 위한 본능적인 소극적 방어행위에 지나지 아니하여 사회통념상 용인될 수 있는 정도의 상당성이 있어 형법 제20조에 정한 정당행위에 해당한다(대판 1992. 3. 10, 92도37).

⑥ 행방불명된 남편에 대해 불리한 민사판결이 선고되자 그 처가 적법한 다른 방법을 강구하지 아니하고 **남편명의의 항소장을 임의로 작성**하여 법원에 제출한 행위는 사회통념상 허용되는 극히 정상적인 생활형태의 하나로서 위법성이 없다고 할 수 없다(1994. 11. 8, 94도1657).

⑦ 분쟁이 있던 옆집 사람이 야간에 술에 만취된 채 시비를 하며 거실로 들어오려 하자 이를 **제지하며 밀어내는** 과정에서 전치 2주의 상해를 입혔다면, 이는 사회통념상 용인될 만한 상당성이 있는 정당행위로서 위법성이 없다고 보아야 한다고 한다(대판 1995. 2. 28, 94도2746).

⑧ 피고인이 피해자로부터 며칠 간에 걸쳐 집요한 괴롭힘을 당해 온 데다가 피해자가 피고인이 교수로 재직하고 있는 대학교의 강의실 출입구에서 피고인의 진로를 막아서면서 피고인을 물리적으로 저지하려 하자 극도로 흥분된 상태에서 그 행패에서 벗어나기 위하여 피해자의 팔을 **뿌리쳐서** 피해자가 상해를 입게 된 경우, 피고인의 행위는 피해자의 부당한 행패를 저지하기 위한 본능적인 소극적 방어 행위에 지나지 아니하여 사회통념상 허용될 만한 정도의 상당성이 있어 위법성이 없는 정당행위라고 봄이 상당하다(대판 1995. 8. 22, 95도936).

⑨ 피해자가 양손으로 피고인의 넥타이를 잡고 늘어져 후경부피하출혈상을 입을 정도로 목이 졸리게 된 피고인이 피해자를 떼어놓기 위하여 왼손으로 자신의 목 부근 넥타이를 잡은 상태에서 오른손으로 피해자의 손을 잡아 비틀면서 서로 밀고 당기고 하였다면, 피고인의 그와 같은 행위는 **목이 졸린 상태**에서 벗어나기 위한 소극적인 저항행위에 불과하여 형법 제20조 소정의 정당행위에 해당하여 죄가 되지 아니한다(대판 1996. 5. 28, 96

도979).

⑩ 피고인들의 이 사건 범행이 비록 불법선거운동을 적발하려는 목적을 이루어진 것이라 하더라도, 이 사건에서와 같이 타인의 주거에 도청장치를 설치하는 행위는 그 수단과 방법의 상당성을 결하는 것으로서 정당행위에 해당하지 않는다(대판 1997. 3. 28, 95도2674).

불법선거운동적발의 차원에서 부산시장 등 부산지역 기관장들의 조찬모임의 대화내용을 도청하기 위한 도청장치를 설치할 목적으로 손님을 가장하여 음식점(초원복집)에 들어간 사안이다.

⑪ '사회정의를 바로잡고 민족정기를 세우기 위한 일념'이라는 백범 **김구의 암살범**인 안두희를 살해한 범행의 동기나 목적은 주관적으로는 정당성을 가진다고 하더라도 우리 법질서 전체의 관점에서는 사회적으로 용인될 수 있을 만한 정당성을 가진다고 볼 수 없어 살해행위는 사회상규에 위배되지 아니하는 행위로서 정당행위에 해당한다고 볼 수 없다(대판 1997. 11. 14, 97도2118).

⑫ 피해자가 피고인의 고소로 조사받는 것을 따지기 위하여 야간에 피고인의 집에 침입한 상태에서 문을 닫으려는 피고인과 열려는 피해자 사이의 **실랑이가 계속되는 과정에서 문짝이 떨어져** 그 앞에 있던 피해자가 넘어져 2주간의 치료를 요하는 요추부염좌 및 우측 제4수지 타박상의 각 상해를 입게 된 경우, 피고인의 가해행위가 이루어진 시간 및 장소, 경위와 동기, 방법과 강도 및 피고인의 의사와 목적 등에 비추어 볼 때, 사회통념상 허용될 만한 정도를 넘어서는 위법성이 있는 행위라고 보기는 어려우므로 정당행위에 해당한다(대판 2000. 3. 10, 99도4273).

⑬ 저항권은 재판권행사에서 주장할 수 없으므로 **입법과정의 하자를 규탄하고 시정하려는 무허가집회 및 시위행위**를 정당행위로 볼 수 없다(대판 2000. 9. 5, 99도3865).

5. 권리실행행위

① 피고인이 공소외 1에게 빼앗겼던 토지를 되찾는 과정에서 피고인의 위 토지 환원요구에 불응하는 동 공소외인에게 법에 호소하여 잡아 넣어서라도 땅을 되찾고 말겠다는 등 다소 언짢은 말을 하였다 하여도 이것이 사회통념상 권리행사의 범위를 일탈한 공갈행위가 된다고 할 수 없다(대판 1980. 11. 25, 79도2565).

② **집달관이 압류집행**을 위하여 채무자의 주거에 들어가는 과정에서 몸싸움의 결과

로 상해를 가한 것은 상당성이 있는 행위로서 위법성이 조각된다(대판 1993. 10. 12, 93도875).

③ 피고인이 소속한 교단협의회에서 조사위원회를 구성하여 피고인이 목사로 있는 **교회의 이단성** 여부에 대한 조사활동을 하고 보고서를 그 교회 사무국장에게 작성토록 하자, 피고인이 조사보고서의 관련 자료에 피해자를 명예훼손죄로 고소했던 고소장의 사본을 첨부한 경우, 이는 자신의 주장의 정당성을 입증하기 위한 자료의 제출행위로서 정당한 행위로 볼 것이지, 고소장의 내용에 다소 피해자의 명예를 훼손하는 내용이 들어 있다 하더라도 이를 이유로 고소장을 첨부한 행위가 위법하다고까지는 할 수 없다(대판 1995. 3. 17, 93도923).

6. 기 타

① 허위공문서작성이나 낙태 등과 같이 일반화된 관례라거나 상급관청의 묵인이 있다는 이유만으로 사회상규에 위배되지 않는 행위라고는 할 수 없다(대판 1983. 2. 8, 82도327).

② 지방의회의원선거 합동연설회장에서 상대후보자를 비난하는 취지의 발언을 한 경우는 정당행위에 해당한다(대판 1993. 1. 26, 92도1693).

③ 당원이 아닌 지역주민들에게 입당원서를 쓰면 무료로 관광을 시켜준다면서 입당원서작성을 권유하여 입당원서를 받고 당원증을 교부한 후 이들에게 관광을 시키고 식사 및 교통편의 등을 제공한 경우 등에서는 정당행위로 볼 수 없다(대판 1994. 11. 11, 93도3167).

④ 도의원 후보자 선출을 위한 당내 경선에서 특정인을 지지하도록 부탁할 목적으로 술값 4만원을 지불한 경우 정당행위에 해당하지 않는다(대판 1996. 6. 14, 96도405).

⑤ 조직폭력배 특별단속 전담업무를 맡은 형사가 허가 없이 분사기를 구입하여 소지한 경우, 경찰관직무집행법도 경찰이라 하여 허가 없이 개인적으로 총포 등을 구입하여 소지하는 것을 허용하는 것은 아니다(대판 1996. 7. 30, 95도2408).

⑥ 부락주민들이 참석한 가운데 후보자 개인연설회를 총34회에 걸쳐 개최하고 나서 각 연설회 때마다 청소비라는 명목으로 금10만원씩을 부락대표들에게 일률적으로 제공한 경우 정당행위에 해당하지 않는다(대판 1996. 12. 10, 96도1768).

⑦ **후보자가 선거구 내 거주자에 대한 결혼축의금**으로서 중앙선거관리위원회규칙이 정한 금액인 금 30,000원을 초과하여 금 50,000원을 지급한 사유가 후보자가 모친상시 그로부터 받은 같은 금액의 부의금에 대한 답례취지이었다 하더라도 그것이 미풍양속으로

서 사회상규에 위배되지 않는다고 볼 수 없다(대판 1999. 5. 25, 99도983).

⑧ 시의회의원에 출마한 후보자가 33회에 걸쳐 지역구민들에게 의정활동보고회를 개최하면서 참석자들에게 **다과**를 제공하는 과정에서, 그중 11회의 경우는 참석인원이 예상보다 적어 결과적으로 1인당 다과류 제공한도액을 초과하여 제공하게 된 경우 그 초과액이 피고인이 개최한 의정활동보고회의 총 횟수나 전체 참석인원에 비추어 극히 소액에 불과한 바, 이와 같은 사정을 관계규정에 비추어 살펴보면 피고인의 행위는 형법 제20조에 정한 정당행위에 해당하여 위법성이 조각(된다)(대판 1999. 2. 5, 98도4125).

⑨ 후보자의 회계책임자가 자원봉사자인 후보자의 배우자, 직계혈족 기타 친족에게 식사를 제공한 행위는 지극히 정상적인 생활형태의 하나로서 역사적으로 생성된 사회질서의 범위 안에 있는 것이어서 사회상규에 위배되지 아니하여 위법성이 조각된다(대판 1999. 10. 22, 99도2971).

⑩ 피고인의 당선이 확정된 직후에 향응이 제공되었고, 이에 참석한 자들 가운데 선거사무관계자가 아닌 일반 선거구민이 약 20명으로서 대부분을 차지하는 점, 위 향응에 제공된 음식물이 맥주, 샴페인, 과일, 떡 등으로 그 가액도 270,000원 상당에 이르러 즉흥적 회식 또는 일상적 접대라고 보기 어려운 점 등 기록에 나타난 모든 사정에 비추어 보면, 피고인이 당선 후 위와 같이 향응을 제공한 행위가 지극히 정상적인 생활형태의 하나로서 역사적으로 생성된 사회질서의 범위 안에 있는 것이라거나 일종의 의례적 행위나 직무상의 행위로서 사회상규에 위배되지 아니하여 위법성이 조각된다고 볼 수는 없다(대판 2000. 2. 25, 99도5466).

⑪ 군의회 의원 선거 후보자의 **마을회관 건립경비 기부행위**는 공직선거관리규칙 제50조 제5항 제2호 (자)목에 해당한다고 보기 어려워 공직선거및선거부정방지법 제257조 제1항 제1호의 구성요건해당성은 있으나 사회상규에 위배되지 아니하여 위법성이 조각된다(대판 2003. 8. 22, 2003도1697).

⑫ 피고인들은 공소외 1과 피해자가 이 사건 주택 내의 피해자의 방에서 간통을 할 것이라는 추측하에 피고인 1과 공소외 1 사이의 이혼소송에 사용할 증거자료 수집을 목적으로 그들의 간통 현장을 직접 목격하고 그 사진을 촬영하기 위하여 이 사건 주택에 침입한 것으로서 그러한 목적이 피해자의 주거생활의 평온이라는 법익침해를 정당화할 만한 이유가 될 수 없을 뿐 아니라, 원심이 내세운 사정들을 감안하더라도 피고인들의 위와 같은 행위가 그 수단과 방법에 있어서 상당성이 인정된다고 보기도 어려우며, 공소외 1과 피해자의 **간통 또는 불륜관계에 관한 증거수집을 위하여 이와 같은 주거침입**이 긴급하고 불가피한 수단이었다고 볼 수도 없다. 그렇다면 피고인들의 이 사건 주거침입 행위는 형

법 제20조의 정당행위로 볼 수 없다(대판 2003. 9. 26, 2003도3000).

⑬ **"그렇게 소중한 자식을 범법행위의 변명의 방패로 쓰시다니 정말 대단하십니다."** 라는 표현은 상당히 모욕적인 언사이기는 하나, 그 글 전체에서 차지하는 비중이 크다고는 할 수 없고, 그 글의 전체적인 내용에서 크게 벗어나 있는 표현이라고도 할 수 없다. 이러한 여러 사정에 비추어 보면, 이 사건 피고인의 표현은 이미 방송된 프로그램에 나타난 기본적인 사실을 전제로 한 뒤, 그 사실관계나 이를 둘러싼 견인업체와 피해자의 책임 문제에 관한 자신의 판단과 나아가 이러한 경우에 피해자가 충주시청의 홈페이지 등을 통하여 충주시장의 공개사과 등을 계속 요구하고, 방송에 출연하여 그러한 내용의 주장을 펴는 것이 합당한가 하는 점에 대하여 자신의 의견을 개진하고, 피해자에게 자신의 의견에 대한 반박이나 반론을 구하면서, 자신의 판단과 의견의 타당함을 강조하는 과정에서, 부분적으로 그와 같은 표현을 사용한 것으로서, 공소사실에 기재된 행위는 사회상규에 위배되지 않는다고 봄이 상당하다(대판 2003. 11. 28, 2003도3972).

피해자(여교사)는 주차금지구역에 아이를 둔 채 잠시 차를 세워두었는데, 주차단속 차량이 와서 아이를 태운 상태로 차량을 견인하였다. 이에 피해자는 견인업체와 책임공방을 벌이게 되었다. M방송국에서 피해자의 사연을 취재하여 '엄마의 외로운 싸움'이라는 꼭지로 '우리시대'라는 프로그램에서 방영하였다. 피고인은 강릉시 소재 호프집에서, 방영된 '엄마의 외로운 싸움'을 시청한 직후 위 프로그램이 위 피해자의 입장에서 편파적으로 방송하였다는 이유로 그 곳에 설치된 컴퓨터를 이용하여 방송사 홈페이지에 접속하여 위 '우리시대' 프로그램 시청자 의견란에 불특정 다수인이 볼 수 있도록 "오선생님 대단하십니다", "학교 선생님이 불법주차에 그렇게 소중한 자식을 두고 내리시다니 … 그렇게 소중한 자식을 범법행위의 변명의 방패로 쓰시다니 정말 대단하십니다. 한 가지 더 견인을 우려해 아이를 두고 내리신 건 아닌지 … "라는 글을 작성 · 게시하여 모욕죄로 기소되었다.

참고판례

골프클럽 경기보조원들의 구직편의를 위해 제작된 인터넷 사이트 내 회원 게시판에 특정 골프클럽의 운영상 불합리성을 비난하는 글을 게시하면서 위 클럽담당자에 대하여 한심하고 불쌍한 인간이라는 등 경멸적 표현을 한 사안에서, 게시의 동기와 경위, 모욕적 표현의 정도와 비중 등에 비추어 사회상규에 위배되지 않는다(대판 2008. 8. 10, 2008도1433).

⑭ 입헌적 법치주의국가의 기본원칙은 어떠한 국가행위나 국가작용도 헌법과 법률에 근거하여 그 테두리 안에서 합헌적 · 합법적으로 행하여질 것을 요구하며, 이러한 합헌성과 합법성의 판단은 본질적으로 사법의 권능에 속하는 것이고, 다만 국가행위 중에는 고도의 정지성을 띤 것이 있고, 그러한 고도의 정치행위에 대하여 정치적 책임을 지지 않는

법원이 정치의 합목적성이나 정당성을 도외시한 채 합법성의 심사를 감행함으로써 정책결정이 좌우되는 일은 결코 바람직한 일이 아니며, 법원이 정치문제에 개입되어 그 중립성과 독립성을 침해당할 위험성도 부인할 수 없으므로, 고도의 정치성을 띤 국가행위에 대하여는 이른바 통치행위라 하여 법원 스스로 사법심사권의 행사를 억제하여 그 심사대상에서 제외하는 영역이 있으나, 이와 같이 통치행위의 개념을 인정한다고 하더라도 과도한 사법심사의 자제가 기본권을 보장하고 법치주의 이념을 구현하여야 할 법원의 책무를 태만히 하거나 포기하는 것이 되지 않도록 그 인정을 지극히 신중하게 하여야 하며, 그 판단은 오로지 사법부만에 의하여 이루어져야 한다. 남북정상회담의 개최는 고도의 정치적 성격을 지니고 있는 행위라 할 것이므로 특별한 사정이 없는 한 그 당부를 심판하는 것은 사법권의 내재적·본질적 한계를 넘어서는 것이 되어 적절하지 못하지만, 남북정상회담의 개최과정에서 재정경제부장관에게 신고하지 아니하거나 통일부장관의 협력사업 승인을 얻지 아니한 채 북한측에 사업권의 대가 명목으로 송금한 행위 자체는 헌법상 법치국가의 원리와 법 앞에 평등원칙 등에 비추어 볼 때 사법심사의 대상이 된다. 남북교류협력에관한법률 제16조, 제17조 문언내용을 종합적으로 해석할 때 협력사업 승인의 전단계인 협력사업자 승인조차 받지 않고 바로 협력사업을 시행한 자도 위 법 제27조 제1항 제3호에 의하여 처벌가능하다. **남북정상회담의 개최과정에서 이루어진 대북송금 행위**가 형법상 정당행위에 해당된다고 보기 어렵다(대판 2004. 3. 26, 2003도7878).

⑮ … 피고인들이 확성장치 사용, 연설회 개최, 불법행렬, 서명날인운동, 선거운동기간 전 집회 개최 등의 방법으로 **특정 후보자에 대한 낙선운동**을 함으로써 공직선거및선거부정방지법에 의한 선거운동제한 규정을 위반한 피고인들의 같은 법 위반의 각 행위는 위법한 행위로서 허용될 수 없는 것이고, 피고인들의 위 각 행위가 시민불복종운동으로서 헌법상의 기본권 행사 범위 내에 속하는 정당행위이거나 형법상 사회상규에 위반되지 아니하는 정당행위 또는 긴급피난의 요건을 갖춘 행위로 볼 수는 없다(대판 2004. 4. 27, 2002도315).

⑯ 종교적 기도행위의 일환으로서 기도자의 기도에 의한 염원 내지 의사가 상대방에게 심리적 또는 영적으로 전달되는 데 도움이 된다고 인정할 수 있는 한도 내에서 상대방의 신체의 일부에 가볍게 손을 얹거나 약간 누르면서 병의 치유를 간절히 기도하는 행위는 그 목적과 수단면에서 정당성이 인정된다고 볼 수 있지만, 그러한 종교적 기도행위를 마치 의료적으로 효과가 있는 치료행위인 양 내세워 환자를 끌어들인 다음, 통상의 일반적인 안수기도의 방식과 정도를 벗어나 환자의 신체에 비정상적이거나 과도한 유형력을 행사하고 신체의 자유를 과도하게 제압하여 환자의 신체에 상해까지 입힌 경우라면, 그러

한 유형력의 행사가 비록 **안수기도**의 명목과 방법으로 이루어졌다 해도 사회상규상 용인되는 정당행위라고 볼 수 없다(대판 2008. 8. 21, 2008도2695).

> 피고인이 정신분열증을 앓던 25세의 피해자에 대하여 3일간 3회에 걸쳐 자신이 운영하는 기도원에서 안수기도 명목으로 피해자를 눕혀 머리를 피고인의 무릎 사이에 끼우고 불상의 신도들로 하여금 피해자의 팔과 다리를 붙잡아 움직이지 못하게 한 뒤, 수회에 걸쳐 손가락으로 피해자의 눈 부위를 세게 누르고 뺨을 때리는 등의 폭행으로 진단서상으로는 3주간의 치료를 요하는 다발성좌상 및 피하출혈흔 등의 상해를 입힌 사안으로, 안수기도과정에서 피해자가 고통으로부터 벗어나고자 저항하였을 정도였으며, 피해자와 달리 정신적 질환이 없는 위 공소외인 마저 피고인의 권유로 위 안수기도를 받다가 고통을 못 이겨 소리를 지르는 바람에 큰 소동이 벌어졌었다.
> 본 판결은 안수기도가 정당행위로 인정될 수 있는 한도 및 통상적인 안수기도라 할 수 없는 유형력의 행사에 대한 기준을 제시한 점에 의의가 있다.

⑰ 집회나 시위는 다수인이 공동 목적으로 회합하고 공공장소를 행진하거나 위력 또는 기세를 보여 불특정 다수인의 의견에 영향을 주거나 제압을 가하는 행위로서 그 회합에 참가한 다수인이나 참가하지 아니한 불특정 다수인에게 의견을 전달하기 위하여 어느 정도의 소음이나 통행의 불편 등이 발생할 수밖에 없는 것은 부득이한 것이므로 집회나 시위에 참가하지 아니한 일반 국민도 이를 수인할 의무가 있다고 할 수 있다. 따라서, 그 집회나 시위의 장소, 태양, 내용, 방법 및 그 결과 등에 비추어, 집회나 시위의 목적 달성에 필요한 합리적인 범위에서 사회통념상 용인될 수 있는 다소간의 피해를 발생시킨 경우에 불과하다면, 정당행위로서 위법성이 조각될 수 있다고 할 것이다. … 비록 이 사건 집회·시위가 주된 참가단체 등에 있어서 신고내용과 다소 달라진 면이 있다고 하더라도, 이 사건 **삼보일배 행진**이라는 시위방법 자체에 있어서는 그 장소, 태양, 내용, 방법과 결과 등에 비추어 시위의 목적 달성에 필요한 합리적인 범위에서 사회통념상 용인될 수 있는 다소의 피해를 발생시킨 경우에 불과하다고 보이고, 또한 신고내용에 포함되지 않은 삼보일배 행진을 한 것이 앞서 본 바와 같은 신고제도의 목적 달성을 심히 곤란하게 하는 정도에 이른다고 볼 수도 없으므로, 결국 피고인들의 위와 같은 행위는 사회상규에 반하지 아니하는 행위로서 위법성이 조각된다고 볼 것이다(대판 2009. 7. 23, 2009도840).

⑱ **'회사의 직원이 회사의 이익을 빼돌린다'는 소문을 확인**할 목적으로, 비밀번호를 설정함으로써 비밀장치를 한 전자기록인 피해자가 사용하던 **'개인용 컴퓨터의 하드디스크'를 떼어내어 다른 컴퓨터에 연결한 다음 의심이 드는 단어로 파일을 검색하여 메신저 대화 내용, 이메일 등을 출력**한 사안에서, 피해자의 범죄 혐의를 구체적이고 합리적으로 의심할 수 있는 상황에서 피고인이 긴급히 확인하고 대처할 필요가 있었고, 그 열람의 범

위를 범죄 혐의와 관련된 범위로 제한하였으며, 피해자가 입사시 회사 소유의 컴퓨터를 무단 사용하지 않고 업무 관련 결과물을 모두 회사에 귀속시키겠다고 약정하였고, 검색 결과 범죄행위를 확인할 수 있는 여러 자료가 발견된 사정 등에 비추어, 피고인의 그러한 행위는 사회통념상 허용될 수 있는 상당성이 있는 행위로서 형법 제20조의 '정당행위'(이다)(대판 2009. 12. 24, 2007도6243).

⑲ **방송사 기자**인 피고인이, 구 국가안전기획부 내 정보수집팀이 대기업 고위관계자와 모 중앙일간지 사주 간의 사적 대화를 불법 녹음하여 생성한 녹음테이프와 녹취보고서로서, 1997년 제15대 대통령 선거를 앞두고 위 대기업의 여야 후보 진영에 대한 정치자금 지원 문제 및 정치인과 검찰 고위관계자에 대한 이른바 추석 떡값 지원 문제 등을 논의한 대화가 담겨 있는 **도청자료**를 입수한 후 그 내용을 자사의 **방송프로그램을 통하여 공개**한 사안에서, 피고인이 국가기관의 불법 녹음을 고발하기 위하여 불가피하게 위 도청자료에 담겨있던 대화 내용을 공개하였다고 보기 어렵고, 위 대화가 보도 시점으로부터 약 8년 전에 이루어져 그 내용이 보도 당시의 정치질서 전개에 직접적인 영향력을 미친다고 보기 어려운 사정 등을 고려할 때 위 대화 내용이 비상한 공적 관심의 대상이 되는 경우에 해당한다고 보기도 어려우며, 피고인이 위 도청자료의 취득에 적극적·주도적으로 관여하였다고 보는 것이 타당하고, 이를 보도하면서 대화 당사자들의 실명과 구체적인 대화 내용을 그대로 공개함으로써 수단이나 방법의 상당성을 결여하였으며, 위 보도와 관련된 모든 사정을 종합하여 볼 때 위 보도에 의하여 얻어지는 이익 및 가치가 통신비밀이 유지됨으로써 얻어지는 이익 및 가치보다 우월하다고 볼 수 없다는 이유로, 피고인의 위 공개행위가 형법 제20조의 정당행위에 해당하지 않는다(대판 2011. 3. 17, 2006도8839 전원합의체 다수의견).[2]

---

2 다수의견은 또한 불법 감청·녹음 등에 관여하지 아니한 언론기관이, 그 통신 또는 대화의 내용이 불법 감청·녹음 등에 의하여 수집된 것이라는 사정을 알면서도 이를 보도하여 공개하는 행위가 형법 제20조의 정당행위로서 위법성이 조각된다고 하기 위해서는, 첫째 보도의 목적이 불법 감청·녹음 등의 범죄가 저질러졌다는 사실 자체를 고발하기 위한 것으로 그 과정에서 불가피하게 통신 또는 대화의 내용을 공개할 수밖에 없는 경우이거나, 불법 감청·녹음 등에 의하여 수집된 통신 또는 대화의 내용이 이를 공개하지 아니하면 공중의 생명·신체·재산 기타 공익에 대한 중대한 침해가 발생할 가능성이 현저한 경우 등과 같이 비상한 공적 관심의 대상이 되는 경우에 해당하여야 하고, 둘째 언론기관이 불법 감청·녹음 등의 결과물을 취득할 때 위법한 방법을 사용하거나 적극적·주도적으로 관여하여서는 아니 되며, 셋째 보도가 불법 감청·녹음 등의 사실을 고발하거나 비상한 공적 관심사항을 알리기 위한 목적을 달성하는 데 필요한 부분에 한정되는 등 통신비밀의 침해를 최소화하는 방법으로 이루어져야 하고, 넷째 언론이 그 내용을 보도함으로써 얻어지는 이익 및 가치가 통신비밀의 보호에 의하여 달성되는 이익 및 가치를 초과하여야 한다. 여기서 이익의 비교·형량은, 불법 감청·녹음된 타인 간의 통신 또는 대화가 이루어진 경위와 목적, 통신 또는 대화의 내용, 통신 또는 대화 당사자의 지위 내지 공적 인물로서의 성격, 불법 감청·녹음 등의 주체와 그러한 행위의 동기 및 경위, 언론기관이 불법 감청·녹음 등의 결과물을 취득하게 된 경위와 보도의 목적, 보도의 내용 및 보도로 인하여 침해되는 이익 등 제반 사정을 종합적으로 고려하여 정하여야 한다고 하여, 정당행위의 요건을 명시하였다.

제3절 정당방위

Ⅰ. 정당방위의사

정당행위가 성립하기 위하여는 건전한 사회통념에 비추어 그 행위의 동기나 목적이 정당하여야 하고, 정당방위·과잉방위나 긴급피난·과잉피난이 성립하기 위하여는 방위의사 또는 피난의사가 있어야 한다고 할 것이다. …사정이 이와 같다면, 피고인들이 위 계엄군의 시위진압행위를 이용하여 국헌문란의 목적을 달성하려고 한 행위는 그 행위의 동기나 목적이 정당하다고 볼 수 없고, 또한 피고인들에게 방위의사나 피난의사가 있다고 볼 수도 없어 정당행위, 정당방위·과잉방위, 긴급피난·과잉피난에 해당한다고 할 수는 없다고 할 것이다(대판 1997. 4. 17, 96도3376).

Ⅱ. 침해의 현재성

① 피고인이 피해자로부터 빰을 맞는 등 폭행을 당하여 서로 멱살을 잡고 다투자 주위 사람들이 싸움을 제지하였으나 피해자에게 대항하기 위하여 **깨어진 병**으로 피해자를 찌를 듯이 겨누어 협박한 경우, 피고인의 행위는 정당방위나 야간의 공포나 당황으로 인한 과잉방위에 해당하지 아니한다(대판 1991. 5. 28, 91도80).

② 피고인이 약 **12살 때부터 의붓아버지인 피해자의 강간행위**에 의하여 정조를 유린당한 후 계속적으로 이 사건 범행 무렵까지 피해자와의 성관계를 강요받아왔고, 그밖에 피해자로부터 행동의 자유를 간섭받아 왔으며, 또한 그러한 침해행위가 그 후에도 반복하여 계속될 염려가 있었다면, 피고인들의 이 사건 범행당시 피고인의 신체나 자유 등에 대한 현재의 부당한 침해상태가 있었다고 볼 여지가 없는 것은 아니나, 그렇다고 하여도 판시와 같은 경위로 이루어진 피고인들의 이 사건 살인행위가 형법 제21조 소정의 정당방위나 과잉방위에 해당한다고 하기는 어렵다(대판 1992. 12. 22, 92도2540).

이른바 '김보은 사건'으로 예방적 정당방위가 주요한 쟁점이 되었다. 대법원은 정당방위의 요건 중 신체의 자유 등에 대한 침해행위, 반격방어로서의 방어행위, 방위의사와 예상되는 '계속적 침해의 위험'에 대해서 친해의 현재성을 인정하였으나, 방위행위이 상당성을 부정하였다. 슥 침해의 현재성을 매우 광범위하게 인정함으로써 정당방위의 확대 가능성을 남긴 것이다. 반면 침해의 현재성에 대해 학설은 정당방위상황으로서 '현재의 침해'에 해당한다고 보는 견해, 일반적인 범죄상황으로 이해하는 견해, 긴급피난의 요건인 현재의 위난으로 이해하는 견해가 대립되고 있다.

③ 피해자의 침해행위에 대하여 자기의 권리를 방위하기 위한 부득이한 행위가 아니고, 그 침해행위에서 벗어난 후 분을 풀려는 목적에서 나온 공격행위는 정당방위에 해당한다고 할 수 없다(대판 1996. 5. 15, 96도241).

Ⅲ. 부당한 침해

1. 자기 또는 타인의 법익

① 타인이 보는 자리에서 자식으로부터 인륜상 용납할 수 없는 폭언과 함께 폭행을 가하려는 피해자를 1회 구타한 행위는 피고인의 신체에 대한 법익뿐만 아니라 **아버지로서의 신분에 대한 법익**에 대한 현재의 부당한 침해를 방위하기 위한 행위로써 정황에 비추어 볼 때 피고인으로서는 피해자에게 일격을 가하지 아니할 수 없는 상당한 이유가 있는 행위로써 정당방위에 해당한다(대판 1974. 5. 14, 73도2401).

피고인인 아버지에게 평상시 행패를 부려오던 중 술에 만취되어 돌아온 피해자가 저녁식사를 하는 피고인에게 "내 술 한잔 먹어라"하고 소주병을 피고인의 입에 들어부으면서 밥상을 차 엎은 후, 멱살을 잡아당기고 부엌에서 식칼을 들고 나와 행패를 부리자 피고인은 이를 피해 밖으로 나왔으나 피해자가 따라나와 달려들자 이에 격분하여 주먹으로 피해자의 후두부를 강타하여 돌이 많은 지면에 넘어지면서 두개골 파열상으로 피해자가 즉사한 사안이다.

비교판례

욕설을 하는 것만으로는 현재의 급박 부당한 침해라 할 수 없으니 그 욕설을 한 자에 대하여 가래로 흉부를 1회 구타하여 상해를 입힌 본건에 있어서 이를 정당방위로 논할 수는 없다(대판 1957. 5. 10, 4290형상73).

피고인이 피해자가 노상에서 자신에게 "종놈의 새끼, 개새끼 같은 놈"이라는 욕설을 하자 분을 참지 못하여 들고 있던 가래로 피해자의 흉부를 구타하여 상해한 사안이다.

2. 불법한 인신구속에 저항한 경우

① 경찰관이 자신에게 임의동행을 요구하며 자신의 손목을 잡아 뒤로 꺽어올리는 등 **강제로 순찰차에 밀어 넣으려 하자 거기에서 벗어나려고 몸싸움**을 하는 과정에서 양발로 순찰차의 뒷문을 걷어차고 오른발로 경찰관의 옆구리를 2회 걷어 차 순찰차량을 가볍게 손괴하고 경찰관에게 약 2주일간의 치료를 요하는 상처를 입힌 사안에서 판례는, 경찰관의 행위가 갑을 불법체포·감금한 것이어서 갑의 행위는 자신의 신체에 대한 현재의 부당한 침해에서 벗어나기 위한 행위이므로, 그 행위에 이른 경위와 그 목적 및 수단, 행위자의 의사 등을 고려하면 위법성이 결여된 행위이다(대판 1999. 12. 28, 98도138).

종래의 판례(81도2958)의 태도라면 이러한 경우 소극적 저항행위로 보아 정당행위를 인정할 것이나, 본 사안의 경우 정당방위를 인정하였다는 점에서 의미가 있다.

② 경찰관이 적법절차를 준수하지 아니한 채 실력으로 현행범인을 연행하려고 하였다면 적법한 공무집행이라고 할 수 없고, 현행범인이 그 경찰관에 대하여 이를 거부하는 방법으로써 폭행을 하였다고 하여 공무집행방해죄가 성립하는 것은 아니다. … 경찰관의 행위가 적법한 공무집행을 벗어나 불법하게 체포한 것으로 볼 수밖에 없다면, 그 체포를 면하려고 반항하는 과정에서 경찰관에게 상해를 가한 것은 **불법 체포**로 인한 신체에 대한 현재의 부당한 침해에서 벗어나기 위한 행위로서 '정당방위'에 해당하여 위법성이 조각된다(대판 2000. 7. 4, 99도4341).

③ 검사가 **참고인 조사**를 받는 줄 알고 검찰청에 자진출석한 변호사사무실 **사무장을 합리적 근거 없이 긴급체포**하자 그 변호사가 이를 제지하는 과정에서 위 검사에게 상해를 가한 것이 정당방위에 해당한다(대판 2006. 9. 8, 2006도148).

④ 피고인이 경찰관의 **불심검문**을 받아 운전면허증을 교부한 후 경찰관에게 큰 소리로 **욕설**을 하였는데, 경찰관이 모욕죄의 현행범으로 체포하겠다고 고지한 후 피고인의 오른쪽 어깨를 붙잡자 반항하면서 경찰관에게 상해를 가한 사안에서, 피고인은 경찰관의 불심검문에 응하여 이미 운전면허증을 교부한 상태이고, 경찰관뿐 아니라 인근 주민도 욕설을 직접 들었으므로, 피고인이 도망하거나 증거를 인멸할 염려가 있다고 보기는 어렵고, 피고인의 모욕 범행은 불심검문에 항의하는 과정에서 저지른 일시적, 우발적인 행위로서 사안 자체가 경미할 뿐 아니라, 피해자인 경찰관이 범행현장에서 즉시 범인을 체포할 급박한 사정이 있다고 보기도 어려우므로, 경찰관이 피고인을 체포한 행위는 적법한 공무집

행이라고 볼 수 없고, 피고인이 체포를 면하려고 반항하는 과정에서 상해를 가한 것은 불법체포로 인한 신체에 대한 현재의 부당한 침해에서 벗어나기 위한 행위로서 정당방위에 해당한다(대판 2011. 5. 26, 2011도3682).

3. 싸움과 정당방위

(1) 정당방위를 인정한 경우

① 싸움을 함에 있어서 격투를 하는 자 중의 한사람의 공격이 그 격투에서 당연히 예상할 수 있는 정도를 초과하여 살인의 **흉기** 등을 사용하여온 경우에는 이를 '부당한 침해'라고 아니할 수 없으므로 이에 대하여는 정당방위를 허용하여야 한다(대판 1968. 5. 7, 68도370).

② 외관상 서로 격투를 하는 것처럼 보이는 경우라고 할지라도 실지로는 한쪽 당사자가 일방적으로 불법한 공격을 가하고 상대방은 이러한 불법한 공격으로부터 자신을 보호하고 이를 벗어나기 위한 저항수단으로 유형력을 행사한 경우라면, 그 행위가 적극적인 반격이 아니라 소극적인 방어의 한도를 벗어나지 않는 한 그 행위에 이르게 된 경위와 그 목적수단 및 행위자의 의사 등 제반 사정에 비추어 볼 때 사회통념상 허용될 만한 상당성이 있는 행위로서 위법성이 조각된다(대판 1999. 10. 12, 99도3377).

50대 후반의 부부가 66세 할머니인 피고인의 외딴 집에 찾아와 피고인의 멱살을 잡고 넘어뜨려 얼굴과 팔 등을 폭행하자 이에 대한 방어로 피해자의 팔을 비틀고 다리를 물어 2주간의 상해를 가안 사안이다.

③ 피고인이 일행들과 함께 부동산 중개사무실에서 화투를 치는데 피해자가 술에 취한 채 들어와 시비를 걸며 화투판을 깨지게 한 후 먼저 주먹으로 피고인의 얼굴을 3회 때려 약 20일간의 치료를 요하는 좌측협골부 좌상 및 열상 등을 입히자, 피고인은 이에 저항하여 피해자의 멱살을 잡았을 뿐인데 그 과정에서 서로 머리가 부딪쳐 피해자도 약 18일간의 치료를 요하는 우상미모부좌상 등을 입게 되었다면, 피고인이 유형력을 행사하게 된 경위와 목적, 수단 및 피고인의 의사 등 여러 사정에 비추어 볼 때 피고인의 행위는 사회통념상 허용될 만한 상당성이 있는 행위로서 위법성이 조각된다(대판 2000. 1. 18, 99도4748).

(2) 정당방위를 부정한 경우

피해자가 술에 만취하여 누나의 머리채를 잡고 때리자 당시 누나의 남편이 이를 목격하고 화가 나서 피해자와 싸우게 되었는데, 그 과정에서 몸무게가 85kg 이상이나 되는 피해자가 62kg의 피고인을 침대 위에 넘어뜨리고 피고인의 가슴 위에 올라타 목 부분을 누르자 **호흡이 곤란하게 된 피고인**이 안간힘을 쓰면서 허둥대다가 그곳 침대 위에 놓여 있던 과도로 피해자의 왼쪽 허벅지를 1회 찔러 상해를 가하였다면, 피고인의 행위는 피해자의 부당한 공격을 방어하기 위한 것이라기보다는 서로 공격할 의사로 싸우다가 먼저 공격을 받고 이에 대항하여 가해하게 된 것이라고 봄이 상당하고, 이와 같은 싸움의 경우 가해행위는 방어행위인 동시에 공격행위의 성격을 가지므로 정당방위 또는 과잉방위행위라고 볼 수 없다(대판 2000. 3. 28, 2000도228).

Ⅳ. 방위의 상당성

1. 정당방위에 해당하는 경우

① 피고인이 자전거를 절취한 사실이 없는데 자전거 절취범으로 오인하고 군중들이 피고인을 에워싸고 무차별 구타를 하기에 자기는 자전거 절도범이 아니라고 외쳤으나, 군중들은 그것을 믿지 않고 무차별 구타를 계속하므로 … 소지하고 있던 **손톱깎기**에 달린 줄칼을 내어 들고 이를 휘둘렀던바, … 정당방위에 해당한다(대판 1970. 9. 17. 70도1473).

② **차량통행문제**를 둘러싸고 피고인의 부와 다툼이 있던 피해자가 그 소유의 차량에 올라타 문안으로 운전해 들어가려 하자 피고인의 부가 양팔을 벌리고 이를 제지하였으나 위 피해자가 이에 불응하고 그대로 그 차를 피고인의 부 앞쪽으로 약 3미터 가량 전진시키자 위 차의 운전석 부근 옆에 서 있던 피고인이 부가 위 차에 다치겠으므로 이에 당황하여 위 차를 정지시키기 위하여 운전석 옆 창문을 통하여 피해자의 머리털을 잡아당겨 그의 흉부가 위 차의 창문틀에 부딪혀 약간의 상처를 입게 한 행위는 부의 생명, 신체에 대한 현재의 부당한 침해를 방위하기 위한 행위로서 정당방위에 해당한다(대판 1986. 10. 14, 86도1091).

③ 甲과 乙이 공동으로 인적이 드문 심야에 혼자 귀가중인 병여에게 뒤에서 느닷없이 달려들어 양팔을 붙잡고 어두운 골목길로 끌고들어가 담벽에 쓰러뜨린 후 甲이 음부를 만지며 반항하는 丙녀의 옆구리를 무릎으로 차고 억지로 키스를 함으로 丙녀가 정조와 신체를 지키려는 일념에서 엉겁결에 甲의 혀를 깨물어 **설절단상**을 입혔다면 丙녀의 범행은 … 위법성이 결여된 행위이다(대판 1989. 8. 8. 89도358).

위 판결은 강제추행치상의 피고인을 그 피해자인 丙녀가 정조와 신체의 안전을 지키겠다는 의도로 엉겁결에 혀를 깨물어 절단상을 입힌 사안으로, 정당방위의 상당성을 음미하는 계기를 마련해 주었다. 강제추행치상의 범행에 대항하기 위하여 설절단이라는 평생 불구의 중상해를 가하는 것이 자신의 신체와 성적 자기결정권의 보호를 위한 것이라고 하더라도 상당성을 결여한 것이 아닌가라는 점이다.

이 점에 대해 대법원은 정당방위의 본질적 속성 내지 그로 인한 합리적 인정범위의 추론 과정은 생략하고, 상당한 이유가 있는 행위로 추상적으로만 판단하고 위법성을 조각시키고 있다. 읍소재지(경북 영양)의 시내 골목길로 새벽 1시였다면 '도와달라'는 소리를 지르는 것만으로는 구조요청이 의미가 없을 수 있으며, 외딴 골목길에서 성인 남성 2명이 넘어뜨린 후 추행과 폭행을 하였다는 점을 고려한다면, 정당방위의 두 가지 근본이념, 즉 법질서 수호의 원리와 자기보호의 원리 중 후자를 더 강조할 수 있는 상황이라고 볼 수 있으며, 이렇게 본다면 대법원은 결론은 타당하다고 하겠다.

④ 피해자가 피고인 운전의 차량 앞에 뛰어 들어 함부로 타려고 하고 이에 항의하는 피고인의 바지춤을 잡아 당겨 찢고 피고인을 끌고 가려다가 넘어지자, 피고인이 피해자의 양 **손목**을 경찰관이 도착할 때까지 약 3분간 잡아 누른 경우, 정당방위에 해당한다(대판 1999. 6. 11, 99도943).

2. 정당방위에 해당하지 않는 경우

① 그의 처 공소외 1(31세)과 함께 극장구경을 마치고 귀가하는 도중 피해자(19세)가 피고인의 질녀 공소외 2(14세) 등의 소녀들에게(음경을 내놓고 소변을 보면서) 키스를 하자고 달려드는 것을 피고인이 술에 취했으니 집에 돌아가라고 타이르자 도리어 피고인의 뺨을 때리고 돌을 들어 구타하려고 따라오는 것을 피고인이 피하자, 위 피해자는 피고인의 처 공소외 1을 땅에 넘어뜨려 깔고 앉아서 구타하는 것을 피고인이 다시 제지하였지만 듣지 아니하고 돌로서 위 공소외 1을 때리려는 순간 피고인이 그 침해를 방위하기 위하여 **농구화 신은 발**로서 위 피해자의 복부를 한차례 차서 그 사람으로 하여금 외상성 12지장 천공상을 입게하여 동년 10. 13. 06 : 25경 사망에 이르게 했다는 것이다. … 피고인의 행위는 형법 제21조제2항 소정의 이른바 과잉방위에 해당한다 할 것이고, … 형법 제21조 제3항을 적용하여 피고인에게 무죄를 선고한 제1심 판결을 유지하였음은 정당 하(다)(대판 1974. 2. 26, 73도2380).

② 피해자가 칼을 들고 피고인을 찌르자 그 칼을 뺏어 그 **칼로 반격**을 가한 결과 피해자에게 상해를 입게 하였다 하더라도 그와 같은 사실만으로는 피고인에 대한 현재의 부당한 침해를 방위하기 위한 행위로서 상당한 이유가 있는 경우에 해당한다고 할 수 없다

(대판 1984. 1. 24, 83도1873).

③ 전투경찰대원이 상관의 다소 심한 **기합**에 격분하여 상관을 사살한 행위는 자신의 신체에 대한 침해를 방위하기 위한 상당한 방법이었다고 볼 수 없다(대판 1984. 6. 12, 84도683).

④ 피고인이 피해자로부터 갑작스럽게 빰을 맞는 등 폭행을 당하여 서로 멱살을 잡고 다투자 주위 사람들이 싸움을 제지하였으나 피해자에게 대항하기 위하여 **깨어진 병**으로 피해자를 찌를 듯이 겨누어 협박한 경우, 피고인의 행위는 자기의 법익에 대한 현재의 부당한 침해를 방어하기 위한 것이라고 볼 수 있으나, 맨손으로 공격하는 상대방에 대하여 위험한 물건인 깨어진 병을 가지고 대항한다는 것은 사회통념상 그 정도를 초과한 방어행위로서 상당성이 결여된 것이고, 또 주위사람들이 싸움을 제지하였다는 상황에 비추어 야간의 공포나 당황으로 인한 것이었다고 보기도 어렵다(대판 1991. 5. 28, 91도80).

⑤ 피해자의 침해행위에 대하여 자기의 권리를 방위하기 위한 부득이한 행위가 아니고, 그 침해행위에서 벗어난 후 **분을 풀려는 목적**에서 나온 공격행위는 정당방위에 해당한다고 할 수 없다(대판 1996. 4. 9, 96도241).

계약기간이 지나 집주인으로부터 방을 비워 달라는 요구를 받자 피고인이 억지를 쓰며 폭언을 하므로 집주인의 며느리가 화가 나 피고인 방의 창문을 쇠스랑으로 부수자, 이에 격분하여 피고인이 **배척**(속칭 빠루)을 들고 나와 마당에서 이 장면을 구경하다 미처 피하여 도망가지 못한 마을주민을 때려 상해를 가한 사안으로, 피고인에게는 현재의 부당한 침해가 발생하였다고 볼 수 없어 정당방위가 인정되지 않았다.

⑥ **이혼소송중인 남편**이 찾아와 가위로 **폭행하고 변태적 성행위를 강요**하는 데에 격분하여 처가 칼로 남편의 복부를 찔러 사망에 이르게 한 경우, 그 행위는 방위행위로서의 한도를 넘어선 것으로 사회통념상 용인될 수 없다는 이유로 정당방위나 과잉방위에 해당하지 않는다(대판 2001. 5. 5, 2001도1089).

V. 과잉방위

1. 제21조 제2항에 해당하는 경우

① 이유 없이 **집단구타**를 당하게 된 피고인이 더 이상 도피하기 어려운 상황에서 이를 방어하기 위하여 **곡괭이자루**를 마구 휘두른 결과 그 중 1명을 사망하게 하고 다른 사

람에게 상해를 입힌 것은 반격적인 행위를 하려던 것이 그 정도가 지나친 것이 명백하므로 과잉방위에 해당한다(대판 1985. 9. 10, 85도1370).

② 피해자를 포함한 전국화물연대 소속 조합원 5,6명이 쇠파이프 등으로 피고인의 차량을 손괴하는 것을 발견한 피고인이 이들을 쫓아가다가 그 중의 한 명인 피해자가 자신의 차량에 타는 것을 보고 피해자를 차에서 내리게 하여 차량의 파손에 대해 항의하며 말다툼을 하던 중 피해자의 일행 5, 6명이 나타나 피고인을 폭행함으로써 약 2주간의 치료를 요하는 목뼈의 염좌 및 긴장 등의 상해를 입게 되자, 피고인은 상대방들의 위와 같은 폭행에 대항하여 **전자충격기**로 피해자의 뒷머리와 얼굴 등을 수회 때려 피해자에게 약 3주간의 치료를 요하는 좌측이개혈종 등의 상해를 입힌 사실을 인정한 후, 피고인의 행위는 야간에 피해자 등 일행으로부터 집단구타를 당하게 된 상황에서 자기의 신체에 대한 현재의 부당한 침해를 방위하기 위한 행위이고, 그 행위에 이르게 된 경위와 목적, 수단, 의사 등 제반 사정에 비추어 사회적 상당성이 있는 행위이나, 다만 그 정도를 다소 초과하였다는 점에서 과잉방위에 해당한다(대판 2005. 3. 25, 2004도8668).

2. 제21조 제3항에 해당하는 경우

① 평소 흉포한 성격인데다가 술까지 몹시 취한 피해자(오빠)가 심하게 행패를 부리던 끝에 피고인(식구)들을 **모두 죽여버리겠다면서 식칼**을 들고 공소외 1에게 달려들어 찌를듯이 면전에 칼을 들이대다가 공소외 2로부터 제지를 받자, 다시 공소외 2의 목을 손으로 졸라 숨쉬기를 어렵게 한 위급한 상황에서 피고인이 순간적으로 공소외 2를 구하기 위하여 피해자에게 달려들어 그의 목을 조르면서 뒤로 넘어뜨린 행위는 공소외 1, 2의 생명, 신체에 대한 현재의 부당한 침해를 방위하기 위한 상당한 행위라 할 것이고, 나아가 위 사건당시 피해자가 피고인의 위와 같은 방위행위로 말미암아 뒤로 넘어져 피고인의 몸아래 깔려 더 이상 침해행위를 계속하는 것이 불가능하거나 또는 적어도 현저히 곤란한 상태에 빠졌음에도 피고인이 피해자의 몸위에 타고앉아 그의 목을 계속하여 졸라 누름으로써 결국 피해자로 하여금 **질식**하여 사망에 이르게 한 행위는 정당방위의 요건인 상당성을 결여한 행위라고 보아야 할 것이나, 극히 짧은 시간내에 계속하여 행하여진 피고인의 위와 같은 일련의 행위는 이를 전체로서 하나의 행위로 보아야 할 것이므로, 방위의사에서 비롯된 피고인의 위와 같이 연속된 전후행위는 하나로서 형법 제21조 제2항 소정의 과잉방위에 해당한다 할 것이고, 당시 야간에 흉포한 성격에 술까지 취한 피해자가 식칼을 들고 피고인을 포함한 가족들의 생명, 신체를 위협하는 불의의 행패와 폭행을 하여 온 불안

스러운 상태하에서 공포, 경악, 흥분 또는 당황등으로 말미암아 저질러진 것이라고 보아야 할 것이라고 판단하고 있다(대판 1986. 11. 11, 86도1862).

② 야간에 남자가 6명이나 되는 피해자 일행으로부터 별다른 이유없이 갑자기 주먹으로 맞는 등 폭행을 당하고 특히 자신뿐만 아니라 자신의 처까지 위협을 당하던 중에 피해자 일행으로 하여금 더 이상 가해행위를 하지 못하도록 **겁을 주려는 목적**에서 근처에 있던 빈 **맥주병**을 들었음에도 피해자 일행이 물러서지 않고 피고인에게 달려들어 붙잡고 쓰러뜨린 후 폭행을 계속하는 상황 하에서 순간적으로 공포, 흥분 또는 당황 등으로 말미암아 위와 같은 행위에 이르게 되었다고 인정된다면 피고인의 행위는 형법 제21조 제3항에 의하여 벌할 수 없는 경우에 해당한다(대판 2005. 7. 8, 2005도2807).

Ⅵ. 오상방위

가사 피해자인 배○○랑에게 피고인을 상해할 의사가 없고 객관적으로 급박하고 부당한 침해가 없었다고 가정하더라도 원심이 인정한 사실자체로 보아도 피고인으로서는 현재의 급박하고도 부당한침해가 있는 것으로 오인하는데 대한 정당한 사유가 있는 경우(기록에 의하면 위 배○○랑은 술에 취하여 초소를 교대하여야 할 시간보다 한시간반 늦게 왔었고, 피고인의 구타로 동인은 코피를 흘렸다는 것이며, 동인은 코피를 닦으며 흥분하여 "월남에서는 사람하나 죽인 것은 파리를 죽인 것이나 같았다. 너하나 못 죽일 줄 아느냐"라고 하면서 피고인의 등뒤에 카빙총을 겨누었다고한다)에 해당된다고 아니할 수 없음에도 불구하고, 원심이 위와 같은 이유로서 피고인의 정당방위의 주장을 배척하였음은 역시 오상방위에 관한 법리를 오해한 위법이 있다(대판 1968. 5. 7, 68도370).

소속연대 경비병으로 복무를 하고 있던 甲은 연대장숙소 부근의 초소근무 중, 초소에서 다음 번 근무를 하여야 할 乙(배○○랑)과 교대시간이 늦었다는 이유로 언쟁을 하다가, 甲이 乙을 구타하자 乙은 소지하고 있던 카빈소총을 甲의 등뒤에 겨누며 실탄을 장전하는 등 발사할 듯이 위협을 하자, 甲은 당황하여 먼저 乙을 사살치 않으면 위험하다고 느끼고 돌아서면서 소지하고 있던 총을 乙의 복부에 발사함으로써 현장에서 乙을 사망케 한 사안이다. 오상방위는 위법성조각사유의 전제사실에 관한 착오(허용구성요건적 착오)로 고의설과 책임설에 따라 구체적 해결방법이 달라진다.

오상방위는 '위법성'조각사유의 전제'사실'에 관한 착오로, 사실면에 관한 측면과 위법성인식의 결여가 동시에 존재하는 특성을 지니고 있다. 그러나 침해사실이 없음에도 존재하는 것으로 오인하였으므로 자기행위의 금지에 대한 착오가 아닌 점에서 위법성의 착오와 다르며, 구성요건의 객관적 사실, 금지상황에 대한 착오가 아니라 허용

상황에 대한 착오라는 점에서 구성요건적 착오와도 차이가 있다. 여기서 견해대립이 나타나게 되는데, 위법성인식의 체계적 위치를 어디로 정하느냐에 따라 크게 고의설과 책임설로 나뉘며, 고의설은 다시 위법성인식의 가능성만으로 족한가에 따라 엄격고의설과 제한적 고의설로, 책임설은 허용구성요건의 착오에 대해 법률의 착오규정을 그대로 적용시킬 수 있느냐에 따라 엄격책임설과 제한적 책임설로 구분된다. 형법 제16조와 위법성조각사유의 전제사실에 관한 착오의 특성을 가장 잘 반영하고 있는 제한적 책임설은 구성요건착오를 유추적용해 불법고의를 조각하게 되는 유추적용설과 심정반가치가 부정되어 책임고의가 조각되며, 그 법적 효과만 구성요건 착오와 같이 취급하는 법효과제한적 책임설로 대별된다. 구성요건적 착오를 유추적용하게 되면 교사범과 방조범의 인정이 곤란하게 되므로 구성요건적 고의는 그대로 두는 법효과제한적 책임설이 타당하며, 위의 판결의 경우 고의 살인죄가 성립하지만 책임고의가 탈락되며, 과실범의 성립여부에 있어서는 소총을 등뒤에 겨누며 발사위협을 하는 상황에서는 과실조차 인정할 수 없으므로 과실치사죄도 인정되지 않고 범죄불성립이 될 것이다.

제 4 절 긴급피난

Ⅰ. 자초위난과 긴급피난

강간범행의 와중에 피해자가 피고인의 손가락을 깨물며 반항하자 물린 손가락을 비틀며 잡아 뽑다가 피해자에게 **치아결손**의 상해를 입힌 경우를 가르켜 법에 의하여 용인되는 피난행위라 할 수 없다(대판 1995. 1. 12, 94도2781).

Ⅱ. 피난의사

아군 상호간의 총격전으로 인한 유혈사태발생과 북괴남침도발의 기회를 줌으로써 일어날 많은 국민과 군경의 생명에 대한 "현재의 위난"을 피하기 위한 행위이기 때문에 위법성 저각사유에 해당한다고 주장하는 취지이다. 피고인 김○원에게 당시 과연 그와같은 위난을 피하려는 의사 즉 "피난의사"가 있었는가 여부를 따져본다. 일건기록을 살펴보면 첫째, 동 피고인이 진정히 소론 위난을 피하려는 의사가 있었다면 최소한 당시의 국무총리(대통령권한대행이 당연히 될 사람) 최규하에 대해서만은 진실 즉 김○규가 고의로 대통령을 살해한 사실을 알리고 선후책을 의논하였어야 할 터인데 그러지 아니하고 김○규의 오발탄에 대통령이 죽은 것으로 거짓 보고한 점은 위난을 피하려는 의사보다는 김○규의 내란에 가담하려는 의사가 앞서 있었다고 인정되고, 둘째, 동 피고인이 진정히 소론 위난을 피하려는 의사가 있었다면 당시 막강한 수도경비군단을 장악하고 있었던 동군단장겸 대통령경호실차장 이○전 육군중장과 상의해서 소규모 작전으로 넉넉히 김○규를 체포 또는 사살할 수 있었을 터인데 이에 이르지 아니한 점은 위난을 피하려는 의사보다는 김○규의 내란에 가담하려는 의사가 앞서 있었다고 인정되고, 셋째, 동 피고인은 본건 범행당일 오후 7시 43분경 김○규가 총격을 마치고 나오면서 자기에게 보안유지등 후사를 부탁하고 육본방카로 향발한 직후 상피고인 이○주가 가지고 있던 권총을 빼앗어 가지고 이를 소지한채 군병원, 청와대, 육군본부방카, 국방부등을 출입하였으니만큼 동 피고인이 진정히 소론 위난을 피하려는 의사가 있었다면 육본방카 또는 국방부사무실에서 김○규를 만나서 고담할 때 얼마든지 이를 사살할 수 있는 기회가 있었음에도 불구하고 이에 이르지 아니한 점은 위난을 피하려는 의사보다는 김○규의 내란에 가담하려는 위사가 앞서 있었다고 인정된다. 그렇다면 설사 그 당시의 사태가 소론 현재의 위난이 존재하는 상태이었다고 가정하더라도 소위 피난의사 있었다고 인정할 수 없는 이상 이건 긴급피난의 성립을 인정할 수 없(다)(대판 1980. 5. 20, 80도306 전원합의체 다수의견).

Ⅲ. 상당한 이유

1. 긴급피난을 긍정한 경우

① 임신의 지속이 모체의 건강을 해칠 우려가 현저할 뿐더러 기형아 내지 불구아를 출산할 가능성마저도 없지 않다는 판단하에 부득이 취하게된 산부인과 **의사의 낙태수술 행위**는 정당행위 내지 긴급 피난에 해당되어 위법성이 없는 경우에 해당된다(대판 1976. 7. 13, 75도1205).

② 피고인들이 그 판시 **피조개양식장**에 피해를 주지 아니하도록 할 의도에서 이 사건 **금성호**의 7샤클(175미터)이던 닻줄을 5샤클(125미터)로 감아 놓았고 그 경우에 피조개양식장까지의 거리는 약 30미터까지 근접한다는 것이므로 닻줄을 50미터 더 늘여서 7샤클로 묘박하였다면 선박이 태풍에 밀려 피조개양식장을 침범하여 물적 피해를 입히리라는 것은 당연히 예상되고, 그럼에도 불구하고 피고인들이 태풍에 대비한 선박의 안전을 위하여 금성호의 닻줄을 7샤클로 늘여 놓은 것은 피조개양식장의 물적 피해를 인용한 것이라 할 것이어서 재물손괴의 점에 대한 **미필저 고의**를 인징할 수 있다 … 금성호는 공유수면

점용허가없이 정박하고 있었으므로 피고인들이나 대한선박주식회사로서는 같은 해상에 점용허가를 얻어서 피조개양식장을 설치한 피해자 김 대인측의 요구에 응하여 금성호를 양식장에 피해를 주지 아니하는 곳에 미리 이동시켜서 정박하였어야 할 책임은 있었다고 할 것이다. 그러나 위와 같이 선박이동에도 새로운 공유수면점용허가가 있어야 하고 휴지선을 이동하는 데는 예인선이 따로 필요한 관계로 비용이 많이 들어 다른 해상으로 이동을 하지 못하고 있는 사이에 태풍을 만나게 되었다면 피고인들로서는 그와 같은 위급한 상황에서 선박과 선원들의 안전을 위하여 사회통념상 가장 적절하고 필요불가결하다고 인정되는 조치를 취하였다면 형법상 긴급피난으로서 위법성이 없어서 범죄가 성립되지 아니한다고 보아야 하고 미리 선박을 이동시켜 놓아야 할 책임을 다하지 아니함으로써 위와 같은 긴급한 위난을 당하였다는 점만으로는 **긴급피난**을 인정하는데 아무런 방해가 되지 아니한다(대판 1987. 1. 20, 85도221).

위 판결의 금성호는 휴지선(休止船)으로 피고인들이 관리업무를 맡고 있었는데, 당국의 허가없이 피해자의 피조개 양식장 앞의 해상에 허가없이 정박시켜 놓고 있다가, 피해자의 이동요구를 받고 공유수면점용허가 등 필요한 절차와 예인비용을 놓고 고민하는 사이 갑자기 태풍이 불어닥쳐 선박의 전복과 그로 인한 선원의 안전을 위하여 닻줄을 더욱 길게 늘여놓아 늘어진 닻줄이 양식장 바닥을 쓸고 지나가면서 피해를 입혀 재물손괴죄와 공유수면관리법 위반죄로 기소가 되었다. 이에 대해 대법원은 '피고인들로서는 그와 같은 위급한 상황에서 선박과 선원들의 안전을 위하여 사회통념상 가장 적절하고 필요불가결하다고 인정되는 조치를 취하였다'라고 보고 긴급피난을 인정하였다. 긴급피난은 위난상황에서 보다 큰 가치의 법익 수호를 위해 충돌하는 보다 작은 가치의 법익을 희생하는 경우 위법성을 조각시켜 주는 것으로, 위 판결에서 피고인들이 피해자의 요구에 따라 미리 선박을 다른 곳으로 이동하는 조치를 취하지 못한 책임이 있다고 하더라도 태풍이라는 불가항력의 자연재해로 인한 위난상황에서 형법 제22조 제2항의 '위난을 피하지 못할 책임이 있는 자'(검사는 이러한 이유로 피고인들의 피난행위가 원인제공자의 긴급피난으로 제한되어야 한다는 취지로 공세를 펼쳤다)라고 보는 것은 지나친 확대해석이며 긴급피난은 허용된다고 보는 것이 타당하다. 이 점에서 94도2781 판결과 같은 자초위난이라고 보기에는 무리가 있다. 그리고 법익의 균형성 측면에서 피고인들을 포함한 승선 선원들의 생명과 피조개양식장의 재산은 서로 비교형량의 대상이 될 수 없으므로 결국 긴급피난을 인정할 수밖에 없을 것이다.

③ 피고인이 자신의 차량 운전석 쪽 측면으로 피해자의 다리 앞 부분을 스치며 급출발한 과실로 피해자로 하여금 충격을 피하기 위해 뒤로 물러서다가 중심을 잃고 땅에 넘어지게 하여 피해자에게 약 3주간의 치료를 요하는 좌발목 염좌 등의 상해를 입게 한 사실은 인정되나, 피고인이 공소외인을 위협하는 피해자로부터 벗어나야 할 다급한 상황에서 위와 같이 **급출발하다가 피해자에게 상해**를 입게 하고도 그대로 차량을 운행해 갔다면, 피고인이 피해자가 상해를 입은 사실을 인식하였다고 보기도 어렵다고 판단한 후, 나

아가 가정적 판단으로서 피고인이 그 사실을 인식하였다고 하더라도 공소외인이 처한 상황의 위험성, 피해자가 다친 경위 및 상해의 정도, 당시 피고인으로서는 공소외인의 보호를 위하여 사고현장을 떠나는 것 외에 달리 다른 선택을 할 가능성은 적어 보이는 점 등을 종합적으로 고려하여, 피고인의 위와 같은 도주행위는 긴급피난에 해당하거나 구호조치를 취할 것에 대한 기대가능성이 없는 행위로서 죄가 되지 아니하는 경우에 해당한다(대판 2005. 4. 15, 2005도1217).

2. 긴급피난을 부정한 경우

① 피고인의 **모가 갑자기 기절**을 하여 이를 치료하기 위하여 군무를 이탈하였더라도 이는 본조 범행의 동기에 불과하므로 이를 법률상 긴급피난에 해당한다고 할 수 없다(대판 1969. 6. 10, 69도690).

② 집회장소 사용 승낙을 하지 않은 甲대학교측의 집회 저지 협조요청에 따라 경찰관들이 甲대학교 출입문에서 신고된 甲대학교에서의 **집회에 참가하려는 자의 출입을 저지**한 것은 경찰관직무집행법 제6조의 주거침입행위에 대한 사전 제지조치로 볼 수 있고, 비록 그 때문에 소정의 신고없이 乙대학교로 장소를 옮겨서 집회를 하였다 하여 그 신고없이 한 집회가 긴급피난에 해당한다고도 할 수 없다(대판 1990. 8. 14, 90도870).

③ 타인의 집대문 앞에 은신하고 있다가 **경찰관의 명령에 따라 순순히 손을 들고 나오면서 그대로 도주하는 범인**을 경찰관이 뒤따라 추격하면서 등부위에 권총을 발사하여 사망케한 경우, 위와 같은 총기사용은 현재의 부당한 침해를 방지하거나 현재의 위난을 피하기 위한 상당성있는 행위라고 볼 수 없는 것으로서 범인의 체포를 위하여 필요한 한도를 넘어 무기를 사용한 것이(다)(대판 1991. 5. 28, 91다10084).

④ 선거운동은 국민의 참정의욕을 고취하고 선거에의 관심을 높임은 물론 선거인에게 후보자의 선택에 관한 판단의 자료를 얻을 수 있는 유력한 기회가 되는 것이므로, 선거운동의 자유 혹은 선거에 있어서의 의사표현의 자유는 최대한으로 보장되는 것이 바람직하지만, 만약 선거운동이 자유라는 이름하에 무제한으로 방임될 경우에는 부당한 경쟁과 금력, 권력, 폭력 등의 개입으로 오히려 선거인의 자유의사가 왜곡되고 후보자 상호간의 실질적인 기회의 균등이 무너지는 등의 폐해가 초래될 우려가 매우 크므로 그에 대한 어느 정도의 제한은 필연적이라고 할 수 있으며, 이에 우리 헌법은 "국민의 자유와 권리는 그 본질적인 내용을 침해하지 않는 범위 내에서 법률로써 제한할 수 있다."고 규정(제37조 제2항)함으로써 선거운동의 자유도 '선거의 공정성의 보장'이라는 공익을 위하여 필

요한 경우에는 법률로써 제한할 수 있음을 명백히 하였고, 구 공직선거및선거부정방지법(2002. 3. 7. 법률 제6663호로 개정되기 전의 것)은 "선거의 자유와 공정성을 확보하기 위하여 이 법 또는 다른 법률의 규정에 의하여 금지 또는 제한되는 경우를 제외하고는 누구든지 자유롭게 선거운동을 할 수 있다."고 규정(제58조 제2항)하는 한편, 선거운동의 주체, 기간, 방법 등에 대하여 일정한 제한을 가하고 있는데, 피고인들의 공직선거및선거부정방지법 위반의 각 행위에 적용되는 같은 법의 각 조항들에 의한 선거운동의 제한은 의사표현의 내용 그 자체에 대한 전면적인 제한이 아니라 선거운동 과정에서 예상되는 다양한 선거운동의 방법 중에서 특히 중대한 폐해를 초래함으로써 선거의 자유와 공정을 해칠 우려가 크다고 인정되는 의사표현의 특수한 수단방법에 국한하고 있고, 또 필요·최소한의 정도를 넘지 않고 있으므로, 이러한 제한으로 인하여 기본권의 본질적 내용이 침해되는 것은 아니라고 할 것인바, 피고인들이 확성장치 사용, 연설회 개최, 불법행렬, 서명날인운동, 선거운동기간 전 집회 개최 등의 방법으로 **특정 후보자에 대한 낙선운동**을 함으로써 공직선거및선거부정방지법에 의한 선거운동제한 규정을 위반한 피고인들의 같은 법 위반의 각 행위는 위법한 행위로서 허용될 수 없는 것이고, 피고인들의 위 각 행위가 시민불복종운동으로서 헌법상의 기본권 행사 범위 내에 속하는 정당행위이거나 형법상 사회상규에 위반되지 아니하는 정당행위 또는 긴급피난의 요건을 갖춘 행위로 볼 수는 없다(대판 2004. 4. 27, 2002도315).

⑤ 피해자들이 명시적 내지는 묵시적으로 이 사건 각 무허가 주택의 철거에 동의하지 아니한 상태에서 피고인들이 구 법 제31조, 제32조가 정한 바에 따라 공익사업을위한토지등의취득및보상에관한법률이 정한 절차에 의하지 아니하고 피해자들의 이 사건 각 **무허가 주택을 임의로 철거**한 행위는 비록 그것이 재개발사업추진이라는 조합원 전체의 이익을 위한 것이었다 하더라도 형법 제22조의 긴급피난이나 형법 제20조의 정당행위에 해당된다고 볼 수는 없다(대판 2004. 5. 28, 2004도434).

⑥ … 피고인이 **경기동부방송**의 시험방송 송출로 인하여 위성방송의 수신이 불가능하게 되었다는 민원을 접수한 후 경기동부방송에 시험방송 송출을 중단해달라는 요청도 해보지 아니한 채 시험방송이 송출된 지 약 1시간 30여 분 만에 곧바로 경기동부방송의 방송안테나를 절단하도록 지시한 점, 그 당시 아파트 전체 815세대 중 140여 세대는 경기동부방송과 유선방송이용계약을 체결하고 있었던 점 등 그 행위의 내용이나 방법, 법익침해의 정도 등에 비추어 볼 때, 당시 피고인이 다수 입주민들의 민원에 따라 입주자대표회의 회장의 자격으로 위성방송 수신을 방해하는 경기동부방송의 시험방송 송출을 중단시키기 위하여 경기동부방송의 방송안테나를 절단하도록 지시하였다고 할지라도 피고인의

위와 같은 행위를 긴급피난 내지는 정당행위에 해당한다고 볼 수 없다(대판 2006. 4. 13, 2005도9396).

제 5 절 자구행위

1. 자구행위의 성립을 부정한 사안

① 피해자가 유일한 재산인 가옥을 방매하고 그 대금을 받은 즉시 부산방면으로 떠나려는 급박한 순간에 있어서 채권자가 자기들의 채권을 그때에 추심하지 아니하면 앞으로 영구히 추심할 기회가 얻기 어려우므로 부득이 甲이 **가옥대금**을 받은 현장에서 피고인 등이 각자의 채권을 추심한 것으로서 이는 자구행위이니 죄가 성립되지 아니하며 운운하나,이는 독자적 견해로서 이를 채용할 수 없다(대판 1966. 7. 26, 66도469).

② 피해자가 다른 친구들 앞에서 피고인의 **전과사실을 폭로**함으로써 명예를 훼손하기 때문에 동인에게 **유리컵**을 깨어 뺨을 찔러 안면부 창상을 입혔다면 그 소행은 자구행위에 해당한다고 할 수 없다(대판 1969. 12. 30, 69도2138).

③ 절의 출입구와 마당으로 약 10년 전부터 사용하고 또 그곳을 통하여서만 출입할 수 있는 대지를 전 주지의 가족으로부터 매수하여 등기를 마쳤다는 구실로 불법침입하여 담장을 쌓기 위한 호를 파 놓았기 때문에 그 절의 주지가 신도들과 더불어 그 **호를 메워버린 소위**는 자구행위로서의 요건을 갖추었다고 볼 수 없고 그와같은 사정하에서의 주지의 소위는 이를 인용하는 것이 사회상규에 해당된다거나 또한 그러한 사회상규가 있다고 인정되지 아니하므로 사회상규에 위배되지 아니한 행위라고 단정할 수도 없다(대판 1970. 7. 21, 70도996).

④ 피고인이 甲에게 채무없이 단순히 잠시 **빌려준** 피고인 발행 **약속어음**을 甲이 乙에게 배서양도하여 乙이 소지중 피고인이 이를 찢어버린 것은 문서손괴죄에 해당하고 이를 자구행위 또는 긴급피난이라고 볼 수 없다(대판 1975. 5. 27, 74도3559).

⑤ 분묘가 오래도록 사토를 하지 않았기 때문에 묘의 봉분이 없어지고 평토화 가까이 되어 있고 묘비등 표식이 없이 피고인이 13년 전에 그 옆에 그 모친의 유골을 이장할 때에 그 묘 있음을 확인할 수 없었다 하더라도 현재 이를 제사숭경하고 종교적 의례의 대상으로 하는 위 서기환이가 있음이 명백한 본건에 있어서 그가 바로 무연고분으로서 제사

와 신앙의 대상이 되는 분묘라 할 수 없다거나 분묘발굴죄의 객체인 분묘에 해당되지 않는다고는 할 수 없고 비록 그 **분묘**가 피고인의 모의 분묘와 가까이 있었다 하고 그것이 **암장**된 것이라 하더라도 (피고인의 모의 분묘보다 후에 투장되었다는 증거도 없고 또 암장된 여부도 확인되지 아니한다)피고인이 당국의 허가없이 자구행위로 이를 발굴하여 개장할 수 없는 것이(다)(대판 1976. 10. 29, 76도2828).

⑥ 피고인이 피해자에게 **석고를 납품한 대금**을 받지 못하고 있던 중 피해자가 **화랑**을 폐쇄하고 도주하자, 피고인이 야간에 폐쇄된 화랑의 베니어판 문을 미리 준비한 드라이버로 뜯어 내고 피해자의 물건을 몰래 가지고 나왔다면, 위와 같은 피고인의 강제적 채권추심 내지 이를 목적으로 하는 물품의 취거행위를 형법 제23조 소정의 자구행위라고 볼 수 없다(대판 1984. 12. 26, 84도2582).

⑦ 소유권의 귀속에 관한 분쟁이 있어 **민사소송이 계속중인 건조물**에 관하여 현실적으로 관리인이 있음에도 위 건조물의 자물쇠를 쇠톱으로 절단하고 침입한 소위는 법정절차에 의하여 그 권리를 보전하기가 곤란하고 그 권리의 실행불능이나 현저한 실행곤란을 피하기 위해 상당한 이유가 있는 행위라고 할 수 없다(대판 1985. 7. 9, 85도707).

⑧ 채무자인 피해자가 **부도**를 낸 후 도피하였고 다른 채권자들이 채권확보를 위하여 피해자의 물건들을 취거해 갈 수도 있다는 사정만으로는 피고인들이 법정절차에 의하여 자신들의 피해자에 대한 청구권을 보전하는 것이 불가능한 경우에 해당한다고 볼 수 없을 뿐만 아니라, 또한 피해자 소유의 가구점에 관리종업원이 있음에도 불구하고 위 가구점의 시정장치를 쇠톱으로 절단하고 들어가 가구들을 무단으로 취거한 행위가 피고인들의 피해자에 대한 청구권의 실행불능이나 현저한 실행곤란을 피하기 위한 상당한 이유가 있는 행위라고도 할 수 없다(대판 2006. 3. 24, 2005도8081).

⑨ 인근 상가의 **통행로로 이용되고 있는 토지**의 사실상 지배권자가 위 토지에 철주와 철망을 설치하고 포장된 아스팔트를 걷어냄으로써 통행로로 이용하지 못하게 한 경우, 이는 일반교통방해죄를 구성하고 자구행위에 해당하지 않는다(대판 2007. 12. 28, 2007도7717).

제6절 피해자의 승낙

Ⅰ. 피해자의 승낙

1. 사회적 법익과 피해자의 승낙

① 문서의 위조라고 하는 것은 작성권한 없는 자가 타인 명의를 모용하여 문서를 작성하는 것을 말하는 것이므로 사문서를 작성함에 있어 그 명의자의 명시적이거나 묵시적인 승낙(위임)이 있었다면 이는 **사문서위조**에 해당한다고 할 수 없다(대판 1998. 2. 24, 97도183).

② 구 청소년보호법은 … 청소년(18세 미만의 자를 말함)을 유해한 각종 사회환경으로부터 보호·구제하고 나아가 이들을 건전한 인격체로 성장할 수 있도록 함을 그 목적으로 하여 제정된 법 … (임에) 비추어 볼 때, **18세 미만의 청소년에게 술을 판매**함에 있어서 가사 그의 민법상 법정대리인의 동의를 받았다고 하더라도 그러한 사정만으로 위 행위가 정당화될 수는 없다(대판 1999. 7. 13, 99도2151).

③ 구 식품위생법시행규칙 [별표 13] 제5호 (라)목 단서는 원칙적으로 금지된 미성년자의 단란주점 출입을 '가족·직장인 등의 모임으로 18세 이상의 미성년자가 부모·직장상사 등의 성년인 보호자와 동반하는' 경우에 한하여 예외적으로 허용하고 있기는 하나, 친권을 행사하는 자 또는 친권자를 대신하여 이를 감독하는 자의 보호·감독 아래서 하는 음주행위를 포함하여 미성년자의 음주행위 일체를 전면적으로 금지하고 있는 구 미성년자보호법의 규정 취지에 비추어 보면, 그 경우에도 허용되는 것은 어디까지나 보호자와 동반한 18세 이상의 미성년자를 단란주점에 출입시키는 행위(출입하여 노래부르게 하는 행위 포함)만인 것이지, 보호자와 같이 출입한 미성년자가 음주할 것을 알면서 미성년자에게 주류를 제공하는 행위까지 허용되는 것은 아니다(대판 2000. 6. 9, 2000도764).

단란주점업자가 법정대리인이 동반한 18세 미만의 청소년을 단란주점에 출입시킨 후 그 법정대리인의 양해하에 18세 미만의 미성년자에게 주류를 제공한 사안이다.

2. 승낙에 의한 행위의 사회상규 위배 여부

① 형법 제24조의 규정에 의하여 위법성이 조각되는 피해자의 승낙은 개인적 법익을 훼손하는 경우에 법률상 이를 처분할 수 있는 사람의 승낙을 말할 뿐만 아니라 그 승낙이 윤리적, 도덕적으로 사회상규에 반하는 것이 아니어야 한다(대판 1985. 12. 10, 85도1892).

甲이 병을 앓고 있는 乙에게 "당신의 병은 몸속에 있는 잡귀 때문이다"라고 말하자, 乙은 자신의 몸속에 있는 잡귀를 물리쳐 줄 것을 甲에게 부탁하였고, 이에 따라 甲은 다른 6명과 함께 약 12시간동안 乙의 집에서 乙의 몸속에 들어있는 잡귀를 물리친다면서 乙의 뺨 등을 때리고 팔과 다리를 잡고 배와 가슴을 손과 무릎으로 힘껏 누르고 밟는 등 하여 그로 하여금 내출혈로 사망에 이르게 한 사안으로, 대법원은 폭행치사죄를 인정하였다.

이 과정에서 피고인들은 피해자의가 잡귀를 쫓기 위하여 자신의 몸을 주물러 달라고 승낙하였으므로 피해자의 승낙에 의해 위법성이 조각됨을 주장하였다. 즉 대법원이 '폭행에 의하여 사람을 사망에 이르게 하는 따위의 일에 있어서 피해자의 승낙은 범죄성립에 아무런 장애가 될 수 없는 윤리적, 도덕적으로 허용될 수 없는 즉 사회상규에 반하는 것이라고 할 것이므로 피고인 등의 행위가 피해자의 승낙에 의하여 위법성이 조각된다는 상고논지는 받아들일 수가 없다'라고 판시한 부분에서 피해자의 사망에 대한 승낙이라고 이해한 것과는 달리 폭행행위에 대한 승낙을 주장한 것이다. 이러한 논리에 따르면 폭행치사죄의 전제인 기본행위로서의 폭행행위가 탈락되고 폭행치사죄조차 인정될 수 없는 것이다. 여기서 대법원은 피해자의 승낙의 대상에 착오를 일으킨 듯하다. '폭행행위'와 '폭행행위로 인한 사망'사이에는 엄연한 차이가 있는 것이다. 그러나 대법원이 사회상규로 폭행치사에 대한 피해자의 승낙을 제한하는 것은 형법 제24조가 다른 위법성조각사유와 달리 '상당한 이유'라는 추가적인 요건이 없기 때문에 법익주체의 독자적 처분권뿐만 아니라 법익 자체의 가치보호가 중요한 구성요건, 예컨대 폭행이나 상해와 같은 경우 상당한 이유를 통해 위법성조각의 범위를 조정하는 것이다. 여기서 반윤리적, 비도덕적이어서 피해자의 승낙이 인정될 수 없는 것은 승낙자체 또는 승낙의 목적이 아니라 승낙에 의한 행위자체로 이해할 수 있을 것이다.

그런데 이러한 이해의 전제는 피해자의 승낙에 불문의 요건으로 이해되는 사회상규가 행위반가치 판단을 위해 해석상 당연히 요구되는 것인지, 아니면 형법 제24조의 해석상 법률에 특별한 규정이 없는 한 상당성이 없다는 이유만으로는 승낙에 의한 행위의 위법성이 조각되므로 애시 당초에 법익 자체가 사회상규적 제약하에 처분할 수 있는 경우, 즉 상해죄에 있어서만 가능한 경우인지가 선결문제라는 인식에 기초하여야 한다.

참고판례

의학적으로 환자가 의식의 회복가능성이 없고 생명과 관련된 중요한 생체기능의 상실을 회복할 수 없으며 환자의 신체상태에 비추어 짧은 시간 내에 사망에 이를 수 있음이 명백한 경우(이하 '회복불가능한 사망의 단계'라 한다)에 이루어지는 진료행위(이하 '연명치료'라 한다)는 원인이 되는 질병의 호전을 목적으로 하는 것이 아니라 질병의 호전을 사실상 포기한 상태에서 오로지 현 상태를 유지하기 위하여 이루어지는 치료에 불과하므로, 그에 이르지 아니한 경우와는 다른 기준으로 진료중단 허용 가능성을 판단하여야 한다. … 생명권이 가장 중요한 기본권이라고 하더라도 인간의 생명 역시 인간으로서의 존엄성이라는 인간 존재의 근원적인 가치에 부합하는 방식으로 보호되어야 할 것이다. 따라서 이미 의식의 회복가능성을 상실하여 더 이상 인격체로서의 활동을 기대할 수 없고 자연적으로는 이미 죽음의 과정이 시작되었다고 볼 수 있는 회복불가능한 사망의 단계에 이른 후에는, 의학적으로 무의미한 신체 침해 행위에 해당하는 연명치료를 환자에게 강요하는 것이 오히려 인간의 존엄과 가치를 해하게 되므로, 이와 같은 예외적인 상황에서 죽음을 맞이하려는 환자의 의사결정을 존중하여 환자의 인간으로서의 존엄과 가치 및 행복추구권을 보호하는 것이 사회상규에 부합되고 헌법정신에도 어긋나지 아니한다고 할 것이다. 그러므로 회복불가능한 사망의 단계에 이른 후에 환자가 인간으로서의 존엄과 가치 및 행복추구권에 기초하여 자기결정권을 행사하는 것으로 인정되는 경우에는 특별한 사정이 없는 한 **연명치료의 중단**이 허용될 수 있다(대판 2009. 5. 21, 2009다17417 전원합의체 다수의견).

② 피할만한 여유도 없는 좁은 장소에서 신체가 보다 더 건강한 상급자인 피고인이 **하급자**인 피해자를 약 1분 이상 가슴과 배를 때렸다면 사망의 결과에 대한 예견가능성을 부정할 수도 없을 것이며 위와 같은 상황에서 이루어진 폭행이 **장난권투**로서 피해자의 승낙에 의한 사회상규에 어긋나지 않는 것이라고도 볼 수 없으므로 폭행치사죄가 성립한다(대판 1989. 11. 28, 89도201).

3. 유효한 피해자의 승낙

(1) 위법성조각을 인정한 경우

① 피고인이 계원들로 하여금 甲대신 피고인을 계주로 믿게 하여 계금을 지급하고 불입금을 지급받아 위계를 사용하여 공소외 甲의 계운영 업무를 방해하였다고 하여도 피고인에 대하여 다액의 채무를 부담하고 있던 甲으로서는 채권 확보를 위한 피고인의 요구를 거절할 수 없었기 때문에 피고인이 **계주**의 업무를 대행하는데 대하여 이를 승인 내지 묵인한 사실이 인정된다면 피고인의 소위는 이른바 위 공소외 甲의 승낙이 있었던 것으로서 위법성이 조각되어 업무방해죄가 성립되지 않는다(대판 1983. 2. 8, 82도2486).

② 문서의 위조라고 하는 것은 작성권한 없는 자가 타인 명의를 모용하여 문서를 작성하는 것을 말하는 것이므로 사문서를 작성함에 있어 그 명의자의 명시적이거나 묵시적인 승낙(위임)이 있었다면 이는 **사문서위조**에 해당한다고 할 수 없다(대판 1998. 2. 24, 97도183).

(2) 위법성조각을 부정한 경우

① **미성년자 유인죄**라 함은 기망 유혹 같은 달콤한 말을 수단으로 하여 미성년자를 꾀어 사려없고 나이 어린 피해자의 하자 있는 의사를 이용하여 현재의 보호상태로부터 이

탈케 하여 자기 또는 제3자의 사실적 지배하에 옮기는 것을 말하며, 본죄의 범의는 피해자가 미성년자라는 것을 알면서 유인의 행위에 대한 인식이 있으면 족하고 유인하는 행위가 피해자의 의사에 반하는 것까지 인식하여야 하는 것은 아니며 또 유인으로 하여 피해자가 하자있는 의사로 승낙하였다 하더라도 본죄의 성립에 소장이 없다(대판 1976. 9. 14, 76도2072).

② 13세미만 부녀에 대한 **의제강간, 추행죄**는 그 성립에 있어 위계 또는 위력이나 폭행 또는 협박의 방법에 의함을 요하지 아니하며 피해자의 **동의**가 있었다고 하여도 성립하는 것이다(대판 1982. 10. 12, 82도2183).

② 사실상 학교법인의 경영을 주도하고 업무를 총괄하며 학교자금을 보관·관리하는 업무를 취급하고 있는 학교법인의 이사 겸 학교법인이 설립한 고등학교의 교장이 학교재산에 관한 임대차계약을 체결한 경우, 업무상배임죄의 주체가 될 수 있고, 배임행위가 재산처분에 관한 결정권을 가진 **학교법인 이사회의 결의 또는 감독청의 허가**를 받아서 한 것이라는 이유만으로 위법성이 조각될 수도 없다(대판 2000. 3. 14, 99도457).

③ 주식회사의 경영을 책임지는 이사가 타인 발행의 약속어음에 회사명의로 배서할 경우 그 타인이 어음금의 지급능력이 없어 그 배서로 인하여 회사에 손해가 발생하리라는 점을 알면서 이에 나아갔다면, 이러한 **약속어음의 배서행위는** 타인에게 이익을 얻게 하고 회사에 손해를 가하는 행위로서 회사에 대하여 배임행위가 되고, 이에 대해 사실상 **대주주의 양해를 얻었거나 이사회의 결의**가 있었다고 하여 그 배임행위가 정당화될 수 없다. 나아가 그것이 경영상의 판단이라는 이유만으로 배임죄의 죄책을 면할 수도 없다(대판 2000. 5. 26, 99도2781).

Ⅱ. 양　　해

1. 묵시적 양해

피고인이 동거중인 피해자의 지갑에서 현금을 꺼내가는 것을 피해자가 현장에서 목격하고도 만류하지 아니하였다면 피해자가 이를 허용하는 묵시적 의사가 있었다고 봄이 상당하여 이는 절도죄를 구성하지 않는다(대판 1985. 11. 28, 85도1478).

2. 하자있는 양해

① 피고인이 피해자에게 이 사건 **밍크 45마리**에 관하여 자기에게 그 권리가 있다고 주장하면서 이를 가져간 데 대하여 피해자의 묵시적인 동의가 있었다면 피고인의 주장이 후에 허위임이 밝혀졌더라도 피고인의 행위는 절도죄에 해당하지 않는다(대판 1990. 8. 10, 90도1211).

> 위 판결은 피해자의 승낙의 유형 중 양해에 해당하는 사안인 바, 절도죄는 피해자의 의사에 반하여 그의 점유를 배제하고 소유자처럼 새로운 점유를 취득하는 것을 본질적 구성요건요소로 하고 있으므로, 피해자인 점유자가 재물의 취거에 동의하는 경우 절취행위가 성립할 수 없어 구성요건에 해당하지 않게 된다. 피해자의 승낙이 이러한 상황에 놓이는 것을 양해라고 한다. 그리고 이러한 양해는 강간죄나 주거침입죄, 절도죄처럼 피해자의 의사가 구성요건표지의 성부를 결정적으로 좌우하는 경우로서, 상해행위에 대한 피해자의 승낙과 달리 의사표시에 흠이 있어도 착오이론이 적용되지 않고 자연적 의사를 중시하여 범죄의 성립을 부정한다는 점에서 차이가 있다. 대상판결에서 피해자의 묵시적 동의(양해)가 있었으나, 그것이 피고인의 허위주장에 의한 것이라고 하더라도 흠 있는 의사표시는 '밍크를 가져가게 둔다'는 자연적 의사에 따라 의사에 반하는 것이 아니며 절도죄는 성립하지 않게 되는 것이다.

② 예금주인 현금카드 소유자를 협박하여 그 카드를 갈취하였고, **하자 있는 의사표시이기는 하지만 피해자의 승낙에 의하여 현금카드를 사용할 권한을 부여받아** 이를 이용하여 **현금을 인출**한 이상, 피해자가 그 승낙의 의사표시를 취소하기까지는 현금카드를 적법, 유효하게 사용할 수 있고, 은행의 경우에도 피해자의 지급정지 신청이 없는 한 피해자의 의사에 따라 그의 계산으로 적법하게 예금을 지급할 수밖에 없는 것이므로, 피고인이 피해자로부터 현금카드를 사용한 예금인출의 승낙을 받고 현금카드를 교부받은 행위와 이를 사용하여 현금자동지급기에서 예금을 여러 번 인출한 행위들은 모두 피해자의 예금을 갈취하고자 하는 피고인의 단일하고 계속된 범의 아래에서 이루어진 일련의 행위로서 포괄하여 하나의 공갈죄를 구성한다고 볼 것이지, 현금지급기에서 피해자의 예금을 취득한 행위를 현금지급기 관리자의 의사에 반하여 그가 점유하고 있는 현금을 절취한 것이라 하여 이를 **현금카드 갈취행위와 분리하여 따로 절도죄로 처단할 수는 없다**(대판 1996. 9. 20, 95도1728).

③ 양해를 받고 음식점에 들어가서 영업주의 안내를 받으며 내실에 들어갔다 하더라도 음식을 먹으러 간 것이 아니라 **불법선거운동의 적발을 위해 도청장치를 설치**하기 위한 경우라면 주거침입죄가 성립한다(대판 1997. 3. 28, 95도2674).

이른바 '초원복집'사건으로, 불특정 다수인이 자유롭게 출입할 수 있도록 개방된 장소에 범죄목적으로 들어간 경우에도 주거침입죄가 성립한다는 긍정설을 취한 판시이나, 업무상의 평온과 비밀을 보호법익으로 보는 한 주거침입을 인정하기는 어렵다고 하겠다. 아울러 이 판결에는 타인의 주거에 침입한 행위가 비록 불법선거운동을 적발하려는 목적으로 이루어진 것이라고 하더라도 타인의 주거에 도청장치를 설치하는 행위는 그 수단과 방법의 상당성을 결하는 것으로 정당행위에 해당하지 않는다는 점도 쟁점으로 판단되었다.

Ⅲ. 추정적 승낙

1. 위법성 조각을 인정한 경우

① 피고인이 **종친회의 결의서**를 작성할 당시 피고인의 동생들이 그 결의서 작성을 승낙하였고 나머지 종친회원들이 그 작성을 명시적, 구체적으로 위임하고 승낙한 사실이 없더라도 그들이 피고인의 아들들이나 그 형제의 아들들일뿐만 아니라 그들이 피고인의 행위를 나중에 추인한 것으로 볼 수 있다면 추정적 승낙을 인정할 여지가 있다(대판 1993. 3. 9, 92도3101).

② **사문서의 위·변조죄**는 작성권한 없는 자가 타인 명의를 모용하여 문서를 작성하는 것을 말하는 것이므로 사문서를 작성·수정함에 있어 그 명의자의 명시적이거나 묵시적인 승낙이 있었다면 사문서의 위·변조죄에 해당하지 않고, 한편 행위 당시 명의자의 현실적인 승낙은 없었지만 행위 당시의 모든 객관적 사정을 종합하여 명의자가 행위 당시 그 사실을 알았다면 당연히 승낙했을 것이라고 추정되는 경우 역시 사문서의 위·변조죄가 성립하지 않는다(대판 2003. 5. 30, 2002도235).

2. 위법성 조각을 부정한 경우

① 피해자가 점유관리하고 있었음을 인정할 수 있으니 이 사건 가옥이 가사 피고인 주장과 같이 피고인의 소유라 할지라도 주거침입죄의 성립에는 아무런 장애가 되지 아니하고 또 이 사건 범행당시 피고인과 피해자 사이에는 이 사건 **가옥의 소유권에 대한 분쟁**이 있어 현재까지도 그 분쟁이 계속되고 있는 사실에 비추어 볼 때, 피고인이 이 사건가옥에 **침입**하는 것에 대한 피해자의 추정적 승낙이 있었다거나, 피고인의 이사건 범행이 사회상규에 위배되지 아니한다고 볼 수 없다(대판 1989. 9. 12, 89도889).

② **해고된 근로자**가 노조에 의해 회사가 점거된 상태에서 노조사무실에 들어간 경우

건조물침입죄가 성립한다(대판 1994. 2. 8, 93도120).

③ 피고인들과 종전부터 친분관계가 있었다거나 위 피고인들로부터 수시로 안전점검 부탁을 받은 일이 없고 위 피고인들의 부탁을 받고 간단한 점검을 하여 준 점, … 자신들이 점검하지 않은 교량에 대한 점검보고서에 날인할 의사가 없었다고 진술하고 있는 점, 위 피고인들이 위 甲과 乙의 승낙을 받지 못한 불가피한 사정도 없었던 점 등에 비추어 보면, 위 甲이나 乙의 추정적 승낙이 있었다고 볼 수 없다(대판 1997. 11. 28, 97도1741).[3]

3 성수대교붕괴사건으로 사문서인 안전점검결과통보서의 위조 및 동행사죄와 관련된 부분이다.

제 5 장 責 任

제1절 책임능력

Ⅰ. 심신장애

1. 심신장애 여부 판단 방법[1]

① 반드시 전문가의 감정을 거쳐야 하는 것은 아니며 전문가의 감정을 거치지 않고 기록에 나타난 제반자료와 공판정에서의 피고인의 태도 등을 종합하여 판단할 수 있다(대판 1984. 5. 22, 84도545).

② 범행 당시 그 심신장애의 정도가 단순히 사물을 변별할 능력이나 의사를 결정할 능력이 미약한 상태에 그쳤는지 아니면 그러한 능력이 상실된 상태이었는지 여부가 불분명한 경우에는, 먼저 피고인의 정신상태에 관하여 충실한 정보획득 및 관계 상황의 포괄적인 조사·분석을 위하여 피고인의 정신장애의 내용 및 그 정도 등에 관하여 정신의로 하여금 감정을 하게 한 다음, 그 감정 결과를 중요한 참고자료로 삼아 범행의 경위, 수단, 범행 전후의 행동 등 제반 사정을 종합하여 범행 당시의 심신상실 여부를 **'경험칙에 비추어 규범적으로'** 판단해야 한다(대판 1998. 4. 10, 98도549).

---

1 대법원은 아래의 판례에서 보듯이 정신감정의 실시가 필요적인지 여부에 관하여 혼란을 보이고 있다.

③ 전문가의 감정결과가 있더라도 형법 제10조 제1항, 제2항에 규정된 심신장애의 유무 및 정도의 판단은 **법률적 판단**으로서 반드시 전문감정인의 의견에 기속되어야 하는 것은 아니고, 정신분열증의 종류와 정도, 범행의 동기, 경위, 수단과 태양, 범행 전후의 피고인의 행동, 반성의 정도 등 여러 사정을 종합하여 '법원이 독자적으로' 판단할 수 있다(대판 1999. 1. 26, 98도3812).

④ 피고인이 **생리기간 중에 심각한 충동조절장애**에 빠져 절도 범행을 저지른 것으로 의심이 되는데도 전문가에게 피고인의 정신상태를 감정시키는 등의 방법으로 심신장애 여부를 심리하지 아니한 채 선고한 원심판결은 심리미진과 심신장애에 관한 법리오해의 위법이 있다(대판 2002. 5. 24, 2002도1541).

2. 심신장애 여부

(1) 심신장애를 인정한 경우

① **정신분열증세**와 방화에 대한 억제하기 어려운 충동으로 말미암아 불과 6일 사이에 8회에 걸친 연속된 방화를 감행한 경우 이는 심신미약상태로 보아야 한다(대판 1984. 2. 28, 83도3007).

② 범행당시 정신분열증으로 심신장애의 상태에 있었던 피고인이 피해자를 살해한다는 명확한 의식이 있었고 범행의 경위를 소상하게 기억하고 있다고 하여 범행당시 사물의 변별능력이나 의사결정능력이 결여된 정도가 아니라 미약한 상태에 있었다고 단정할 수는 없는 것인바, 피고인이 피해자를 살해할 만한 다른 동기가 전혀 없고, 오직 피해자를 **"사탄"**이라고 생각하고 피해자를 죽여야만 피고인 자신이 천당에 갈 수 있다고 믿어 살해하기에 이른 것이라면, 피고인은 범행당시 정신분열증에 의한 망상에 지배되어 사물의 선악과 시비를 구별할 만한 판단능력이 결여된 상태에 있었던 것으로 볼 여지가 없지 않다(대판 1990. 8. 14, 90도1328).

③ 피고인은 이미 10여년 전부터 만성형 정신분열증 질환을 앓아 왔고 그 동안 각종 정신병원 및 정신요양원 등의 치료시설에 장기간 수용되어 치료를 받아 온 사실과 피고인의 현재 지능은 보통수준이고 외면상으로는 정상적인 지적 판단능력을 갖춘 듯이 보이나 내면에는 과대망상이나 피해망상 등 비현실적인 사고로 가득 차 있어 정상적인 사리판단이나 의사결정을 기대할 수 없는 상태로 보이며 이 사건 범행의 경위도 위와 같은 왜곡된 사고와 망상의 지배로 말미암아 아무런 관계도 없는 생면부지의 행인인 피해자들의 머리를 이유없이 **도끼**로 내리쳐 상해를 가하기에 이른 사실을 인정한 다음, 이와 같은 여러가

지 사정을 종합하여 보면 피고인은 이 사건 범행당시 **심한 만성형 정신분열증**에 따른 망상에 지배되어 사물의 선악과 시비를 구별할만한 판단능력이 결여된 상태에 있었다고 보여지므로 피고인의 이 사건 범행에 대하여는 형법 제10조 제1항에 따라 벌할 수 없는 것이(다)(대판 1991. 5. 28, 91도636).

④ 원칙적으로 충동조절장애와 같은 성격적 결함은 형의 감면사유인 심신장애에 해당하지 아니한다고 봄이 상당하지만, 그 이상으로 사물을 변별할 수 있는 능력에 장애를 가져오는 원래의 의미의 정신병이 도벽의 원인이라거나 혹은 도벽의 원인이 **충동조절장애**와 같은 성격적 결함이라 할지라도 그것이 **매우 심각하여 원래의 의미의 정신병을 가진 사람과 동등**하다고 평가할 수 있는 경우에는 그로 인한 절도범행은 심신장애로 인한 범행으로 보아야 할 것이다(대판 1999. 4. 27, 99도693).

⑤ 형법 제10조에 규정된 심신장애는 생물학적 요소로서 정신병, 정신박약 또는 비정상적 정신상태와 같은 정신적 장애가 있는 외에 심리학적 요소로서 이와 같은 정신적 장애로 말미암아 사물에 대한 판별능력과 그에 따른 행위통제능력이 결여되거나 감소되었음을 요하므로, 정신적 장애가 있는 자라고 하여도 범행 당시 정상적인 사물판별능력이나 행위통제능력이 있었다면 심신장애로 볼 수 없음은 물론이나, 정신적 장애가 **정신분열증과 같은 고정적 정신질환**의 경우에는 범행의 충동을 느끼고 범행에 이르게 된 과정에서의 범인의 의식상태가 정상인과 같아 보이는 경우에도 범행의 충동을 억제하지 못한 것이 정신질환과 연관이 있는 경우가 흔히 있고, 이러한 경우에는 정신질환으로 말미암아 행위통제능력이 저하된 것이어서 심신미약이라고 볼 여지가 있다(대판 2005. 12. 9, 2005도7342).

대법원은 대상판결과 같이 '심신장애=정신적 장애+사물변별능력 또는 행위통제능력의 결여'로 이해하면서 '심신장애의 유무 및 정도의 판단은 법률적 판단으로서 반드시 전문감정인의 의견에 기속되어야 하는 것은 아니고'라고 하여 심신장애 판단을 법률문제로 이해하고 있다.

그런데 형법 제10조는 책임무능력 또는 제한적 책임능력을 규정하면서, 그 요건으로 ① 심신장애와 ② 사물변별능력 또는 의사결정능력의 결여 또는 미약을 요구하는 것으로 이해함이 타당해 보인다. 즉 심신(心神)장애는 정신질환 등 정신장애를 의미하는 것이며, 이는 의학적 판단을 요구하는 사실적인 문제이며, 이후 이러한 상태에서 사물변별능력 또는 의사결정능력이 결여되었는지를 판단하는 것은 규범적인 판단이 필요한 법률적인 문제가 된다. 따라서 최종적으로 책임능력의 인정여부는 사실판단에 기초한 규범적 판단을 통해서 이루어지는 것이다.

(2) 심신장애를 부정한 경우

① 피고인이 평소 간질병증세가 있더라도 **범행 당시에는 간질병이 발작하지 않았다면** 이는 심신상실이나 심신미약의 경우가 아니다(대판 1983. 10. 11, 83도1897).

② 범행 후 죄증을 인멸하고 알리바이를 조작하려고 노력한 경우에는 심신상실상태라 볼 수 없다(대판 1984. 7. 24, 84도1246).

③ 피고인은 이 사건 범행 당일까지 **교수**로서 연구와 강의를 하는 외에도 회사를 경영하는 등 사회생활과 가정생활을 정상적으로 영위하여 왔고, 이 사건 범행 이틀 전부터 치밀하게 범행을 계획·준비하여 이를 실행에 옮겼으며, 특히 (**존속살해**)범행 직전에는 타인이 출입한 것처럼 가장하기 위하여 범행장소인 피고인의 집 5층과 6층 사이에 설치된 철제 출입문을 미리 열어 놓았고, 범행 후에는 범행에 사용한 칼과 범행 당시 입었던 옷 및 이를 담은 가방 등을 주도면밀하게 내다 버리는 등 죄증의 인멸을 기도한 사실을 알 수 있는바, 사실관계가 이와 같다면 피고인이 이 사건 범행 당시 심신장애로 인하여 사물을 변별할 능력이나 의사를 결정할 능력이 없거나 미약한 상태에 있었다고 볼 수는 없다 할 것이다(대판 1996. 5. 10, 96도638).

3. 심신장애 주장 여부

① 범행 당시 **술에 만취**되어 정신이 없었다는 주장은 단순히 범의의 부인이 아니라 범죄의 성립을 조각하는 이유가 되는 사실(즉 심신장애로 인한 책임능력 결여)을 주장한 것으로 보아야 한다(대판 1969. 3. 31, 69도232).

② 술에 취하여 기억이 없다고 한 진술을 그 진술의 전후맥락에 비추어 볼 때 심신장애로 인한 형의 감면을 주장하는 취지가 아니라 단순히 범행을 부인하는 취지에 지나지 않는다(대판 1988. 9. 13, 88도1284).

③ 범행 직전 친구들과 **소주 7병**을 먹고 있었다는 진술은 심신미약의 주장이 아니다(대판 1990. 4. 14, 90도434).

4. 기억능력과의 관계

① 행위자가 범행 전후 사정을 비교적 사리에 맞도록 기억하고 있다하여 반드시 범행당시 사물변별능력을 갖추고 있었다고 할 수도 없다(대판 1969. 10. 14, 69도1265).

② 사물변별능력과 기억능력은 일치하는 것은 아니며, 다만 범행 당시의 사정을 자세히 기억하고 있다는 것은 사물변별능력 판단에 중요한 자료가 될 수 있다(대판 1978. 1. 31, 77도3428).

③ **범행을 기억**하고 있지 않다는 사실만으로 바로 범행당시 심신상실상태에 있었다

고 단정 할 수는 없다(대판 1985. 5. 2, 85도361).

5. 치료감호청구

① 정신분열증을 이유로 심신미약 감경을 한 1심 판결에 대하여 피고인이 항소이유에서 양형부당만을 주장하고 심신상실 주장은 하지 않았다고 하더라도, 항소심으로서는 직권으로 피고인의 심신장애 정도에 관하여 심리를 하였어야 한다(대판 1999. 1. 26, 98도3812).

② 공소가 제기된 피고사건에 관하여 **항소심에서 심신상실을 이유로 한 무죄판결이 선고**되어 확정되었다면, 피고인의 정신질환이 계속되고 재범의 위험성이 있어 피고인의 치료 후 사회복귀와 사회안전을 도모하기 위하여 피고인에 대한 치료감호처분이 반드시 필요하다고 인정되는 경우 검사는 사회보호법 제15조 제1호의 규정에 따라 치료감호를 독립하여 청구할 수 있다(대판 1999. 8. 24, 99도1194).

Ⅱ. 원인이 자유로운 행위

① 형법 제10조 제3항은 "위험의 발생을 예견하고 자의로 심신장애를 야기한 자의 행위에는 전2항의 규정을 적용하지 아니한다"고 규정하고 있는 바, **이 규정은 고의에 의한 원인에 있어서의 자유로운 행위만이 아니라 과실에 의한 원인에 있어서의 자유로운 행위까지도 포함**하는 것으로서 위험의 발생을 예견할 수 있었는데도 자의로 심신장애를 야기한 경우도 그 적용 대상이 된다고할 것이어서, 피고인이 음주운전을 할 의사를 가지고 음주만취한 후 운전을 결행하여 교통사고를 일으켰다면 피고인은 음주시에 교통사고를 일으킬 위험성을 예견하였는데도 자의로 심신장애를 야기한 경우에 해당하므로 위 법조항에 의하여 심신장애로 인한 감경 등을 할 수 없다(대판 1992. 7. 28, 92도999).

음주운전을 할 의사를 가지고 술을 마신 후 만취한 상태에서 자동차를 운전하여 귀가하다가 행인을 치어 의식을 잃고 쓰러진 피해자를 길 옆 하수구에 옮겨서 버리고 도주한 후 사고로 심한 상처를 입은 피해자가 계속된 출혈로 인하여 사망한 사안이다.

본 판결는 형법 제10조 제3항이 과실에 의한 원인이 자유로운 행위까지 포함함을 명시적으로 판시하였다는 점에 의의가 있으나, 어느 유형인지 명확히 하지 않음으로써 원인에 있어 자유로운 행위의 고의유형인지, 아니면 과실유형인지에 대해서는 논란이 있으나, 판결문의 취지상 後者라고 추측할 수 있다.

② 피고인이 자신의 차를 운전하여 술집에 가서 술을 마신 후 운전을 하다가 교통사고를 일으켰다면, 이는 피고인이 음주할 때 교통사고를 일으킬 수 있다는 위험성을 예견하고도 자의로 심신장애를 야기한 경우에 해당하여, 가사 사고 당시 심신미약 상태에 있었다고 하더라도 심신미약으로 인한 형의 감경을 할 수 없다(대판 1995. 6. 13, 95도826).

제 2 절 위법성의 인식 및 금지착오

Ⅰ. 위법성인식

1. 위법성인식의 의의

범죄성립에 있어서 위법성의 인식은 그 범죄사실이 사회정의와 조리에 어긋난다는 것을 인식하는 것으로 족하다(대판 1987. 3. 24, 86도2673).

2. 위법성인식의 체계적 지위[2]

① 주민등록법 17조의7에 의하여 주민등록지를 공법관계에 있어서의 주소로 볼 것이므로 주민등록지를 이전한 이상 향토예비군설치법 제3조 4항 동법 시행령 22조 1항 4호에 의하여 대원신고를 하여야 하나, 이미 주거를 이동하고 같은 주소에 대원신고를 하였던 터이므로 피고인이 재차 동일 주소에 대원신고(주소이동)를 아니하였음이 향토예비군설치법 제15조 6항에 말한 정당한 사유가 있다고 오인한데서 나온 행위였다면 이는 법률착오가 범의를 조각하는 경우이다(대판 1974. 11. 12, 74도2676).

② 임산물단속에관한법률 제7조 위반의 범죄가 성립하려면 그 범의에 있어서 허가권자의 허가 없이 벌채한다는 인식만으로는 부족하고 그 벌채행위가 산림보호를 해한다는 위법성에 관한 인식까지를 필요로 한다 할 것이고, 동법과 같은 행정형벌법규의 부지는 특별한 사정이 없는 한 동 법규에 위반된 범죄행위의 **범의를 조각**한다(대판 1978. 1. 31, 77도3332).

---

2 대법원 판례는 원칙적으로 고의설을 기본으로 하고 있으나, 87도160판결이나 85도29판결에서처럼 고의와 위법성의 인식이 분리되는 것처럼 판시하여 일관된 입장을 취하고 있다고 보기는 어렵다.

③ 법률의 착오는 단순한 법률의 부지를 말하는 것은 아니고 일반적으로 범죄가 되는 행위이지만 자기의 특수한 경우에는 법령에 의하여 허용된 행위로서 죄가 되지 아니한다고 그릇 인식하고 그와 같은 그릇 인식함에 있어 정당한 이유가 있는 경우이다(대판 1985. 4. 9, 85도29).

④ **체신부장관의 위 회신**내용에 의하여 자기의 행위가 법령에 의하여 죄가 되지 아니하는 것으로 오인하였다 하더라도 피고인에게 원심의 위 판시사실에 대한 범의가 없었다고 할 수 없다(대판 1987. 4. 14, 87도160).

3. 법률의 부지

(1) 법률의 부지의 의의

… 이는 결국 피고인은 국가보안법 제9조 불고지죄의 규정을 알지 못하였다는 것에 지나지 못하는 것이고 피고인이 고지하지 아니하여도 죄가 되지 아니한다고 적극적으로 그릇 인정한 경우에는 해당하지 아니하므로 이는 범죄의 성립에 아무런 지장이 될 바 아니다(대판 1961. 10. 5, 4294형상208).

대법원은 범죄의 성립에 영향이 없다고 보는 법률의 부지의 개념에 대해서 적극적으로 개념 정의를 내리는 것이 아니라 소극적으로 일관하고 있다. 대법원은 형법 제16조가 적용되는 법률의 착오는 단순한 법률의 부지를 말하는 것이 아니라고 판시하면서 법률의 착오에 해당하려면 자기행위가 특히 법령에 의하여 허용된 행위로서 죄가 되지 아니한다고 적극적으로 인식해야 한다고 보고 있다.

(2) 법률의 부지에 해당하는 경우[3]

① 피고인이 **암모니아수**가 극물인 점을 몰랐다는 것은 단순한 법률의 부지에 해당한다 할 것이고 그 밖에 피고인이 자기 회사는 법령에 의하여 등록없이 제조판매할 수 있다고 그릇 인정하였거나 그와 같이 그릇 인정함에 있어 정당한 이유가 있었다고 볼 만한 자료가 없는 이상 이 점에 대한 논지는 이유없(다)(대판 1980. 2. 12, 79도285).

② 피고인은 의정부시내에서 **디스코클럽**을 경영하는 자로서 1983. 12. 23. 20 : 00경부터 같은날 23 : 00경까지 위 디스코클럽에 미성년자인 공소외 인 등 10명을 출입시키고 맥주 등 주류를 판매한 사실은 이를 인정하고도 한편으로 1983. 4. 15. 14 : 00경 의정부경찰

3 여기에서의 법률의 부지란 학설에서 일반적으로 위법성이 조각될 수 있는 '법률의 부지'가 아니라 대법원이 규정하는 소극적인 의미에서의 '법률의 부지'를 말한다.

서 강당에서 개최된 청소년선도에 따른 관련 업주회의에서 업주측의 관심사라 할 수 있는 18세 이상자나 대학생인 미성년자들의 업소출입 가부에 관한 질의가 있었으나 그 확답을 얻지 못하였는데, 같은달 26 경기도 경찰국장 명의로 청소년 유해업소 출입단속대상자가 18세 미만자와 고등학생이라는 내용의 공문이 의정부경찰서에 하달되고 그 시경 관할지서와 파출소에 그러한 내용이 다시 하달됨으로써 업주들은 경찰서나 파출소에 직접 또는 전화상의 확인방법으로 그 내용을 알게 되었고 위와 같은 사정을 알게 된 피고인은 종업원에게 단속 대상자가 18세 미만자와 고등학생임을 알려주고 그 기준에 맞추어서 만 18세 이상자이고 고등학생이 아닌 공소외인 등 10명을 출입시키고 주류를 판매하기에 이른 사실을 인정할 수 있으므로 … 이는 단순한 법률의 부지에 해당한다 할 것이고 피고인의 소위가 특히 법령에 의하여 허용된 행위로서 죄가 되지 아니한다고 적극적으로 그릇 인정한 경우는 아니므로 범죄의 성립에 아무런 지장이 될바 아니고 또 미성년자보호법 제4조 제1, 2항에 위반되는 이상 경찰당국이 당시 미성년자의 유흥접객업소 출입단속대상에서 고등학생이 아닌 18세 이상의 미성년자를 제외하였다 하여 그로 인하여 그 범죄의 성립에 어떠한 영향을 미친다고는 할 수 없을 것이므로 피고인이 이를 믿었다고 하여 법령에 저촉되지 않는 것으로 오인함에 정당한 사유가 있는 경우에 해당한다고도 할 수 없을 것이다(대판 1985. 4. 9, 85도25).[4]

③ 허가를 얻어 벌채하고 남아 있던 **잔존목**을 벌채하는 것이 위법인 줄 몰랐다는 사정은 단순한 법률의 부지에 불과하며 형법 제16조에 해당하는 법률의 착오라 볼 수 없다(대판 1986. 6. 24, 86도810).

④ 피고인이 자신의 행위가 건축법상의 허가대상인 줄을 몰랐다는 사정은 단순한 법률의 부지에 불과하고 특히 법령에 의하여 허용된 행위로서 죄가 되지 않는다고 적극적으로 그릇 인식한 경우가 아니어서 이를 법률의 착오에 기인한 행위라고 할 수 없다(대판 1991. 10. 11, 91도1566).

건축법상 시장 또는 군수의 허가가 있어야만 용도변경이 가능하나, 이러한 허가없이 근린생활 시설인 건축물을 교회로 용도변경 사용한 사안이다.

⑤ **긴급명령 위반행위** 당시 긴급명령이 시행된 지 그리 오래되지 않아 금융거래의 실명전환 및 확인에만 관심이 집중되어 있었기 때문에 비밀보장의무의 내용에 관하여 확

4 이른바 천지창조 디스코클럽사건으로 본 사안은 법률의 부지라기보다는 미성년자의 포섭범위를 잘못 파악한 경우로 포섭의 착오에 해당하는 사안이며, 정당한 이유 판단에 있어 관할 경찰서의 회신을 믿었으므로 이는 정당한 이유가 인정된다고 볼 수 있다.

립된 규정이나 판례, 학설은 물론 관계 기관의 유권해석이나 금융관행이 확립되어 있지 아니하였다는 사정은 단순한 법률의 부지에 불과하며, 그 위반행위가 형사재판 변호인들의 자료 요청에서 기인하였다고 하더라도 변호인들에게 구체적으로 긴급명령위반 여부에 관하여 자문을 받은 것은 아닌 데다가, 해당 은행에서는 긴급명령상의 비밀보장에 관하여 상당한 교육을 시행하였음을 알 수 있어 피고인들의 행위가 죄가 되지 않는다고 믿은 데에 정당한 이유가 있는 경우에 해당하지 않는다고(대판 1997. 6. 27, 95도1964).[5]

⑥ 피고인이 1998. 6. 4. 실시된 경기도의회 의원선거의 후보자로서, 1998. 5. 말경 선거구민 최창규에게 식사를 제공한 것을 비롯하여 1998. 5. 20.경부터 같은 해 6. 3.까지 선거구민 수인에게 액수미상의 닭도리탕, 돼지삼겹살, 소주 등의 식사를 제공하여 기부행위를 하였다 … 공직선거및선거부정방지법 제258조 제2항 제1호, 제127조 제3항 소정의 **선거비용지출죄**는 회계책임자가 아닌 자가 선거비용을 지출한 경우에 성립되는 죄인바, 피고인이 그와 같은 행위가 죄가 되는지 몰랐다고 하더라도 회계책임자가 아닌 피고인이 선거비용을 지출한 이상 그 죄의 성립에 영향이 없고, 회계책임자가 후에 피고인의 선거비용지출을 추인하였다 하더라도 그 위법성이 조각되는 것도 아니다(대판 1999. 10. 12, 99도3335).

⑦ 피고인이 1999. 10. 13. 영상물등급위원회로부터 외국인공연추천세칙에 관한 통지를 받고서야 외국연예인의 관광업소 공연허가 신청시 근로자파견사업허가증을 첨부하여야 한다는 사실을 알았다든가, 1999. 12. 1. 이전까지는 근로자파견사업 허가와 관계없이 **러시아 무용수**들에 대한 입국이 허용되었다는 등 상고이유가 내세우는 사유만으로는 피고인이 자신의 행위가 특히 법령에 의하여 허용된 행위로서 죄가 되지 않는다고 그릇 인식한 경우라고 할 수 없고, 단순한 법률의 부지에 해당하는 경우라고 할 것이므로, 범죄의 성립에 아무런 지장이 없다고 할 것이다(대판 2000. 9. 29, 2000도3051).

⑧ 피고인이 학교교육도 제대로 받지 못한 가정주부로서 보험회사의 지점장인 김순애나 영업소장인 이부혜가 규정에 어긋난 행동을 할 줄은 꿈에도 몰랐다든가, 특정경제범죄가중처벌등에관한법률 제9조 제1항이 헌법재판소에서 비록 합헌결정이 났으나 5인의 헌법재판관이 위헌의견을 내었다는 등 상고이유로 내세우는 사유만으로는 피고인이 자신의 행위가 특히 법령에 의하여 허용된 행위로서 죄가 되지 않는다고 그릇 인식한 경우라고 할 수 없고, 단순한 법률의 부지에 해당하는 경우라고 할 것이(다)(대판 2001. 6. 29, 99도5026).

---

5 본 판례의 경우 대법원은 '법률의 부지'라고 하면서, 제16조의 정당한 이유를 판단하여 법률의 착오에 정당한 이유가 인정되지 않는다는 모순적인 판시를 하였다.

⑨ **동해시청 앞 잔디광장**은 '천장이 없거나 사방이 폐쇄되지 않은 장소'로서 옥외장소에 해당하고, 피고인 1이 동해시청 앞 잔디광장이 옥외장소에 해당함을 몰랐다는 것은 단순한 법률의 부지를 주장하는 것에 불과하여 범죄의 성립에 방해가 되지 않는다고 판단하였는바, 기록에 비추어 살펴보면 원심의 증거취사와 사실인정 및 판단은 수긍이 가고, 거기에 상고이유로 주장하는 바와 같은 채증법칙 위반으로 인한 사실오인, 집회 및 시위에 관한 법률 소정의 옥외집회나 그에 대한 법률의 착오에 관하여 법리오해 등의 위법이 없다(대판 2006. 2. 10, 2005도3490).

⑩ 피고인이 일본 영주권을 가진 재일교포로서 영리를 목적으로 이 사건 관세물품을 구입한 것이 아니라거나 국내 입국시 관세신고를 하지 않아도 되는 것으로 착오하였다는 등의 사정만으로는 위에서 말한 형법 제16조의 법률의 착오에 해당한다고 할 수 없다(대판 2007. 5. 11, 2006도1993).

Ⅱ. 금지착오

1. 금지착오의 의의

형법 제16조에 의하여 처벌하지 아니하는 경우란 단순한 법률의 부지의 경우를 말하는 것이 아니고, 일반적으로 범죄가 되는 행위이지만 자기의 특수한 경우에는 법령에 의하여 허용된 행위로서 죄가 되지 아니한다고 그릇 인식하고 그와 같이 인식함에 있어 정당한 이유가 있는 경우에는 벌하지 아니한다는 취지이다(대판 1991. 10. 11, 91도1566).

2. 금지착오의 효과

(1) 위법성인식의 계기가 없는 경우

① **군복무를 필한 이복동생의 이름으로 해병대**에 지원입대하여 복무하다 휴가나온 뒤 이미 군을 필한 동생의 이름으로 더 이상 복무할 필요가 없다고 판단하여 귀대하지 않은 경우 착오는 정당한 이유가 있다(대판 1974. 7. 23, 74도1399).

② 주민등록법 제17조의7에 의하여 주민등록지를 공법관계에 있어서의 주소로 볼 것이므로 주민등록지를 이전한 이상 향토예비군설치법 제3조 제4항 동법시행령 제22조 제1항 제4호에 의하여 대원신고를 하여야하나 이미 주거를 이동하고 같은 주소에 대원신고

를 하였던 터이므로 피고인이 재차 동일 주소에 대원신고(주소이동)를 아니하였음이 향토예비군설치법 제15조 제6항에 말한 정당한 사유가 있다고 오인한데서 나온 행위였다면 이는 법률착오가 범의를 조각하는 경우이다(대판 1974. 11. 12, 74도2676).[6]

(2) 행위자 스스로 판단한 경우

1) 정당한 이유[7]가 인정되는 경우

① 피고인 1은 국민학교 교장으로서 6학년 자연교과서에 꽃 양귀비가 교과 내용으로 되어 있고 경남교육위원회에서 꽃 양귀비를 포함한 194종의 **교재식물**을 식재 또는 표본으로 비치하여 산 교재로 활용하라는 지시에 의하여 교과식물로 비치하기 위하여 **양귀비 종자**를 사서 교무실 앞 화단에 심었음을 인정할 수 있으므로 피고인 1의 위 양귀비 종자를 매수하여 학교 교무실 앞화단에 식재한 행위는 죄가 되지 아니하는 것으로 믿었다 할 것이고, 이와 같은 오인에는 정당한 이유가 있다고 할 것이(다)(대판 1972. 3. 31, 72도64).

② 가감삼십전대보초와 한약 가지수에만 차이가 있는 십전대보초를 제조하고 그 효능에 관하여 광고를 한 사실에 대하여 이전에 검찰의 혐의없음 결정을 받은 적이 있다면, 피고인이 비록 한의사 약사 한약업사 면허나 의약품판매업 허가가 없이 의약품인 **가감삼십전대보초**를 '나'항과 같이 판매하였다고 하더라도 자기의 행위가 법령에 의하여 죄가 되지 않는 것으로 믿을 수밖에 없었고, 또 그렇게 오인함에 있어서 정당한 이유가 있는 경우에 해당한다(대판 1995. 8. 25, 95도717).

2) 정당한 이유가 부정된 경우

① 피고인이 제약회사에 근무한다는 자로부터 마약이 없어 약을 제조하지 못하니 구

---

6 본 판례는 법률의 착오가 '범의를 조각'한다는 특수한 판시를 내린 점에 의의가 있다.

7 금지착오에서 정당한 이유는 위법성의 인식가능성을 전제로 한 착오(위법성 불인식)의 회피가능성이라고 보는 것이 일반적이다. 그런데 회피가능성은 독일 형법 제17조에서 유래된 개념으로 책임능력자는 위법성의 인식가능성을 항상 가지고 있으므로 책임이 조각될 가능성이 극히 적다는 비판으로, 의문을 가질 수 있는 구체적 계기가 주어지면 양심의 긴장을 통해 의문을 해소하기 위한 심사숙고와 조회의무를 다하여야 한다는 형태로 회피가능성이 구체화되었다.

이와 달리 우리 형법은 제16조에서 '정당한 이유'라고만 규정하고 있다. 여기서 정당한 이유는 회피가능성을 위법성의 인식능력 내지 인식가능성과 동일시하여 결국 책임능력으로 이해하는 논리와 달리, 행위자에게 위법성의 인식능력 내지 가능성이 있었다고 하더라도 오인을 일으킬 만한 주관적·객관적 사정이 있으면 책임비난을 면하게 하여, 결국 행위자의 불처벌 가능성을 넓혀주는 역할을 할 수 있다. 독일의 회피가능성보다 책임조각의 가능성을 확대해 줄 수 있는 것이다. 여기서 정당한 이유의 구체적 판단기준에 대해서, 법률을 올바르게 해석하고 위반한 법규범의 효력에 대한 가치판단을 전제로 사회적·규범적 관점에서 지적 인식능력을 기준으로 해야한다는 견해와 과실이 있는지에 따라 판단해야 된다는 견해, 착오에 이르게 한 외부환경적 요인이나 착오제거의 노력 등을 고려하여 유형적으로 파악하여야 한다는 견해 등이 있다. 생각건대 정당한 이유는 위법성 심사의 계기, 심사숙고에 의한 위법성의 확인, 법률정보의 상담 및 조회라는 기본적 요소를 토대로 금지규범과 위반행위 유형에 따라 금지의 오인에 대한 정당한 사정이 내·외부적으로 존재하였는지를 종합적으로 판단하여야 할 것이다.

해 달라는 거짓 부탁을 받고 **제약회사에서 쓰는 마약**은 구해 주어도 죄가 되지 아니하는 것으로 믿고 생아편을 구해 주었다 하더라도 피고인들이 마약취급의 면허가 없는 이상 위와 같이 믿었다 하여 이러한 행위가 법령에 의하여 죄가 되지 아니하는 것으로 오인하였거나, 그 오인에 정당한 이유가 있는 경우라고 볼 수 없다(대판 1983. 9. 13, 83도1927).

② 경제기획원 발행의 서비스업통계조사지침서와 통계청 발행의 총사업체통계조사보고서에 탐지, 감시 등을 업으로 하는 탐정업이 적시되어 있는 것을 보고 민원사무담당 공무원에게 문의하여 탐정업이 인·허가 또는 등록사항이 아니라는 대답을 얻었으며 세무서에 탐정업 및 심부름 대행업에 관한 사업자등록을 하였다 하더라도, 신용조사업법에서 금지하고 있는 특정인의 소재를 탐지하거나 사생활을 조사하는 행위 등을 제외하더라도 탐정업이 하나의 사업으로 존재할 수 있는 것이므로 **탐정업**이 정부기관에 의하여 하나의 업종으로 취급되고 있다거나 세무서에서 사업자등록을 받아 주었다고 하여 그것이 위 법률에서 금지하는 행위까지를 할 수 있다는 취지는 아님이 분명하고 그렇다면 피고인이 특정인 소재탐지, 사생활조사 등의 행위가 죄가 되지 않는다고 믿은 데에 정당한 이유가 있었다고는 할 수 없다(대판 1994. 8. 26, 94도780).

③ 장애인복지법 제50조 제1항 소정의 보장구제조업허가를 받아 제조되는 보장구는 어디까지나 장애인의 장애를 보완하기 위하여 필요한 기구(장애인복지법 제9조 제1항 참조)에 불과하므로 위 허가를 받았다고 하여 다리교정기와 같은 정형외과용 교정장치를 제조할 수 있도록 허용되는 것이 아님은 분명하므로, 설령 장애인복지법 제50조 제1항에 의해 보장구제조허가를 받았고 또 한국보장구협회에서 다리교정기와 비슷한 기구를 제작·판매하고 있던 자라 하더라도, **다리교정기**가 의료용구에 해당되지 않는다고 믿은 데에 정당한 사유가 있다고 볼 수는 없다(대판 1995. 12. 26, 95도2188).

④ 관할 환경청이 비록 **폐기물 배출업자가 차량을 임차**하여 폐기물을 수집·운반하는 경우에도 '스스로 폐기물을 수집·운반하는 경우'에 해당하는 것으로 해석하고, 관련 규정에 따라 그 임차차량에 대하여 특정폐기물 수집·운반차량증을 발급해 주고 있었다 하더라도, 그러한 사정만으로는 관할 환경청이 폐기물 배출업자가 폐기물의 수집·운반만을 위하여 무허가 업자로부터 폐기물 운반차량을 그 운전사와 함께 임차하는 형식을 취하면서 실질적으로는 무허가 업자에게 위탁하여 폐기물을 수집·운반하게 하는 행위까지 적법한 것으로 해석하였다고 볼 수 없으므로, 피고인이 피고인 회사의 폐기물 수집·운반 방법이 죄가 되지 아니하는 것으로 믿었다 하더라도 그와 같이 믿는데 정당한 이유가 있었다고 보기 어렵다(대판 1998. 6. 23, 97도1189).

⑤ 기공원을 운영하면서 환자들을 대상으로 척추교정시술행위를 한 자가 정부 공인

의 체육종목인 ‘**활법**’의 사회체육지도자 자격증을 취득한 자라 하여도 자신의 행위가 무면허 의료행위에 해당되지 아니하여 죄가 되지 않는다고 믿은 데에 정당한 사유가 있었다고 할 수 없다(대판 2002. 5. 10, 2000도2807).

⑥ 자격기본법에 의한 민간자격관리자로부터 **대체의학자격증**을 수여받은 자가 사업자등록을 한 후 침술원을 개설하였다고 하더라도 국가의 공인을 받지 못한 민간자격을 취득하였다는 사실만으로는 자신의 행위가 무면허 의료행위에 해당되지 아니하여 죄가 되지 않는다고 믿는 데에 정당한 사유가 있었다고 할 수 없다(대판 2003. 5. 13, 2003도939).

⑦ 피고인이 이 사건 **아파트 분양권**의 매매를 중개할 당시 ‘일반주택’이 아닌 ‘일반주택을 제외한 중개대상물’을 중개하는 것이어서 교부 받은 수수료가 법에서 허용되는 범위 내의 것으로 믿고 이 사건 위반행위에 이르게 되었다고 하더라도 그러한 사정만으로는 자신의 행위가 법령에 저촉되지 않는 것으로 오인함에 정당한 사유가 있는 경우에 해당한다거나 피고인에게 범의가 없었다고 볼 수는 없다(대법원 2005. 5. 27, 2004도62).

⑧ 피고인은 휘발유 또는 경유를 연료로 사용하는 자동차 등의 연료로 사용하게 할 목적으로 이 사건 **엘피파워(LP－POWER)**를 판매하였고, 위 엘피파워는 석유제품인 솔벤트와 석유화학제품인 톨루엔 및 메틸알코올 등을 혼합하여 제조한 유사석유제품으로서, 그 구성성분이나 자동차 연료로서의 기능면에서 휘발유에 비하여 품질이 낮은 사실을 인정할 수 있으므로, 앞서 본 법리에 비추어 보면, 비록 위 엘피파워가 대기환경보전법에서 규정하고 있는 첨가제의 제조기준에 적합하다는 판정을 받았다고 하더라도 위 엘피파워는 구 석유사업법 제26조 소정의 유사석유제품에 해당한다고 할 것이다. … 피고인이 이 사건 엘피파워가 구 석유사업법 제26조에서 규정하는 유사석유제품인 사실을 몰랐다고 하더라도 이는 법률의 부지에 불과하여, 그와 같은 사정만으로 피고인에게 범의가 없었다거나 위법성의 인식이 없었다고 할 수 없다. 따라서 이 부분 상고이유의 주장도 받아들일 수 없다(대판 2006. 1. 13, 2003도7040).

⑨ 차임이나 관리비를 단 1회도 연체한 적이 없는 피해자가 임대차계약의 종료 후 임대료와 관리비를 인상하는 내용의 **갱신계약** 여부에 관한 의사표시나 명도의무를 지체하고 있다는 이유만으로 그 종료일로부터 16일 만에 피해자의 사무실에 대하여 단전조치를 취한 피고인의 행위는 … 정당행위로서 무죄라는 상고이유의 주장도 받아들일 수 없다. … 사무실 임대를 업으로 하는 피고인이 위와 같은 사정에서 일방적으로 취한 단전조치가 죄가 되지 않는다고 오인한 것에는 정당한 이유가 있다고 볼 수 없으므로, 같은 취지의 원심 판단은 정당하고, 이 사건 **단전조치**가 정당한 이유가 있는 법률의 착오로서 무죄라는 상고이유의 주장 또한 받아들일 수 없다(대판 2006. 4. 27, 2005도8074).

⑩ 여러 **지방자치단체장들이 관행적**으로 그와 같은 **간담회 개최 및 음식물 제공**을 하여 왔고 행정자치부에서 이를 금지하는 구체적인 지침이 없으며, 그 비용을 행정자치부에서 마련한 업무추진비 집행기준을 준수하여 적법한 절차에 따라 업무추진비에서 지출하여 옴으로써, 피고인이 자신의 그와 같은 행위가 공직선거법 제112조 제2항 제4호 (가)목 또는 (나)목에서 정한 법령 또는 조례에 의한 금품제공행위 내지는 같은 항 제4호 각 목에서 정한 직무상의 행위와 동등하게 평가할 수 있는 행위에 해당하여 법령에 의하여 허용되는 행위라고 오인하였다고 하더라도 그러한 오인에 정당한 이유가 있다고 볼 수 없다(대판 2007. 11. 16, 2007도7205).

(4) 관련기관에 문의한 경우

1) 정당한 이유를 인정한 경우

① 경제의 안정과 성장에 관한 긴급명령 공포 당시 기업사채의 정의에 대한 해석이 용이하지 않았던 사정하에서 겨우 국문정도 해득할 수 있는 60세의 부녀자가 채무자로부터 사채신고권유를 받았지만 지상에 보도된 내용을 참작하고 **관할 공무원과 자기가 소송을 위임하였던 변호사에게 문의** 확인한 바 본건 채권이 이미 소멸되었다고 믿고 또는 그렇지 않다고 하더라도 신고하여야 할 기업사채에 해당하지 않는다고 믿고 신고를 하지 아니한 경우에는 이를 벌할 수 없다고 할 것이다(대판 1976. 1. 13, 74도3680).

② 피고인이 1975. 4. 1자 **서울특별시 공문**, 1975. 12. 3자 동시의 식품제조허가지침, 동시의 1976. 3. 29자 제분업소허가권 일원화에 대한 지침 및 피고인이 가입되어 있는 서울시 식용유협동조합 도봉구 지부의 질의에 대한 **도봉구청**의 1977. 9. 1자 **질의회시** 등의 공문이 곡물을 단순히 볶아서 판매하거나 가공위탁자로부터 제공받은 고추, 참깨, 들깨, 콩등을 가공할 경우 양곡관리법 및 식품위생법상의 허가대상이 아니라는 취지이어서 사람들이 물에 씻어 오거나 볶아온 쌀 등을 빻아서 **미싯가루를 제조**하는 행위에는 별도의 허가를 얻을 필요가 없다고 믿고서 미싯가루 제조행위를 하게 되었다면, 피고인은 자기의 행위가 법령에 의하여 죄가 되지 않는 것으로 오인하였고 또 그렇게 오인함에 어떠한 과실이 있음을 가려낼 수 없어 정당한 이유가 있는 경우에 해당한다(대판 1983. 2. 22, 81도2763).

③ **관할관청**이 장의사영업허가를 받은 상인에게 **장의소요기구, 물품을 판매하는 도매업**에 대하여는 같은 법 제5조 제1항의 **영업허가**가 필요없는 것으로 해석하여 영업허가를 해 주지 않고 있어 피고인 역시 영업허가 없이 이른바 도매를 해 왔다면 동인에게는 같은 법률위반에 대한 인식이 있었다고 보기 어렵다(대판 1989. 2. 28, 88도1141).

④ 행정청의 허가가 있어야 함에도 불구하고 허가를 받지 아니하여 처벌대상의 행위

를 한 경우라도 허가를 담당하는 공무원이 허가를 요하지 않는 것으로 잘못 알려 주어 이를 믿었기 때문에 허가를 받지 아니한 것이라면 허가를 받지 않더라도 죄가 되지 않는 것으로 착오를 일으킨데 대하여 정당한 이유가 있는 경우에 해당하여 처벌할 수 없다고 할 것인 바 기록에 의하면 피고인은 검찰이래 제1심법정에 이르기까지 일관하여 이 사건 산림훼손지역은 그 곳에 있는 **자수정 광산**을 둘러싸고 위 고○○과 사이에서 분쟁이 있어온 곳이었으므로 그로부터 책잡히지 않기 위하여 자수정 채광 작업을 하기에 앞서 울산군 산림과에 가서 산림훼손허가를 받으려고 하였으나 관광지 조성승인이 난 지역이므로 별도로 산림훼손허가를 받을 필요가 없으니 도시과에 문의하라고 하여 다시 도시과에 가서 확인해 본 바 역시 같은 이유로 산림훼손허가가 필요 없다고 하면서 피고인의 요구에 따라 그러한 취지가 기재된 울주군수 명의의 **산림법배제확인서**를 작성해 주므로 이를 믿고 산림훼손허가를 받지 않은 채로 자수정 채광 작업을 하여오고 있다고 변소하고 있고 … 피고인은 위 산림훼손지역에 대하여 비록 산림법 제90조 소정의 허가를 받은 바 없다 하더라도 이 사건 범행 당시 자기의 행위가 법령에 의하여 죄가 되지 않는 것으로 믿을 수밖에 없었고 또 그렇게 오인함에 있어서 정당한 이유가 있는 경우에 해당한다(대판 1993. 9. 14, 92도1560).

⑤ 개정된 법이 시행된 후에도 이 사건 **비디오물감상실**의 관할부서(대구 중구청 문화관광과)는 업주들을 상대로 실시한 교육과정을 통하여 종전과 마찬가지로 음반등법 및 그 시행령에서 규정한 '만 18세 미만의 연소자' 출입금지표시를 업소출입구에 부착하라고 행정지도를 하였을 뿐 법에서 금지하고 있는 '**만 18세 이상 19세 미만**'의 청소년 출입문제에 관하여는 특별한 언급을 하지 않았고, 이로 인하여 피고인을 비롯한 비디오물감상실 업주들은 여전히 출입금지대상이 음반등법 및 그 시행령에서 규정하고 있는 '18세 미만의 연소자'에 한정되는 것으로 인식하였던 것으로 보여지는바, 사정이 위와 같다면, 피고인이 자신의 비디오물감상실에 18세 이상 19세 미만의 청소년을 출입시킨 행위가 관련 법률에 의하여 허용된다고 믿었고, 그렇게 믿었던 것에 대하여 정당한 이유가 있는 경우에 해당한다(대판 2002. 5. 17, 2001도4077).

⑥ 피고인은 자신의 소유인 경기 양평군 임야 및 대지상에 양어장 및 여관 신축공사를 하는 과정에서 생긴 토석을 사실상 나대지 상태인 위 임야에 적치할 계획을 가지고, 이에 관하여 양평군 **산림과 담당공무원**인 공소외인에게 문의하였던바 산림법상 문제가 되지 않는다는 답변을 듣고 위 임야 상에 토석을 쌓아둔 것이라고 변명하고 있고, 위 공소외인도 피고인의 질의에 대하여 "공사에서 발생한 토석을 나무가 없는 사실상 대지(나대지)에 쌓아도 산림법상으로는 문제가 되지 않는다."고 답변하였음을 확인하고 있으며,

위 공소외인이 작성한 실황조사서에도 피고인이 위와 같이 토석을 쌓아둔 곳은 사실상 통행로와 나대지 상태라는 것인바, 사실관계가 이러하다면, 피고인으로서는 위 토지상에 공사 중 발생하는 토석을 쌓아두는 행위가 죄가 되지 않거나, 적어도 당국의 허가를 받을 필요까지는 없는 것으로 착오를 일으켜 그와 같은 행위에 나아갔고, 또 거기에 정당한 사유가 있다고 볼 여지가 충분함에도 불구하고, 원심은 이에 대하여 아무런 심리·판단도 하지 아니한 채 이 부분 공소사실을 유죄로 인정하고 말았으므로, 원심판결에는 형법 제16조에 관한 법리를 오해하였거나 필요한 심리를 다하지 아니하고 소송관계인의 주장에 대한 판단을 유탈함으로써 판결 결과에 영향을 미친 위법이 있다(대판 2005. 8. 19, 2005도1697).

⑦ 피고인이 비록 제17대 국회의원선거에 영향을 미칠 목적으로 이 사건 **의정보고서**를 작성하여 선거구민들에게 배부하였다 하더라도, 그 의정보고서의 작성·배부에 앞서 미리 사하구 **선거관리위원회** 지도계장 조○○으로부터 지지지수 조사결과를 공직선거및선거부정방지법 제108조 제4항이 정하는 바에 따라 의정보고서에 게재하는 것은 무방하다는 취지의 자문을 받았고, 이어서 지지지수 조사결과가 게재된 의정보고서 초안을 작성하여 같은 선거관리위원회 지도담당관 공○○에게 보여준 후 공○○으로부터 제목 부분과 피고인의 이름 및 지지지수가 기재된 칸의 크기 및 글자의 크기를 다른 2명과 같은 정도로 하면 무방하다는 취지의 직접적인 답변을 듣고 공○○의 지적대로 수정한 의정보고서를 선거구민들에게 배부한 이상, 피고인으로서는 위와 같은 의정보고서 배부가 사하구 선거관리위원회의 공식적인 지도에 맞추어 행한 것으로 공직선거및선거부정방지법에 위반되지 않는다고 믿을 수밖에 없었고, 또 그렇게 오인함에 있어서 정당한 이유가 있는 경우에 해당한다고 보아야 할 것이(다)(대판 2005. 6. 10, 2005도835).

2) 정당한 이유를 부정한 경우

① 유선방송설비는 전기통신기본법상의 자가전기통신설비로는 볼 수 없으므로, 위 법 제15조 제1항의 규율대상이 아니라"는 내용의 회신을 보낸 일이 있다 하더라도 체신부장관의 위 회신이 법령의 해석에 관한 법원의 판단을 기속하는 것은 아닐 뿐만 아니라 가사 피고인이 유선방송업은 당국의 허가 대상이 아니라고 알았다거나 체신부장관의 위 회신내용에 의하여 자기의 행위가 법령에 의하여 죄가 되지 아니하는 것으로 오인하였다 하더라도 피고인에게 원심의 위 판시사실에 대한 범위가 없었다고는 할 수 없으며 , 또 원심이 확정한 사실은 **체신부장관의 위 질의회신**이 있기 전인 1985. 2. 17경부터 같은 해 7. 1경까지 사이에 피고인이 당국의 허가없이 그 인정과 같은 자가전기통신설비인 유선방송설비를 설치하였다는 것이어서 그 오인에 정당한 이유가 있다고도 할 수 없으므로 논지

또한 이유없다(대판 1987. 4. 14, 87도160).

피고인은 유선비디오방송업을 경영할 생각으로 당국의 허가없이 1985. 2. 17경부터 같은 해 7. 1경까지 사이에 서울 도봉구 상계동 소재 피고인 경영의 방송사무실에 음향과 영상을 송신할 수 있는 콘트롤박스, 턴테이블, 영상 및 음향녹화재생기기 등을 설치하고 그곳으로부터 같은구 상계 2동 387의 2 소재 청자다방등 53개의 각 수용가까지 옥외선로를 가설하고, 수용가에 영상증폭기, 음향선별기 등을 설치한 다음, 각 수용가들로부터 매월 금 9,000원씩의 시청료를 받고 그들이 수신할 수 있도록 하기 위하여 음반에 녹화 또는 녹음된 영상과 음향을 유선으로 송신하여 전기통신기본법 위반으로 기소되었다.

② 건설업면허가 없는 피고인으로서는 시공할 수 없는 이건 건축공사를 피고인이 타인의 **건설업면허를 대여**받아 그 명의로 시공하였다면 비록 위 면허의 대여가 **감독관청인 진주시의 주선**에 이하여 이루어졌다 하더라도 그와 같은 사정만으로서는 피고인의 소위를 사회상규에 위배되지 않는 적법행위로 볼 수는 없을 뿐만 아니라, 나아가 설사 피고인으로서는 이를 적법행위로 오인하였다 하더라도 위와 같은 사정만으로서는 그 오인에 정당한 이유가 있다고 볼 수도 없다(대판 1987. 12. 22, 86도1175).

③ 피고인이 보건사회부 고시 제87-12호, 제89-4호 공문공증 3112-2111에 의하여 이 사건 **미승인오락기구**를 당국에 등록하고 그 사용기간을 1990. 6. 30.까지 연장받았다 하더라도 그 근거규정인 공중위생법 제11조, 공중위생법시행규칙 제2조의 규정만으로는 유기장업자는 법령에 위반하여 제조된 유기기구를 설치하거나 사용하여서는 안된다는 공중위생법(법률 제3822호) 제12조 제2항 제3호 나목의 적용시한을 유예하거나 전기용품안전관리법에 위반하여 제조된 형식승인을 받지 아니한 유기기구를 위 공중위생법시행일 이후에도 계속 사용할 수 있도록 허가할 수 있는 근거가 되는 것이라고는 할 수 없으므로 앞에 든 보건사회부장관고시 등은 그 기간내에 형식승인기구로 교체하지 아니하더라도 허가의 취소 등 행정제재를 하지 않는다는 취지일 뿐, 공중위생법상의 벌칙규정에 대한 면책적 효력이 있다고 할 수 없다 하겠다(대판 1991. 8. 27, 91도1523).[8]

8 본 판결에서 대법원은 보건사회부 고시 등의 근거규정인 공중위생법 제11조, 공중위생법시행규칙 제2조의 규정만으로는 유기장업자는 법령에 위반하여 제조된 유기기구를 설치하거나 사용하여서는 안된다는 공중위생법의 적용시한을 유예하거나 전기용품안전관리법에 위반하여 제조된 형식승인을 받지 아니한 유기기구를 위 공중위생법시행일 이후에도 계속 사용할 수 있도록 허가할 수 있는 근거가 되는 것이라고는 할 수 없으므로 앞에 든 보건사회부장관고시 등은 그 기간내에 형식승인기구로 교체하지 아니하더라도 허가의 취소 등 행정제재를 하지 않는다는 취지일 뿐이며, 공중위생법상의 벌칙규정에 대한 면책적 효력이 없다는 점을 밝힌 후 피고인이 비록 보건사회부장관의 위 고시에 의하여 당국의 형식승인을 받지 아니한 이 사건 전자오락기구를 사용하였다 하더라도 내세우는 사정만으로는 피고인의 행위가 죄가 되지 아니하는 것으로 오인하는데 정당한 이유가 있다고 볼 수 없으며, 처벌의 대상에서 제외된다는 보건사회부장관의 회시는 법원의 판단을 기속하는 것이 아니라고 판시하였다.

④ 피고인은 1971. 4. 10. 순경으로 임용된 이래 이 사건 범행 당시까지 약 23년간 경찰공무원으로 근무하여 왔고, 이 사건 범행당시에는 관악경찰서 형사과 **형사계 강력 1반장**으로 근무하고 있는 사람으로서 일반인들 보다도 형벌법규를 잘 알고 있으리라 추단이 되고 이러한 피고인이 **검사의 수사지휘**만 받으면 허위로 공문서를 작성하여도 죄가 되지 아니하는 것으로 그릇 인식하였다는 것은 납득이 가지 아니하고, 가사 피고인이 그러한 그릇된 인식이 있었다 하여도 피고인의 직업 등에 비추어 그러한 그릇된 인식을 함에 있어 정당한 이유가 있다고 볼 수도 없(다)(대판 1995. 11. 10, 95도2088).

⑤ 피고인 1이 작성하거나 발급받아 행사한 보증서와 확인서의 기재 내용은 … 그 점에서 위 보증서는 허위의 보증서로서 피고인 1에게는 허위의 보증서를 작성하고, 허위의 방법으로 확인서를 발급받아 이를 행사한다는 고의가 있었다고 보아야 할 것이고, 또한 피고인 1이 **임야대장 소관청**으로부터 위와 같은 말을 듣고 자신의 행위가 법령에 의하여 죄가 되지 아니하는 것으로 오인하였다 하더라도 그와 같은 사정만으로 그 오인에 정당한 이유가 있었다고 할 수도 없다(대판 1999. 3. 23, 98도4481).

임야대장의 소유자란이 잘못 기재되어 임야의 소유자 명의가 변경되었음을 항의, 진정하였더니 임야대장 소관청에서 부동산소유권이전등기등에관한특별조치법에 의거 소유권보존등기를 하면 된다는 말을 하자, 이를 듣고 허위의 보증서를 작성하고 허위의 방법으로 확인서를 발급받아 행사한 사안이다.

⑥ 피고인 또는 충청남도가 **장례식장의 식당(접객실)** 부분을 증축함에 있어 **홍성군과 그 증축에 관한 협의 과정**을 거쳤고 **건설교통부에 관련 질의**도 했던 것으로 보이나, 홍성군과의 협의는 증축부분이 장례식장이 아닌 '병원'의 부속건물임을 전제로 한 것이고 그에 관한 건축물대장에의 기재나 사용승인 또한 마찬가지이며, 건설교통부의 질의회신도 종합병원의 경우 일반적으로 장례식장의 설치나 운영이 그 부속시설로서 허용된다는 취지가 아니라 종합병원에 입원한 환자가 사망한 경우 그 장례의식을 위한 시설의 설치는 부속용도로 볼 수 있다는 취지에 불과하므로, 위와 같은 협의나 질의를 거쳤다는 사정만으로 이 사건 장례식장의 설치·운영에 관하여 피고인이 자신의 행위가 죄가 되지 아니하는 것으로 오인하였거나 그와 같은 오인에 정당한 이유가 있었다고 할 수 없다(대판 2009. 12. 24, 2007도1915).

(5) 법률전문가에게 문의한 경우

1) 정당한 이유를 인정한 경우

소아용 의류 및 양말 등을 제조 판매하는 주식회사의 대표이사로서 1974. 말경 외국 상사들로부터 **발가락 삽입부가 5개로 형성된 양말**을 주문받아 1975. 1부터 이를 생산하던 중 이 사건 피해자인 김○○으로부터 1975. 2. 24경 발가락 삽입부가 5개로 형성된 양말은 동인의 의장권을 침해한다 하여 그 제조의 중지요청을 받고 그 즉시 **변리사에게 문의**하였던바, 양자의 의장이 색채와 모양에 있어 큰 차이가 있으므로 동일 유사하다고 할 수 없다는 회답을 받고, 또 같은 해 3. 11에는 위 변리사에게 감정을 의뢰하여 위 양자의 의장은 발가락 삽입부 5개가 형성되어 있는 외에는 형상, 색채 혹은 그 조합이 각기 다르고 위 발가락 5개의 양말은 위 의장등록이 된 후에도 공소외 조○○ 명의로 의장등록된 바 있으니 발가락 삽입부가 위 김○○의 등록의장의 지배적 요소라고 할 수 없으므로 양자는 결국 동일 또는 유사하다고 할 수 없다는 전문적인 감정을 받았고, 이에 따라 같은 해 3. 12 피고인 스스로 자신이 제조하는 양말에 대하여 의장등록출원을 한 결과 … 청구인 승소의 심결이 있었다가 상고심(대법원 77후9)에서 비로소 이 사건 등록의장의 지배적 요소는 발가락 삽입부가 5개로 형성된 점이라는 이유로 1977. 5. 10 원심결을 파기환송하는 판결이 있었다는 것이다. 사실이 이와 같다면 특허나 의장권 관계의 법률에 관하여는 전혀 문외한인 피고인으로서는 위 대법원판결이 있을 때까지는 자신이 제조하는 양말이 위 김○○의 의장권을 침해하는 것이 아니라고 믿을 수밖에 없었다고 할 것이니, 위 양말을 제조 판매하는 행위가 법령에 의하여 죄가 되지 않는다고 오인함에 있어서 정당한 이유가 있는 경우에 해당하여 처벌할 수 없는 것이(다)(대판 1982. 1. 19, 81도646).

2) 정당한 이유를 부정한 경우

① 가처분결정으로 대표자 등의 직무집행이 정지 중에 있던 피고인들이 원판시 종단 소유의 보관금을 소송비용으로 사용함에 있어 소론과 같은 **변호사의 조언**이 있었다 하더라도 그것만으로 피고인들의 이건 보관금인출사용행위가 법률의 착오가 있은 경우에 해당하는 것이라 할 수 없다(대판 1990. 10. 16, 90도1604).

② 피고인이 집달관이나 채권자의 동의나 허락을 받음이 없이 집달관과 채권자에게 일방적으로 압류물의 이전을 통고한 후 … 압류표시된 물건을 이전한 이상 … 피고인은 변호사 등에게 자문을 구하였다고만 주장하고 있을 뿐 기록상 그 자문내용이 구체적이고 상세한 것으로서 신뢰할 만하다고 볼 수 있는 자료가 없을 뿐 아니라 압류집달관에 대하여 상세한 내용의 문의를 하였다는 자료도 없는 이 사건에서는… 피고인의 판시 행위가

죄가 되지 않는다고 믿는 데에 정당한 이유가 있다고 할 수 없다(대판 1992. 5. 26, 91도894).

③ **변리사**로부터 그들의 행위가 고소인의 상표권을 침해하지 않는다는 취지의 **회답과 감정결과**를 통보받았고, 피고인들의 행위에 대하여 **3회에 걸쳐서 검사의 무혐의처분**이 내려졌다가 최종적으로 고소인의 재항고를 받아들인 대검찰청의 재기수사명령에 따라 이 사건 공소가 제기되었으며, 피고인들로서는 이 사건과 유사한 대법원의 판례들을 잘못 이해함으로써 자신들의 행위는 죄가 되지 않는다고 확신을 하였고, 특허청도 피고인들의 상표출원을 받아들여서 이를 등록하여 주기까지 하였다는 등 피고인들이 주장하는 사유들만으로는 위와 같은 기준에서 볼 때 피고인 박석용이 자신의 행위가 고소인의 상표권을 침해하는 것이 아니라고 믿은 데에 정당한 이유가 있다고 볼 수 없다(대판 1998. 10. 13, 97도3337).

④ 원심은, 이 사건 **스크린 스크래핑 프로그램**을 제작한 공소외인이 **변호사**를 통해 법률적인 검토를 한 부분은, '스크린 스크래핑 프로그램'을 통해 정보제공자에게 접근하여 고객의 정보를 수집하는 것의 적법 여부에 대한 것이고, 변호사 역시 고객의 동의를 얻는 경우 법률적으로 문제될 것이 없다는 내용에 불과한 것이며, 더 나아가 피고인들이 대출신청인의 금융거래정보를 금융기관에 요청하기 위하여 금융거래정보의 제공에 대한 서면동의가 필요한지 여부에 관한 점까지 검토가 된 것으로 보이지 않는 점 등을 종합하여 피고인들에게 법률의 착오가 있었다고 볼 수 없다고 판단하였는바, 원심이 인정한 사정들을 앞서 본 법리에 비추어 보면, 원심의 위와 같은 판단은 정당하고, 거기에 형법 제16조가 정한 '정당한 이유'에 관한 법리를 오해한 위법이 없다(대판 2009. 5. 28, 2008도3598).

(6) 관련 이익단체에 문의한 경우

① 피고인이 **한국무도교육협회**의 정관에 따라 무도교습소를 운영하였고, 위 협회가 소속회원을 **교육**함에 있어서는 학원설립인가를 받을 필요가 없다고 한 검찰의 무혐의결정내용을 통지받은 사실만으로 피고인이 인가를 받지 않고 교습소를 운영한 것이 법률의 착오에 해당한다고 볼 수 없다(대판 1992. 8. 18, 92도1140).

② 부동산중개업자가 **부동산중개업협회의 자문**을 통하여 인원수의 제한 없이 **중개보조원**을 채용하는 것이 허용되는 것으로 믿고서 제한인원을 초과하여 중개보조원을 채용함으로써 부동산중개업법 위반행위에 이르게 되었다고 하더라도 그러한 사정만으로 자신의 행위가 법령에 저촉되지 않는 것으로 오인함에 정당한 이유가 있는 경우에 해당한다거나 범의가 없었다고 볼 수는 없다(대판 2000. 8. 18, 2000도2943).

제 3 절 책임조각사유

Ⅰ. 기대가능성

1. 기대가능성의 판단

피고인에게 적법행위를 기대할 가능성이 있는지 여부를 판단하기 위하여는 행위 당시의 구체적인 상황하에 행위자 대신에 **사회적 평균인**을 두고 이 평균인의 관점에서 그 기대가능성 유무를 판단하여야 하는 점, 자기에게 형사상 불리한 진술을 강요당하지 아니할 권리가 결코 적극적으로 허위의 진술을 할 권리를 보장하는 취지는 아닌 점, 이미 유죄의 확정판결을 받은 경우에는 일사부재리의 원칙에 의해 다시 처벌되지 아니하므로 증언을 거부할 수 없는바, 이는 사실대로의 진술 즉 자신의 범행을 시인하는 진술을 기대할 수 있기 때문인 점 등에 비추어 보면, 피고인은 **강도상해죄로 이미 유죄의 확정판결**을 받았으므로 그 범행에 대한 증언을 거부할 수 없을 뿐만 아니라 나아가 사실대로 증언하여야 하고, 설사 피고인이 자신에 대한 형사사건에서 시종일관 그 범행을 부인하였다 하더라도 이러한 사정은 이 사건 위증죄에 관한 양형참작사유로 볼 수 있음은 별론으로 하고 이를 이유로 피고인에게 사실대로의 진술을 기대할 가능성이 없다고 볼 수는 없다(대판 2008. 10. 23, 2005도10101).

2. 기대가능성의 인정여부

(1) 기대가능성을 인정한 경우

① 피고인의 **직속 중대장이 갑자기 월북을 기도**한 것처럼 전혀 예상하지 아니하였던 적을 만나서 총기를 빼앗기고 월북에 협조하도록 총기로서 강요당한 상태에 있었고, 피고인이 이러한 긴박상태에서 위난을 벗어나기 위하여 위난 장소 주변의 병원에게 연락하라고 만 지시하게 된 것이였으며, 피고인은 당시 의사결정이 전적으로 박탈당한 포로의 상태하에서 탈출하게된 사정(수색중대로 도주한 점)이 있었다손 치더라도 피고인의 이 사건 행위가 병원의 유기행위로 해석할 수 없다는 논지는 이유없다. 또 피고인이 월북하려는 소속 중대장의 의사에 따라 기계적으로 움직이는 포로의 상태하에 있었고 이러한 포로의 상태하에서의 탈출행위이었다 할지언정 피고인의 행위는 적에 대한 공격을 하지 아니하

고 당면하여야 할 위난으로부터 이탈한 행위가 될 수 있다고 보는 것이 상당하다. 그리고 피고인이 이 사건 행위에 이르게 된 경우에 있어서 원심은 정당한 사유가 없는 취지로 판시한 것이라고 볼 수 있고, 또 원심판결의 취지는 피고인이 이 사건 행위에 이르게 된 것이 피고인과 같은 지위에서 근무하는 장교로서는 아무도 피고인이 취한 행동 이상의 행위를 기대할 수 없었다고는 볼 수 없노라는 취지로 풀이할 수 있다(대판 1970. 11. 24, 70도1984).

피고인 甲이 전방철책선 순찰을 하던 중, 그때 순찰 나온 중대장 乙을 만났는데 이때 중대장이 머리가 아프다면서 소대 본부로 향하여 가던 중 전방 철책선 제15 철문으로 부터 남방 약 200미터 떨어진 지점에서 갑자기 소총으로 피고인을 위협하여 피고인이 휴대중이던 칼빈 M2를 뺏고 또 그 전방 2미터 앞에 걸어가던 丙의 소총인 칼빈 M2도 뺏은 다음 "월북하려고 하니 철문을 열라"고 소총으로 위협 강요하였고, 이리하여 위의 제15철문을 향하여 乙, 丙 등과 앞서거니 뒤서거니 하면서 내려가던 철문으로부터 남방 약 7미터 떨어진 엘엠지 잠복호 부근에 이르러 피고인이 乙에게 대하여 철문을 못열겠다고 불응하였으나 빨리 철문을 열라고 소총으로 계속 위협 강요하므로 이것에 이기지 못하여 위의 철문을 향하여 내려가다가 乙과의 거리가 떨어지자 이때를 이용하여 피고인이 도망하면서 중대장이 월북하니 중대장을 사격하라는 취지의 공격지휘를 할 수 있었는데 다만 **"연락하라"고만 두세번 소리치고** 여기서 약 400미터 떨어진 수색중대로 도주하였다.

피고인의 행위는 군형법 제35조 제2호에서 말하는 장교로서 병원을 인솔하여 그 임무를 수행함에 있어서 위난에 처하여 정당한 사유없이 병원을 유기한 경우에 해당한다고 볼 수 있는 동시에 한편으로는 직무상 공격하여야 할 적에 대하여 정당한 사유없이 이를 공격하지 아니하거나 직무상 당면하여야 할 위난으로부터 이탈한 경우에 해당한다고 기소된 사안이다.

② 형법 제12조에서 말하는 강요된 행위는 저항할 수 없는 폭력이나 생명, 신체에 위해를 가하겠다는 협박 등 다른 사람의 강요행위에 의하여 이루어진 행위를 의미하는 것이지 어떤 사람의 성장교육과정을 통하여 형성된 내재적인 관념 내지 확신으로 인하여 행위자 스스로의 의사결정이 사실상 강제되는 결과를 낳게 하는 경우까지 의미한다고 볼 수 없다. … 피고인이 그 성장교육과정과 그 후 밀봉교육에서의 사상주입으로 사실상 인간도구화된 하수인이 되었고, 귀국후 참회하고 있으며, 이 사건 진상을 증명할 수 있는 유일한 생존 증인이더라도 다수의 승객, 승무원들이 탑승, 운항중인 **국제민간항공기**를 이른바 "남조선 해방과 조국통일"이라는 정치적 목적달성을 위하여 **폭파**, 희생시킨 범행의 실행에 직접 가담하여 실질적인 임무를 분담, 수행하고 그로 인하여 귀국중이었던 다수의 해외 근로자와 항공기 승무원 등 115명의 인명이 살해되었다면 이는 극단의 비윤리적 행위로서 국제협약에서도 이를 엄중한 형벌로 다스리도록 되어 있으며, 결국 대한민국의 존립, 발전 또는 기능을 침해 내지 위협하기 위한 것이었음에 비추어 피고인에게 사형을 선

고한 제1심판결의 양형이 너무 무거워 부당하다고 인정되지 않는다(대판 1990. 3. 27, 89도1670).[9]

③ **직장의 상사가 범법행위를 하는데 가담한 부하**에게 직무상 지휘·복종관계에 있다 하여 범법행위에 가담하지 않을 기대가능성이 없다고 할 수 없다(대판 1999. 7. 23, 99도1911).[10]

④ 피고인에게 그의 양심상의 결정에 반한 행위를 기대할 가능성이 있는지 여부를 판단하기 위해서는, 행위 당시의 구체적 상황하에 행위자 대신에 사회적 평균인을 두고 이 평균인의 관점에서 그 기대가능성 유무를 판단하여야 할 것인바, 피고인의 양심상의 결정이 적법행위로 나아갈 동기의 형성을 강하게 압박할 것이라고 보이기는 하지만 그렇다고 하여 피고인이 적법행위로 나아가는 것이 실제로 전혀 불가능하다고 할 수는 없다고 할 것이다. 법규범은 개인으로 하여금 자기의 양심의 실현이 헌법에 합치하는 법률에 반하는 매우 드문 경우에는 뒤로 물러나야 한다는 것을 원칙적으로 요구하기 때문이다(대판 2004. 7. 15, 2004도2965 전원합의체 다수의견).[11]

피고인은 부모의 영향으로 어려서부터 **여호와의 증인의 신자**로서 신앙생활을 해왔고, 자신이 믿는 종교적 교리에 좇아 형성된 인격적 정체성을 지키기 위한 양심의 명령에 따라 현역병 입영을 거부하여 병역법 위반으로 기소된 사건이다.

(2) 기대가능성을 부정한 경우

① 입학시험에 응시한 수험생으로서, 자기 자신이 부정한 방법으로 탐지한 것이 아니고 우연한 기회에 미리 출제될 시험문제를 알게 되어 그에 대한 답을 암기하였을 경우, 그 암기한 답에 해당된 문제가 출제되었다 하여도 위와 같은 경위로서 암기한 답을 그 입학시험 답안지에 기재하여서는 아니된다는 것을 그 일반 수험자에게 기대한다는 것은 보

9 이른바 KAL기 폭파범 김현희 사건으로 변호인측은 피고인의 행위는 북한에서 장기간 사상교육을 받았고 폐쇄된 북한사회의 특성상 명령을 거절·회피하기 불가능한 강요된 행위라고 주장하였다. 그러나 대법원은 "형법 제12조에서 말하는 강요된 행위는 저항할 수 없는 폭력이나 생명, 신체에 위해를 가하겠다는 협박 등 다른 사람의 강요행위에 의하여 이루어진 행위를 의미하는 것이지 어떤 사람의 성장교육과정을 통하여 형성된 내재적인 관념 내지 확신으로 인하여 행위자 스스로의 의사결정이 사실상 강제되는 결과를 낳게 하는 경우까지 의미한다고는 볼 수 없다."고 판시하여, 책임을 인정하였다.

10 직장 상사가 적절한 담보가 없는 대출을 실시해줌에 있어 이를 제지하고 않고 심사과정에서 동참한 부하 직원에 대한 대판 2007. 5. 11, 2007도1373도 같은 취지의 판결이다.

11 양심적 병역거부자에 대한 판결로서 이전의 판결과 다른 점은 '대체복무의 필요성'에 대한 언급이 있었다는 점이다.

통의 경우 도저히 불가능하다(대판 1966. 3. 22, 65도1164).

피고인은 1965년도 서울시내 사립 및 공립고등학교 전기 입학 고사에 응시한 **수험생**으로서 자기 자신이 부정한 방법으로 탐지한 것이 아니고 우연한 기회에 누이로부터 받아 그 답을 암기한 후 그 암기에 따라 고등학교 입학 시험 답안을 작성하여 제출하였다.

비교판례

교수인 피고인 甲이 출제교수들로부터 대학원신입생전형시험문제를 제출받아 피고인 乙, 丙에게 그 시험문제를 알려주자 그들이 답안쪽지를 작성한 다음 이를 답안지에 그대로 베껴써서 그 정을 모르는 시험감독관에게 제출한 경우, 위계로써 입시감독업무를 방해한 것이므로 업무방해죄에 해당한다(대판 1991. 11. 12, 91도2211).

② **나이트클럽 주인**이 수학여행 온 대학교 3학년 중 일부만 학생증을 제시받아 성년임을 확인하고 입장시켰는바, 그 중 1인이 미성년자인 경우, 피고인이 단체입장하는 위 학생들이 모두 성년자일 것으로 믿은 데에는 정당한 이유가 있다고 할 것이고, 따라서 위와 같은 상황 아래에서 피고인에게 위 학생들 중에 미성년자가 섞여있을지도 모른다는 것을 예상하여 그들의 증명서를 일일이 확인할 것을 요구하는 것은 사회통념상 기대가능성이 없다(대판 1987. 1. 20, 86도874).

③ 처녀의 신분으로 이혼한 남자와 혼인한 후 남편의 전처가 이혼무효의 소를 제기함으로써 남편과 전처와의 혼인이 부활되고 자신의 혼인은 취소되었음에도 남편과 동거생활을 계속하다가 전처로부터 간통죄로 고소된 경우 간통죄의 구성요건에는 해당되지만 그러한 행위를 하지 않으리라는 기대가능성이 없다(대판 1993. 1. 6, 92도4640).

④ 사용자가 모든 성의와 노력을 다하였어도 **임금의 체불이나 미불**을 방지할 수 없었다는 것이 사회통념상 긍정할 정도가 되어 사용자에게 더 이상 적법행위를 기대할 수 없었다거나 사용자가 퇴직금지급을 위하여 최선의 노력을 다하였으나 경영부진으로 인한 자금사정 등으로 도저히 지급기일 내에 퇴직금을 지급할 수 없었다는 등의 불가피한 사정이 인정되는 경우에는 근로기준법 제36조, 제42조 위반범죄의 책임조각사유로 된다(대판 2001. 2. 23, 2001도204).

⑤ 증언거부권 제도는 앞서 본 바와 같이 증인에게 증언의무의 이행을 거절할 수 있는 권리를 부여한 것이고, 형사소송법상 증언거부권의 고지 제도는 증인에게 그러한 권리의 존재를 확인시켜 침묵할 것인지 아니면 진술할 것인지에 관하여 심사숙고할 기회를 충

분히 부여함으로써 침묵할 수 있는 권리를 보장하기 위한 것임을 감안할 때, 재판장이 신문 전에 증인에게 증언거부권을 고지하지 않은 경우에도 당해 사건에서 증언 당시 증인이 처한 구체적인 상황, 증언거부사유의 내용, 증인이 증언거부사유 또는 증언거부권의 존재를 이미 알고 있었는지 여부, 증언거부권을 고지받았더라도 허위진술을 하였을 것이라고 볼 만한 정황이 있는지 등을 전체적·종합적으로 고려하여 **증인이 침묵하지 아니하고 진술한 것이 자신의 진정한 의사에 의한 것인지 여부를 기준으로 위증죄의 성립 여부를 판단**하여야 한다. 그러므로 헌법 제12조 제2항에 정한 불이익 진술의 강요금지 원칙을 구체화한 자기부죄거부특권에 관한 것이거나 기타 증언거부사유가 있음에도 **증인이 증언거부권을 고지받지 못함**으로 인하여 **그 증언거부권을 행사하는 데 사실상 장애가 초래되었다고 볼 수 있는 경우에는 위증죄의 성립을 부정**하여야 할 것이다. 이와 달리, 피고인이 증인으로 선서한 이상 진실대로 진술한다고 하면 자신의 범죄를 시인하는 진술을 하는 것이 되고 증언을 거부하는 것은 자기의 범죄를 암시하는 것이 되는 처지에 있다 하더라도 증인에게는 증언을 거부할 수 있는 권리를 인정하여 위증죄로부터의 탈출구를 마련하고 있는 만큼 적법행위의 기대가능성이 없다고 할 수 없고 선서한 증인이 허위의 진술을 한 이상 증언거부권 고지 여부를 고려하지 아니한 채 위증죄가 바로 성립한다는 취지로 대법원 1987. 7. 7. 선고 86도1724 전원합의체 판결에서 판시한 대법원의 의견은 위 견해에 저촉되는 범위 내에서 이를 변경하기로 한다(대판 2010. 1. 21, 2008도942 전원합의체).

피고인이 공소외인과 쌍방 상해 사건으로 공소 제기되어 공동피고인으로 함께 재판을 받으면서 자신은 폭행한 사실이 없다고 주장하며 다투던 중 공소외인에 대한 상해 사건이 변론분리되면서 피해자인 증인으로 채택되어 검사로부터 신문받게 되었다. 그 과정에서 피고인 자신의 공소외인에 대한 폭행 여부에 관하여 신문을 받게 됨에 따라 증언거부사유가 발생하게 되었는데도, 재판장으로부터 증언거부권을 고지받지 못한 상태에서 자신의 종전 주장을 그대로 되풀이함에 따라 결국 거짓 진술에 이르게 된 사안으로, 위 판결에 의해 기존의 86도1724 판결이 변경되었다.

Ⅱ. 강요된 행위

1. 의의 및 인정요건

① 강요된 행위가 되려면 반드시 유형적인 협박을 받는 것을 요건으로 하지 아니 한다(대판 1969. 3. 25, 69도94).

② 피고인이 이 사건 두번에 공하여 고소장을 작성, 제출한 것은 저항할 수 없는 폭력이나 자기의 생명, 신체에 대한 위해를 방어할 방법이 없는 협박에 의하여 강요된 행위로 봄이 상당하여 형법 제12조에 의하여 피고인을 벌할 수 없다는 판단아래 피고인의 이 사건 무고행위가 강요된 행위라고 보지 아니하여 피고인을 유죄로 처단한 제1심 판결을 파기하여 무죄를 선고한 것인바, 기록을 살펴보면 위 원심판단과 조처는 정당하게 긍인되며 형법 제12조의 저항할 수 없는 폭력은, 심리적인 의미에 있어서 육체적으로 어떤 행위를 절대적으로 하지 아니할 수 없게 하는 경우와 윤리적 의미에 있어서 강압된 경우를 말할 수 있다 하겠으며, 일정한 협박이란 자기 또는 친족의 생명, 신체에 대한 위해를 달리 막을 방법이 없는 협박을 말하고, 강요라 함은 피강요자의 자유스런 의사결정을 하지 못하게 하면서 특정한 행위를 하게 하는 것 을 말하는데, 이 사건에서 원심이 인정한 것과 같은 사실관계하에 있어서라면 피고인의 이 사건 행위는 위 형법 제12조에서 규정한 강요행위 성립요건에 해당된다(대판 1983. 12. 13, 83도2276).

> 甲은 자기의 처 乙이 丙과 통정을 하였다고 오인하고, 한달 가까이 乙을 구타하고 잠도 못자게 하여 간통을 했다는 허위각서를 받아내 乙과 丙을 간통죄로 고소하였으나, 재판과정에서 乙은 양심의 가책을 느껴 간통사실을 부인하였고 乙, 丙은 석방되었다. 그 후 甲은 다시 날마다 乙을 때리면서 "왜 丙을 위해서 말을 번복했느냐"고 다그치는 한편, "丙으로부터 간통사실을 폭로하겠다고 협박당하여 돈을 주었다"는 내용의 확인서와 고소장을 쓰라고 강요하였다. 이에 견디다 못한 乙은 甲이 시키는대로 허위내용의 고소장을 작성하여 경찰서에 제출한 사안이다.

③ 형법 제12조의 강요된 행위는 저항할 수 없는 폭력이나 생명·신체에 위해를 가하겠다는 협박 등 다른 사람의 강요행위에 의하여 이루어진 행위를 의미하는 것이지, 어떤 사람의 성장교육과정을 통하여 형성된 내재적인 관념 내지 확신으로 인하여 행위자 스스로의 의사결정이 사실상 강제되는 결과를 낳게 하는 경우까지 의미한다고 볼 수 없다(대판 1990. 3. 27, 89도1670).

2. 강요된 행위의 인정여부

(1) 강요된 행위를 인정한 경우

① **어로 작업을 하다가 북한에 납북**된 피고인들이 북한에 대한 찬양 고무행위는 강요된 행위이며, 적법행위에 대한 기대가능성이 없다(대판 1971. 12. 28, 71도1304).

② 빈곤한 가정에서 성장하여 중학교를 중퇴한 소년으로 먼 촌일가 인 공소외 인의

일본에 가면 공장에 취직할 수 있다는 감언에 속아 동인을 따라 일본국으로 밀항하였다가 전시 조총련 간부들에게 인계 된 이래 그들이 국외공산 계열의 간부들이라는 점은 알았으나 그들의 그 판시와 같은 방법에 의한 감시 내지 감금하에서 전시와 같은 교육 또는 권유를 받았고, 그들의 협박적인 강요에 못이겨 그들의 선전에 동조하고 공산주의자가 되어 북한으로 갈 것을 서약하기에 이르렀던 것이었다는 사실과 그러한 사실들이 불과 **18세의 소년**에 대하여 지리나 인정등이 생소한 일본국에서 이루어졌던 점등에 비추어 피고인의 전인한 바와 같은 각 행위들은 모두 저항할 수는 없는 폭력 또는 그의 생명 신체에 대한 위해를 방어할 방법이 없는 협박에 의하여 강요된 행위였다고 볼 수밖에 없다(대판 1972. 5. 9, 71도1178).

(2) 강요된 행위를 부정한 경우

① 어로저지선을 넘어 어로의 작업을 하면 북괴구 성원에게 납치될 염려가 있으며 만약 납치된다면 대한민국의 각종 정보를 북괴에게 제공하게 된다 함은 일반적으로 예견된다고 하리니 피고인이 그전에 선원으로 월선조업능 하다가 납북되었다가 돌아온 경험이 있는자로서 월선하자고 상의하여 월선조업을 하다거 납치되어 북괴의 물음에 답하여 제공한 사실을 강요된 행위라 할 수 없다(대판 1971. 2. 23, 70도2629).

② 반국가단체의 지배하에 있는 **북한지역으로 탈출하는 자**는 특별한 사정이 없는 한 북한집단구성원과의 회합이 있을 것이라는 사실을 예측하였을 것이라 함은 오늘의 사회통념상 당연한 결론이라 할 것이고 자의로 북한에 탈출한 이상 그 구성원과의 회합은 예측하였던 행위이므로 강요된 행위라고 인정될 수 없다(대판 1973. 1. 30, 72도2585).

③ 상관의 명령에 절대 복종하여야 한다는 불문율이 있다는 것만으로는 **고문치사와 같이 중대하고 명백한 위법명령에 따른 행위**가 정당한 행위에 해당하거나 강요된 행위로서 적법행위에 대한 기대가능성이 없는 경우에 해당한다고 볼 수 없다(대판 1988. 2. 23, 87도2358).

이른바 '박종철 고문치사사건'으로, 고문과 같은 중대하고 명백한 불법행위의 가담자에게는 상관의 명령을 복종하지 않고 적법행위에의 기대가능성이 인정된다는 취지이다.

제 6 장

過失犯論

제1절 과 실 범

Ⅰ. 과실 일반

1. 과실범 처벌규정

① 과실범은 법률에 특별한 규정이 있는 경우에 한하여 처벌되며 형벌법규의 성질상 과실범을 처벌하는 특별규정은 그 명문에 의하여 명백, 명료하여야 한다. 따라서 **전기통신법 제110조 제1항**은 고의범에 관한 규정이고 동 조항의 "기타의 방법으로 공중통신설비의 기능에 장해를 주어"라는 기재부분을 들어 과실로 인하여 통신설비를 손괴하는 행위 유형을 포함하는 것이라고 풀이 할 수 없다(대판 1983. 12. 13, 83도2467).

② 구 대기환경보전법(1992. 12. 8. 법률 제4535호로 개정되기 전의 것)의 입법목적이나 제반 관계규정의 취지 등을 고려하면, 법정의 배출허용기준을 초과하는 배출가스를 배출하면서 자동차를 운행하는 행위를 처벌하는 위 법 제57조 제6호의 규정은 자동차의 운행자가 그 자동차에서 배출되는 배출가스가 소정의 운행 자동차 배출허용기준을 초과한다는 점을 실제로 인식하면서 운행한 고의범의 경우는 물론 과실로 인하여 그러한 내용을 인식하지 못한 과실범의 경우도 함께 처벌하는 규정이다(대판 1993. 9. 10, 92도1136).

③ 행정상의 단속을 주안으로 하는 법규라 하더라도 명문규정이 있거나 해석상 과실범도 벌할 뜻이 명확한 경우를 제외하고는 형법의 원칙에 따라 고의가 있어야 벌할 수 있다. 위에서 본 바와 같이 피고인 1이 피해자를 처음 이 사건 찜질방에 들여보낼 당시 피해자가 술에 만취하여 목욕장의 정상적인 이용이 곤란한 상태였다고 단정하기 어려울 뿐만 아니라 그 이후 피해자가 이 사건 찜질방 후문으로 나가 술을 더 마신 다음 다시 후문으로 들어온 사실을 위 피고인은 전혀 모르고 있었던 점에 비추어 보면, 위 피고인에게 음주 등으로 목욕장의 정상적인 이용이 곤란하다고 인정되는 자를 출입시킨다는 점에 대한 고의가 있다고 할 수 없어 위 피고인에 대하여 이 사건 공소사실에 따른 형사책임을 물을 수 없을 뿐더러, 위 피고인에 대한 공소사실이 인정됨을 전제로 양벌조항에 따라 기소된 피고인 2에 대하여도 형사책임을 물을 수 없다고 할 것이다(대판 2010. 2. 11, 2009도9807).

이 판결은 행정단속법규와 과실범 처벌의 관계에 대해, 과거 엄격히 명문의 규정이 있는 경우에 과실범으로 처벌 가능하다는 제한적 입장인 83도2467 판결과, 이와 반대로 입법목적이나 제반 관계규정의 취지를 고려하면 명문의 규정이 없더라도 과실범으로 처벌할 수 있다는 92도1136 입장 사이에서, 85도108 판결의 명문규정 내지 해석상 과실범 처벌이 명확한 경우에는 과실범으로 처벌할 수 있다는 절충적 해석을 시도하는 입장을 확인한 점에 의미가 있다.

2. 인식있는 과실과 인식없는 과실

과실범에 있어서의 비난가능성의 지적 요소란 결과발생의 가능성에 대한 인식으로서 인식있는 과실에는 이와 같은 인식이 있고, 인식없는 과실에는 이에 대한 인식자체도 없는 경우이나, 전자에 있어서 책임이 발생함은 물론, 후자에 있어서도 그 결과발생을 인식하지 못하였다는 데에 대한 부주의 즉 규범적 실재로서의 과실책임이 있다고 할 것이다(대판 1984. 2. 28, 83도3007).

3. 중과실, 업무상과실

(1) 중과실

1) 중과실을 인정한 판례

① 피고인이 관리하던 **주차장 출입구 문주의 하단부분에 금**이 가 있어 도괴될 위험성이 있었다면 피고인으로서는 소유자에게 그 보수를 요청하는 외에 그 보수가 있을 때까

지 임시적으로라도 받침대를 세우는 등 도괴를 방지하거나 그 근처에 사람이나 자동차 등의 근접을 막는 등 도괴로 인한 인명의 피해를 막도록 조치를 하여야 할 주의의무가 있다 할 것이며 동 주차장에는 사람이나 자동차의 출입이 빈번하고 근처 거주의 어린아이들이 문주근방에서 놀이를 하는 사례가 많은데도 불구하고 소유자에게 그 보수를 요구하는데 그쳤다면 그 주의의무를 심히 게을리한 중대한 과실이 있다(대판 1982. 11. 23, 82도2346).

② 약 2.5평 넓이의 주방에 설치된 간이온돌용 새마을보일러에 연탄을 갈아넣음에 있어서 연탄의 연소로 보일러가 가열됨으로써 그 열이 전도, 복사되어 그 주변의 가열접촉물에 인화될 것을 쉽게 예견할 수 있었음에도 불구하고 그 주의의무를 게을리하여 위 보일러로부터 5 내지 10센티미터쯤의 거리에 판시 가연물질을 그대로 두고 신문지를 구겨서 보일러의 공기조절구를 살짝 막아놓은 채 그 자리를 떠나버렸기 때문에 판시와 같은 화재가 발생한 사실을 인정하기에 넉넉하므로 원심판결의 지적하는 바와 같은 채증법칙을 어긴 위법이 없다. 그리고 형법 제171조가 정하는 중실화는 행위자가 극히 작은 주의를 함으로써 결과발생을 예견할 수 있었는데도 부주의로 이를 예견하지 못하는 경우를 말하는 것이므로 앞에서 본 바와 같은 피고인의 행위를 중실화죄로 다스린 원심의 조치도 정당하(다)(대판 1988. 8. 23, 88도855).

③ 피고인이 **성냥불**로 담배를 붙인 다음 그 성냥불이 꺼진 것을 확인하지 아니한 채 휴지가 들어 있는 플라스틱 휴지통에 던진 것을 중대한 과실이 있는 경우에 해당한다(대판 1993. 7. 27, 93도135).

④ 피고인이 **84세 여자 노인과 11세의 여자 아이**를 상대로 **안수기도**를 함에 있어서 그들을 바닥에 반드시 눕혀 놓고 기도를 한 후 "마귀야 물러가라", "왜 안 나가느냐"는 등 큰 소리를 치면서 한 손 또는 두 손으로 그들의 배와 가슴 부분을 세게 때리고 누르는 등의 행위를 여자 노인에게는 약 20분간, 여자아이에게는 약 30분간 반복하여 그들을 사망케 한 사안에서, 고령의 여자 노인이나 나이 어린 연약한 여자아이들은 약간의 물리력을 가하더라도 골절이나 타박상을 당하기 쉽고, 더욱이 배나 가슴 등에 그와 같은 상처가 생기면 치명적 결과가 올 수 있다는 것은 피고인 정도의 연령이나 경험 지식을 가진 사람으로서는 약간의 주의만 하더라도 쉽게 예견할 수 있음에도 그러한 결과에 대하여 주의를 다하지 않아 사람을 죽음으로까지 이르게 한 행위는 중대한 과실이라고 보아, 피고인에 대하여 **중과실치사죄**로 처단한다(대판 1997. 4. 22, 97도538).[1]

---

1 이와는 달리 피해자의 몸속에 있는 마귀를 쫓아낸다는 미명하에 6명이 12시간 동안 배와 가슴부분을 오르락내르락하면서 피해자를 때리고 밟으며 안수기도를 하여 치사케 한 경우에는 폭행치사죄를 인정하고 있다(대판 1994. 8. 23, 94도1484). 이러한 경향은 최근에도 이어지고 있다(대판 2008. 8. 21, 2008도2695).

2) 중과실을 부정한 판례

① 농약을 음독하였다면 정상적인 치료 아니고서는 죽는다는 사실을 알았고, 약사 공소외 2도 의사로 오인하였으며, **농약 "푸라에스"**가 저독으로서 병원에서 치료하였으면 생명을 건질수 있었을 것이며, 의사가 있는 곳까지 2시간이면 갈수 있었고, 자전거를 타고 사천읍에 가니 택시를 불러올 수도 없지 않았고, 피고인 은 가장으로서 지시를 할 수 있었으며, 부녀자가 음독하면 소문이 날가 봐 집안에서 치료를 하였다한들 피고인에게 망공소외 1을 사망케한 중대한 과실이 있다고는 할 수 없다(대판 1969. 7. 22, 69도684).

피고인집 안방에서 子婦인 甲이 농약 "푸라에스"약 100CC를 음독하고 신음하고 있음을 발견하고, 큰 며느리와 같이 비누물을 2되 가량만들어 마시게하고 이에 쌀물을 만들어 마시게 한 결과 여러차례 위 내용물을 토하였으며, 의사가 있는 곳이 약10킬로미터나 떨어져 있어서 중태에 빠져있는 환자를 업고 가느니 보다 의사를 초빙하는 것이 좋다고 생각하여 같은 날 15:00경 약사면허증을 가지고 매약상을 하고 있으나 피고인 거주 부락에서는 모두 의사로 통하고 있는 乙을 초빙하여 환자를 보이고 식염수를 마시게하고 약 4.50분동안에 걸쳐 포도당을 섞은 링겔주사 500CC를 놓고 난 뒤에 10:00경 乙 은돌아가고 피고인과 큰 며느리가 간호겸 지켜보고 있다가 피고인은 21:00경 큰방으로 옮겨가고 큰 며느리 혼자서 지켜보고 있던 중 甲이 사망한 사안이다.

② 임차인이 사용하던 방문에 약간의 틈이 있다거나 연통 등 까스배출시설에 결함이 있는 정도의 하자는 임대차 목적물인 위 방을 사용할 수 없을 정도의 파손상태라고 볼 수 없고 이는 **임차인의 통상의 수선 및 관리의무**에 속하는 것이므로 임차인이 그 방에서 연탄까스에 중독되어 사망하였더라도 위 사고는 임차인이 그 의무를 게을리 함으로써 발생한 것으로서 임차인에게 중과실치사의 죄책을 물을 수 없다(대판 1986. 6. 24, 85도2070).

이 판결은 과실범에 있어 허용된 위험과 위험의 분배를 언급하고 있다. 과실범에 있어 주의의무위반은 행위자의 모든 주의의무 내지 완벽한 주의의무의 위반을 말하는 것이 아니라, 사회적으로 상당한 범위내의 주의의무의 준수를 요구하는 것이며, 상당하고도 정상적인 정도의 주의의무를 다하였음에도 발생된 위험은 사회생활상 부득이한 것으로 허용한다는 것이 허용된 위험의 법리이다. 점점 더 위험사회화되어 가는 현대사회에서 허용된 위험은 객관적 주의의무의 범위를 제한해 주는 유용한 역할을 하고 있다. 이러한 허용된 위험의 법리는 결과적으로는 당사자 사이에 위험의 분배를 조정하는 것이 되는데, 위의 판결에서 연탄가스가 다소 새어나오는 정도라면 그로 인한 일산화탄소 중독의 위험은 임차인에게 부담을 시킬 수밖에 없으며, 임대인에게는 허용된 위험으로서 주의의무위반을 물을 수가 없다고 하겠다. 다만 손상부분이 대규모의 것으로 임차인의 통상의 수리 및 관리의 범위를 벗어나는 정도라면 그 위험은 임대인이 부담하게 된다.

비교판례

임대차 목적물상의 하자의 정도가 그 목적물을 사용할 수 없을 정도의 파손 상태라고 볼 수 없다든지 임대인에게 수선의무가 있는 대규모의 것이라고 볼 수 없어 임차인의 통상의 수선 및 관리의무에 속한다고 보여지는 경우에는 그 하자로 인하여 가스 중독사가 발생하였더라도 임대인에게 과실이 있다 할 수 없으나, 이러한 판단을 함에 있어 단순히 하자 자체의 상태만을 고려할 것이 아니라 그 목적물의 구조 및 전반적인 노후화 상태 등을 아울러 참작하여 대규모적인 수선이 요구되는지를 판단하여야 하며, 대규모의 수선 여부가 분명하지 아니한 경우에는 임대차 전후의 임대차 목적물의 상태 내지 하자로 인한 위험성의 징후 여부와 평소 임대인 또는 임차인의 하자 상태의 지실 내지 발견 가능성 여부, 임차인의 수선 요구 여부 및 이에 대한 임대인의 조치 여부 등을 종합적으로 고려하여 임대인의 과실 유무를 판단하여야 한다. … 두 차례나 연탄가스를 마셔 죽을 뻔하기까지 했으니 방을 고쳐달라는 요구를 받고도 아무런 조치를 취하지 아니한 사실을 알 수 있는바, 앞서의 하자 상태가 이 사건 가옥의 전반적인 노후화 정도에 비추어 과연 **대수선을 요하는 정도인지가 불분명한 이 사건**에서, 피고인이 임차인으로부터 이러한 요구를 받고도 연탄가스 냄새가 나는 원인을 조사하고 그에 대한 대책을 강구하는 등의 조처를 취하지 아니한 점에 비추어 보면 이 사건 사고는 임대인인 피고인의 과실로 인하여 발생하였다고 봄이 상당하다(대판 1993. 9. 10, 93도196).

③ 호텔오락실의 경영자가 그 오락실 천정에 형광등을 설치하는 공사를 하면서 그 호텔의 전기보안담당자에게 아무런 통고를 하지 아니한 채 무자격전기기술자로 하여금 전기공사를 하게 하였더라도, 전기에 관한 전문지식이 없는 오락실경영자로서는, … 부실공사가 그대로 방치되고 그로 인하여 전선의 합선에 의한 방화가 발생할 것등을 쉽게 예견할 수 있었다고 보기는 어려우므로 위 오락실경영자에게 위와 같은 과실이 있었더라도 사회통념상 이를 화재발생에 관한 중대한 과실이라고 평가하기는 어렵다(대판 1989. 10. 13, 89도204).

④ 경찰관인 피고인들은 동료 **경찰관**인 갑 및 피해자 을과 함께 술을 많이 마셔 취하여 있던 중 갑자기 위 갑이 총을 꺼내 을과 같이 총을 번갈아 자기의 머리에 대고 쏘는 소위 **"러시안 룰렛"** 게임을 하다가 을이 자신이 쏜 총에 맞아 사망한 경우 피고인들은 위 갑과 을이 "러시안 룰렛"게임을 함에 있어 갑과 어떠한 의사의 연락이 있었다거나 어떠한 원인행위를 공동으로 한 바가 없고, 다만 위 게임을 제지하지 못하였을 뿐인데 보통사람의 상식으로서는 함께 수차에 걸쳐서 흥겹게 술을 마시고 놀았던 일행이 갑자기 자살행위와 다름없는 위 게임을 하리라고는 쉽게 예상할 수 없는 것이고(신뢰의 원칙), 게다가 이 사건 사고는 피고인들이 "장난치지 말라"며 말로 위 갑을 만류하던 중에 순식간에 일어난 사고여서 음주만취하여 주의능력이 상당히 저히된 상대에 있던 피고인들로서는 미처 물리력으로 이를 제지할 여유도 없었던 것이므로, 경찰관이라는 신분상의 조건을 고려하더

라도 위와 같은 상황에서 피고인들이 이 사건 "러시안 룰렛"게임을 즉시 물리력으로 제지하지 못하였다 한들 그것만으로는 위 갑의 과실과 더불어 중과실치사죄의 형사상 책임을 지울 만한 위법한 주의의무위반이 있었다고 평가할 수 없다(대판 1992. 3. 10, 91도3172).

(2) 업무상과실

내과의사가 **신경과** 전문의에 대한 **협의진료 결과** 피해자의 증세와 관련하여 신경과 영역에서 이상이 없다는 회신을 받았고, 그 회신 전후의 진료 경과에 비추어 그 회신 내용에 의문을 품을 만한 사정이 있다고 보이지 않자 그 회신을 신뢰하여 뇌혈관계통 질환의 가능성을 염두에 두지 않고 내과 영역의 진료 행위를 계속하다가 피해자의 증세가 호전되기에 이르자 퇴원하도록 조치한 경우, 피해자의 지주막하출혈을 발견하지 못한 데 대하여 내과의사의 업무상과실이 부정(된다)(대판 2003. 1. 10, 2001도3292).

Ⅱ. 과실범의 성립요건

1. 주의의무

(1) 교통종사자의 주의의무

1) 과실을 인정한 경우

① 만원열차에 승무한 차장은 마땅히 객차의 승강구출입문의 개폐여부를 확인점검하여 열려진 승강구의 추락사고를 방지해야 할 의무가 있다(대판 1983. 9. 27, 82도267).

② 버스 운전사에게 전날밤에 주차해둔 버스를 그 다음날 아침에 출발하기에 앞서 차체 밑에 장애물이 있는지 여부를 확인하여야 할 주의의무가 있다(대판 1988. 9. 27, 88도833).

③ 운전자가 음주운전 단속 중인 경찰관의 정지신호를 무시하고 상당한 속도로 계속 진행함으로써 정차시키기 위하여 차체를 치는 경찰관으로 하여금 상해를 입게 한 경우, 운전자에게 업무상 과실이 인정된다(대판 1994. 10. 14, 94도2165).

④ **야간에 고속도로**에서 차량을 운전하는 자는 주간에 정상적인 날씨 아래에서 고속도로를 운행하는 것과는 달리 노면상태 및 가시거리상태 등에 따라 고속도로상의 제한최고속도 이하의 속도로 감속·서행할 주의의무가 있다(대판 1999. 1. 15, 98도2605).

⑤ **앞차를 뒤따라 진행하는 차량의 운전자**로서는 앞차에 의하여 전방의 시야가 가리는 관계상 앞차의 돌발적인 운전 또는 사고에 의하여서라도 자기 차량에 연쇄적인 사고가 일어나지 않도록 앞차와의 충분한 안전거리를 유지하고 진로 전방좌우를 잘 살펴 진로의 안전을 확인하면서 진행할 주의의무가 있다(대판 2001. 12. 11, 2001도5005).

2) 과실을 부정한 경우

① 녹색신호에 따라 직진하는 운전자로서는 이 사건 오토바이가 좌측에서 신호 위반하여 직진하여 올 것까지 예상하여 감속 운행할 주의의무는 없으므로 피고인이 이 사건 사고지점을 통과할 무렵 제한속도를 초과하였다고 하더라도 업무상과실치사의 책임이 없다(대판 1990. 2. 9, 89도1774).

② 기온의 급상승으로 인한 철로장출이 직접적인 원인이 되어 열차가 일부 탈선한 경우라면 기관사에게 업무상과실이 있다고 할 수 없다(대판 1991. 12. 10, 91도2044).

③ 교차로에서 먼저 진입한 운전자는 다른 차량이 자신의 진행속도보다 빠른 속도로 교차로에 진입하여 자신의 차량과 충돌한 경우에 주의의무위반이라고 볼 수 없다(대판 1992. 8. 18, 92도934).

④ 내리막길에서 버스의 브레이크가 작동되지 아니하여 대형사고를 피하기 위하여 인도 턱에 버스를 부딪쳐 정차시키려고 하였으나 버스가 인도 턱을 넘어 돌진함으로써 보행자가 사망한 경우에 피해자의 사망에 대한 운전자의 과실은 없다(대판 1996. 7. 9, 96도1198).

⑤ 단순히 갑자기 진행차로의 정중앙에서 벗어나 다른 차로와 근접한 위치에서 운전하였다는 것만으로는 다른 차로에서 뒤따라오는 차량과의 관계에서 운전자로서의 업무상의 주의의무를 위반한 과실이 없다(대판 1998. 4. 10, 98도297).

(2) 의료행위

1) 과실을 인정한 경우

① 임신중절을 위한 소파수술을 하였으나 자궁내에서 아무 내용물이 나오지 않았다면 산부인과 전문의인 피고인으로서는 자궁임신이 아닌가 하는 판단을 내려 자궁외 임신 여부를 세밀히 진찰하던가 피고인으로서는 그 진찰에 자신이 없다면 의료시설이 완비된 종합병원의 진찰을 권유할 업무상 주의의무가 있다(대판 1967. 8. 29, 66도1197).

② 태반조기박리가 임신후반기에 볼 수 있는 출혈 중 가장 자주 보이는 질환이고 또 태반조기박리치료의 기본방침에 수혈이 포함되어 있기 때문에, **산모의 태반조기박리에 대한 대응조치로서 응급 제왕절개수술**을 하는 산부인과의사에게는 수혈용 혈액을 미리 준비하여야 할 업무상 주의의무가 있다(대판 2000. 1. 14, 99도3621).

③ 피고인이 경력이 오래된 간호사라 하더라도 단지 잘 모르는 약제가 처방되었다는 등의 사유만으로 그 처방의 적정성을 의심하여 의사에게 이를 확인하여야 할 주의의무까지 있다고 보기는 어렵다 할 것이지만, 환자에 대한 투약 과정 및 그 이후의 경과를 관찰·보고하고 환자의 요양에 필요한 간호를 수행함을 그 직무로 하고 있는 **종합병원의 간호사**로서는 그 직무 수행을 위하여 처방 약제의 투약 전에 미리 그 기본적인 약효나 부작용 및 주사 투약에 따르는 주의사항 등을 확인·숙지하여야 할 의무가 있다 할 것인바, 이 사건 처방의 경위와 위 베큐로니움의 특수한 용도 및 그 오용의 치명적 결과 등을 감안할 때, 만일 베큐로니움이라는 약제가 수술 후 회복과정에 있는 환자에게는 사용할 수 없는 성질이며 특히 인공호흡의 준비 없이 투여되어서는 아니된다는 등의 약효와 주의사항 및 그 오용의 치명적 결과를 미리 확인하였다면 위 처방이 너무나 엉뚱한 약제를 투약하라는 내용이어서 필시 착오 또는 실수에 기인한 것이라고 의심할 만한 사정이 있음을 쉽게 인식할 수 있었다 할 것이고, 그러한 사정이 있다면 간호사에게는 그 처방을 기계적으로 실행하기에 앞서 당해 처방의 경위와 내용을 관련자에게 재확인함으로써 그 실행으로 인한 위험을 방지할 주의의무가 있다고 봄이 상당하다(대판 2009. 12. 24, 2005도8980).

④ 구 의료법(2007. 4. 11. 법률 제8366호로 전부 개정되기 전의 것)은 제2조에서 의사는 의료에 종사하고, 간호사는 간호 또는 진료의 보조 등에 종사한다고 규정하고 있으므로, 간호사가 의사의 진료를 보조할 경우에는 특별한 사정이 없는 한 의사의 지시에 따라 진료를 보조할 의무가 있다. … **활력징후가 안정된 후 1시간 간격으로 4회 측정하라는 의사의 지시**는 일반병실에서도 적용되는 것으로서 일반병실 간호사인 피고인들에게 명시적으로 전달되었고, 출혈의 초기단계에서는 활력징후 변화 이외에 임상증상이 잘 나타나지 않기 때문에 환자의 임상증상 관찰로써 활력징후 측정을 대체할 수는 없는 점에 비추어 보면 위 지시가 잘못된 내용이라고 볼 수 없으며, 피고인들이 1시간 간격으로 활력징후를 측정하였더라면 출혈을 조기에 발견하여 수혈, 수술 등 치료를 받고 사망하지 않았을 가능성이 충분하다고 보인다. 이와 관련하여 피고인들이 근무하는 ○○대학교병원에서 활용하는 외과 간호사를 위한 지침서(증거기록 305쪽)에 췌장암 수술 후 활력징후는 4시간 간격으로 측정한다고 되어 있더라도, 위 내용은 수술 후 활력징후가 어느 정도 안정된 다음 측정하는 간격에 대한 것이지, 안정되는 과정에서 측정하는 간격에 대한 것은 아니며, 이 사건에서 ○○대학교병원 간호부장 역시 위 업무지침서가 의사의 지시보다 앞설 수는 없다는 견해를 피력하고 있으므로, 췌장암 수술을 받고 일반병실에 입원한 환자의 경우 활력징후가 완전히 안정되기 전에도 항상 4시간 간격으로 활력징후를 측정하는 것이 임상관행이라고 볼 수 없을 뿐만 아니라 임상의학의 실천에 의한 의료수준이라고 볼 수도 없

다. 따라서 피고인 1은 일반병실에 올라온 피해자에 대하여 1시간 간격으로 4회에 걸쳐 활력징후를 측정할 의무가 있음에도, 3회차 활력징후 측정시각인 22 : 30경 이후 활력징후를 측정하지 아니한 업무상과실이 있다고 보아야 한다. 그리고 피고인 2 역시 자신의 근무교대시각이 되었으면 의사의 지시내용 중 수행되지 않은 것이 어떤 것이 있는지 살펴 **1시간 간격 활력징후 측정** 등 시급한 내용이 수행되지 않은 경우 위 지시를 먼저 수행할 의무가 있음에도, 23 : 00경 피해자를 관찰하고도 활력징후를 측정하지 않았고, 그 후에도 만연히 다른 업무를 보면서 4회차 측정시각인 23 : 30경까지도 활력징후를 측정하지 아니한 업무상과실이 있다고 보아야 한다(대판 2010. 10. 28, 2008도8606).

이 판결은 의사의 주의의무의 기준은 진료 당시의 이른바 임상의학의 실천에 의한 의료수준에 의하여 결정되어야 하나, 그 의료수준은 규범적으로 요구되는 수준으로 파악되어야 한다는 전제에서, 의료 지침서의 내용대로 간호사들이 진료보조행위를 하였더라도 환자의 구체적인 상태를 고려한 의사의 의료보조지시가 우선시한다는 점을 명확히 하였으며, 피고인들인 간호사의 활력징후 측정이 제때 이루어졌다면 피해자의 사망과의 사이에 인과관계가 인정될 수 있다는 취지로 객관적 귀속의 관점에서 인과관계를 판단하고 있다.

2) 과실을 부정한 경우

① **정신병원**에 입원중인 환자가 완전감금병동의 화장실 창문을 열고 탈출하려다가 떨어져 죽은 사고에 있어서 위 병동의 당직간호사가 피해자가 화장실에 가는 시간을 기록하여 두고 10여분 후에 간호조무사로부터 병실 침대에 없다는 보고를 받은 즉시 그를 찾아 나선 경우 환자동태관찰의무를 게을리 한 것이라고 볼 수 없다(대판 1992. 4. 28, 91도1346).

② **대학병원 과장**이라는 이유만으로 외래담당의사 및 담당 수련의들의 처치와 치료결과를 주시하고 적절한 수술방법을 지시·감독하거나 또는 직접 수술할 주의의무가 없다(1996. 11. 8, 95도2710).

③ 헌혈 부족으로 충분한 혈액을 확보하지 못하고 있는 당시 우리 나라의 실정상 만약 산부인과 개업의들이 매 분만마다 수혈용 혈액을 미리 준비하고, 이를 폐기한다면 혈액 부족이 심화될 우려가 있음을 알 수 있는바, **제왕절개분만**을 함에 있어서 산모에게 수혈을 할 필요가 있을 것이라고 예상할 수 있었다는 사정이 보이지 않는 한, 산후과다출혈에 대비하여 제왕절개수술을 시행하기 전에 미리 혈액을 준비할 업무상 주의의무가 있다고 보기 어렵다(대판 1997. 4. 8, 96도3082).

④ (요추 척추후궁절제)수술과정에서 **메스** 끝이 부러지는 일이 흔히 있고, 부러진 메스

가 쉽게 발견되지 않을 경우 수술과정에서 무리하게 제거하려고 하면 부가적인 손상을 줄 우려가 있어 일단 봉합한 후에 재수술을 통하여 제거하거나 그대로 두는 경우가 있는 점에 비추어 담당의사에게 업무상의 과실을 인정할 수 없다(대판 1999. 12. 10, 99도3711).

⑤ 환자의 **명시적인 수혈 거부 의사**가 존재하여 수혈하지 아니함을 전제로 환자의 승낙(동의)을 받아 수술하였는데 수술 과정에서 수혈을 하지 않으면 생명에 위험이 발생할 수 있는 응급상태에 이른 경우에, 환자의 생명을 보존하기 위해 불가피한 수혈 방법의 선택을 고려함이 원칙이라 할 수 있지만, 한편으로 환자의 생명 보호에 못지않게 환자의 자기결정권을 존중하여야 할 의무가 대등한 가치를 가지는 것으로 평가되는 때에는 이를 고려하여 진료행위를 하여야 한다. 어느 경우에 수혈을 거부하는 환자의 자기결정권이 생명과 대등한 가치가 있다고 평가될 것인지는 환자의 나이, 지적 능력, 가족관계, 수혈 거부라는 자기결정권을 행사하게 된 배경과 경위 및 목적, 수혈 거부 의사가 일시적인 것인지 아니면 상당한 기간 동안 지속되어 온 **확고한 종교적 또는 양심적 신념**에 기초한 것인지, 환자가 수혈을 거부하는 것이 실질적으로 자살을 목적으로 하는 것으로 평가될 수 있는지 및 수혈을 거부하는 것이 다른 제3자의 이익을 침해할 여지는 없는 것인지 등 제반 사정을 종합적으로 고려하여 판단하여야 한다. 다만 환자의 생명과 자기결정권을 비교형량하기 어려운 특별한 사정이 있다고 인정되는 경우에 의사가 자신의 직업적 양심에 따라 환자의 양립할 수 없는 두 개의 가치 중 어느 하나를 존중하는 방향으로 행위하였다면, 이러한 행위는 처벌할 수 없다. 그렇지만 이러한 판단을 위해서는 환자가 거부하는 치료방법, 즉 수혈 및 이를 대체할 수 있는 치료방법의 가능성과 안정성 등에 관한 의사의 설명의무 이행과 이에 따른 환자의 자기결정권 행사에 어떠한 하자도 개입되지 않아야 한다는 점이 전제되어야 한다. 즉 환자는 치료행위 과정에서의 수혈의 필요성 내지 수혈을 하지 아니할 경우에 야기될 수 있는 생명 등에 대한 위험성, 수혈을 대체할 수 있는 의료 방법의 효용성 및 한계 등에 관하여 의사로부터 충분한 설명을 듣고, 이러한 의사의 설명을 이해한 후 진지한 의사결정을 하여야 하고, 그 설명 및 자기결정권 행사 과정에서 예상한 범위 내의 상황이 발생되어야 하며, 또한 의사는 실제로 발생된 상황 아래에서 환자가 수혈 거부를 철회할 의사가 없는지 재확인하여야 한다.

특히 의사는 수술과정 등에서 발생되는 출혈로 인하여 환자의 생명이 위험에 빠지지 않도록 하기 위하여 환자에게 수혈하는 것이 통상적인 진료방법이고 또한 수혈을 통하여 출혈로 인한 사망의 위험을 상당한 정도로 낮출 수 있음에도 환자의 의사결정에 따라 수혈을 포기하고 이를 대체할 수 있는 수술 방법을 택하는 것인데, 그 대체 수술 방법이 수혈을 완전히 대체할 수 있을 정도의 출혈 방지 효과를 가지지 못한다면 그만큼 수술과정에서 환자가 과다출혈로 인한 사망에 이를 위험이 증가할 수 있으므로, 그럼에도 불구하고 수술을 할 필요성이 있는지에 관하여 통상적인 경우보다 더욱 세심하게 주의를 기울임으로써, 과연 수술을 하는 것이 환자를 위한 최선의 진료방법인지 신중히 판단할 주의의무가 있다. 그리고 수술을 하는 경우라 하더라도 수혈 대체 의료 방법과 함께 당시의 의료 수준에 따라 출혈로 인한 위험을 최대한 줄일 수 있는 사전준비나 시술방법을 시행함으로써 위와 같은 위험 발생 가능성을 줄이도록 노력하여야 하며, 또한 수술 과정에서 예상과 달리 다량의 출혈이 발생될 수 있는 사정이 드러남으로써 위와 같은 위험 발생 가능성이 현실화되었다면 과연 위험을 무릅쓰고 수술을 계속하는 것이 환자를 위한 최선의 진료방법인지 다시 판단하여야 한다. 환자가 수혈 대체 의료 방법을 선택하였다고 하더라도 이는 생명에 대한 위험이 현실화되지 아니할 것이라는 전제 내지 기대 아래에서의 결정일 가능성이 크므로, 위험 발생 가능성이 현실화된 상태에서 위험을 무릅쓰고 수술을 계속하는 것이 환자의 자기결정권에 기초한 진료라고 쉽게 단정하여서는 아니 된다(대판 2014. 6. 26, 2009도14407).

대상판결의 사실관계는 다음과 같다. 1945년생으로 이 사건 당시 62세이던 甲녀는 1975년경 우측 고관절 부위에 결핵성 관절염을 앓아 골반과 대퇴골의 유합수술을 받았는데, 골반과 대퇴골의 유합된 부위에서 통증 등이 있자 우측 고관절을 인공고관절로 바꾸는 수술을 받기를 원하였다. 甲녀는 다른 사람의 혈액을 수혈(이하 '타가수혈'이라 한다) 받지 않는 방식(이하 이를 '무수혈 방식'이라 한다)으로 시술되는 수술을 받고자 2007. 12. 초순경 ○○대학교병원에 와서 위 병원 소속 정형외과 의사인 피고인에게 문의하였는데, 피고인은 전반적인 검사와 혈액종양내과의 답변을 확인한 후 甲녀에게 대하여 무수혈 방식에 의해 수술이 가능하다고 판단하였고, 甲에게 무수혈 방식의 수술이 가능하지만 수술 상황에 따라서는 수혈을 하지 아니하면 출혈로 인하여 사망에 이를 위험성이 있음을 설명하였다. 그런데 甲은 '여호와 증인' 신도로 다른 사람의 피를 받지 않아야 한다는 교리를 생명보다 소중히 하는 신념을 가지고 있었다. 甲은 자신의 종교적 신념에 따라 어떠한 상황에서도 수혈을 하지 말 것을 피고인에게 요구하였고, 2007. 12. 17. 위 병원에, "치료에 있어 전혈수혈이나 성분수혈을 전적으로 금해 주실 것을 본 각서를 통해 알려드립니다. … 담당 의료진은 치료 도중 전혈이나 혈액성분의 수혈이 필요하다고 느낄지 모르지만, 그렇더라도 수혈을 원치 않는다는 본인의 의지는 확고하며, 설사 환자가 무의식이 되더라도 이 방침은 변하지 않습니다. 본인은 여호와의 증인 신분으로, 관련된 문제를 심사숙고한 후 본 의료적·종교적 각서를 작성합니다. 본인의 이러한 방침을 따름으로 인하여 야기되는 모든 피해에 대하여 본인은 병(의)원 및 담당 의료진에게 민·형사상의 어떠한 책임도 묻지 않겠습니다."라고 기재된 책임면제각서를 제출함으로써, 타가수혈을 거부하겠다는 명확한 의사를 표시하였다.
○○대학교병원 마취통증의학과 의사인 공소외 Y는, 수술 전날인 2007. 12. 19. 망인과 망인의 딸을 만나 수술 도중 대량출혈이 발생할 가능성이 있고 그러한 경우 타가수혈을 하지 않으면 장기손상 및 부전에 의한 사망가능성이 매우 높다는 설명을 하였고, 2007. 12. 20. 수술 시작 직전에 다시 甲에게 타가수혈을 거부하는 의사가 유효한지 확인하였으나, 여전히 타가수혈을 강력하게 거부하였다. 피고인은 甲녀의 요구에 따라 무수혈 방식으로

수술하던 도중 과다출혈로 인하여 범발성 응고장애가 발생하여 지혈이 되지 않고 타가수혈이 필요한 상황이 발생하자, 정형외과 전문의 공소외 Z로 하여금 수술실 밖으로 나가 甲녀의 가족들에게 망인의 상태를 설명한 후 타가수혈을 할 것인지 여부를 묻도록 하였는데, 남편은 '여호와의 증인' 신도였으므로 타가수혈을 거부한 반면 자녀들은 타가수혈을 강력히 원하는 등 가족들 사이에 의견이 나뉘어 확실한 대답을 얻지 못하였다. 이에 피고인은 타가수혈 여부를 결정하지 못하고 의료진을 통해 '여호와의 증인' 교섭위원회에 이 사건과 관련된 자문을 급하게 요청하였으나 별다른 답신을 받지 못하였다. 그러는 중에도 甲녀의 출혈이 계속되어 피고인은 수술을 중단한 후 중환자실로 옮겼다. 그 후 甲녀의 남편도 타가수혈에 동의함으로써 가족들 전부가 타가수혈을 원하였으나, 당시는 폐울혈 및 범발성 응고장애가 발생하고 있는 상태라 타가수혈이 증상을 악화시킬 가능성이 있어 병원 측에서는 타가수혈을 시행하지 아니하였고, 결국 다량 실혈로 인한 폐부종으로 사망하였다.
이 판결은 의료행위 도중 수혈거부에 대한 환자의 자기결정이 명확한 상황에서 수혈이 필요한 응급상황이 발생한 경우, 의사가 진료행위 시 고려하여야 할 사항 및 수혈을 거부하는 환자의 자기결정권이 생명과 대등한 가치가 있다고 평가될 것인지 판단하는 기준, 수혈 거부에 관한 환자의 자기결정권 행사가 유효하기 위한 전제 요건, 환자의 자기결정권 행사에 따라 수혈하지 않는 방식으로 수술하는 경우 의사에게 요구되는 보다 강화된 주의의무에 대해 기준을 제시하였다는 점에서 의미가 있다.

(3) 기타의 경우

1) 과실을 인정한 경우

① 헬리콥터에 승객 3명을 태우고 운항하던 조종사가 엔진 고장이 발생한 경우에 위 항공기를 긴급시의 항법으로서 정해진 절차에 따라 운항하지 못한 과실로 말미암아 사람이 현존하는 위 항공기를 안전하게 비상착수시키지 못하고 해상에 추락시켰다면 업무상과실항공기추락죄에 해당한다(대판 1990. 9. 11, 90도1486).

② 태풍경보가 내려져 있어 파도가 높은 날 이끼가 낀 바위 위에서 **전역병을 헹가레**쳐 바다에 빠뜨리려다가 헹가레를 치던 한 병사가 바다에 빠져 익사한 경우, 이끼가 낀 미끄러운 방위위에서 파도가 높은 날 헹가레를 치게되면 헹가레를 치던 병사가 미끄러져 익사할 수 있다는 점은 충분히 예견가능하다(대판 1990. 11. 13, 90도2106).

③ … **술에 취한 피해자가** 정신없이 몸부림을 치다가 발이나 이불자락으로 **촛불을 건드리는 경우** 그것이 넘어져 불이 이불이나 비닐장판 또는 벽지 등에 옮겨붙어 화재가 발생할 가능성이 있고, 또한 화재가 발생하는 경우 화재에 대처할 능력이 없는 피해자가 사망할 가능성이 있음을 예견할 수 있으므로 이러한 경우 피해자를 혼자 방에 두고 나오는 피고인들로서는 **촛불**을 끄거나 양초가 쉽게 넘어지지 않도록 적절하고 안전한 조치를 취하여야 할 주의의무가 있다 할 것인 바, 비록 피고인들이 직접 촛불을 켜지 않았다 할지라도 위와 같은 주의의무를 다하지 않은 이상 피고인들로서는 이 사건 화재발생과 그로

인한 피해자의 사망에 대하여 과실책임을 면할 수는 없다 할 것이다(대판 1994. 8. 16, 94도1291).

2) 과실을 부정한 경우

① 현장소장이 작업반장에게 작업을 중지시켰으나 **작업반장이 이를 무시**하고 인부들에게 작업을 지시하여 작업 중 사고가 발생한 경우, 소장이 작업중지지시를 내렸으므로 소장에게 과실을 인정할 수 없다(대판 1984. 4. 10, 83도3365).

② 교사가 징계목적으로 학생의 손바닥을 때리기 위해 **회초리**를 들어올리다가 옆에서 구경하려는 다른 학생의 눈을 찔러 상해를 입힌 경우, 교사에게 업무상 과실치상죄는 성립하지 않는다(대판 1985. 7. 9, 84도822).

③ 전당포경영자가 **전당물을 入質**받을 때 소유관계를 묻고 주민등록증을 제시받아 전당물대장에 주소·성명·직업·주민등록번호·연령을 기재하였다면 특별한 사정이 없는 한 전당포경영자로서 주의의무를 다한 것이다(대판 1987. 2. 24, 86도2077).

④ 담임교사가 학교방침에 따라 학생들에게 교실청소를 시켜왔고 유리창을 청소할 때는 교실**안쪽**에서 닦을 수 있는 **유리창만을 닦도록 지시**하였는데도 유독 피해자만이 수업시간이 끝나자마자 베란다로 넘어 갔다가 밑으로 떨어져 사망한 경우 교사의 주의의무를 인정할 수 없다(대판 1989. 3. 28, 89도108).

⑤ 주택수리공사에 관해 아무런 전문지식이 없는 **가정주부**가 임차한 한옥을 수리하여 한복집을 경영할 계획으로 주택수리공사 전문업자인 목수에게 공사를 맡겼는바, 실내천장 붙임공사 도중 외벽과 천장이 무너지면서 공사중이던 인부를 덮쳐 약 8주간의 치료를 요하는 상해를 입게 한 경우, 도급인이 공사를 관리하고 감독할 지위에 있다거나 공사전문업자 또는 분야별 공사업자나 인부들에 대해 공사의 시공이나 개별작업에 관하여 구체적으로 지시하고 감독할 지위에 있다고 볼 수 없으므로 도급인에게 공사상 필요한 안전조치를 취할 업무상 주의의무가 있다고 할 수 없다(대판 2002. 4. 12, 2000도3295).

2. 신뢰의 원칙

(1) 신뢰의 원칙의 적용요건

① 같은 방향으로 달려오는 **후방차량이 교통법규를 준수**하여 진행할 것이라고 신뢰하며 우측전방에 진행 중인 손수레를 피하여 자동차를 진행하는 운전수로서는 위 손수레를 피하기 위하여 중앙선을 약간 침범하였다 하더라도 구 도로교통법(61. 12. 31. 법률 제941

호) 제11조 소정의 규정을 위반한 점에 관한 책임이 있음은 별론으로 하고 후방에서 오는 차량의 동정을 살펴 그 차량이 무모하게 추월함으로써 야기될지도 모르는 사고를 미연에 방지하여야 할 주의의무까지 있다고는 볼 수 없다(대판 1970. 2. 24, 70도176).

② 선행 운전자가 좌회전 금지구역에서 좌회전을 하고 있는데 50여m 후방에서 따라오던 후행차량이 중앙선을 넘어 피고인 운전차량의 좌측으로 돌진하는 등 **극히 비정상적인 방법으로 진행할 것까지를 예상하여** 사고발생방지조치를 취해야 할 업무상주의의무가 없다(대판 1996. 5. 28, 95도1200).

(2) 도로교통에서의 신뢰의 원칙

1) 자동차 대 자동차 사고

a) 주의의무가 부정된 경우

① 교차로에 이르러 신호대기선에서 대기하다가 진행신호에 따라 이미 교차로의 상당 부분을 직진하여 통과한 운전자에게 뒤늦게 **교통신호를 무시**하고 좌측에서 교차로에 진입, 좌회전하여 진행할 차량이 있을 것을 예상하여 사고발생을 미연에 방지할 주의의무가 있다고 할 수는 없다(대판 1983. 2. 22, 82도3071).

② 중앙선 표시가 있는 직선도로에 있어서 특별한 사정이 없는 한 그 대향차선상의 차량은 그 차선을 유지운행하고 도로중앙선을 넘어 반대차선에 진입하지 않으리라고 믿는 것이 우리의 경험칙에 합당하다고 할 것이므로 **대향차선상을 달려오는 차량**을 발견하였다 하여 자기가 운전하는 차를 정지 또는 서행하거나 일일이 그 차량의 동태를 예의주시할 의무가 있다고 할 수 없다(대판 1984. 2. 14, 83도3086).

③ 피고인(갑)이 봉고트럭을 운전하고 도로 2차선상으로, 피고인(을)이 버스를 운전하고 도로 3차선상으로 거의 병행운행하고 있을 즈음 도로 3차선에서 피고인(을)의 버스뒤를 따라 운행하여 오던 피해자 운전의 오토바이가 버스를 앞지르기 위해 도로 2차선으로 진입하여 **무모하게 위 트럭과 버스 사이에 끼어 들어 이 사이를 빠져 나가려 한 경우**에 있어서는 선행차량이 속도를 낮추어 앞지르려는 피해자의 오토바이를 선행하도록 하여 줄 업무상 주의의무가 있다고 할 수 없다(대판 1984. 5. 29, 84도483).

④ 운전자가 교차로를 사고 없이 통과할 수 있는 상황에서 그렇게 인식하고 **교차로에 일단 먼저 진입**하였다면 특별한 사정이 없는 한 그에게 과실이 있다고 할 수 없고, 교차로에 먼저 진입한 운전자로서는 이와 교차하는 좁은 도로를 통행하는 피해자가 교통법규에 따라 적절한 행동을 취하리라고 신뢰하고 운전한다고 할 것이므로 특별한 사정이 없는 한 피해자가 자신의 진행속도보다 빠른 속도로 무모하게 교차로에 진입하여 자신이 운

전하는 차량과 충격할지 모른다는 것까지 예상하고 대비하여 운전하여야 할 주의의무는 없다고 할 것이다(대판 1992.8.18, 92도934).

b) 주의의무위반이 인정된 경우

① 고속도로의 **노면이 결빙**된 데다가 짙은 **안개**로 시계가 20M 이내였다면 차량 운전자는 제한시속에 관계없이 장애물 발견 즉시 제동정지할 수 있을 정도로 속도를 줄이는 조치를 취하였어야 할 것이므로 단순히 제한속도를 준수하였다는 사실만으로 주의의무를 다한 것은 아니다(대판 1990. 12. 26, 89도2589).

② 오르막 경사가 있고 왼쪽으로 **굽은 편도 1차선 도로** 중 일부 구간이 마을진입로를 위해 중앙선이 지워져 있는 지점에서 야간에 승용차와 교행하게 된 화물트럭 운전자로서는 상대방 차량이 도로중앙부위를 넘어서 운행할 가능성이 있으므로 이에 대비하여 상대방 차량의 동태를 예의 주시하면서 경음기를 울리거나 차량전조등을 깜박거려 상대방 차량 운전사에게 경고를 보내고 속도를 줄이면서 최대한 도로의 우측 가장자리로 진행하는 등 사고발생 방지에 필요한 조치를 취할 주의의무가 있다(대판 1994. 12. 2, 94도814).

③ 각 차선을 운행하는 운전자로서는 특단의 사정이 없는 한 반대차선 내에 있는 차량이 그 경계선을 넘어 들어오지 않을 것으로 신뢰하여 운행하는 것이므로 부득이한 사유가 없음에도 고의로 경계인 그 중앙선을 넘어 들어가 침범당하는 차선의 차량운행자의 신뢰에 어긋난 운행을 하였다면 그러한 침범운행의 동기가 무엇인가에 따라 책임의 유무가 달라질 수 없는 것이므로 좌회전 또는 유턴(U-turn)을 하려고 하였다 하더라도 중앙선 침범의 죄책을 면할 수 없다(대판 2000. 7. 7, 2000도2116).

2) 자동차 대 보행자사고의 경우

a) 주의의무위반이 부정된 경우

① 사고당시의 시간이 통행금지시간이 임박한 23:45경이라면 일반적으로 차량의 통행이 적어 통금에 쫓긴 통행인들이 도로를 횡단하는 것이 예사이고, 이 사건 사고 당시와 같이 사고지점의 3차선 상에 버스들이 정차하고 있었다면 **버스에서 내려 버스사이로 뛰어나와 도로를 횡단**하려고 하는 사람이 있으리라는 것은 우리의 경험상 능히 예측할 수 있는 일이다(대판 1980. 5. 27, 80도842).

② 제한시속으로 도로 우측 포장부분을 진행하다가 **맞은 편**에서 도로포장 좌측변을 따라 **자전차**를 타고 오던 피해자가 피고인의 차량과 불과 5, 6미터 정도로 근접하는 순간 갑자기 도로를 횡단하려고 자전차의 핸들을 꺾다가 눈이내린 노면 중앙부분에서 넘어진 것을 발견하고 급정거조치를 취하였으나 차량이 미끄러지면서 충돌하였는바, 위와 같은

사실관계 아래서는, 피고인에게 자전차를 탄 피해자가 5, 6미터 정도의 근접한 거리에서 갑자기 도로를 횡단하여 피고인 차량이 진행하던 도로 좌측부분으로 진입할 것을 예상하고 더욱 감속하거나 일단 정지를 하는 등 사고발생을 미연에 방지할 주의의무가 있다고 보기 어렵다(대판 1983. 2. 8, 82도2617).

③ 운전자에게 야간에 무등화인 자전거를 타고 차도를 무단횡단하는 경우까지를 예상하여 제한속력을 감속하고 잘 보이지 않는 반대차선상의 동태까지 살피면서 서행운행할 주의의무가 있다고 할 수 없다(대판 1984. 9. 25, 84도1695).

비교판례 1

야간에 고속도로의 1차로를 운행하다 앞서가는 고속버스를 추월하기 위해 2차로로 진로를 변경하여 시속 약 120Km의 속도로 진행하다 때마침 진행방향 우측에서 좌측으로 고속도로를 무단횡단하던 피해자를 들이받아 사망케 한 경우 운전자가 상당한 거리에서 보행자의 무단횡단을 미리 예상할 수 있는 사정이 있었고 그에 따라 즉시 감속 또는 급제동 조치를 취하였다면 사고를 피할 수 있었다는 특별한 사정이 없는 한 운전자에게 과실을 인정할 수 없다(대판 2000. 9. 5, 2000도2671).

비교판례 2

고속도로사고라도 제동거리밖에서 피해자를 발견하고도 사고를 낸 경우는 운전자에게 업무상의 과실을 인정할 수 있다(대판 1973. 6. 12, 73도280)

⑤ 각종 차량의 내왕이 번잡하고 보행자의 횡단이 금지되어 있는 육교밑 차도를 주행하는 자동차운전자가 전방 보도위에 서있는 피해자를 발견했다 하더라도 **육교를 눈앞에 둔 동인이 특히 차도로 뛰어들** 거동이나 기색을 보이지 않는 한 일반적으로 동인이 차도로 뛰어들어 오리라고 예견하기 어려운 것이므로 이러한 경우 운전자로서는 일반보행자들이 교통관계법규를 지켜 차도를 횡단하지 아니하고 육교를 이용하여 횡단할 것을 신뢰하여 운행하면 족하다 할 것이고 불의에 뛰어드는 보행자를 예상하여 이를 사전에 방지해야 할 조치를 취할 업무상 주의의무는 없다(대판 1985. 9. 10, 84도1572).

⑥ 직진 및 좌회전신호에 의하여 좌회전하는 2대의 차량 뒤를 따라 직진하는 차량의 운전사로서는 **횡단보도의 신호가 적색**인 상태에서 반대차선상에 정지하여 있는 차량의 뒤로 보행자가 횡단보도를 건너오지 않을 것이라고 신뢰하는 것이 당연하고 그렇지 아니할 사태까지 예상하여 그에 대한 주의의무를 다하여야 한다고는 할 수 없으며, 또 운전사

가 무면허인 상태에서 제한속도를 초과하여 진행한 잘못이 있다 하더라도 그러한 잘못이 사고의 원인이 되었다고는 볼 수 없다(대판 1987. 9. 8, 87도1332).

(3) 의료사고에서의 신뢰의 원칙

1) 신뢰의 원칙을 적용한 경우

① 마취환자의 마취회복업무를 담당한 의사로서는 … 마취환자가 의식이 회복되기 전에는 호흡이 정지될 가능성이 적지 않으므로 피해자의 의식이 완전히 회복될 때까지 주위에서 관찰하거나 적어도 환자를 떠날 때는 피해자를 담당하는 간호사를 특정하여 그로 하여금 환자의 상태를 계속 주시하도록 하여 만일 이상이 발생한 경우에는 즉시 응급조치가 가능하도록 할 의무가 있다. 그러나 피해자를 감시하도록 업무를 인계 받지 않은 간호사가 자기환자의 회복처치에 전념하고 있었다면 회복실에 다른 간호사가 남아 있지 않은 경우에도 다른 환자의 이상증세가 인식될 수 있는 상황에서라야 이에 대한 조치를 할 의무가 있다고 보일 뿐 **회복실 내의 모든 환자**에 대하여 적극적, 계속적으로 주시, 점검을 할 의무가 있다고 할 수 없다(대판 1994. 4. 26, 92도3283).

② 간호사가 '진료의 보조'를 함에 있어서는 모든 행위 하나하나마다 항상 의사가 현장에 입회하여 일일이 지도·감독하여야 한다고 할 수는 없고, 경우에 따라서는 의사가 진료의 보조행위 현장에 입회할 필요 없이 일반적인 지도·감독을 하는 것으로 족한 경우도 있을 수 있다 할 것인데, 여기에 해당하는 보조행위인지 여부는 보조행위의 유형에 따라 일률적으로 결정할 수는 없고 구체적인 경우에 있어서 그 행위의 객관적인 특성상 위험이 따르거나 부작용 혹은 후유증이 있을 수 있는지, 당시의 환자 상태가 어떠한지, 간호사의 자질과 숙련도는 어느 정도인지 등의 여러 사정을 참작하여 개별적으로 결정하여야 할 것이다(대판 2003. 8. 19, 2001도3667).

이 판결의 사실관계는 간호사가 의사의 처방에 의한 **정맥주사**(Side Injection 방식)를 의사의 입회 없이 간호실습생(간호학과 3학년생)에게 피해자의 정맥에 주사하라고 지시하고 자신은 그 병실의 다른 환자에게 주사를 하는 사이에 간호실습생이 뇌실외배액관을 대퇴부 정맥에 연결된 튜브로 착각하여 그 곳에 주사액을 주입하는 것을 뒤늦게 발견하고 즉시 이를 제지한 다음 직접 나머지 주사액을 대퇴부 정맥에 연결된 튜브에 주입하였지만 피해자는 뇌압상승에 의한 호흡중추마비로 같은 날 사망한 것이다.
이 판결은 의료영역에서 신뢰의 원칙 적용과 그 구체적 범위에 대해 논의의 의미가 있는데, 신뢰의 원칙은 도로교통영역에서 교통규칙을 준수한 행위자는 타인의 교통규칙 준수를 신뢰할 수 있으며, 그 한도 내에서는 결과발생을 예견하고 회피할 의무가 없다는 것으로 객관적 주의의무를 제한하는 역할을 하는데, 의료영역과 같은 분업적 공동작업에서 상호간의 신뢰관계가 형성될 수 있는 영역으로 확대되어 가고 있다. 대법원은 위 판결에서 의사가 모든 진료보조 행위마다 일일이 현장에 입회하여 일일이 지도·감독할 주의의무는 없다는 이유로 의사의 과실을 부정하였다.
의사와 의사간의 수평적 분업관계(92도3283)와 달리 의사와 간호사간 수직적 분업관계에서는 상위 종사자의 주의의무준수를 쉽게 인정할 수 없으나, 위 판결에서 의사인 피고인은 대퇴부정맥에 연결된 튜브를 통해 주사액을 주입하여 투약행위와 가까운 행위를 자신의 지시와 달리 간호사인 피고인이 간호실습생 단독으로 주사하게 하리라고는 예견할 수 없으며, 이전까지 주사 부작용이 없었으며 수술 후 회복상태이던 환자의 상태에 비추어 볼 때 자신의 현장 입회가 필요없이 일반적인 지도·감독으로 족한 진료보조행위로서 신뢰할 수 있는 영역내로 주의의무 위반이 있다고 보기 어렵다.

2) 신뢰의 원칙을 제한한 경우

① 정신과질환인 **조증으로 입원한 환자**의 주치의사는 환자의 건강상태를 사전에 면밀히 살펴서 그 상태에 맞도록 조증치료제인 클로르포르마진을 가감하면서 투여하여야 하고, 클로르포르마진의 과다투여로 인하여 환자에게 기립성저혈압이 발생하게 되었고 당시 환자의 건강상태가 갑자기 나빠지기 시작하였다면 좀 더 정확한 진찰과 치료를 위하여 내과전문병원 등으로 전원조치를 하여야 할 것이고, 그러지 못하고 환자의 혈압상승을 위하여 포도당액을 주사하게 되었으면 그 과정에서 환자의 전해질이상 유무를 확인하고 투여하여야 함에도 의사에게 요구되는 이러한 일련의 조치를 취하지 아니한 과실이 있다면, 그러한 과실로 환자가 전해질이상·빈혈·저알부민증 등으로 인한 쇼크로 사망하였음을 인정할 수 있고, 그 치료 과정에서 야간당직의사의 과실이 일부 개입하였다고 하더라도 그의 주치의사 및 환자와의 관계에 비추어 볼 때 환자의 주치의사는 업무상과실치사죄의 책임을 면할 수는 없다(대판 1994. 12. 9, 93도2524).

② 간호사로 하여금 의료행위에 관여하게 하는 경우에도 그 의료행위는 의사의 책임하에 이루어지는 것이고 간호사는 그 보조자에 불과하므로 의사는 … 간호사가 과오를 범하지 않도록 충분히 지도·감독하여 사고의 발생을 미연에 방지하여야 할 주의의무가 있고, 이를 소홀히 한 채 만연히 간호사를 신뢰하여 간호사에게 당해 의료행위를 일임함으로써 간호사의 과오로 환자에게 위해가 발생하였다면 의사는 그에 대한 과실책임을 면할 수 없다. … 위와 같이 혈액봉지가 바뀔 위험이 있는 상황에서 피고인이 그에 대한 아무런 조치도 없이 **간호사에게 (세 번째)혈액봉지의 교체를 일임**한 것이 관행에 따른 것이라는 이유만으로 정당화 될 수 없다(대판 1998. 2. 27, 97도2812).

제 2 절 결과적 가중범

Ⅰ. 진정결과적 가중범과 부진정 결과적 가중범

① 실신한 피해자 2와 3에 대한 범죄사실에 관하여 보면 형법 제164조 후단이 규정하는 **현주건조물 방화치사상죄**는 … 과실이 있는 경우 뿐 아니라 고의가 있는 경우도 포함된다고 볼 것인바, 이와 다른 견해에서 형법 제164조 후단의 범죄는 과실의 경우에만 적용되는 것으로 판정하여 피고인을 현주건조물에의 방화죄와 살인죄의 상상적 경합으로 의율한 제1심 판단을 지지한 원심판결은 결국 형법 제164조 후단의 법리를 오해하였다는 평을 면하지 못한다. 그러나 논지처럼 형법 제164조 후단의 범죄로 인정하여 동 조항을 적용한다면 피고인만이 상고한 이 사건에 있어서 피고인에게 불리한 의율이 될 수밖에 없는 법리로서 결국 논지는 채택될 수 없다. 다음 피고인이 불을 놓은 집에서 빠져 나오려는 위 피해자 4, 5를 방문에서 가로 막아 동녀들을 탈출 못하게 함으로써 불에 타 숨지게 하였다는 공소사실에 관하여 직권으로 살피건대, … 이 사건에서와 같이 설사 사람이 현존하는 건조물에 그 사람을 살해하기 위하여 방화한 경우라 할지라도 그것은 1개의 행위가 수개의 죄명에 해당하는 경우라고 볼 수 없고, 위 방화행위와 살인행위는 법률상 별개의 범의에 의해 별개의 법익을 해하는 별개의 행위라고 하지 않을 수 없는바, 그렇다면 불에 타고 있는 집에서 빠져 나오려는 이 사건 피해자들을 막아 소사케 한 행위는 별개의 행위로서 살인죄를 구성한다(대판 1983. 1. 18, 82도2341).

군인이던 피고인은 사찰의 주지인 甲 때문에 자신의 가족이 기거하던 은봉암에서 쫓겨난 것에 앙심을 품고 휴가 중 甲을 살해하기 위해 은봉암에 침입하였으나, 甲은 없고 그의 처 乙과 세 딸들이 자신을 알아보자 절구방망이로 乙과 큰 딸의 머리를 강타하여 실신시킨 뒤 그 집을 전소시켜 증거를 인멸하려고 그 집에 방화하고, 그 후 그 집에 있던 둘째 딸과 셋째 딸이 집밖으로 빠져나오려는 것을 탈출하지 못하도록 출입구를 막아 둘째 딸은 나오지 못해 사망하였고 셋째 딸은 탈출하여 치료를 받던 중 사망한 사건으로, 乙과 큰 딸에 대해서는 현주건조물방화치사죄만을 인정하였고(불이익변경금지의 원칙으로 인하여 1개의 현조건조물방화죄와 2개의 살인죄가 상상적 경합관계라는 원심판결이 부당함에도 피고인의 상고를 기각하였다), 둘째 딸과 셋째 딸에 대해서는 방화의 기수 후에 살해행위가 있었다는 이유로 현주건조물방화죄와 살인죄의 경합범을 인정하였다.

② 특수공무집행방해치사상과 같은 부진정결과적가중범은 예견가능한 결과를 예견하지 못한 경우뿐만 아니라 그 결과를 예견하거나 고의가 있는 경우까지도 포함하는 것이

므로, 공무집행을 방해하는 집단행위의 과정에서 일부 집단원이 고의로 방화행위를 하여 사상의 결과를 초래한 경우에 다른 집단원이 그 방화행위로 인한 사상의 결과를 예견할 수 있는 상황이었다면 특수공무집행방해치사상의 죄책을 면할 수 없으나 그 방화행위자체에 공모가담한 바 없는 이상 방화치사상죄로 의율할 수는 없다(대판 1990. 6. 26, 90도765 - 이른바 동의대사건).

③ **특수공무집행방해치상죄**는 부진정결과적 가중범이며, 기본범죄를 통하여 고의로 중한 결과를 발생케 한 부진정결과적 가중범의 경우 그 중한 결과가 별도의 구성요건에 해당한다면 이는 결과적 가중범(즉 특수공무집행방해치상죄)과 중한 결과에 대한 고의범(즉 상해죄)의 상상적 경합관계에 있다(대판 1995. 1. 20, 94도2842).

④ 형법 제164조 후단이 규정하는 현주건조물방화치사상죄는 그 전단이 규정하는 죄에 대한 일종의 가중처벌 규정으로서 과실이 있는 경우뿐만 아니라, 고의가 있는 경우에도 포함된다고 볼 것이므로 사람을 살해할 목적으로 현주건조물에 방화하여 사망에 이르게 한 경우에는 **현주건조물방화치사죄**로 의율하여야 하고 이와 더불어 살인죄와의 상상적경합범으로 의율할 것은 아니며, 다만 **존속살인죄와 현주건조물방화치사죄**는 상상적경합범 관계에 있으므로, 법정형이 중한 존속살인죄로 의율함이 타당하다(대판 1996. 4. 26, 96도485).

아버지와 동생을 살해할 생각으로 아버지와 동생이 잠자고 있던 방에 장롱속으로 두루마리 휴지를 넣어 방화하여 집을 불태우고 아버지와 동생을 질식사하도록 한 사안으로, 동생에 대하여는 현주건조물방화치사죄의 단순일죄를 인정하고 직계존속인 아버지의 경우에는 형의 균형상 존속살해죄와 상상적 경합을 인정한 판결이다.

⑤ 피고인들이 피해자들의 재물을 강취한 후 그들을 살해할 목적으로 현주건조물에 방화하여 사망에 이르게 한 경우, 피고인들의 행위는 강도살인죄와 현주건조물방화치사죄에 모두 해당하고 그 두 죄는 상상적 경합범관계에 있다(대판 1998. 12. 8, 98도3416).

Ⅱ. 중한 결과의 발생

① 강도치상죄에 있어서의 상해는 강도의 기회에 범인의 행위로 인하여 발생한 것이면 족한 것이므로, 피고인이 택시를 타고 가다가 요금지급을 면할 목적으로 소지한 과도로 운전수를 협박하자 이에 놀란 운전수가 택시를 급우회전하면서 그 충격으로 피고인이

겨누고 있던 과도에 어깨부분이 찔려 상처를 입었다면, 피고인의 위 행위를 강도치상죄에 의율함은 정당하다(대판 1985. 1. 15, 84도2397).

② 강간이 미수에 그치거나 간음의 결과 사정을 하지 않은 경우라도 그로 인하여 피해자가 상해를 입었으면 강간치상죄가 성립하는 것이고, 강간치상죄에 있어 상해의 결과는 강간의 수단으로 사용한 폭행으로부터 발생한 경우뿐만 아니라 간음행위 그 자체로부터 발생한 경우나 강간에 수반하는 행위에서 발생한 경우도 포함하는 것이다(대판 1999. 4. 9, 99도519).

Ⅲ. 직접성의 원칙

1. 직접성이 인정된 경우

① 피고인의 **강타**로 인하여 임신 7개월의 피해자가 지상에 넘어져서 4일후에 낙태하고 위 **낙태로 유발된 심근경색증**으로 죽음에 이르게 된 경우 피고인의 구타행위와 피해자의 사망간에는 인과관계가 있다(대판 1972. 3. 28, 72도296).

② 피고인이 주먹으로 피해자의 **복부**를 1회 **강타하여 장파열**로 인한 복막염으로 사망케 하였다면 비록 의사의 수술지연 등 과실이 피해자의 사망의 공동원인이 되었다 하더라도 폭행치사죄의 죄책을 면할 수 없다(대판 1984. 6. 26, 84도831).

③ 피해자를 2회에 걸쳐 두 손으로 힘껏 밀어 땅바닥에 넘어뜨리는 폭행을 가함으로써 그 충격으로 인한 쇼크성 심장마비로 사망케 하였다면 비록 위 피해자에게 그 당시 심관성동맥경화 및 심근섬유화 증세등의 **심장질환의 지병**이 있었고 음주로 만취된 상태였으며 그것이 피해자가 사망함에 있어 영향을 주었다고 해서 피고인의 폭행과 피해자의 사망간에 상당인과 관계가 없다고 할 수 없다(대판 1986. 9. 9, 85도2433).

④ 피고인들이 공동하여 피해자를 폭행하여 당구장 3층에 있는 화장실에 숨어 있던 피해자를 다시 폭행하려고 피고인 甲은 화장실을 지키고, 피고인 乙은 당구치는 기구로 문을 내려쳐 부수자 위협을 느낀 피해자가 화장실 창문 밖으로 **숨으려다가 실족**하여 떨어짐으로써 사망한 경우에는 피고인들의 위 폭행행위와 피해자의 사망 사이에는 인과관계가 있다고 할 것이므로 폭행치사죄의 공동정범이 성립된다(대판 1990. 10. 16, 90도1786).

⑤ 피고인이 아파트 안방에서 안방문에 못질을 하여 동거하던 피해자가 술집에 나갈 수 없게 감금하고, 피해자를 때리고 옷을 벗기는 등 가혹한 행위를 하여 피해자가 이를

피하기 위하여 창문을 통해 밖으로 뛰어 내리려 하자 피고인이 이를 제지한 후, 피고인이 거실로 나오는 사이에 갑자기 안방 창문을 통하여 알몸으로 아파트 아래 잔디밭에 뛰어 내리다가 다발성 실질장기파열상 등을 입고 사망한 경우, 피고인의 **중감금행위**와 피해자의 사망 사이에는 인과관계가 있어 피고인은 중감금치사죄의 죄책을 진다(대판 1991. 10. 25, 91도2085).

⑥ 계속 교제하기를 원하는 자신의 제의를 피해자가 거절한다는 이유로 얼굴을 주먹으로 수회 때리자 피해자는 이에 대항하여 피고인의 손가락을 깨물고 목을 할퀴게 되었고, 이에 격분한 피고인이 다시 피해자의 얼굴을 수회 때리고 발로 배를 수회 차는 등 … 피해자가 위와 같이 계속되는 피고인의 **폭행을 피하려고 다시 도로를 건너 도주**하다가 차량에 치여 사망한 사실을 인정한 다음, 위와 같은 사정에 비추어 보면 피고인의 위 상해행위와 피해자의 사망 사이에 상당인과관계가 있다고 하여 피고인을 상해치사죄로 처단한 제1심의 판단을 유지하고 있는바, 기록에 의하여 살펴보면, 원심의 사실인정과 피고인의 위 상해행위와 피해자의 사망 사이에 상당인과관계가 있다고 본 원심의 판단은 모두 정당한 것(이다)(대판 1996. 5. 10, 96도529).

⑦ 승용차로 피해자를 가로막고 승용차에 승차하게 한 후 피해자의 하차요구를 무시한 채 시속 약 60km 내지 70km의 속도로 진행하여 피해자를 차량에서 내리지 못하게 한 행위는 감금죄에 해당하고, 피해자가 그와 같은 감금상태를 벗어날 목적으로 차량을 빠져나오다가 길바닥에 떨어져 상해를 입고 그 결과 사망에 이르렀다면 감금행위와 피해자의 사망 사이에 상당인과관계가 있다고 할 것이므로 감금치사죄에 해당한다(대판 2000. 2. 11, 99도 5286).

2. 직접성이 부정된 경우

강간을 당한 피해자가 집에 돌아가 음독자살하기에 이른 경우 강간행위와 피해자의 자살사이에 인과관계를 인정할 수는 없다(대판 1982. 11. 13, 82도1446).

Ⅳ. 중한 결과에 대한 예견가능성

1. 예견가능성이 인정된 경우

① 피고인이 1981. 4. 8. 피해자의 뺨을 2회 때리고 두손으로 어깨를 잡아 땅바닥에 넘

어뜨리고 머리를 세멘트벽에 부딪치게 하여서, … 병세가 계속 악화되어 결국 같은 해 4. 30 뇌손상(뇌좌상)으로 사망하였다면, 피해자가 평소 **고혈압과 선천성혈관기형인 좌측전고동맥류**의 증세가 있었고 피고인의 폭행으로 피해자가 사망함에 있어 위와 같은 지병이 사망결과에 영향을 주었다고 해서 피고인의 폭행과 피해자의 사망간에 상당인과관계가 없다고 할 수 없으며, 피고인이 피해자를 폭행할 당시에 이미 폭행과 그 결과에 대한 예견가능성이 있었다 할 것이고 그로 인하여 치사의 결과가 발생하였다면 이른바 결과적가중범의 죄책을 면할 수 없다(대판 1983. 1. 18, 82도697).

② 과거에 동거하던 피해자 에게 다시 동거할 것을 요구하며 서로 말다툼을 하다가 **주먹으로 얼굴과 가슴을 수없이 때리고** 머리채를 휘어잡아 방벽에 여러 차례 부딪치는 폭행을 가하여 두개골결손, 뇌경막하출혈 등으로 2일후 사망케 한 사실이 인정된다. 사람의 얼굴과 가슴에 대한 가격은 신체기능에 중대한 지장을 초래할 수 있고 더구나 두뇌부위에 대하여 두개골 결손을 가져올 정도로 타격을 가할 경우에 치명적인 결과를 가져올 수 있다는 것은 누구나 예견할 수 있는 일이라고 할 것이므로, 원심이 피고인에게 피해자의 사망의 결과에 대한 예견가능성이 있었던 것으로 인정하여 피고인을 상해치사죄로 의율한 조치는 정당하고, 이점을 다투는 논지는 이유없다(대판 1984. 12. 11, 84도2183).

③ 양손을 뒤로 결박당하고 양발목마저 결박당한 피해자의 양쪽팔, 다리, 머리 등을 그 판시와 같은 방법으로 밀어누름으로써 피해자의 얼굴을 욕조의 물속으로 강제로 찍어누르는 가혹행위를 반복할 때에 욕조의 구조나 신체구조상 피해자의 목 부분이 욕조의 턱에 눌릴 수 있고, 더구나 물속으로 들어가지 않으려고 반사적으로 반항하는 피해자의 행동을 제압하기 위하여 강하게 피해자의 머리를 잡아 물속으로 누르게 될 경우에는 위 욕조의 턱에 피해자의 목 부분이 눌려 질식현상 등의 치명적인 결과를 가져올 수 있다는 것은 우리의 경험칙상 어렵지 않게 예견할 수 있다 할 것이고, 나아가 피고인들의 위와 같은 가혹행위와 피해자의 사망과의 사이에는 상당인과관계가 있다할 것이므로 원심이 피고인들을 결과적 가중범인 위 법조(특정범죄가중처벌 등에 관한 법률 제4조의2 : 체포·감금 등의 가중처벌) 위반으로 의율한 조치는 정당하고 거기에 결과적 가중범에 있어서의 예견가능성 또는 인과관계에 관한 법리를 오해한 위법이 있다할 수 없(다)(대판 1988. 2. 23, 87도2358－이른바 박종철고문치사 사건).

④ 피해자가 극도의 흥분을 느끼고 몹시 당황한 상태에서 자신이 끌려들어간 위 객실이 고층에 위치하고 있다거나 밖에 베란다가 없다는 사실 등을 순간적으로 의식하지 못한 채 미리 밖을 내다보지도 않고서 그대로 위 장문을 통하여 탈출하나가 지상으로 추락하여 사망에 이른 것으로 보이는 점 등의 여러 사정을 종합하여 보면, 위와 같은 상황하

에서라면 일반 경험칙상 위 피해자가 **강간을 모면하기 위하여 창문을 통하여서라도 탈출하려다가 지상에 추락**하여 사망에 이르게 될 수도 있음을 충분히 예견할 수 있었다고 볼 것이므로, 피고인의 이 사건 강간미수행위와 위 피해자의 사망과의 사이에는 상당인과관계가 있다고 할 것이니, 원심이 피고인을 강간치사죄로 처단하였음은 정당하다(대판 1995. 5. 12. 95도425).

피고인이 운영하는 속셈학원의 구인광고를 보고 찾아온 피해자를 채용하고 3일 후 아직 첫 출근도 하지 아니한 상태에서 학습교재를 설명하겠다며 호텔로 유인하여 강제로 끌고 들어가 피해자의 반항을 억압한 후 강간하려 하였으나, 2시간 정도에 걸쳐 계속적으로 완강히 저항하자 대실시간을 연장하기 위해 호텔 프런트에 전화를 하는 사이에 피해자가 객실 창문을 열고 뛰어내리다가 28m 아래 지상으로 추락하여 두개골골절상 등으로 사망한 사안으로, 대법원은 예견가능성을 인정하였으나, 이하에 나올 92도3229 판결과 사실관계가 유사함에도 상반된 결론을 내려 객관적 귀속이론의 관점에서는 문제가 있어 보인다.

⑤ 형법 제188조에 규정된 **교통방해에 의한 치사상죄**는 결과적 가중범이므로, 위 죄가 성립하려면 교통방해 행위와 사상(사상)의 결과 사이에 상당인과관계가 있어야 하고 행위 시에 결과의 발생을 예견할 수 있어야 한다. 그리고 교통방해 행위가 피해자의 사상이라는 결과를 발생하게 한 유일하거나 직접적인 원인이 된 경우만이 아니라, 그 행위와 결과 사이에 피해자나 제3자의 과실 등 다른 사실이 개재된 때에도 그와 같은 사실이 통상 예견될 수 있는 것이라면 상당인과관계를 인정할 수 있다. … 당시 피고인은 1·2차로에 차량들이 정상 속도로 꾸준히 진행하고 있었는데도 2차로를 따라 시속 110~120km 정도로 진행하여 1차로의 피해자 공소외 1 **차량 앞에 급하게 끼어든 후 곧바로 제동**하여 약 6초 만에 정차하였고, 피해자 공소외 1의 차량 및 이를 뒤따르던 차량 두 대가 연이어 급제동하여 정차하기는 하였으나, 그 뒤를 따라오던 피해자 공소외 2가 운전하던 차량은 미처 추돌을 피하지 못하였고 그 추돌 시각은 피고인 차량 정차로부터 겨우 5~6초 후라는 것이다. 그렇다면 스스로 편도 2차로의 고속도로 추월차로인 1차로 한가운데에 정차한 피고인으로서는 현장의 교통상황이나 일반인의 운전 습관·행태 등에 비추어 고속도로를 주행하는 다른 차량 운전자들이 제한속도 준수나 안전거리 확보 등의 주의의무를 완전하게 다하지 않을 수도 있다는 점을 알았거나 충분히 알 수 있었다고 할 것이므로, 설령 이 사건에서 피해자들의 사상의 결과 발생에 피해자 공소외 2의 과실이 어느 정도 개재되었다 하더라도, 피고인의 정차 행위와 그와 같은 결과 발생 사이에 상당인과관계가 없다고 할 수 없다. 비록 피고인 차량 정차 후 세 대의 차량이 급정차하여 겨우 추돌을 피하기는 하였으나, 그것만으로 통상의 운전자라면 피해자 공소외 2가 처했던 상황에서 추돌을 피할

수 있었다는 개연성을 인정할 만한 특별한 사정이 있다고 보기는 어렵고, 달리 그럴 만한 자료를 찾을 수도 없다. 또, 예견가능성이 없었다는 상고이유 주장은 차를 세우면서 '사고가 나면 어떻게 하지'라는 생각을 했다는 피고인의 검찰 진술 등에 의할 때 받아들이기 어려울 뿐만 아니라, 그와 같은 예견가능성은 일반인을 기준으로 객관적으로 판단되어야 하는 것인데, 피고인이 한 것과 같은 행위로 뒤따르는 차량들에 의하여 추돌 등의 사고가 야기되어 사상자가 발생할 수 있을 것이라는 점은 누구나 쉽게 예상할 수 있다고 할 것이다. 설령 피고인이 정차 당시 사상의 결과 발생을 구체적으로 예견하지는 못하였다고 하더라도, 그와 같은 교통방해 행위로 인하여 실제 그 결과가 발생한 이상 교통방해치사상죄의 성립에는 아무런 지장이 없다. 그러므로 원심판결은 정당하고, 거기에 결과적 가중범의 성립에 필요한 인과관계와 예견가능성에 대한 법리오해나 심리미진 등의 위법이 없다(대판 2014. 7. 24, 2014도6206).

2. 예견가능성이 부정된 경우

① 일반 경험칙상 위와 같이 **욕설을 하고 피해자의 어깨쭉지를 잡고 조금 걸어가다가 놓아준** 데 불과한 정도의 폭행으로 인하여 피해자가 위와 같은 상해를 입을 것이라고 예견할 수는 없다고 할 것이고, 또 기록을 살펴보아도 피해자가 평소 위와 같이 고혈압증세로 뇌출혈에 이르기 쉬운 체질이어서 위에서 본 바와 같은 정도의 욕설과 폭행으로 그와 같은 상해의 결과가 발생한 것임을 피고인이 이 사건 당시 실제로 예견하였거나 또는 예견할 수 있었다고 볼 만한 자료는 없으니 피고인에게 상해의 결과에 대한 책임을 물어 폭행치상죄로 처벌할 수는 없다고 할 것이다(대판 1982. 1. 12, 81도1811).

② 폭행치사죄는 결과적 가중범이므로 폭행의 범의 외에 사망의 결과에 대한 예견가능성이 있음을 요하며 이러한 예견가능성이 전혀 없는 경우에는 폭행과 사망의 결과 사이에 조건적인 인과관계가 인정된다고 하여도 폭행치사죄로 의율할 수는 없다고 할 것이다. … 피고인의 폭행정도가 서로 시비하다가 피해자를 떠밀어 땅에 **엉덩방아**를 찧고 주저 앉게 한정도에 지나지 않은 것이었고 또 피해자는 외관상 건강하여 전혀 병약한 흔적이 없던 자인데 사실은 관상동맥경화 및 협착증세를 가진 특수체질자이었기 때문에 위와 같은 정도의 폭행에 의한 충격에도 심장마비를 일으켜 사망하게 된 것이라면, 피고인에게 사망의 결과에 대한 예견가능성이 있었다고는 보기 어려울 것이다(대판 1985. 4. 3, 85도303).

결과적 가중범은 고의에 의한 기본범죄와 과실(고의)에 의한 중한 결과에 대해 각각의 범죄보다 중하게 처벌하는 범죄로, 이러한 가중처벌은 기본범죄에 내포된 전형적 위험이 현실로 발생한 것을 고려하기 때문이다. 그런데 가중처벌은 때때로 발생한 불법에 비해 현저히 불균형적인 처벌을 가져오기도 하여 결과책임사상의 유물로서 책임주의에 위반된다는 비판을 받아왔고, 이러한 문제를 해결하기 위해 기본범죄와 중한 결과사이의 인과관계를 제한하는 방법(상당인과관계설), 중한 결과에 대한 예견가능성을 요구하는 방법, 직접성의 원칙을 요구하는 방법 등이 해결책으로 제시되어 왔다.

위의 판결에서 책임주의에 합치되기 위해서 피고인의 행위와 피해자의 사망사이에 상당인과관계를 부정할 수도 있다. 피해자는 관상동맥경화 및 협착증세를 지병으로 가지고 있었지만 외관상으로는 건강하였기 때문이다. 그러나 특수체질자에 대해 떠밀어 엉덩방아를 찧고 넘어지게 하는 것은 심장마비로 인한 사망의 인과관계를 인정할 여지가 없는 것도 아니다. 여기에서 대법원은 '예견가능성이 있음을 요하며 이러한 예견가능성이 전혀 없는 경우에는 폭행과 사망의 결과 사이에 조건적인 인과관계가 인정된다고 하여도'라고 하여 논란이 생길 수 있는 인과관계 판단보다는 예견가능성의 문제로 접근하고 있다. 그런데 형법 제15조 제2항에서 예견가능성은 객관적 귀속의 척도로서 객관적 예견가능성과 구별되어야 한다. 前者는 중한 결과의 발생을 행위자가 예견할 수 없었을 때라는 의미의 주관적 과실을 의미(사전판단)하는 반면, 後者는 일반인의 경험칙상 기본범죄로 인해 중한 결과가 발생할 수 있다면 객관적 예견가능성이 긍정되는 것이다(사후판단).

이 점에서 위의 판결에서 대법원이 언급하고 있는 예견가능성은 관상동맥경화 및 협착증세를 가진 특수체질자에 대해서 떠밀어 엉덩방아를 찧고 넘어지게 하여 심장마비로 사망하는 것에 대한 예견가능성으로서 객관적 예견가능성을 의미하는 것이 아니라, 피고인은 피해자가 외관상 건강하여 특수체질자임을 알 수 없었고 따라서 경미한 폭행에 의한 충격으로는 심장마비로 사망할 것임을 알 수 없어 사망의 결과에 대한 예견가능성이 있었다고는 보기 어렵다고 판단한 점에서 주관적 과실로 이해하고 있는 것으로 보인다.

③ 형법 제15조 제2항이 규정하고 있는 이른바 결과적 가중범은 행위자가 행위시에 그 결과의 발생을 예견할 수 없을 때는 비록 그 행위와 결과사이에 인과관계가 있다 하더라도 중한 죄로 벌할 수 없다(대판 1988. 4. 12, 88도178).

피고인과 친구 5명은 술집에서 술집작부 5명과 어울려 술을 마시고 각자의 상대방과 성교까지 하였는데, 이후 술값이 부족하여 친구집에 돈을 빌리려고 봉고차를 타고 갈 때 술집 작부인 피해자도 동승하게 되었는데 피고인이 피해자의 유방을 만지고 치마를 위로 걷어 올리고 허벅지를 문지르는 등 강제로 추행하자 그녀가 욕설을 하면서 갑자기 차의 문을 열고 뛰어 내림으로써 부상을 입고 사망한 사안으로, 예견가능성이 중요 논점이 된다.

④ 공장에서 동료 사이에 말다툼을 하던 중 피고인이 **삿대질**하는 것을 피하고자 피해자 자신이 두어걸음 뒷걸음치다가 회전 중이던 십자형 **스빙기계 철받침대**에 걸려 넘어진 정도라면, 당시 바닥에 위와 같은 장애물이 있어서 뒷걸음치면 장애물에 걸려 넘어질 수 있다는 것까지는 예견할 수 있었다고 하더라도 그 정도로 넘어지면서 머리를 바닥에

부딪쳐 두개골절로 사망한다는 것은 이례적인 일이어서 통상적으로 일반인이 예견하기 어려운 결과라고 하지 않을 수 없으므로 피고인에게 폭행치사죄의 책임을 물을 수 없다 (대판 1990. 9. 25, 90도1596).

⑤ 피해자가 피고인과 만나 함께 놀다가 큰 저항 없이 여관방에 함께 들어갔으며, 피고인이 강간을 시도하면서 한 폭행 또는 협박의 정도가 강간의 수단으로는 비교적 경미하였고, 피해자가 여관방 창문을 통하여 아래로 뛰어내릴 당시에는 피고인이 소변을 보기 위하여 화장실에 가 있는 때이어서 피해자가 일단 급박한 위해상태에서 벗어나 있었을 뿐 아니라, 무엇보다도 4층에 위치한 위 방에서 밖으로 뛰어내리는 경우에는 크게 다치거나 심지어는 생명을 잃는 수도 있는 것인 점을 아울러 본다면, 이러한 상황 아래에서 피해자가 강간을 모면하기 위하여 4층에서 창문을 넘어 뛰어내리거나 또는 이로 인하여 상해를 입기까지 되리라고는 예견할 수 없다고 봄이 경험칙에 부합한다(대판 1993. 4. 27, 92도3229).

V. 결과적 가중범의 공범

1. 공동정범

(1) 절도 공모 후 일부의 자가 준강도 또는 준강도상해를 한 경우

① … 절도를 공모한 甲이 다른 공모자 乙의 폭행행위에 대하여 사전양해나 의사의 연락이 전혀 없었고, 범행장소가 빈 가게로 알고 있었고, 위 乙이 담배창구를 통하여 가게에 들어가 물건을 절취하고 甲은 **밖에서 망**을 보던 중 예기치 않았던 인기척 소리가 나므로 도주해버린 이후에 위 乙이 창구에 몸이 걸려 빠져 나오지 못하게 되어 피해자에게 붙들리자 체포를 면탈할 목적으로 폭행을 가하여 상해를 입힌 것이고 … 甲이 위 乙의 폭행행위를 전혀 예기할 수 없었다고 보이므로 준강도상해죄의 공동책임을 지울 수 없다(대판 1984. 2. 28, 83도3321).

② 특수절도의 범인들이 범행이 발각되어 각기 **다른 길로 도주하다가** 그 중 1인이 체포를 면탈할 목적으로 폭행하여 상해를 가한 경우 나머지 범인도 위 공범이 추격하는 피해자에게 체포되지 아니하려고 위와 같이 폭행할 것을 전혀 예기하지 못한 것으로는 볼 수 없다 할 것이므로 그 폭행의 결과로 발생한 상해에 관하여 형법 제337조, 제355조의 강도상해죄의 책임을 면할 수 없다(대판 1984. 10. 10, 84도1887).[2]

---

2 예외적으로 행위자가 피해자의 몽둥이를 빼앗아 상해를 가한 경우에는 다른 공모자에게 특수절도까지만

③ 생맥주집 뒤 출입문시정을 소지한 甲은 쇠갈쿠리로 손괴하고 홀에 들어가 피고인은 그 곳 서랍속의 담배를 훔쳐 위 乙 에게 주고 乙역은 피해자 방실에 들어가 손지갑을 가지고 나오는 순간 피해자가 "누구야"하자 이 소리를 들은 甲은 밖으로 도주하고 뒤이어 도주하던 乙은 현장에서 피해자에게 잡히게 되어 체포를 면탈할 목적으로 폭행을 가한 경우 甲 역시 그 폭행의 결과로 발생한 상해에 관하여 형법 제337조, 제355조의 강도상해죄가 성립한다고 판단한 조치는 정당하다(대판 1984. 12. 26, 84도2552).

甲이 乙과 함께 생맥주집 뒤 출입문의 시정장치를 쇠갈쿠리로 손괴하고 들어가 그 곳 서랍속의 담배를 훔쳐 乙에게 주고 乙이 피해자 방실에 들어가 손지갑을 가지고 나오는 순간 피해자가 "누구야"하자 이 소리를 듣고 도주하였으나, 뒤이어 도주하던 乙이 현장에서 피해자에게 잡히게 되어 체포를 면탈할 목적으로 폭행을 가한 사안이다.

(2) 강도공모자 중 일부의 자가 상해한 경우

① 강도공범자 중의 1인이 강도의 기회에 피해자에게 폭력을 가하여 상해를 입힌 경우 다른 공범자도 재물강취의 수단으로 폭행이 가해질 것이라는 점에 관하여 **상호의사의 연락**이 있었던 것이므로 구체적으로 상해에 관하여는 공모하지 않았다 하더라도 폭행으로 생긴 결과에 대하여 공범으로서의 책임을 진다(대판 1984. 1. 31, 83도2941).

② 강도의 합동범 중 1인이 피고인과 공모한 대로 과도를 들고 강도를 하기 위하여 피해자의 거소에 들어가 피해자를 향하여 칼을 휘두른 이상 이미 강도의 실행행위에 착수한 것임이 명백하고 그가 피해자들을 과도로 찔러 상해를 가하였다면 대문 밖에서 망을 본 공범인 피고인이 구체적으로 상해를 가할 것까지 공모하지 않았다 하더라도 피고인은 상해의 결과에 대하여도 공범으로서의 책임을 면할 수 없다(대판 1998. 4. 14, 98도356).

(3) 강도공모자 중 일부의 자가 살인한 경우

① 피고인들이 사전에 금품강취범행을 모의하고 전원이 범행현장에 임하여 각자 범죄의 실행을 분담하였으며, 그 과정에 피고인 甲을 제외한 나머지 3명이 모두 과도 또는 쇠파이프 등을 휴대하였고 쇠파이프를 휴대한 피고인 乙이 위 피해자를 감시하였던 상황에 비추어 피고인 乙이 피해자를 강타, 살해하리라는 점에 관하여 **나머지 피고인들도 예기할 수 없었다고는 보여지지 아니하므로** 피고인들을 모두 강도살인죄의 정범으로 처단함은 정당하다(대판 1984. 2. 28, 83도3162).

인정한 판결도 있다(대판 1982.7.13, 82도1352).

② 강도살인죄는 고의범이고 강도치사죄는 결과적 가중범으로서 살인의 고의까지 요하는 것이 아니므로, 수 인이 합동하여 강도를 한 경우 그 중 1인이 사람을 살해하는 행위를 하였다면 그 범인은 강도살인죄의 기수 또는 미수의 죄책을 지는 것이고, 다른 공범자도 살해행위에 관한 고의의 공동이 있었으면 그 또한 강도살인죄의(공동정범으로서) 기수 또는 미수의 죄책을 지는 것이 당연하다 하겠으나, 살해행위에 관한 고의의 공동이 없었으면 피해자가 사망한 경우에는 강도치사의, 강도살인이 미수에 그치고 피해자가 상해만 입은 경우에는 강도상해 또는 치상의, 피해자가 아무런 상해를 입지 아니한 경우에는 강도의 죄책만 진다고 보아야 할 것이다(대판 1991. 11. 12, 91도2156).

(4) 상해모의자 중 일부의 자가 살인한 경우

① 결과적 가중범인 상해치사의 공동정범은 폭행 기타의 신체침해행위를 공동으로 할 의사가 있으면 성립되고, 결과를 공동으로 할 의사는 필요없다 할 것인바 … 피고인이 원심공동피고인과 공동하여 피해자의 신체를 상해하거나 피해자의 신체에 대하여 폭행을 가하는 기회에 피고인중 1인이 피해자를 살해한 것이라면 다른 피고인이 살인의 공모를 하지 아니하였다 하여도 상해나 폭행행위에 관하여는 인식이 있었다고 할 것이므로 **그 살인행위나 치사의 결과를 예견할 수 없었다고 할 수 없는 이상** 상해치사의 죄책을 면할 수 없다(대판 1993. 8. 24, 93도1674).

② 결과적 가중범인 상해치사죄의 공동정범은 폭행 기타의 신체침해 행위를 공동으로 할 의사가 있으면 성립되고 결과를 공동으로할 의사는 필요 없으며, 여러 사람이 상해의 범의로 범행 중 한 사람이 중한 상해를 가하여 피해자가 사망에 이르게 된 경우 나머지 사람들은 사망의 결과를 예견할 수 없는 때가 아닌 한 상해치사의 죄책을 면할 수 없다(대판 2000. 5. 12, 2000도745).[3]

> 甲이 친구인 乙로부터 乙의 여동생을 강간한 피해자 丙을 혼내주자는 연락을 받고, S초등학교 앞에서 丙을 만나 甲이 주변에 있던 각목으로 丙의 머리부분을 4회 때리고 乙이 위 칼을 丙의 목에 들이대면서 주먹과 발로 무수히 때려 이를 견디지 못한 丙이 은적사 입구방면으로 도망가자 甲은 乙의 뒤를 따라 丙을 추격하던 중 乙이 떨어뜨린 칼을 소지한 후 격분한 나머지 乙에 의해 붙잡힌 丙의 좌측 흉부를 위 칼로 1회 찔러 좌측흉부 자창상 등을 가하여 이로 인해 실혈로 사망에 이르게 한 사안이다.

3 결과적 가중범의 공범에 대한 전형적인 판례의 태도이다. 그러나 결과적 가중범의 공동정범은 공동의 과실이 있는 경우에만 성립하므로, 기본 범죄의 공동만 있으면 족하다는 판례의 태도는 적절하지 못하며, 이러한 비판을 어느 정도 감쇄시키기 위해 최근 들어 대법원은 종래 기본범죄의 공동에 더하여 중한 결과에 대한 예견가능성을 요구하고 있다.

2. 결과적 가중범의 교사범의 성부

① 피고인 甲이 공동피고인 乙에게 위와 같이 보복조치를 취하도록 교사함에 있어서 피해자에게 상해의 결과가 발생할 수 있음을 인식하고도 이를 용인하였음을 인정하기에 충분하고, 이 사건과 같은 조직폭력배들에 의한 보복폭행의 경우 그로 인한 상해의 결과 피해자가 사망에 이르게 될 수 있음은 교사자인 피고인 甲으로서도 이를 예견할 수 있었다고 보여지므로, 위 피고인 甲에게 소론과 같이 상해치사죄의 범의가 없었다고는 볼 수 없다(대판 1992. 2. 25, 91도3192).

조직폭력단의 甲이 그 부하 乙에게 전화를 하여 "A라는 애가 행패를 부려 망신을 당했는데 나이먹고 창피해 죽겠다. 네가 알아서 **혼을 내주어라**"고 하여 乙이 그의 부하 丙에게 상해를 교사하였는데 丙이 A조직의 조직원인 B를 사망케 한 사안이다.

② 교사자가 피교사자에게 피해자를 정신차릴 정도로 때려주라고 교사하였다면 이는 상해에 대한 교사로 봄이 상당하다. 그런데 교사자가 피교사자에 대하여 상해를 교사하였는데 피교사자가 이를 넘어 살인을 실행한 경우, 일반적으로 교사자는 상해죄에 대한 교사범이 되는 것이고, 다만 이 경우 **교사자에게 피해자의 사망이라는 결과에 대하여 과실 내지 예견가능성이 있는 때에는 상해치사죄의 교사범**으로서의 죄책을 지울 수 있다. 기록에 의하여 살펴보면, 본 사안의 경우 피고인이 피해자의 사망이라는 결과를 예측하였다거나 또는 피해자의 사망의 결과에 대하여 과실이 있었다고 인정하기 어렵다(대판 1997. 6. 24, 97도1075).

피고인은 자신의 채무를 변제하지 않는 피해자로 하여금 자신의 채무를 변제받기 위해 평소에 알고 지내던 甲에게, 피해자를 **"정신차릴 정도로 때려주라"**고 말하였고, 이에 甲은 집으로 가던 피해자를 붙잡아 구타하던 중, 완강히 반항하자 이를 저지하려고 각목으로 구타하여 乙을 사망케 한 사안이다.

3. 결과적 가중범의 방조범의 성부

군대의 하급자인 A가 상급자인 乙에게 무례한 행동을 하자 甲은 乙이 A를 가볍게 교육시킨다는 생각으로 가지고 있던 각목을 乙에게 건네주었으나 乙이 A를 치사케 한 경우, 甲이 처음에 乙이 병을 폭행하는 것을 제지하였고, 乙이 취중에 남의 자동차를 손괴하고도 상급자인 乙에게 무례한 행동을 하는 A를 교육시킨다는 정도로 가볍게 생각하고, 각목을 乙에게 건네주었던 것이고, 그 후에도 양인 사이에서 폭행을 제지하려고 애쓴 사실이 인정된다면, 甲으로서는 A가 乙의 폭행으로 사망할 것을 예견할 수 있었다고 볼 수 없으므로 甲에 대하여 **특수폭행치사방조의 점은 무죄이며 특수폭행의 방조만 성립**한다(대판 1998. 9. 4, 98도2061).

Ⅵ. 결과적 가중범의 미수[4]

① 강도상해·치상죄는 재물강취의 기수·미수를 불문하고 범인이 강도범행의 기회에 사람을 상해하거나 치상하면 성립(한다)(대판 1986. 7. 23, 86도1562).

② 강간이 미수에 그친 경우라도 그 수단이 된 폭행에 의하여 피해자가 피해를 입었으면 강간치상죄가 성립하는 것이며, 미수에 그친 것이 피고인이 자의로 실행에 착수한 행위를 중지한 경우이든 실행에 착수하여 행위를 종료하지 못한 경우이든 가리지 않는다(대판 1988. 11. 8, 88도1628).

③ 라이터를 켜 불꽃을 일으킴으로써 피해자의 몸에 불이 붙은 경우, 비록 외부적 사정에 의하여 불이 방화 목적물인 주택 자체에 옮겨 붙지는 아니하였다 하더라도 현존건조물방화죄의 실행의 착수가 있다(대판 2002. 3. 26, 2001도6641).

> 甲이 노환을 앓고 있던 부모의 봉양문제로 부부싸움을 하던 중 홧김에 휘발유를 부어 집에 불을 지르려고 하자 이웃인 乙이 말리다 휘발유가 몸에 쏟아져 씻어내고자 수돗가로 가려고 돌아서는 순간 甲이 켠 라이터에 甲과 乙 모두 불이 붙어 乙이 전치 4주의 화상을 입은 사안으로 대법원은 현주건조물방화치상죄의 기수를 인정하였다.

Ⅶ. 죄 수

① **특수공무집행방해치상죄**는 원래 결과적가중범이기는 하지만, 이는 중한 결과에 대하여 예견가능성이 있었음에 불구하고 예견하지 못한 경우에 벌하는 진정결과적가중범이 아니라 그 결과에 대한 예견가능성이 있었음에도 불구하고 예견하지 못한 경우뿐만 아

4 현행법상 (해상)강도치사상죄(형법 제337조, 제338조, 제340조), 인질치사상죄(제324조의3·4·5)와 현주건조물등 일수치사상죄(제177조 및 제182조)에 미수범처벌규정을 두고 있고 성폭력범죄처벌및피해자보호에관한법률(제12조)에서도 미수범처벌규정을 두고 있다.

니라 고의가 있는 경우까지도 포함하는 **부진정결과적가중범**이다. … 고의로 중한 결과를 발생케 한 경우에 무겁게 벌하는 구성요건이 따로 마련되어 있는 경우에는 당연히 무겁게 벌하는 구성요건에서 정하는 형으로 처벌하여야 할 것이고, 결과적가중범의 형이 더 무거운 경우에는 결과적가중범에 정한 형으로 처벌할 수 있도록 하여야 할 것이므로, 기본범죄를 통하여 고의로 중한 결과를 발생케 한 부진정결과적가중범의 경우에 그 중한 결과가 별도의 구성요건에 해당한다면 이는 **결과적가중범과 중한 결과에 대한 고의범의 상상적 경합관계**에 있다고 보아야 할 것이다(대판 1995. 1. 20, 94도2842).

피고인이 자동차를 상가 앞에 주차하고 공구점에서 드라이버를 구입하고 나왔는데 구청소속 주차단속원이 주차위반 스티커를 발부하려는 것을 발견하고 잠깐 동안의 주차였다고 항의했지만, 단속공무원이 들은 척도 하지않자 드라이버를 들어 찌를 것처럼 협박하였으나 그래도 중단하지 않자 기재사항을 기입하던 단속공무원의 손을 드라이버로 찌른 사안이다.

② 형법 제164조 후단이 규정하는 현주건조물방화치사상죄는 그 전단이 규정하는 죄에 대한 일종의 가중처벌 규정으로서 과실이 있는 경우뿐만 아니라, 고의가 있는 경우에도 포함된다고 볼 것이므로 사람을 살해할 목적으로 현주건조물에 방화하여 사망에 이르게 한 경우에는 현주건조물방화치사죄로 의율하여야 하고 이와 더불어 살인죄와의 상상적경합범으로 의율할 것은 아니며, 다만 존속살인죄와 현주건조물방화치사죄는 상상적경합범 관계에 있으므로, 법정형이 중한 존속살인죄로 의율함이 타당하다(대판 1996. 4. 26, 96도485).

③ 부진정결과적가중범에 있어서, 고의로 중한 결과를 발생하게 한 행위가 별도의 구성요건에 해당하고 그 고의범에 대하여 결과적가중범에 정한 형보다 더 무겁게 처벌하는 규정이 있는 경우에는 그 고의범과 결과적가중범이 상상적 경합관계에 있다고 보아야 할 것이지만, 위와 같이 고의범에 대하여 더 무겁게 처벌하는 규정이 없는 경우에는 결과적가중범이 고의범에 대하여 특별관계에 있다고 해석되므로 결과적가중범만 성립하고 이와 법조경합의 관계에 있는 고의범에 대하여는 별도로 죄를 구성한다고 볼 수 없다. 따라서 직무를 집행하는 **공무원에 대하여 위험한 물건을 휴대하여 고의로 상해를 가한 경우에는 특수공무집행방해치상죄만** 성립할 뿐, 이와는 별도로 폭력행위 등 처벌에 관한 법률 위반(집단·흉기 등 상해)죄를 구성한다고 볼 수 없다(대판 2008. 11. 27, 2008도7311).

제 7 장 不作爲犯論

Ⅰ. 부작위범 일반론

1. 부작위범의 종류

(1) 진정부작위범

일정한 기간 내에 잘못된 상태를 바로 잡으라는 행정청의 지시를 이행하지 않았다는 것을 구성요건으로 하는 범죄는 이른바 진정부작위범으로서 그 의무이행기간의 경과에 의하여 범행이 기수에 이름과 동시에 작위의무를 발생시킨 행정청의 지시 역시 그 기능을 다한 것으로 보아야 한다(대판 1994. 4. 26, 93도1731).

(2) 부진정부작위범

① 피고인이 폭약을 호송하던 중 화차 내에서 금지된 촛불을 켜 놓은 채 잠자다가 폭약상자에 불이 붙는 순간 잠에서 깨어 이를 발견한 경우, 불이 붙은 상자를 뒤집는 등의 방법으로 쉽게 진화할 수 있는데도 도주하였다면 부작위에 의한 **폭발물파열죄**가 성립한다(대판 1978. 9. 26, 78도1996).[1]

1 1995년 형법개정으로 형법 제172조 제1항의 죄명이 폭발물파열죄에서 폭발성물건파열죄로 변경되었고 화약이 그 객체에서 제외되었으므로 현행법에 의하면 제119조 제1항의 폭발물사용죄가 된다.

② **직무유기죄**는 이른바 부진정부작위범으로서 구체적으로 그 직무를 수행하여야 할 작위의무가 있는데도 불구하고 이러한 직무를 버린다는 인식 하에 그 작위의무를 수행하지 아니함으로써 성립하는 것이다(대판 1983. 3. 22, 82도3065).

2. 부작위범의 작위범에 대한 보충성

공무원이 어떠한 위법사실을 발견하고도 직무상 의무에 따른 적절한 조치를 취하지 아니하고 **위법사실을 적극적으로 은폐할 목적으로 허위공문서를 작성·행사한 경우**에는 직무위배의 위법상태는 허위공문서작성 당시부터 그 속에 포함되는 것으로 작위범인 허위공문서작성, 동행사죄만이 성립하고 부작위범인 직무유기죄는 따로 성립하지 아니하나, 위 복명서 및 심사의견서를 허위작성한 것이 농지일시전용허가를 신청하자 이를 허가하여 주기 위하여 한 것이라면 직접적으로 농지불법전용 사실을 은폐하기 위하여 한 것은 아니므로 위 허위공문서작성, 동행사죄와 직무유기죄는 실체적 경합범의 관계에 있다(대판 1993. 12. 24, 92도3334).

Ⅱ. 부작위범의 성립요건[2]

1. 부작위범의 작위가능성

근로기준법 제109조, 제30조에서 규정하는 퇴직금 등의 기일 내 지급의무는 사용자로 하여금 기일 내에 퇴직금을 근로자에게 어김없이 지급하도록 강제함으로써 노동자의 생활안정을 도모하고자 하는 데에 그 입법취지가 있으므로 사용자가 퇴직금지급을 위하여 최선의 노력을 다하였으나 경영부진으로 인한 자금사정 등으로 지급기일 내에 퇴직금을 지급할 수 없었던 불가피한 사정이 인정되는 경우에는 퇴직금체불의 죄책을 물을 수 없다(대판 1993. 7. 13, 92도2089).

---

2 모든 부작위범이 성립하기 위해서는 구성요건적 상황, 명령규범에 의해 요구되는 행위의 부작위, 행위의 가능성이 있어야 한다. 부진정부작위범의 객관적 구성요건으로 추가적으로 요구되는 것은 보증인지위와 부작위의 동치성이 있다.

비교판례

사용자가 모든 성의와 노력을 다하였어도 임금의 체불이나 미불을 방지할 수 없었다는 것이 사회통념상 긍정할 정도가 되어 사용자에게 더 이상 적법행위를 기대할 수 없었다거나 사용자가 퇴직금지급을 위하여 최선의 노력을 다하였으나 경영부진으로 인한 자금사정 등으로 도저히 지급기일 내에 퇴직금을 지급할 수 없었다는 등의 **불가피한 사정이 인정되는 경우에는 책임조각사유**가 된다(대판 2001. 2. 23, 2001도204).

위 비교판례는 임금체불의 불가피한 사정을 책임조각사유로 판단하고 있으나, 이는 기대가능성과 혼용한 것으로 근로기준법상 요구되는 작위를 부작위한 것으로, 책임요소가 아니라 구성요건요소인 행위의 작위가능성으로 판단할 여지도 있다.

2. 보증인적 지위

(1) 보증인지위의 발생근거

형법상 부작위범이 인정되기 위해서는 형법이 금지하고 있는 법익침해의 결과 발생을 방지할 법적인 작위의무를 지고 있는 자가 그 의무를 이행함으로써 결과 발생을 쉽게 방지할 수 있었음에도 불구하고 그 결과의 발생을 용인하고 이를 방관한 채 그 의무를 이행하지 아니한 경우에, 그 부작위가 작위에 의한 법익침해와 동등한 형법적 가치가 있는 것이어서 그 범죄의 실행행위로 평가될 만한 것이라면, 작위에 의한 실행행위와 동일하게 부작위범으로 처벌할 수 있고, 여기서 작위의무는 법적인 의무이어야 하므로 단순한 도덕상 또는 종교상의 의무는 포함되지 않으나 작위의무가 법적인 의무인 한 성문법이건 불문법이건 상관이 없고 또 공법이건 사법이건 불문하므로, **법령, 법률행위, 선행행위로 인한 경우는 물론이고 기타 신의성실의 원칙이나 사회상규 혹은 조리**상 작위의무가 기대되는 경우에도 법적인 작위의무는 있다(대판 1996. 9. 6, 95도2551).

1) 선행행위에 의한 보증인지위의 발생

① **폭약을 호송하는 자**가 화차내에서 촛불을 켜 놓은 채 잠자다가 폭약상자에 불이 붙는 순간 이를 발견하였다면 그 상자를 뒤집는 등 방법으로 쉽게 진화할 수 있는데도 도주하였다면 부작위에 의한 폭발물파열죄가 성립한다(대판 1978. 9. 26, 78도1996).

② 피고인이 원판시 미성년자를 유인하여 포박감금한 후 단지 그 상태를 유지하였을 뿐인데도 피감금자가 사망에 이르게 된 것이라면 피고인의 죄책은 소론과 같이 감금치사

죄에만 해당한다 하겠으나, 나아가서 그 감금상태가 계속된 어느 싯점에서 피고인에게 살해의 범의가 생겨 위험발생을 방지함이 없이 포박 감금상태에 있던 **피감금자를 그대로 방치함으로써 사망**케 하였다면 피고인의 부작위는 살인죄의 구성요건적 행위를 충족하는 것이라고 평가하기에 충분하므로 피고인의 소위는 부작위에 의한 살인죄를 구성한다(대판 1982. 11. 23, 82도2024).

이른바 '주교사 사건'으로, 교사인 甲은 중학생인 乙을 자신의 아파트로 유인하고 감금하여 탈진상태에 빠졌으나, 방치하고 출근하여 사망하게 한 후 이를 동생인 丙녀에게 알리고 그 부모로부터 금품갈취를 도와달라고 하자 이에 응하여 丙녀가 乙의 부모에게 연락하다가 체포된 사안으로, 이른바 주교사사건으로 불리며 부작위에 의한 살인죄를 최초로 인정한 사안으로 평가되고 있다. 주된 논점으로는 보증인지위의 발생인데, 대법원은 미성년자를 약취, 유인하여 포박감금한 행위라는 선행행위에서 보증인지위가 발생하는 것으로 판단한 듯하다.

③ 피고인이 조카인 피해자(10세)를 살해할 것을 마음먹고 저수지로 데리고 가서 미끄러지기 쉬운 제방 쪽으로 유인하여 함께 걷다가 피해자가 물에 빠지자 그를 구호하지 아니하여 피해자를 익사하게 한 것이라면 피해자가 스스로 미끄러져서 물에 빠진 것이고, 그 당시는 피고인이 살인죄의 예비 단계에 있었을 뿐 아직 실행의 착수에는 이르지 아니하였다고 하더라도, 피해자의 숙부로서 익사의 위험에 대처할 보호능력이 없는 **나이 어린 피해자를 익사의 위험이 있는 저수지로 데리고 갔던 피고인**으로서는 피해자가 물에 빠져 익사할 위험을 방지하고 피해자가 물에 빠지는 경우 그를 구호하여 주어야 할 법적인 작위의무가 있다(대판 1992. 2. 11, 91도2951).

2) 신의칙에 의한 보증인의무

① 토지를 매도함에 있어서 목적 부동산에 채무담보를 위한 가등기와 근저당권설정등기가 경료되어 있는 사실은 고지의무가 있다(대판1981. 8. 20, 81도1638).

② **아파트 분양회사의 대표이사가 분양업무와 관련된 형사사건으로 유죄판결**을 받은 바있다하더라도 그 범죄내용이 아파트 소유권 취득에 사법상 아무런 영향을 미치는 것이 아니라면, 아파트 전매인이 위와 같은 사실을 매수인에게 고지할 의무는 없다(대판 1983. 9. 13, 83도823).

③ 매매에 있어서 매수인이 알았다면 매수하지 아니할 것이 거래의 경험칙상 명백한 사실에 대하여는 매도인은 신의성실의 원칙에 따라 이를 상대방에게 고지할 법률상 의무가 있다고 보아야 할 것이므로 제3자가 매도인을 상대로 대지 및 지상건물에 대한 **명도소송을 제기하여 계속중이고 점유이전금지가처분**까지 되어 있는 사실을 매수인이 알았다면

거래의 경험칙상 위 대지를 매수하지 아니하였을 것이 분명하므로 신의성실의 원칙에 따라 매도인은 위와 같은 소송관계를 매수인에게 고지할 법률상 의무가 있다(대판 1985. 3. 26, 84도301).

④ 대지의 일부가 막연히 도시계획선에 저촉된다는 말을 복덕방 소개인들로부터 들은바 있지만 관할구청으로부터 도시계획저촉에 관한 통지를 받은 바 없고, 매매 직전에 발급받은 대지에 대한 도시계획확인원에도 저촉사실의 기재가 없었으므로 구체적인 도시계획저촉은 없는 것으로 알고서 피해자에게 도시계획 저촉관계를 고지하지 않는 경우에는 고지의무가 없으므로 사기죄는 성립하지 않는다(대판 1985. 4. 9, 84도8517).

⑤ 재산권에 관한 거래관계에 있어서 일방이 상대방에게 그 거래에 관련한 어떠한 사항에 대하여 고지하지 아니함으로써 장차 계약상의 목적물에 대한 권리를 확보하지 못할 위험이 생길 수 있음을 알면서도 이를 상대방에게 고지하지 아니하고 거래관계를 맺어 상대방으로부터 재물의 교부를 받거나 재산상의 이익을 받고, 상대방은 그와 같은 사정에 관한 고지를 받았더라면 당해 거래관계를 맺지 아니하였을 것임이 경험칙상 명백한 경우에는 그 재물의 수취인은 신의성실의 원칙상 상대방에게 그와 같은 사정에 대한 고지의무가 있다. … **중고자동차 매매**에 있어서 매도인의 할부금융회사 또는 보증보험에 대한 할부금 채무가 매수인에게 당연히 승계되는 것은 아니므로, **그 할부금 채무**의 존재를 매수인에게 고지하지 아니한 것은 부작위에 의한 기망에 해당하지 아니한다(대판 1998. 4. 14, 98도231).

⑥ 임대인이 임대차계약을 체결하면서 임차인에게 **임대목적물이 경매진행중인 사실**을 알리지 아니한 경우, 임차인이 등기부를 확인 또는 열람하는 것이 가능하더라도 사기죄가 성립한다(대판 1998. 12. 8, 98도3263).

⑦ 특정 시술을 받으면 아들을 낳을 수 있을 것이라는 착오에 빠져 있는 피해자들에게 그 시술의 효과와 원리에 관하여 사실대로 고지하지 아니한 채 **아들을 낳을 수 있는 시술**인 것처럼 가장하여 일련의 시술과 처방을 행한 의사에 대하여 사기죄가 성립한다(대판 2000. 1. 28, 99도2884).

3. 행위정형의 동가치성

① 피고인이 조카인 피해자(10세)를 살해할 것을 마음먹고 저수지로 데리고 가서 미끄러지기 쉬운 제방 쪽으로 유인하여 함께 걷다가 피해자가 물에 빠지자 그를 구호하지 아니하여 피해자를 익사하게 한 것이라면 피해자가 스스로 미끄러져서 물에 빠진 것이고,

그 당시는 피고인이 살인죄의 예비 단계에 있었을 뿐 아직 실행의 착수에는 이르지 아니하였다고 하더라도, 피해자의 숙부로서 익사의 위험에 대처할 보호능력이 없는 나이 어린 피해자를 익사의 위험이 있는 저수지로 데리고 갔던 피고인으로서는 피해자가 물에 빠져 익사할 위험을 방지하고 피해자가 물에 빠지는 경우 그를 구호하여 주어야 할 법적인 작위의무가 있다고 보아야 할 것이고, 피해자가 물에 빠진 후에 피고인이 살해의 범의를 가지고 그를 구호하지 아니한 채 그가 익사하는 것을 용인하고 방관한 행위(부작위)는 피고인이 그를 **직접 물에 빠뜨려 익사시키는 행위와 다름없다고 형법상 평가될 만한 살인의 실행행위**라고 보는 것이 상당하다(대판 1992. 2. 11, 91도2951).

부작위범은 일반적인 행위(작위)의 가능성, 구성요건적 부작위의 존재(구성요건적 상황, 요구되는 행위의 부작위, 개별적 작위 가능성)하여야 성립한다. 여기에 작위의 형식으로 되어 있는 범죄를 부작위의 형태로 실행하는 부진정부작위범은 부작위의 동가치성과 보증인지위(보증인이란 법적대적 에너지를 무해하게 하여 구성요건적 결과의 불발생을 담보하는 자를 의미한다), 제2의 동가치성(행위정형의 동가치성으로 예컨대 사기죄의 기망)이 추가적으로 요구된다. 부작위의 동가치성은 독일형법 13조(①형벌 규정의 구성요건에 속하는 결과를 방지하지 않은 자는 결과가 발생하지 않도록 법적으로 보증할 책임이 있고, 그 부작위가 법률상의 구성요건을 작위에 의하여 실현하는 것에 준하는 경우에 한하여 이 법률에 따라 처벌한다. ②그 형은 제49조 제1항에 따라 감경할 수 있다.)에서 유래하는 요건으로 이러한 명문의 규정이 없는 우리 형법에서는 부작위의 무정형성으로 인해 죄형법정주의와의 충돌을 방지하는 장치로 의미를 지니며, 이를 구체화하는 척도로 보증인지위와 행위정형의 동가치성이 설명된다.

위 판결의 경우, 부진정부작위범의 실행의 착수시기도 문제가 되나, 보증인지위와 부작위의 동가치성에 대해 살펴보면, 먼저 보증인지위의 경우 대법원은 '피해자의 숙부로서 익사의 위험에 대처할 보호능력이 없는 나이 어린 피해자를 익사의 위험이 있는 저수지로 데리고 갔던 피고인'이라고 하여 친족관계, 선행행위를 구분하지 않고 판단하고 있으나, 숙부라는 친족의 지위는 생계를 같이하지 않는 이상 곧바로 민법상의 부양의무를 인정할 수 없어, 스스로 보호능력이 없는 어린 아이를 미끄러지기 쉬워 익사의 가능성이 높은 저수지의 제방쪽으로 걷도록 한 점에서 선행행위로 인해 보증인지위가 발생한다고 볼 수 있다.

그리고 부작위의 동치성의 경우, 부작위는 無爲는 아니지만 규범적으로 요구된 동작을 하지 않았다는 점에서 규범판단의 영역의 문제가 되며, 구성요건적 결과방지를 위해 적극적 작위 행위로 나아가야 할 자가 부작위함으로써 결과가 발생한 경우에는 사회적(규범적) 의미에서 작위와 동동한 가치를 가지는 것으로 이해한다는 점에서 출발하여야 한다. 독일형법 제13조 제1항은 '그 부작위가 작위에 의한 법적 구성요건의 실현과 동일한 것인 경우에 한하여' 부작위범으로 처벌될 수 있음을 규정하고 있는데, 이처럼 외견상 무위처럼 보이는 부작위범이 작위범과 동일하게 처벌되기 위해서는 작위에 의한 구성요건실현과 동가치한 것으로 평가되어야 하며, 이는 작위에 의한 구성요건실현에 대한 부작위의 상응성이라고 이해할 수 있다. 부작위는 소극적으로 요구되는 행위를 행하지 않는 것이므로, 적극적 작위에 비해 불법의 정도가 낮을 수밖에 없으며, 결국 부작위 범행에서 유의성과 사회적 의미를 고려하여 행위반가치의 측면에서 작위범과 동동한 것으로 평가되어야 하는 것이다. 이러한 동가치성을 일반적인 결과범에서는 필요하지 않고 사기죄처럼 특별한 행위방법(기망)에 의해 결과가 발생하는 결과범에 대해서만 의미가 있는 행위정형의 동가치성으로 이해하기도 하나, 이는 부작위범의 일반적인 동가치성과 추가적으로 요구되는 제2의 동가치성으로서의 행위정형의 동가치성을 혼동한 것으로 보인다. 불법의 정도에 있어 부작위범을 작위범과 동일한 구성요건으로 처벌하기 위해서는 일반적인 의미에서 부작위의 동가치성이 필요하기 때문이다. 위 판결에서 대법원은 '피해자가 물에 빠진 후에 피고인이 살해의 범의를 가지고 그를 구호하지 아니한 채 그가 익사하는 것을 용인하고 방관한 행위(부작위)는 피고인이 그를 직접 물에 빠뜨려 익사시키는 행위와 다름없다고 형법상 평가될 만한 살인의 실행행위'라고 하여 이러한 부작위의 동가치성을 정면으로 판단하고 있다.

② 법원의 입찰사건에 관한 제반 업무를 주된 업무로 하는 공무원이 자신이 맡고 있는 입찰사건의 입찰보증금이 계속적으로 횡령되고 있는 사실을 알았다면, 담당 공무원으로서는 이를 제지하고 즉시 상관에게 보고하는 등의 방법으로 그러한 사무원의 횡령행위를 방지해야 할 법적인 작위의무를 지는 것이 당연하고, 비록 그의 묵인 행위가 배당불능이라는 최악의 사태를 막기 위한 동기에서 비롯된 것이라고 하더라도 자신의 작위의무를 이행함으로써 결과 발생을 쉽게 방지할 수 있는 공무원이 그 사무원의 **새로운 횡령범행을 방조 용인**한 것을 작위에 의한 법익 침해와 동등한 형법적 가치가 있는 것이 아니라고 볼 수는 없다(대판 1996. 9. 6, 95도2551).

Ⅲ. 부작위와 공범

① 은행지점장이 부하직원들이 본점의 승인을 받지 아니한 채, 약속어음을 발행하는 회사측에 지점장 명의의 한도를 초과하는 지급보증을 하고 있는 사실을 알고서도 이를 묵인한 채 아무런 조치를 취하지 아니하여 은행에 손해를 발생케 한 경우 **은행지점장**이 정범인 부하직원들의 범행을 인식하면서도 그들의 은행에 대한 배임행위를 방치하였다면 업무상 배임죄의 방조범이 성립한다(대판 1984. 11. 27, 84도1906).

② 직원은 자신이 관리하는 특정매장의 점포에 가짜 상표가 새겨진 상품이 진열·판매되고 있는 사실을 발견하였다면, 고객들이 이를 구매하도록 방치하여서는 아니되고 점주나 그 종업원에게 즉시 그 시정을 요구하고 바이어 등 상급자에게 보고하여 이를 시정하도록 할 근로계약상·조리상의 의무가 있다고 할 것임에도 불구하고 이러한 사실을 알고서도 점주 등에게 시정조치를 요구하거나 상급자에게 이를 보고하지 아니함으로써 점주로 하여금 가짜 상표가 새겨진 상품들을 고객들에게 계속 판매하도록 방치한 것은 작위에 의하여 점주의 상표법 위반 및 부정경쟁방지법 위반행위의 실행을 용이하게 하는 경우와 동등한 형법적 가치가 있는 것으로 볼 수 있으므로, **백화점 직원**인 피고인은 부작위에

의하여 공동피고인인 점주의 상표법 위반 및 부정경쟁방지법 위반행위를 방조하였다고 인정할 수 있다(대판 1997. 3. 14, 96도1639).

백화점에서 바이어를 보조하여 특정매장에 관한 상품관리 및 고객들의 불만사항 확인 등의 업무를 담당하는 직원이 자신이 관리하는 특정매장의 점포에 가짜 CALVIN KLEIN, CELINE, DKNY, GUESS 등이 새겨진 상품이 진열·판매되고 있는 사실을 발견하고도 점주 등에게 시정조치를 요구하거나 상급자에게 이를 보고하지 아니함으로써 점주의 상표법 위반 및 부정경쟁방지법 위반행위의 실행을 계속 방치한 한 사안이다.

③ **공중위생관리법 제3조 제1항 전단**은 "공중위생영업을 하고자 하는 자는 공중위생영업의 종류별로 보건복지부령이 정하는 시설 및 설비를 갖추고 시장·군수·구청장에게 신고하여야 한다"고 규정하고 있고, 제20조 제1항 제1호는 '제3조 제1항 전단의 규정에 의한 신고를 하지 아니한 자'를 처벌한다고 규정하고 있는바, 그 규정 형식 및 취지에 비추어 **신고의무 위반으로 인한 공중위생관리법 위반죄**는 구성요건이 부작위에 의하여서만 실현될 수 있는 **진정부작위범**에 해당한다고 할 것이고, 한편 부작위범 사이의 공동정범은 다수의 부작위범에게 공통된 의무가 부여되어 있고 그 의무를 공통으로 이행할 수 있을 때에만 성립한다고 할 것이다. 그리고 공중위생영업의 신고의무는 '공중위생영업을 하고자 하는 자'에게 부여되어 있고, 여기서 '영업을 하는 자'라 함은 영업으로 인한 권리의무의 귀속주체가 되는 자를 의미하므로, 영업자의 직원이나 보조자의 경우에는 영업을 하는 자에 포함되지 않는다고 해석함이 상당하다(대판 2008. 3. 27, 2008도89).

제 8 장 未遂論

제1절 미수범 일반론[1]

Ⅰ. 실행의 착수

1. 판단기준[2]

① **주거침입죄**의 실행의 착수는 주거자, 관리자, 점유자 등의 의사에 반하여 주거나 관리하는 건조물 등에 들어가는 행위, 즉 구성요건의 일부를 실현하는 행위까지 요구하는 것은 아니고 범죄구성요건의 실현에 이르는 현실적 위험성을 포함하는 행위를 개시하는 것으로 족하다고 할 것이므로, 원심 판시와 같이 출입문이 열려 있으면 안으로 들어가겠다는 의사 아래 출입문을 당겨보는 행위는 바로 주거의 사실상의 평온을 침해할 객관적인 위험성을 포함하는 행위를 한 것으로 볼 수 있어 그것으로 주거침입의 실행에 착수가 있었고, 단지 그 출입문이 잠겨 있었다는 외부적 장애요소로 인하여 뜻을 이루지 못한 데

1 미수범을 장애미수, 중지미수, 불능미수로 3분하는 것이 통상적이나, 미수범은 결과발생의 가능성이라는 기준을 토대로 가능미수와 불능미수로 나누고, 이후 단계에서 자의성을 기준으로 가능미수로서의 장애미수와 중지미수의 문제를 논의하여야 한다.

2 대법원이 실행의 착수시기에 대해 명시적으로 어떠한 입장을 취하고 있는지 판단하기 어렵다. 다만 개별 구성요건에 따라 달리 판단하는 것으로 보인다는 점은 부인할 수 없다. 주거침입죄의 경우 실질적 객관설의 입장에서 판단하였으며, 절도죄의 경우 밀접행위설의 입장에서 판단하고 있다.

불과하다 할 것이다(대판 2006. 9. 14, 2006도2824).

② 피고인이 야간에 소지하고 있던 손전등과 박스 포장용 노끈을 이용하여 도로에 주차된 차량의 문을 열고 그 안에 들어있는 현금 등을 절취할 것을 마음먹고 이 사건 승합차량의 문이 잠겨 있는지 확인하기 위해 양손으로 운전석 문의 손잡이를 잡고 열려고 하던 중 경찰관에게 발각된 사실이 인정되는데, 이러한 행위는 승합차량 내의 재물을 절취할 목적으로 승합차량 내에 침입하려는 행위에 착수한 것으로 볼 수 있고, 그로써 차량 내에 있는 재물에 대한 피해자의 사실상의 지배를 침해하는 데에 **밀접한 행위**가 개시된 것으로 보아 **절도죄**의 실행에 착수한 것으로 봄이 상당하다(대판 2009. 9. 24, 2009도5595).

2. 개별범죄에서의 실행의 착수 판단

(1) 살 인 죄

① 소속 중대장을 살해 보복할 목적으로 **수류탄의 안전핀을 빼고** 그 사무실로 들어간 때에 실행의 착수를 인정할 수 있다(대판 1970. 6. 30, 70도861).

② 피고인이 조카인 피해자(10세)를 살해할 것을 마음먹고 **저수지로 데리고 가서 미끄러지기 쉬운 제방 쪽으로 유인**하여 함께 걷다가 피해자가 물에 빠지자 그를 구호하지 아니하여 피해자를 익사하게 한 것이라면 … 피해자의 숙부로서 익사의 위험에 대처할 보호능력이 없는 나이 어린 피해자를 익사의 위험이 있는 저수지로 데리고 갔던 피고인으로서는 피해자가 물에 빠져 익사할 위험을 방지하고 피해자가 물에 빠지는 경우 그를 구호하여 주어야 할 법적인 작위의무가 있다고 보아야 할 것이고, 피해자가 물에 빠진 후에 피고인이 살해의 범의를 가지고 그를 구호하지 아니한 채 그가 익사하는 것을 용인하고 방관한 행위(부작위)는 피고인이 그를 직접 물에 빠뜨려 익사시키는 행위와 다름없다고 형법상 평가될 만한 살인의 실행행위라고 보는 것이 상당하다(대판 1992. 2. 11, 91도2951).

(2) 강 간 죄

① 피고인이 사촌여동생을 강간할 목적으로 피해자의 집에 침입하였다 하더라도 안방에 들어가 누워 자고 있는 **피해자의 가슴과 엉덩이를 만지면서 간음을 기도**하였다는 사실만으로는 강간의 수단으로 피해자에게 폭행이나 협박을 개시하였다고 하기는 어렵다(대판 1990. 5. 25, 90도607).

② 피고인이 간음할 목적으로 새벽 4시에 여자 혼자 있는 방문 앞에 가서 피해자가 방문을 열어 주지 않으면 부수고 들어갈 듯한 기세로 방문을 두드리고 피해자가 위험을

느끼고 창문에 걸터 앉자 가까이 오면 뛰어 내리겠다고 하는데도 **베란다를 통하여 창문으로 침입하려고 하였다면** 강간의 수단으로서의 폭행에 착수하였다고 할 수 있으므로 강간의 착수가 있었다고 할 것이다(대판 1991. 4. 9, 91도288).

③ 피고인이 잠을 자는 피해자의 바지와 팬티를 내리고 웃옷을 가슴 위까지 올린 다음 가슴, 음부 등을 만지고 자신의 바지를 아래로 내린 다음 자신의 성기를 피해자의 **음부에 삽입하려고 하였으나** 피해자가 몸을 뒤척이고 비트는 등 잠에서 깨어 거부하는 듯한 기색을 보이자 더 이상 간음행위에 나아가는 것을 포기한 경우 준강간죄의 실행의 착수를 인정할 수 있다(대판 2000. 1. 14, 99도5187).

④ 침대에서 일어나 나가려는 피해자의 팔을 낚아채어 일어나지 못하게 하고, 갑자기 입술을 빨고 계속하여 저항하는 피해자의 유방과 엉덩이를 만지면서 피해자의 팬티를 벗기려고 하였다는 것인바, … 피고인은 피해자의 의사에 반하여 피해자의 반항을 억압하거나 현저하게 곤란하게 할 정도의 유형력의 행사를 개시하였다고 보아야 할 것이고, 당시 피고인이 술에 많이 취하여 있어 피해자가 마음대로 할 수 있었다고 생각하였다거나 피해자가 피고인을 뿌리치고 동생 방으로 건너갔다고 하더라도 이러한 사정은 피고인이 술에 취하여 실제로 피해자의 항거를 불능하게 하거나 현저히 곤란하게 하지 못하여 강간죄의 실행행위를 종료하지 못한 것에 불과한 것이지, 피고인이 강간죄의 실행에 착수하였다고 판단하는 데 장애가 되는 것은 아니다(대판 2000. 6. 9, 2000도1253).

(3) 절 도 죄

1) 실행의 착수를 인정한 경우

① 소매치기가 피해자의 양복 상의주머니로부터 금품을 절취하려고 그 주머니에 손을 뻗쳐 더듬은 때에는 절도의 범행은 예비단계를 넘어 실행에 착수하였다고 봄이 상당하다(대판 1984. 12. 11, 84도2524).

② 현실적으로 절취목적물에 접근하지 못하였다 하더라도 야간에 타인의 주거에 침입하여 건조물의 일부인 **방문고리**를 손괴하였다면 형법 제331조 제1항의 특수절도죄의 실행에 착수한 것이다(대판 1986. 9. 9, 86도1273).

비교판례

피해자의 집 부엌문에 시정된 열쇠고리의 장식을 뿌라이야 등으로 뜯는 행위만으로는 절도죄의 실행행위에 착수한 것이라고 볼 수 없다(대판 1989. 2. 28, 88도1165).

③ 절도죄의 실행의 착수시기는 재물에 대한 타인의 사실상의 지배를 침해하는데 밀접한 행위가 개시된 때라 할 것인바 피해자 소유 자동차 안에 들어 있는 **밍크코트**를 발견하고 이를 절취할 생각으로 공범이 위 차 옆에서 망을 보는 사이 위 차 오른쪽 앞문을 열려고 **앞문손잡이**를 잡아당기다가 피해자에게 발각되었다면 절도의 실행에 착수하였다고 봄이 상당하다(대판 1986. 12. 23, 86도2256).

비교판례

노상에 세워 놓은 자동차 안에 있는 물건을 훔칠 생각으로 **자동차의 유리창을 통하여 그 내부를 손전등으로 비추어 본 것**에 불과하다면 비록 유리창을 따기 위해 면 장갑을 끼고 있었고 칼을 소지하고 있었다 하더라도 절도의 **예비행위**로 볼 수는 있겠으나 타인의 재물에 대한 지배를 침해하는데 밀접한 행위를 한 것이라고 볼 수 없어 절취행위의 착수에 이른 것이었다고 볼 수 없다(대판 1985. 4. 23, 85도464).

④ 야간이 아닌 주간에 절도의 목적으로 다른 사람의 주거에 침입하여 절취할 재물의 물색행위를 시작하는 등 그에 대한 사실상의 지배를 침해하는 데에 밀접한 행위를 개시하면 절도죄의 실행에 착수한 것으로 보아야 한다. 따라서 **주간에 절도의 목적으로 방안까지 들어갔다가 절취할 재물을 찾지 못하여 거실로 돌아나온 경우**, 절도죄의 실행 착수가 인정된다(대판 2003. 6. 24, 2003도1985, 2003감도26).

⑤ 야간에 타인의 재물을 절취할 목적으로 사람의 주거에 침입한 경우에는 주거에 침입한 단계에서 이미 형법 제330조에서 규정한 야간주거침입절도죄라는 범죄행위의 실행에 착수한 것이라고 보아야 한다 … 주거침입죄의 실행의 착수는 주거자, 관리자, 점유자 등의 의사에 반하여 주거나 관리하는 건조물 등에 들어가는 행위, 즉 구성요건의 일부를 실현하는 행위까지 요구하는 것은 아니고 범죄구성요건의 실현에 이르는 현실적 위험성을 포함하는 행위를 개시하는 것으로 족하다고 할 것이므로, 원심 판시와 같이 출입문이 열려 있으면 안으로 들어가겠다는 의사 아래 **출입문을 당겨보는 행위**는 바로 주거의 사실상의 평온을 침해할 객관적인 위험성을 포함하는 행위를 한 것으로 볼 수 있어 그것으로 주거침입의 실행에 착수가 있었고, 단지 그 출입문이 잠겨 있었다는 외부적 장애요소로 인하여 뜻을 이루지 못한 데 불과하다 할 것이다(대판 2006. 9. 14, 2006도2824).

2) 실행의 착수가 인정되지 않는 경우

① 평소 잘 아는 피해자에게 전화채권을 사주겠다고 하여 골목길로 유인하여 돈을 절취할 기회를 엿본 행위만으로는 실행의 착수를 인정할 수 없다(대판 1983. 3. 8, 82도2944).

② 소를 흥정하고 있는 피해자의 뒤에 접근하여 그가 들고 있던 가방으로 돈이 들어 있는 피해자의 하의 왼쪽 **주머니를 스치면서 지나간 행위**는 단지 피해자의 주의력을 흐트려 주머니속에 들은 금원을 절취하기 위한 예비단계의 행위에 불과한 것이고 이로써 실행의 착수에 이른 것이라고는 볼 수 없다(대판 1986. 11. 11, 86도1109).

③ 절도죄의 실행의 착수시기는 재물에 대한 타인의 사실상의 지배를 침해하는 데에 밀접한 행위를 개시한 때라고 보아야 하므로, 야간이 아닌 주간에 절도의 목적으로 타인의 주거에 침입하였다고 하여도 아직 절취할 물건의 물색행위를 시작하기 전이라면 주거침입죄만 성립할뿐 절도죄의 실행에 착수한 것으로 볼 수 없는 것이어서 절도미수죄는 성립하지 않는다(대판 1992. 9. 8, 92도1650, 92감도80).

④ 피고인이 성명불상의 공범과 합동하여 2009. 5. 20. 22 : 15경 아파트 신축공사현장에서 피해자 공소외인 소유의 건축공사용 자재인 동파이프를 절취하려다가 미수에 그쳤다는 공소사실에 대하여, 피고인이 이 사건 공사현장 안에 있는 건축자재 등을 훔칠 생각으로 성명불상의 공범과 함께 마스크를 착용하고 위 공사현장 안으로 들어간 후 창문을 통하여 건축 중인 아파트의 지하실 안쪽을 살폈을 뿐이고 나아가 위 지하실에까지 침입하였다거나 훔칠 물건을 물색하던 중 동파이프를 발견하고 그에 접근하였다는 등의 사실을 인정할 만한 증거가 없는 이상, 비록 **피고인이 창문으로 살펴보고 있었던 지하실**에 실제로 값비싼 동파이프가 보관되어 있었다고 하더라도 피고인의 위 행위를 위 지하실에 놓여 있던 동파이프에 대한 피해자의 사실상의 지배를 침해하는 밀접한 행위라고 볼 수 없다고 판단하여, 이 부분 특수절도미수 공소사실을 유죄로 인정한 제1심판결을 파기하고 이 부분에 대하여 무죄를 선고하였다. 위에서 본 법리 및 기록에 비추어 살펴보면, 원심의 위와 같은 판단은 정당한 것으로 수긍이 가(다)(대판 2010. 4. 29, 2009도14554).

(4) 강 도 죄

① 강도의 범의로 야간에 칼을 휴대한 채 타인의 주거에 침입하여 집안의 동정을 살피다가 피해자를 발견하고 갑자기 욕정을 일으켜 칼로 협박하여 강간한 경우, 야간에 흉기를 휴대한 채 타인의 주거에 침입하여 집안의 **동정을 살피는 것**만으로는 특수강도의 실행에 착수한 것이라고 할 수 없다(대판 1991. 11. 22, 91도2296).

② 형법 제334조 제1항 소정의 야간주거침입강도죄는 주거침입과 강도의 결합범으로서 시간적으로 주거침입행위가 선행되므로 주거침입을 한 때에 본죄의 실행에 착수한 것으로 볼 것인바, **같은 조 제2항 소정의 흉기휴대 합동강도죄**에 있어서도 그 상노행위가 야간에 주거에 침입하여 이루어지는 경우에는 주거침입을 한 때에 실행에 착수한 것으로

보는 것이 타당하다(대판 1992. 7. 28, 92도917).

(5) 주거침입죄

1) 실행의 착수를 인정한 경우

① 주거침입죄는 사실상의 주거의 평온을 보호법익으로 하는 것이므로, 반드시 행위자의 신체의 전부가 범행의 목적인 타인의 주거 안으로 들어가야만 성립하는 것이 아니라 신체의 일부만 타인의 주거 안으로 들어갔다고 하더라도 거주자가 누리는 사실상의 주거의 평온을 해할 수 있는 정도에 이르렀다면 범죄구성요건을 충족하는 것이라고 보아야 할 것이고, 따라서 주거침입죄의 범의는 반드시 신체의 전부가 타인의 주거 안으로 들어간다는 인식이 있어야만 하는 것이 아니라 신체의 일부라도 타인의 주거 안으로 들어 간다는 인식이 있으면 족하다고 할 것이고, 이러한 범의로써 예컨대 주거로 들어가는 문의 시정장치를 부수거나 문을 여는 등 침입을 위한 구체적 행위를 시작하였다면 주거침입죄의 실행의 착수는 있었다고 보아야 하고, 신체의 극히 일부분이 주거 안으로 들어갔지만 사실상 주거의 평온을 해하는 정도에 이르지 아니하였다면 주거침입죄의 미수에 그친다고 할 것이다. 그러므로 공소사실 기재와 같이 야간에 타인의 집의 창문을 열고 집 안으로 **얼굴**을 들이미는 등의 행위를 하였다면 피고인이 자신의 신체의 일부가 집 안으로 들어간다는 인식 하에 하였더라도 주거침입죄의 범의는 인정되고, 또한 비록 신체의 일부만이 집 안으로 들어갔다고 하더라도 사실상 주거의 평온을 해하였다면 주거침입죄는 기수에 이르렀다고 할 것이다(대판 1995. 9. 15, 94도2561).

> 피고인 甲이 새벽 1시경 강간대상자를 물색하던 중 乙녀의 집에 다다르자 일단 대상자를 확인하기 위해 그 집 담벽에 발을 딛고 창문을 열고 안으로 얼굴을 들이미는 등의 행위를 하다 이에 놀란 乙이 소리를 지르자 도망을 친 사안으로, 대법원은 신체의 전부가 주거에 침입하여야 기수가 된다는 전부침입설을 따를 경우 객관적 구성요건 표지에 대한 인식과 인용이라는 고의가 인정되지 않아 피고인에게 무죄를 선고하여야 하는 문제점을 극복하고자 신체의 일부만 침입하였더라도 사실상의 평온을 해할 수 있는 정도에 이를 경우 주거침입죄가 성립한다고 하여 고의판단의 문제까지 해결하였다.

② 피고인이 위 아파트 202호의 유리창문이 잠겨 있는 경우에도 그 유리창문을 열고 위 아파트 안으로 침입하여 물건을 훔칠 의도를 가지고 있었으므로 1층 아파트 철제난간을 밟은 채 문이 잠겼는지 여부를 확인할 이유는 없었을 것으로 보이는 점, 피고인의 주장과 같이 1층 아파트의 철제난간을 밟고 2층 아파트의 철제난간을 잡은 상태에서는 위 아파트의 구조상 위 202호 아파트의 유리창문이 잠겼는지 여부를 알기 위하여 손전등으

로 비춰보는 것이 불가능할 것으로 보이는 점, 위 김규정이 피고인이 2층 베란다 난간에서 밑으로 뛰어내리는 것을 보았다고 진술하고 있는 점 등에 비추어 보면 **피고인이 위 202호 아파트의 철제난간부분까지 올라가 그 철제난간을 잡고 유리창을 열려고 시도하다가** 아파트경비원에게 발각되었을 개연성이 더 많다고 할 것이다. 또, 주거침입죄의 실행의 착수는 주거자, 관리자, 점유자 등의 의사에 반하여 주거나 관리하는 건조물 등에 들어가는 행위 즉 구성요건의 일부를 실현하는 행위까지 요구하는 것은 아니고, 범죄구성요건의 실현에 이르는 현실적 위험성을 포함하는 행위를 개시하는 것으로 족하다고 할 것이므로 피고인이 위 202호 아파트에 침입하여 물건을 훔칠 의도하에 위 202호 아파트의 베란다 철제난간까지 올라가 유리창문을 열려고 시도하였다면 주거의 사실상의 평온을 침해할 객관적 위험성을 포함하는 구체적인 행위를 한 것으로 볼 수 있다고 할 것이다(대판 2003. 10. 24, 2003도4417).

2) 실행의 착수를 부정한 경우

주거침입죄의 실행의 착수는 주거자, 관리자, 점유자 등의 의사에 반하여 주거나 관리하는 건조물 등에 들어가는 행위 즉 구성요건의 일부를 실현하는 행위까지 요구하는 것은 아니지만, 주거침입의 범의로 예컨대, 주거로 들어가는 문의 시정장치를 부수거나 문을 여는 등 침입을 위한 구체적 행위를 시작함으로써 범죄구성요건의 실현에 이르는 현실적 위험성을 포함하는 행위를 개시할 것을 요한다. … 피고인이 이 사건 다세대주택 2층의 불이 꺼져있는 것을 보고 물건을 절취하기 위하여 **가스배관을 타고 올라가다가**, 발은 1층 방범창을 딛고 두 손은 1층과 2층 사이에 있는 가스배관을 잡고 있던 상태에서 순찰 중이던 경찰관에게 발각되자 그대로 뛰어내린 사실을 인정한 후, 이러한 피고인의 행위만으로는 주거의 사실상의 평온을 침해할 현실적 위험성이 있는 행위를 개시한 때에 해당한다고 보기 어렵다(대판 2008. 3. 27, 2008도917).

(6) 사 기 죄

1) 실행의 착수를 인정한 경우

① 피고인은 … 금전채무가 있어 박○○에게 피고인 소유의 부동산을 담보조로 근저당권 설정을 하여 주었음에도 불구하고 동 박○○가 피고인을 상대로 위 대여금 청구소송을 제기하자 위 차용금에 대한 차용증서를 작성하여 주지 아니하였음을 기화로 법원을 기망하여 동 차용금을 면탈함과 동시 위 근저당권설정등기말소의 이익을 취득할 것을 결의하고 … 근저당권설정등기는 피담보채권이 없는 등기이므로 그 말소를 구한다는 취지의 반소를 제기함으로써 사기죄의 실행에 착수가 있었다(대판 1974. 3. 26, 74도196).

② 피고인이 피해자 홍○○에 대하여 승소확정판결을 받은 제1심판시의 대여원리금 채권을 판결확정후 전액 변제받고서도 형식상 적법한 채무명의인 위 판결정본을 그대로 소지하고 있음을 이용하여 위 판결정본에 기한 채권이 존재함을 내세워 집달관으로 하여금 그 집행절차를 수임하게 하여 피해자 소유의 **동산에 압류집행**을 하도록 한 … 피고인의 위 소위에 대하여 사기미수죄로 의율한 제1심판결을 유지하고 있는 바, … 원심의 위 조치는 정당하(다)(대판 1988. 4. 12, 87도2394).

③ 피고의 경우는 허위내용의 서류를 작성하여 이를 증거로 제출하거나 위증을 시키는 등의 적극적인 방법으로 **법원을 기망**할 의사를 가지고 허위내용의 서류를 증거로 제출하거나 그에 따른 주장을 담은 답변서나 준비서면을 제출한 때에 실행의 착수가 있다(대판 1998. 2. 27, 97도2786).

④ 채무자가 강제집행을 승낙한 취지의 기재가 있는 약속어음 공정증서에 있어서 그 약속어음의 원인관계가 소멸하였음에도 불구하고, 약속어음 공정증서 정본을 소지하고 있음을 기화로 이를 근거로 하여 강제집행을 하였다면 사기죄를 구성한다(대판 1999. 12. 10, 99도2213).

피고인이 약속어음의 원인관계가 소멸하였음에도 불구하고 약속어음 공정증서 정본을 소지하고 있음을 기화로 강제경매신청서를 제출하여 강제경매개시결정을 받았으나, 후에 청구이의신청이 받아들여져 강제경매개시결정이 취소된 사안으로, 대법원은 사기죄의 실행의 착수는 강제경매신청서를 제출한 때라는 관점에서 사기죄의 미수를 인정하였다.

⑤ 피고인 또는 그와 공모한 자가 자신이 토지의 소유자라고 허위의 주장을 하면서 소유권보존등기 명의자를 상대로 **보존등기의 말소**를 구하는 소송을 제기한 경우 그 소송에서 위 토지가 피고인 또는 그와 공모한 자의 소유임을 인정하여 보존등기 말소를 명하는 내용의 승소확정판결을 받는다면, 이에 터 잡아 언제든지 단독으로 상대방의 소유권보존등기를 말소시킨 후 위 판결을 부동산등기법 제130조 제2호 소정의 소유권을 증명하는 판결로 하여 자기 앞으로의 소유권보존등기를 신청하여 그 등기를 마칠 수 있게 되므로, 이는 법원을 기망하여 유리한 판결을 얻음으로써 '대상 토지의 소유권에 대한 방해를 제거하고 그 소유명의를 얻을 수 있는 지위'라는 재산상 이익을 취득한 것이고, 그 경우 기수시기는 위 판결이 확정된 때이다(대판 2006. 4. 7, 2005도9858 전합).[3]

---

3 이 판결로 과거의 83도1566 판결은 변경되었다. 한편 김황식 대법관의 반대의견은 "소유권보존등기의 말소를 명하는 확정판결은 그 자체의 효력에 의해서는 등기명의인의 보존등기가 말소될 뿐이고 이로써 피고인 또는 그 공모자가 부동산에 대하여 어떠한 권리를 취득하거나 의무를 면하는 것이 아니어서 그 자

2) 실행의 착수가 인정되지 않는 경우

① 부동산소유권이전등기특별조치법에 의거하여 임야의 사실상의 양수자가 확인서 발급 신청을 하자 피고인이 위조된 계약서사본을 첨부하여 위 임야의 소유자라고 허위 주장하여 이의신청을 하였으나, 허위의 이의신청으로 신청이 기각된 경우에는 실행의 착수를 인정할 수 없다(대판 1982. 3. 9, 81도2767).

② **태풍 피해복구보조금** 지원절차가 행정당국에 의한 실사를 거쳐 피해자로 확인된 경우에 한하여 보조금 지원신청을 할 수 있도록 되어 있는 경우, **피해신고**는 국가가 보조금의 지원 여부 및 정도를 결정함에 있어 그 직권조사를 개시하기 위한 참고자료에 불과하다는 이유로 허위의 피해신고만으로는 위 보조금 편취범행의 실행에 착수한 것이라고 볼 수 없다(대판 1999. 3. 12, 98도3443).

(7) 배 임 죄

① 카바레영업을 할 목적으로 카바레건물을 임차하면서 임대차 계약이 종료될 때에 반환한다는 약정아래 카바레영업허가명의를 이전받았으나 임대차계약 종료시에 이를 반환하지 않고 제3자에게 처분하고 명의를 이전하려고 한 경우에는 배임미수죄가 성립한다(대판 1981. 7. 28, 81도966).

② 부동산소유자가 동 부동산을 제1차 매수인에게 매도하고 계약금과 중도금까지 수령한 이상 특단의 약정이 없으면 잔금수령과 동시에 매수인 명의로의 소유권이전등기에 협력할 임무가 있고 이 임무는 주로 위 매수인을 위하여 부담하는 임무라고 할 것이므로 위 매매계약이 적법하게 해제되었다면 모르되 그렇지 않은 이상 이를 다시 제3자와의 사이에 그 부동산에 대한 매매계약을 체결하고 계약금과 중도금까지 수령한 것은 위 제1차 매수인에 대한 소유권이전등기협력의무의 위배와 밀접한 행위로서 배임죄의 실행의 착수라고 보아야 할 것인 바 이와 같은 이론은 부동산소유자가 대물변제로 양도하여 놓고 그 양수인에게 소유권이전등기를 하지 아니하고 제3자에게 양도하는 경우도 동일하다 할 것이다(대판 1984. 8. 21, 84도691).

③ 피고인이 제1차 매수인으로부터 계약금 및 중도금 명목의 금원을 교부받은 후 **제2차** 매수인에게 부동산을 매도하기로 하고 **계약금**만을 지급받은 뒤 더 이상의 계약 이행

체만으로는 법원을 기망하여 재물이나 재산상 이익을 편취한 것이라고 볼 수 없다. 다만, 부동산을 편취하기 위해 허위소송을 제기하여 소유권보존등기의 말소를 명하는 확정판결을 얻어낸 경우 그 확정판결이 선고되는 과정에 피고인의 기망행위가 존재하는 이상, 실행의 착수시점은 소송을 제기한 시점이라고 보아야 하므로 소유권보존등기말소 소송을 제기한 경우에는 피고인의 범의가 재물인 부동산의 취득에 있는지 여부와 무관하게, 실행의 착수조차 없다고 본 판결(대법원 1983. 10. 25. 선고 83도1566 판결) 등의 견해는 이와 저촉되는 범위 내에서 이를 변경하여야 한다."였다.

에 나아가지 않았다면 배임죄의 실행의 착수가 있었다고 볼 수 없다(대판 2003. 3. 25, 2002도7134).

(8) 기타의 경우

1) 간 첩 죄

침투간첩의 경우는 간첩목적으로 외국 또는 북한에서 국내에 침투 또는 월남하는 경우에는 기밀탐지가 가능한 국내에 침투상륙한 때에 실행의 착수가 있고(대판 1984. 9. 11, 84도1381), 고정간첩의 경우는 지령에 따라 군사기밀을 탐지·수집하는 행위를 한 때에 실행의 착수가 있다(대판 1974. 11. 12, 74도2662).

2) 비지정문화재 수출죄

비지정문화재의 수출미수죄가 성립하기 위하여는 비지정문화재를 국외로 반출하는 행위에 근접·밀착하는 행위가 행하여진 때에 그 실행의 착수가 있는 것으로 보아야 한다. 따라서 수출할 사람에게 비지정문화재를 판매하려다가 가격절충이 되지 않아 계약이 성사되지 못한 단계에서는 국외로 반출하는 행위에 근접·밀착하는 행위가 있었다고 볼 수 없어 비지정문화재수출미수죄가 성립하지 않는다(대판 1999. 11. 26, 99도2461).

피고인이 보물급 비지정문화재(시가 15억원 상당의 청화백자 54점)를 일본으로 밀반출하려했으나 가격 절충이 되지 않아 계약이 성사되지 못한 사안이다.

3) 외환밀반출죄(구 외국환관리법 제28조 제1항 제3호)

외국환거래법 제28조 제1항 제3호에서 규정하는, 신고를 하지 아니하거나 허위로 신고하고 지급수단·귀금속 또는 증권을 수출하는 행위는 지급수단 등을 국외로 반출하기 위한 행위에 근접·밀착하는 행위가 행하여진 때에 그 실행의 착수가 있다고 할 것인데, 피고인이 일화 500만￥은 기탁화물로 부치고 일화 400만￥은 휴대용 가방에 넣어 국외로 반출하려고 하는 경우에, 500만￥에 대하여는 기탁화물로 부칠 때 이미 국외로 반출하기 위한 행위에 근접·밀착한 행위가 이루어졌다고 보아 실행의 착수가 있었다고 할 것이지만, 휴대용 가방에 넣어 비행기에 탑승하려고 한 나머지 400만￥에 대하여는 그 휴대용 가방을 보안검색대에 올려놓거나 이를 휴대하고 통과하는 때에 비로소 실행의 착수가 있다고 볼 것이고, 피고인이 휴대용 가방을 가지고 보안검색대에 나아가지 않은 채 공항 내에서 탑승을 기다리고 있던 중에 체포되었다면 일화 400만￥에 대하여는 실행의 착수가 있다고 볼 수 없다(대판 2001. 7. 27, 2000도4298).

4) 관세포탈죄

세관원에게 "**잘 부탁한다**"는 말을 하였다는 사실만으로서는 사위 기타 부정한 방법으로 관세를 포탈하는 범행의 방조행위에 해당한다든가 또는 그 범행의 실행에 착수하였다고 볼 수 없다(대판 1971. 8. 31, 71도1204).

5) 범죄수익 등의 은닉에 관한 죄

피고인들을 법 제3조 제1항 제3호에서 정한 범죄수익 등의 은닉에 관한 죄의 미수범으로 처벌하려면 피고인들이 그 실행에 착수한 것으로 인정되어야 하고, 위와 같은 은닉행위의 실행에 착수하는 것은 범죄수익 등이 생겼을 때 비로소 가능하다 할 것이므로, 아직 **범죄수익 등이 생기지 않은 상태**에서는 범죄수익 등의 은닉에 관한 죄에 대한 실행의 착수가 있다고 인정하기 어렵다고 할 것이다. 그런데 피고인들의 이 사건 범행은 공소외 1이 공기총으로 농협직원들을 위협하여 피고인들이 개설한 예금계좌로 950억 원을 송금하도록 하는 방법으로 금원을 강취하려고 하다가 그 범행을 연기하거나 미수에 그침으로써 아직 그 범죄수익 등이 현실적으로 생기지 않은 상태에서 이루어진 것으로서, 피고인들의 그 판시와 같은 행위가 범죄수익 등의 은닉행위에 대한 실행의 착수에 이르기 전의 준비단계에서 성립할 수 있는 법 제3조 제3항 소정의 예비죄를 구성함은 별론으로 하더라도, 이를 범죄수익 등의 은닉에 관한 죄의 미수에 해당하는 것으로 볼 수는 없다(대판 2007. 1. 11, 2006도5288).

공기총으로 농협직원들을 위협하여 피고인들이 개설한 예금계좌로 950억 원을 송금하도록 하는 방법으로 금원을 강취하려고 하였으나 미수에 그친 사안으로, 계좌 개설만으로는 실행의 착수가 인정되지 않는다는 판시이다.

Ⅱ. 기 수

① **입목을 절취하기 위하여 이를 캐낸 때**에는 그 시점에서 이미 소유자의 입목에 대한 점유가 침해되어 범인의 사실적 지배하에 놓이게 됨으로써 범인이 그 점유를 취득하게 되는 것이므로, 이때 절도죄는 기수에 이르렀다고 할 것이고, 이를 운반하거나 반출하는 등의 행위는 필요로 하지 않는다고 할 것이다. 원심이 확정한 사실관계에 의하더라도, 피고인 2는 피고인 1이 영산홍을 땅에서 완전히 캐낸 이후에 비로소 범행장소로 와서 피고

인 1과 함께 위 영산홍을 승용차까지 운반하였다는 것인바, 앞서 본 법리에 비추어 보면, 피고인 1이 영산홍을 땅에서 캐낸 그 시점에서 이미 피해자의 영산홍에 대한 점유가 침해되어 그 사실적 지배가 피고인 1에게 이동되었다고 봄이 상당하므로, 그때 피고인 1의 영산홍 절취행위는 기수에 이르렀다고 할 것이고, 이와 같이 보는 이상 그 이후에 피고인 2가 영산홍을 피고인 1과 함께 승용차까지 운반하였다고 하더라도 그러한 행위가 다른 죄에 해당하는지의 여부는 별론으로 하고, 피고인 2가 피고인 1과 합동하여 영산홍 절취행위를 하였다고 볼 수는 없다고 할 것이다(대판 2008. 10. 23, 2008도6080).

② 정치자금법에 의하여 수수가 금지되는 정치자금은 정치활동을 위하여 정치활동을 하는 자에게 제공되는 금전 등 일체를 의미한다. 한편 정치자금법에 정하지 아니한 방법으로 정치자금을 기부받음으로써 정치자금부정수수죄가 기수에 이른 이후에 정치자금을 기부받은 자가 실제로 그 자금을 정치활동을 위하여 사용하였는지 여부는 범죄의 성립에 영향을 미치지 아니한다(대판 2011. 6. 9, 2010도17886).

국회의원인 피고인 갑이 피고인 을과 공모하여, 병에게서 비밀번호와 함께 돈이 입금된 예금계좌에 연결된 현금카드를 교부받음으로써 정치자금법에 정하지 아니한 방법으로 정치자금을 기부받았다는 내용으로 기소된 사안이다.

제2절 예 비 죄

Ⅰ. 예비와 음모

1. 예비와 음모의 구별

일본으로 밀항하고자 공소외인에게 **도항비**로 일화 100만엔을 주기로 약속한 바 있었으나 그 후 밀항을 포기하였다면 이는 밀항의 음모에 지나지 않는 것으로 밀항의 예비정도에는 이르지 아니한 것이다(대판 1986. 6. 24, 86도437).

2. 음모죄의 성립요건

형법상 음모죄가 성립하는 경우의 음모란 2인 이상의 자 사이에 성립한 범죄실행의 합의를 말하는 것으로, 범죄실행의 합의가 있다고 하기 위하여는 단순히 범죄결심을 외부에 표시·전달하는 것만으로는 부족하고, 객관적으로 보아 특정한 범죄의 실행을 위한 준비행위라는 것이 명백히 인식되고, 그 합의에 실질적인 위험성이 인정될 때에 비로소 음모죄가 성립한다(대판 1999. 11. 12, 99도3801).

3. 예비만 인정한 경우

① 강도에 공할 흉기를 휴대하고 통행인의 출현을 대기하는 행위는 강도예비에 해당된다(대판 1948. 8. 17, 4281형상80).

비교판례

살해의 목적으로 흉기를 준비하였더라도 살해대상자가 그 흉기로서 사해할 대상자가 확정되지 아니한 한 살인예비죄로서 다스릴 수 없다(대판 1959. 9. 1, 4292형상387).

② 행사할 목적으로 미리 준비한 물건들과 옵세트인쇄기를 사용하여 한국은행권 100원권을 사진찍어 그 필름 **원판 7매**와 이를 확대하여 현상한 인화지 7매를 만들었음에 그쳤다면 아직 통화위조의 착수에는 이르지 아니하였고 그 준비단계에 불과하다(대판 1966. 12. 6, 66도1317).

③ 피고인이 강간할 목적으로 피해자의 집에 침입하였다 하더라도 안방에 들어가 누워 자고 있는 피해자의 **가슴과 엉덩이를 만지면**서 간음을 기도하였다는 사실만으로는 강간의 수단으로 피해자에게 폭행이나 협박을 개시하였다고 하기는 어렵다(대판 1990. 5. 25, 90도607).

④ 피고인들이 실제 북한과의 범민족단합대회추진을 위한 예비회담을 하기 위하여 판문점을 향하여 출발하려 하였다면 비록 피고인들이 위 회담의 주체는 아니었다고 하더라도 그 주체와의 의사의 연락하에 위 행위를 하였고 당국의 제지가 없었더라면 위 회담이 반드시 불가능하지는 아니하였던 것이므로 위 피고인들의 소위는 국가보안법 제8저 제4항, 제1항 **회합예비죄**에 해당하고, 회합장소인 판문점 평화의 집으로 가던 중 그에 훨씬 못미치는 검문소에서 경찰의 저지로 그 뜻을 이루지 못한 것이라면 아직 반국가단체의 구성원과의 회합죄의 실행에 착수하였다고 볼 수 없다(대판 1990. 8. 28, 90도1217).

⑤ 국가보안법의 규정은 남북교류협력에관한법률 제3조 소정의 남북교류와 협력을

목적으로 하는 행위에 관하여는 정당하다고 인정되는 범위 안에서는 적용이 배제되나, 피고인이 북한공작원들과의 사전 연락하에 주도한 민중당의 방북신청은 그러한 정을 모르는 다른 민중당 인사들에게는 남북교류협력의 목적이 있었다 할 수 있음은 별론으로 하고, 피고인 자신에 대한 관계에서는 위 법률 소정의 남북교류협력을 목적으로 한 것이라고 볼 수 없으므로, 피고인의 위 법률에 의한 방북신청은 **국가보안법상의 탈출예비**에 해당한다(대판 1993. 10. 8, 93도1951).

⑥ 피고인이 본범이 절취한 차량이라는 정을 알면서도 본범 등으로부터 그들이 위 차량을 이용하여 강도를 하려 함에 있어 차량을 운전해 달라는 부탁을 받고 위 **차량을 운전**해 준 경우, 피고인은 강도예비와 아울러 장물운반의 고의를 가지고 위와 같은 행위를 하였다고 봄이 상당하다(대판 1999. 3. 26, 98도3030).

⑦ 특별한 사유가 없는 한 사전심사서의 내용에 따라 과세가격을 결정하도록 규정되어 있는 점을 이용하여, 관세를 포탈할 목적으로 수입할 물품의 수량과 가격이 낮게 기재된 계약서를 첨부하여 수입예정 물량 전부에 대한 과세가격 사전심사를 신청함으로써 과세가격을 허위로 신고하고 이에 따른 과세가격 사전심사서를 미리 받아 두는 행위(대판 1999. 4. 9, 99도424).

⑧ 갑이 을을 살해하기 위하여 병, 정 등을 고용하면서 그들에게 **대가의 지급을 약속**한 경우, 갑에게는 살인죄를 범할 목적 및 살인의 준비에 관한 고의뿐만 아니라 살인죄의 실현을 위한 준비행위를 하였음을 인정할 수 있다는 이유로 **살인예비죄**의 성립을 인정한(다)(대판 2009. 10. 29, 2009도7150).

4. 예비 또는 음모를 부정한 사안

① 일본으로 밀항하고자 공소외인에게 도항비로 일화 100만엔을 주기로 약속한 바 있었으나 그 후 **밀항을 포기**하였다면 이는 밀항의 음모에 지나지 않는 것으로 밀항의 예비정도에는 이르지 아니한 것이다(대판 1986. 6. 24, 86도437).

② 전과자들이 모여서 수회에 걸쳐 “총을 훔쳐 전역 후 은행이나 현금수송차량을 털어 한탕 하자”는 말을 나눈 경우만으로는 막연한 범죄의사의 표명에 불과하여 예비 또는 음모가 될 수 없다(대판 1999. 11. 12, 99도3801).

Ⅱ. 예비죄의 종범

① 형법 제32조 제1항 소정 타인의 범죄란 정범이 범죄의 실행에 착수한 경우를 말하는 것이므로 종범이 처벌되기 위하여는 정범의 실행의 착수가 있는 경우에만 가능하고 형법 전체의 정신에 비추어 정범이 실행의 착수에 이르지 아니한 예비의 단계에 그친 경우에는 이에 가공하는 행위가 예비의 공동정범이 되는 경우를 제외하고는 종범의 성립을 인정할 수 없다(대판 1976. 5. 25, 75도1549).

피고인은 친구 甲이 교도소에서 출소한지 얼마 되지 않아 강도를 해서 돈을 벌겠다는 이야기를 듣고 손도끼의 구입비용을 주었으며, 甲은 그 돈으로 남대문시장에서 손도끼를 구입하고 나오다가 경찰의 불심검문에 걸려 체포된 사안이다.

② 예비행위의 방조행위는 방조범으로서 처단할 수 없는 것이고 그와 같은 법리는 특정범죄가중처벌에 관한 법률 및 관세법에 규정된 무면허 수입 등 예비죄의 방조행위에 있어서도 마찬가지이다(대판 1979. 11. 27, 79도2201).

제 3 절 중지미수

Ⅰ. 자의성의 판단

1. 판단기준

중지미수와 장애미수를 구분하는 데는 범죄의 미수가 자의에 의한 중지이냐 또는 어떤 장애에 의한 미수이냐를 반드시 가려야 하고 특히 자의에 의한 중지 중에서도 일반사회통념상 장애미수로 보이는 것을 제외한 것을 자의에 의한 중지미수라고 풀이함이 일반이다(대판 1985. 11. 12, 85도2002).

2. 자의성 인정 여부

(1) 자의성을 인정한 경우

① 정○○이 경영하는 **천광상회** 사무실의 금품을 절취하기로 공모하여 피고인은 그 부근 포장마차에 있고 원심 상피고인은 위 천광상회의 열려진 출입문을 통하여 안으로 들어가 물건을 물색하고 있는 동안 피고인은 자신의 범행전력등을 생각하여 가책을 느낀 나머지 스스로 결의를 바꾸어 위 정○○에게 원심 상피고인의 침입사실을 알려 그와 함께 원심 **상피고인을 체포**하여서 그 범행을 중지하여 결과발생을 방지하였다는 것이므로 피고인의 소위는 중지미수의 요건을 갖추었다(대판 1986. 3. 11, 85도2831).

② 피고인이 피해자를 강간하려다가 피해자의 **다음 번에 만나 친해지면 응해 주겠다**는 취지의 간곡한 부탁으로 인하여 그 목적을 이루지 못한 후 피해자를 자신의 차에 태워 집에까지 데려다 주었다면 피고인은 자의로 피해자에 대한 강간행위를 중지한 것이고 피해자의 다음에 만나 친해지면 응해 주겠다는 취지의 간곡한 부탁은 사회통념상 범죄실행에 대한 장애라고 여겨지지는 아니하므로 피고인의 행위는 중지미수에 해당한다(대판 1993. 10. 12, 93도1851).

(2) 자의성을 부정한 경우[4]

① 대마관리법 제19조 제1항 제2호, 제4조 제3호 위반죄는 대마를 매매함으로써 성립하는 것이므로 설사 피고인이 **대마 2상자**를 사가지고 돌아오다 이 장사를 다시하게 되면 내 인생을 망치게 된다는 생각이 들어 이를 **불태웠다**고 하더라도 이는 양형에 참작되는 사유는 될 수 있을지언정 이미 성립한 죄에는 아무 지장이 없어 이를 중지미수에 해당된다 할 수 없다(대판 1983. 12. 27, 83도2629).

② 범행당일 미리 제보를 받은 세관직원들이 범행장소 주변에 잠복근무를 하고 있어 그들이 왔다 갔다하는 것을 본 피고인이 **범행의 발각을 두려워한 나머지** 자신이 분담하기로 한 실행행위에 이르지 못한 경우, 이는 피고인의 자의에 의한 범행의 중지가 아니어서 형법 제26조 소정의 중지범에 해당한다고 볼 수 없다(대판 1986. 1. 21, 85도2339).

③ 피해자를 강간하려고 작은 방으로 끌고가 팬티를 강제로 벗기고 음부를 만지던 중 피해자가 **수술한 지 얼마 안되어 배가 아프다**면서 애원하는 바람에 그 뜻을 이루지 못하였다면, 강도행위의 계속 중 이미 공포상태에 빠진 피해자를 강간하려고 한 이상 강간

---

4 대법원 판례의 입장이 절충설을 일관되고 정확하게 적용하는 것으로는 볼 수 없으며, 개별적인 사안에 따라 상이한 판단을 내리고 있다.

의 실행에 착수한 것이고, 피고인들이 간음행위를 중단한 것은 피해자를 불쌍히 여겨서가 아니라 피해자의 신체조건상 강간을 하기에 지장이 있다고 본 데에 기인한 것이므로, 이는 일반의 경험상 강간행위를 수행함에 장애가 되는 **외부적 사정**에 의하여 범행을 중지한 것에 지나지 않는 것으로서 중지범의 요건인 자의성을 결여하였다(대판 1992. 7. 28, 92도917).

④ 강도가 강간하려고 하였으나 잠자던 피해자의 **어린 딸이 잠에서 깨어** 우는 바람에 도주하였고, 또 피해자가 시장에 간 남편이 곧 돌아온다고 하면서 **임신중**이라고 말하자 도주한 경우에는 자의로 강간행위를 중지하였다고 볼 수 없다(대판 1993. 11. 12, 93도347).

⑤ 피고인이 장롱 안에 있는 옷가지에 불을 놓아 건물을 소훼하려 하였으나 불길이 치솟는 것을 보고 겁이 나서 물을 부어 불을 끈 것이라면, 위와 같은 경우 **치솟는 불길에 놀라거나 자신의 신체안전에 대한 위해 또는 범행발각시의 처벌 등에 대한 두려움**을 느끼는 것은 일반사회통념상 범죄를 완수함에 장애가 되는 사정에 해당한다고 보아야 할 것이므로 이를 자의에 의한 중지미수라고는 볼 수 없다(대판 1997. 6. 13, 97도957).[5]

⑥ 피고인이 피해자를 살해하려고 그의 목 부위와 왼쪽 가슴 부위를 칼로 수회 찔렀으나 피해자의 가슴 부위에서 **많은 피가 흘러나오는 것을 발견하고 겁을 먹고** 그만 두는 바람에 미수에 그친 것이라면 이를 자의에 의한 중지미수로 볼 수 없다(대판 1999. 4. 13, 99도640).

⑦ 피고인이 공소외 2에게 위조한 주식인수계약서와 통장사본을 보여주면서 50억 원의 투자를 받았다고 말하며 자금의 대여를 요청하였고, 이에 공소외 2와 함께 50억 원의 **입금 여부를 확인하기 위해 은행에 가던 중** 은행 입구에서 차용을 포기하고 돌아간 것이라면, 이는 피고인이 범행이 발각될 것이 두려워 범행을 중지한 것으로서, 일반 사회통념상 범죄를 완수함에 장애가 되는 사정에 해당한다고 보아야 할 것이므로, 이를 자의에 의한 중지미수라고는 볼 수 없다(대판 2011. 11. 10, 2011도10539).

Ⅱ. 공범과 중지

① 위조약속어음인 정을 알고 그것을 행사할 의사가 있는 자임을 알면서 그 위조약

5 범행의 공포로 인해 실행을 중단한 경우 판례는 자의성을 부정하고 있으나, 이 경우 절충설을 지지하는 학자들은 사회일반의 경험상 범죄수행에 장애가 될만한 사정이 없이 중지한 경우로 자의성을 인정하고 있으며, 자의성을 인정하는 것이 타당해 보인다.

속어음을 교부하였다면 후에 이를 다시 회수하려고 노력하였다 하더라도 교부받은 자가 이를 행사하였다면 피고인은 교부받은 자와 위조약속어음의 행사죄와 사기죄의 공동정범에 해당한다(대판 1970. 2. 10, 69도2070).

② 정○○이 경영하는 **천광상회** 사무실의 금품을 절취하기로 공모하여 피고인은 그 부근 포장마차에 있고 원심 상피고인은 위 천광상회의 열려진 출입문을 통하여 안으로 들어가 물건을 물색하고 있는 동안 피고인은 자신의 범행전력등을 생각하여 가책을 느낀 나머지 스스로 결의를 바꾸어 위 정○○에게 원심 상피고인의 침입사실을 알려 그와 함께 원심 **상피고인을 체포**하여서 그 범행을 중지하여 결과발생을 방지하였다는 것이므로 피고인의 소위는 중지미수의 요건을 갖추었다(대판 1986. 3. 11, 85도2831).

甲과 乙이 절도를 공모한 후 乙은 X의 사무실로 들어가 금품을 물색하는 사이에 甲이 밖에서 망을 보다가 甲은 자신의 범행전력 등을 생각하여 가책을 느낀 나머지 스스로 결의를 바꾸어 피해자에게 乙의 침입사실을 알리고 피해자와 함께 乙을 체포하여 범행의 결과를 방지한 사안이다.

③ 다른 공범의 범행을 중지하게 하지 아니한 이상 자기만의 범의를 철회, 포기하여도 중지미수로는 인정될 수 없는 것인바, 기록에 의하면, 피고인은 원심 공동피고인과 합동하여 피해자를 텐트 안으로 끌고 간 후 원심 공동피고인, 피고인의 순으로 성관계를 하기로 하고 피고인은 위 텐트 밖으로 나와 주변에서 망을 보고 원심 공동피고인은 피해자의 옷을 모두 벗기고 피해자의 반항을 억압한 후 피해자를 1회 간음하여 강간하고, 이어 피고인이 위 텐트 안으로 들어가 피해자를 강간하려 하였으나 피해자가 반항을 하며 강간을 하지 말아 달라고 사정을 하여 강간을 하지 않았다는 것이므로, 앞서 본 법리에 비추어 보면 위 **구○○이 피고인과의 공모하에 강간행위에 나아간 이상** 비록 피고인이 강간행위에 나아가지 않았다 하더라도 중지미수에 해당하지는 않는다고 할 것이다(대판 2005. 2. 25, 2004도8259).

Ⅲ. 예비의 중지

① 중지범은 범죄의 실행에 착수한 후 자의로 그 행위를 중지한 때를 말하는 것이고 실행의 착수가 있기 전인 예비·음모의 행위를 처벌하는 경우에 있어서 중지범의 관념은 이를 인정할 수 없다(대판 1991. 6. 25, 91도436).

수입업자인 피고인이 참깨 100톤을 수입한 후 그것을 무말랭이인 것처럼 위장하여 반송할 목적으로 무면허반송행위를 예비하다가 중지한 사안이다.

② 관세를 포탈할 목적으로 수입할 물품의 수량과 가격이 낮게 기재된 계약서를 첨부하여 수입 예정 물량 전부에 대한 과세가격 사전심사를 신청함으로써 과세가격을 허위로 신고하고 이에 따른 과세가격 사전심사서를 미리 받아 둔 경우 관세포탈죄의 실현을 위한 외부적인 준비행위에 해당한다(대판 1999. 4. 9, 99도424).

제 4 절 불능미수

Ⅰ. 결과 발생의 불가능

① 피고인이 피해자를 독살하려 하였으나 동인이 토함으로써 그 목적을 이루지 못한 경우에는 피고인이 사용한 독의 양이 **치사량 미달**이어서 결과발생이 불가능한 경우도 있을 것이고, 한편 형법은 장애미수와 불능미수를 구별하여 처벌하고 있으므로 원심으로서는 이 사건 독약의 치사량을 좀더 심리하여 피고인의 소위가 위 미수 중 어느 경우에 해당하는지 가렸어야 할 것이다(대판 1984. 2. 14, 83도2967).

이 판결은 불능미수의 독자성을 정면으로 인정한 것으로 볼 수 있다. 불능미수는 결과발생의 불가능 단계에서 가능미수로서의 장애미수와는 양립될 수 없는 개념이다. 여기서 통설과 판례는 결과발생의 불가능을 사실적·자연과학적 개념으로 이해하고 있다. 그러나 이러한 견해에 따를 때에는 실패한 미수의 경우처럼 불합리한 결론이 도출되는 사례들이 있게 된다. 따라서 결과발생의 불가능은 규범적 판단, 즉 순수한 사실적 판단만으로는 합리적인 결론이 도출되지 않을 때에 보호법익의 특성을 고려하여 사실적 판단의 결과를 수정하여야 한다.

② 피고인이 원심 상피고인에게 피해자를 살해하라고 하면서 준 **원비-디 병**에 성인 남자를 죽게 하기에 족한 용량의 농약이 들어 있었고, 또 피고인이 피해자 소유 승용차의 브레이크호스를 잘라 **브레이크액을 유출**시켜 주된 제동기능을 완전히 상실시킴으로써 그 때문에 피해자가 그 자동차를 몰고 가다가 반대차선의 자동차와의 충돌을 피하기 위하여 브레이크 페달을 밟았으나 전혀 제동이 되지 아니하여 사이드브레이크를 잡아당김과 동

시에 인도에 부딪치게 함으로써 겨우 위기를 모면하였다면 피고인의 위 행위는 어느 것이나 사망의 결과발생에 대한 위험성을 배제할 수 없다할 것이므로 각 살인미수죄를 구성한다(대판 1990. 7. 24, 90도1149).

대법원은 결과발생의 불가능이 불능미수의 성립에서 위험성 판단에 선행되는 요건임을 간과하고 있다. 즉 '결과발생의 위험'이라는 모호한 표현을 사용하고 있는 것이다. 그러나 결과발생의 가능성이 인정될 경우에는 위험성 판단이 필요없게 된다. 위의 사안도 결과발생의 가능성이 인정되는 경우로서 제27조가 아니라 제25조가 적용되어야 할 사안이다.

③ 일정량 이상을 먹으면 사람이 사망에 이를 수도 있는 **'초우뿌리' 또는 '부자' 달인물**을 피해자에게 마시게 하여 피해자를 살해하려고 하였으나 피해자가 이를 토해버림으로써 미수에 그친 행위를 불능범이 아닌 살인미수죄로 본 제1심의 판단을 유지한 것은 정당하(다)(대판 2007. 7. 26, 2007도3687).

④ 민법 제322조 제1항은 "유치권자는 채권의 변제를 받기 위하여 유치물을 경매할 수 있다."고 규정하고 있고, 이에 따라 민사집행법 제274조 제1항은 "유치권에 의한 경매와 민법, 상법, 그 밖의 법률이 규정하는 바에 따른 경매는 담보권 실행을 위한 경매의 예에 따라 실시한다."고 규정하고 있다. 이러한 유치권에 의한 경매도 강제경매나 담보권 실행을 위한 경매와 마찬가지로 목적부동산 위의 부담을 소멸시키는 것을 법정매각조건으로 하여 실시되고 우선채권자뿐만 아니라 일반채권자의 배당요구도 허용되며, 유치권자는 일반채권자와 마찬가지로 배당을 받을 수 있다. … 유치권에 의한 경매를 신청한 유치권자는 일반채권자와 마찬가지로 피담보채권액에 기초하여 배당을 받게 되는 결과 **피담보채권인 공사대금 채권을 실제와 달리 허위로 크게 부풀려 유치권에 의한 경매를 신청**할 경우 정당한 채권액에 의하여 경매를 신청한 경우보다 더 많은 배당금을 받을 수도 있으므로, 이는 법원을 기망하여 배당이라는 법원의 처분행위에 의하여 재산상 이익을 취득하려는 행위로서, 불능범에 해당한다고 볼 수 없고, 소송사기죄의 실행의 착수에 해당한다고 할 것이다(대판 2012. 11. 15, 2012도9603).

Ⅱ. 위험성의 판단

불능범[6]의 판단기준으로서 위험성 판단은 피고인이 행위 당시에 인식한 사정을 놓고

6 조문의 표제로서 '불능범'을 의미하는 것으로 보이나, 조문의 실질적 내용은 불능미수이므로 대법원의 제

이것이 객관적으로 일반인의 판단으로 보아 결과발생의 가능성이 있느냐를 따져야 하므로 히로뽕제조를 위하여 **에페트린에 빙초산**을 혼합한 행위가 불능범이 아니라고 인정하려면 위와 같은 사정을 놓고 객관적으로 제약방법을 아는 과학적 일반인의 판단으로 보아 결과발생의 가능성이 있어야 한다(대판 1978. 3. 28, 77도4049).

Ⅲ. 위험성의 인정 여부

1. 위험성을 인정한 판례[7]

① **권총**에 탄자를 충전하여 발사하였으나 **탄자가 불량**하여 불발된 경우에도 이러한 총탄을 충전하여 발사하는 행위는 결과발생을 초래할 위험이 내포되어 있었다 할 것이므로 이를 불능범이라 할 수 없다(대판 1954. 1. 3, 4286형상103).[8]

② 피고인이 **우물과 펌프에 혼입한 위 농약이 악취**가 나서 보통의 경우 마시기가 어렵고 또 혼입한 농약의 분량으로 보아 사람을 치사에 이르게 할 정도는 아니라고 하더라도 위 농약의 혼입으로 살인의 결과가 발생할 위험성이 절대로 없다고 단정할 수 없는 바이므로 이 점에 대한 상고논지 역시 이유 없다(대판 1973. 4. 30, 73도354).

③ 농약의 치사추정량이 쥐에 대한 것을 인체에 대하여 추정하는 극히 일반적 추상적인 것이어서 마시는 사람의 연령, 체질, 영양 기타의 신체의 상황여하에 따라 상당한 차이가 있을 수 있는 것이라면 피고인이 **요구르트 한병마다 섞은 농약 1.6씨씨**가 그 치사량에 약간 미달한다 하더라도 이를 마시는 경우 사망의 결과발생 가능성을 배제할 수는 없다고 할 것이다(대판 1984. 2. 28, 83도3331).

④ 향정신성의약품인 메스암페타민 속칭 "히로뽕" 제조를 위해 그 원료인 염산에페트린 및 수종의 약품을 교반하여 **"히로뽕"** 제조를 시도하였으나 그 **약품배합미숙**으로 그 완제품을 제조하지 못하였다면 위 소위는 그 성질상 결과발생의 위험성이 있다(대판 1985. 3. 26, 85도206).

27조 불능범에 대한 판시는 불능미수에 대한 판결로 이해하여야 한다.

7 대법원은 위험의 개념에 대해서 명확히 밝히고 있지 않다. 뿐만 아니라 위험성은 기준도 일관되어 있지 않다. 절대적 불능 및 상대적 불능설에 입각한 판례도 있으나, 이후 구체적 위험설에 입각한 듯한 판례도 보인다. 학설도 불능미수의 위험성이 규범적 개념임을 인정하는 데에는 대부분 일치하나, 구체적인 개념 및 판단의 기준에 대해서는 매우 복잡한 대립 양상을 보이고 있다. 생각건대 불능미수의 위험성은 평가상 *法益侵害의 潛在的 危險*으로 수단이나 대상의 부적합성이 부정된다면 법익침해의 현실적·현재적 위험이 인정될 수 있다고 하겠다.

8 본 판결에 대해 장애미수로 보는 견해도 있다.

⑤ 피해자 한○○의 잠바 왼쪽**주머니에는 금품이 들어있지 않았었다** 하더라도 피고인의 판시 소위는 절도라는 결과발생의 위험성을 충분히 내포하고 있으므로 이를 절도미수로 본 원심조치는 정당하(다)(대판 1986. 11. 25, 86도2090).[9]

⑥ 피고인이 원심 상피고인에게 피해자를 살해하라고 하면서 준 **원비－디 병**에 성인 남자를 죽게 하기에 족한 용량의 **농약**이 들어 있었고, 또 피고인이 피해자 소유 승용차의 브레이크호스를 잘라 **브레이크액을 유출**시켜 주된 제동기능을 완전히 상실시킴으로써 그 때문에 피해자가 그 자동차를 몰고 가다가 반대차선의 자동차와의 충돌을 피하기 위하여 브레이크 페달을 밟았으나 전혀 제동이 되지 아니하여 사이드브레이크를 잡아 당김과 동시에 인도에 부딪치게 함으로써 겨우 위기를 모면하였다면 피고인의 위 행위는 어느 것이나 사망의 결과발생에 대한 위험성을 배제할 수 없다 할 것이므로 각 살인미수죄를 구성한다(대판 1990. 7. 24, 90도1149).[10]

2. 위험성을 부정한 사안

① 에페트린과 빙초산을 화공약품과 배합하여 80~90도로 가열하여 메스암페타민(속칭 히로뽕)을 제조하려 했으나 제조기술과 경험부족으로 히로뽕 완제품이 아닌 **염산메칠에페트린**을 생성시키는데 그친 사안에서, "불능범의 판단기준으로서 위험성 판단은 피고인이 행위 당시에 인식한 사정을 놓고 이것이 객관적으로 일반인의 판단으로 보아 결과발생의 가능성이 있느냐를 따져야 하므로 히로뽕제조를 위하여 에페트린에 빙초산을 혼합한 행위가 불능범이 아니라고 인정하려면 위와 같은 사정을 놓고 객관적으로 제약방법을 아는 **과학적 일반인**의 판단으로 보아 결과발생의 가능성이 있어야 한다. … 이 점 심리절차 없이 다시 말해서 어째서 위험성이 있다고 다는지 그 이유를 밝힌 바 없어 위험성이 있다고 판단한 조치에는 이유불비의 위법 아니면 불능범 내지는 위험성의 법리를 오해한 잘못이 있다"(대판 1978. 3. 28, 77도4049).

이 판결에 대해 구체적 위험설의 입장을 취한 것이라는 견해와 추상적 위험설의 입장을 취한 것이라는 견해가 대립되고 있다. 이러한 혼란은 판단주체를 추상적 위험설에서 통상 내세우는 일반인이 아니라 과학적 일반인이라는 표현을 대법원이 쓰고 있기 때문이다. 즉 대법원은 행위자가 행위 당시에 인식한 사정을 기초로 일반인이 판단하였을 때 결과발생의 가능성이 있는지를 판단하여야 한다는 추상적 위험설의 기본적 취지에는 공감하면서, 행위주

9 결과발생의 불가능성을 규범적으로 이해한다면 본 사안은 장애미수로 이해하는 것이 타당하다.
10 장애미수로 보는 견해도 있다.

체에 대해서는 통상의(평균적) 일반인 보다 인식 수준이 높은 과학적 일반인 내지 법률적 지식을 가진 일반인으로 제한을 가하는 이중적 잣대로 위험성을 평가하고 있는 것이다. 그러나 위험성의 판단기준이 애당초 처벌되는 미수와 처벌되지 않는 불능범의 구별을 위한 기준이라는 점, 구체적 위험설이 추상적 위험설보다 위험성을 인정하는 범위가 좁다는 점에서 구체적 위험설이 타당하다고 하겠다.

② 불능범의 판단 기준으로서 위험성 판단은 피고인이 행위 당시에 인식한 사정을 놓고 이것이 객관적으로 일반인의 판단으로 보아 결과 발생의 가능성이 있느냐를 따져야 하고, 한편 민사소송법상 소송비용의 청구는 소송비용액 확정절차에 의하도록 규정하고 있으므로, 위 절차에 의하지 아니하고 손해배상금 청구의 소 등으로 소송비용의 지급을 구하는 것은 소의 이익이 없는 부적법한 소로서 허용될 수 없다고 할 것이다. 따라서 **소송비용을 편취할 의사로 소송비용의 지급을 구하는 손해배상청구의 소**를 제기하였다고 하더라도 이는 객관적으로 소송비용의 청구방법에 관한 법률적 지식을 가진 일반인의 판단으로 보아 결과 발생의 가능성이 없어 위험성이 인정되지 않는다고 할 것이다(대판 2005. 12. 8, 2005도8105).

제 9 장 正犯과 共犯

제1절 일 반 론

Ⅰ. 정범과 공범의 구별

① 공동정범이 성립하기 위하여는 주관적 요건으로서 공동가공의 의사와 객관적 요건으로서 공동의사에 의한 기능적 행위지배를 통한 범죄의 실행사실이 필요한바, 위 주관적 요건으로서의 공동가공의 의사는 타인의 범행을 인식하면서도 이를 저지하지 아니하고 용인하는 것만으로는 부족하고 공동의 의사로 특정한 범죄행위를 하기 위하여 일체가 되어 서로 다른 사람의 행위를 이용하여 자기의 의사를 옮기는 것을 내용으로 하는 것이어야 한다(대판 1997. 1. 24, 96도2427).

> 피고인이 덕적도 핵폐기장 설치 반대 시위의 일환으로 행하여진 대학생들의 인천시청 기습점거 시위에 대하여 전혀 모르고 있다가 시위 직전에 주동자로부터 지시를 받고 시위현장 사진촬영행위를 한 사건으로 대법원은 시위행위에 대한 공동정범으로서의 범의는 부정하고 방조범으로서의 죄책만 인정하였다.

② **구 조세범 처벌법**(2010. 1. 1. 법률 제9919호로 전부 개정되기 전의 것, 이하 같다) 제11조의2 제4항은 '부가가치세법의 규정에 의한 재화 또는 용역을 공급하지 아니하고 부가가

치세법의 규정에 의한 세금계산서를 교부하거나 교부받은 행위'(제1호)와 '부가가치세법의 규정에 의한 재화 또는 용역을 공급하지 아니하고 부가가치세법의 규정에 의한 매출·매입처별 세금계산서 합계표를 허위기재하여 정부에 제출한 행위'(제3호)를 처벌하고 있다. 위 각 규정의 내용과 입법 취지를 종합하면, 구 조세범 처벌법 제11조의2 제4항 제1호는 재화 또는 용역(이하 '재화 등'이라 한다)을 공급하지 아니한 자가 자신을 공급하는 자로 기재한 세금계산서를 교부하거나 재화 등을 공급받지 아니한 자가 자신이 공급받는 자로 기재된 세금계산서를 교부받은 행위를 대상으로 하고, 같은 항 제3호는 재화 등을 공급하거나 공급받지 아니한 자가 그 재화 등의 공급에 관한 세금계산서 합계표를 허위로 작성하여 정부에 제출한 행위를 그 대상으로 한다. 그런데 재화 등을 공급하거나 공급받은 자가 제3자의 위임을 받아 제3자의 사업자등록을 이용하여 그 제3자를 공급하는 자로 기재한 세금계산서를 교부하거나 그 제3자가 공급받는 자로 기재된 세금계산서를 교부받은 경우 및 그 제3자의 명의로 그 재화 등의 공급에 관한 세금계산서 합계표를 작성하여 정부에 제출한 경우에는, 제3자가 위 세금계산서 수수 및 세금계산서 합계표 작성·제출행위를 한 것으로 볼 수 있으므로 그가 재화 등을 공급하거나 공급받지 아니한 이상 구 조세범 처벌법 제11조의2 제4항 제1호 및 제3호 범행의 정범이 되고, **재화 등을 공급하거나 공급받은 자**는 가담 정도에 따라 그 범행의 공동정범이나 방조범이 될 수 있을 뿐 그 범행의 단독정범이 될 수 없다(대판 2012. 5. 10, 2010도13433).

조세범처벌법은 허위세금계산서 교부행위를 처벌하고 있다. 사안에서 피고인은 A 의류임가공업체 운영하는 자로, 재화를 공급하거나 공급받지 않고 사업자등록증이 있는 B편물 명의로 세금계산서를 교부하여 단독정범으로 기소되었다. 대법원은 사안에서 조세범처벌법상의 허위세금계산서교부죄는 일종의 의무범으로 사업자등록이 있는 자가 정범적격을 갖고 있다는 전제에서, 의류를 공급하거나 공급받지 아니한 B편물이 자신의 사업자등록을 이용하여 자신을 그 의류의 공급자로 기재한 세금계산서를 교부하거나 자신이 그 의류의 공급받는 자로 기재된 세금계산서를 교부받는 것과 자신의 명의로 그에 관한 매입처별 세금계산서 합계표를 작성하여 정부에 제출하는 것을 피고인에게 위임한 경우에는 B편물이 구 조세범 처벌법 제11조의2 제4항 제1호 및 제3호 범행의 정범이 되고 피고인은 공동정범이 되거나 그 방조범이 될 수 있을 뿐이며, 피고인에게 그와 같은 위임을 하지 아니한 경우에는 피고인에게 형법상 문서위조죄 등의 죄책을 물을 수 있다고 판시하였다.

Ⅱ. 공범의 종속성

정범의 성립은 교사범, 방조범의 구성요건의 일부를 형성하고 교사범, 방조범이 성립함에는 먼저 정범의 범죄행위가 인정되는 것이 그 전제요건이 되는 것은 공범의 종속성에 연유하는 당연한 귀결이며, 따라서 교사범, 방조범의 사실 적시에 있어서도 정범의 범죄 구성요건이 되는 사실 전부를 적시하여야 하고, 이 기재가 없는 교사범, 방조범의 사실 적시는 죄가 되는 사실의 적시라고 할 수 없다 할 것이다(대판 1981. 11. 24, 81도2422).

Ⅲ. 필요적 공범

① 소위 **대향범**은 대립적 범죄로서 2인 이상의 서로 대향된 행위의 존재를 필요로 하는 필요적 공범관계에 있는 범죄로 이에는 공범에 관한 형법총칙 규정의 적용이 있을 수 없는 것이므로 피고인 갑이 피고인 을에게 외화취득의 대상으로 원화를 지급하고 피고인 을이 이를 영수한 경우 위 갑에게는 대상지급을 금한 외국환관리법 제22조 제1호, 을에게는 대상 지급의 영수를 금한 같은 조 제2호 위반의 죄만 성립될 뿐 각 상피고인의 범행에 대하여는 공범관계가 성립되지 않는다(대판 1985. 3. 12, 84도2747).

② **뇌물공여죄와 뇌물수수죄**가 필요적 공범관계에 있다함은 소론이 지적하는바와 같으나 필요적 공범이라는 것은 법률상 범죄의 실행이 다수인의 협력을 필요로 하는 것을 가리키는 것으로서 이러한 범죄의 성립에는 행위의 공동을 필요로 하는 것에 불과하고 반드시 협력자 전부가 책임이 있음을 필요로 하는 것은 아니다. 다시 말하면 뇌물공여죄가 성립되기 위하여서는 뇌물을 공여하는 행위와 상대방측에서 금전적으로 가치가 있는 그 물품 등을 받아들이는 행위(부작위 포함)가 필요할 뿐이지 반드시 상대방측에서 뇌물수수죄가 성립되어야만 한다는 것을 뜻하는 것은 아니(다)(대판 1987. 12. 22, 87도1699).

제2절 공동정범

Ⅰ. 공동정범의 의의

형법 제30조에 "공동하여 죄를 범한 때"의 "죄"라 함은 고의범이고 과실범이고를 불문하므로 두 사람 이상이 어떠한 과실행위를 서로의 의사 연락하에 이룩하여 범죄가 되는 결과를 발생케 한 것이라면 과실범의 공동정범이 성립된다(대판 1979. 8. 21, 79도1249).

Ⅱ. 공동정범 성립요건

1. 주관적 성립요건

(1) 공동가공의사의 존재

1) 공동가공의사의 의미

① 피고인 乙은 이 사건 영화의 제작이나 상영 또는 그 준비행위에 관여하지 않았음은 물론, 위 영화가 상영될 것을 알면서 **장산곶매**측과 대관계약을 체결한 당사자도 아니고 단지 전 대표와 체결된 대관계약에 따라 영화가 상영되는 것을 적극적으로 제지하지 못하였을 뿐이므로 피고인 乙을 공연윤리위원회의 심의 없이 위 영화를 상영한 공범이라고 볼 수는 없다고 판단한 조치는 그대로 수긍이 되고 거기에 소론과 같은 공범에 대한 법리를 오해한 위법이 있다고 할 수 없다(대판 1993. 3. 9, 92도3204).

② 공동정범이 성립하기 위한 주관적 요건으로서 공동가공의 의사는 타인의 범행을 인식하면서도 이를 제지하지 아니하고 용인하는 것만으로 부족하고, 공동의 의사로 특정한 범죄행위를 하기 위하여 일체가 되어 서로 다른 사람의 행위를 이용하여 자기의 의사를 옮기는 것을 내용으로 하는 것이어야 한다. 따라서 주식회사의 이사가 회사의 고문에게 문제해결을 위해서 3억원을 주는 수밖에 없다고 보고하고 고문이 아무런 말도 없이 **창밖만 쳐다보자** 동의한 것으로 알고 이사가 문제해결을 위해 3억원을 교부하고 고문에게는 보고하지 않은 경우 고문은 업무상횡령죄의 공동정범으로 볼 수 없다(대판 1999. 9. 17, 99도2889).

③ 공동정범이 성립하기 위하여는 주관적 요건으로서의 공동가공의 의사와 객관적 요건으로서의 공동의사에 의한 기능적 행위지배를 통한 범죄의 실행사실이 필요한바, 주관적 요건으로서의 공동가공의 의사는 타인의 범행을 인식하면서도 이를 제지하지 아니하고 용인하는 것만으로는 부족하고, 공동의 의사로 특정한 범죄행위를 하기 위하여 일체가 되어 서로 다른 사람의 행위를 이용하여 자기의 의사를 실행에 옮기는 것을 내용으로 하는 것이어야 한다. … 이 사건 밀수입 범행과 관련하여 피고인들이 한 행위가 선원으로부터 캠코더 등을 **밀수입 해오면 팔아주겠느냐**는 제의를 받고 팔아주겠다고 승낙하거나 선원으로부터 양주도 구입해보라는 권유를 받고 이를 승낙한 다음 선원들이 물품을 밀수입해오면 대금을 지불하고 이를 인도받아 타에 처분해 온 것에 불과하다면, 그것을 가지고 피고인들이 이 사건 밀수입 범행의 실행행위를 분담하였다거나 피고인들에게 공동정범의 성립을 인정하기 위하여 필요한 공동가공의 의사가 있었다고 보기 어렵다(대판 2000.

4. 7, 2000도576).

④ 피해자 일행을 한 사람씩 나누어 강간하자는 피고인 일행의 제의에 아무런 대답도 하지 않고 따라 다니다가 자신의 강간 상대방으로 남겨진 공소외인에게 일체의 신체적 접촉도 시도하지 않은 채 **다른 일행이 인근 숲 속에서 강간을 마칠 때까지 공소외인과 함께 이야기만 나눈 경우**, 피고인에게 다른 일행의 강간 범행에 공동으로 가공할 의사가 있었다고 볼 수 없다(대판 2003. 3. 28, 2002도7477).

⑤ 보건복지부장관이 정한 기준을 위반하여 진료비가 과다 징수되고 있는 사실에 관하여 **종합병원 병원장**인 피고인에게 대략의 인식이 있었다고 할 수 있으나, 수가 산정 과정 및 여러 해 동안 계속된 병원의 운영 방식과 치료비의 청구방식에 비추어, 피고인이 직원들과 공모하여 환자들로부터 진료비를 과다 징수하여 이를 편취하였다고는 볼 수 없다(대판 2005. 3. 11, 2002도5112).

병원장이던 피고인은 자신의 의과대학부속병원에서 보건복지부장관이 정한 기준을 위반하여 진료비가 과다하게 징수되고 있는 사실에 관하여 대략의 인식이 있었다고 할 수 있으나, 피고인이 병원장으로 취임한 후 그 전공과목은 물론 그 외에 거의 모든 과목에 걸쳐 있는 이 사건 각 수가항목 전부에 관하여 전면 재검토하여 관련 부서에 수가 조정이나 삭제를 지시·요청하지 아니하였다. 그러나 수가 산정 과정 등에 비추어 병원의 수가 변경은 피고인의 단순한 지시나 요청으로 이루어질 수 있는 것으로 보기 어렵고, 계속된 병원의 운영 방식과 치료비의 청구방식에 비추어 적어도 관련 과목의 의사들은 물론 병원 내 관련 부서의 동의와 유기적인 협력이 있어야 가능하였다.

2) 의사의 연락

a) 공동가공의사를 인정한 경우

① 공동정범 또는 공모공동정범의 경우에 범인 전원이 일정한 시간과 장소에 집합하여 모의하지 아니하고 그 중의 1인 또는 2인 이상을 통하여 릴레이식으로 범의의 연락이 있고 그 범의내용에 대하여 포괄적 또는 개별적인 의사연락이나 인식이 있었다면 그들 전원이 공모관계가 있다고 보아야 한다(대판 1980. 11. 25, 80도2224).

② 부하들이 흉기를 들고 싸움을 하고 있는 도중에 폭력단체의 두목급 수괴의 지위에 있는 피고인이 현장에 모습을 나타내고 더욱이 부하들이 흉기들을 소지하고 있어 살상의 결과를 초래할 것을 예견하면서도 **전부 죽이라**는 고함을 친 행위는 부하들의 행위에 큰 영향을 미치는 것으로서 피고인은 이로써 위 싸움에 가세한 것이라고 보지 아니할 수 없고, 부하들이 칼, 야구방망이 등으로 피해자들을 난타, 난자하여 사망케 한 것이라면 피고인은 살인죄의 공동정범으로서의 죄책을 면할 수 없다(대판 1987. 10. 13, 87도1240).

③ **입시 부정행위를 지시한 자**가 부정행위의 방법으로서 사정위원들의 업무를 방해할 것을 특정하거나 명시하여 지시하지 않았더라도 업무방해죄의 공동정범에 해당한다(대판 1994. 3. 8, 93도3154).

④ 허위작성된 유가증권을 피교부자가 그것을 유통하게 한다는 사실을 인식하고 교부한 때에는 허위작성유가증권행사죄에 해당하고, 행사할 의사가 분명한 자에게 교부하여 그가 이를 행사한 때에는 허위작성유가증권행사죄의 공동정범이 성립된다(대판 1995. 9. 29, 95도803).

⑤ 비록 전체 모의과정이 없다고 하더라도 수인 사이에 순차적으로 또는 암묵적으로 상통하여 그 의사의 결합이 이루어지면 공모관계가 성립하고, 이러한 공모관계가 이루어진 이상 실행행위에 직접 관여하지 아니한 자라도 … 공동정범으로서의 형사책임을 진다 … **딱지어음**의 전전유통경로나 중간소지인들 및 그 기망방법을 구체적으로 몰랐다고 하더라도 공모관계를 부정할 수 없다(대판 1997. 9. 12, 97도1706).

지급기일에 결제될 가능성이 없는 이른바 '딱지어음'을 발행한 발행인과, 이 딱지어음이 타인에게 순차매도되어 그 후 최종적으로 甲에게 매도되었는데, 甲은 그 어음이 부도예정인 딱지어음이라는 사실을 숨긴 채 타인에게 교부하고 은행에서 할인받은 사건에서 사기죄의 공동정범을 인정하였다. 대법원은 딱지어음에 대해 유통으로 인한 대량 피해발생 때문인지 공모관계를 비교적 쉽게 인정하고 있다. 2011도9721 판결에서도 딱지어음 발행자와 취득자들 사이에 직접 또는 중간 판매상 등을 통해 순차적·암묵적 공모관계가 성립한다고 판단하였다.

⑥ 2인 이상이 공모하여 범죄에 공동 가공하는 공범관계에 있어서 공모는 법률상 어떤 정형을 요구하는 것이 아니고 공범자 상호간에 직접 또는 간접으로 범죄의 공동실행에 관한 암묵적인 의사연락이 있으면 족한 것으로 비록 전체의 모의과정이 없었다고 하더라도 수인 사이에 의사의 결합이 있으면 공동정범이 성립될 수 있는 것이고, 공범자가 공갈행위의 실행에 착수한 후 그 범행을 인식하면서 그와 공동의 범의를 가지고 그 후의 공갈행위를 계속하여 재물의 교부나 재산상 이익의 취득에 이른 때에는 공갈죄의 공동정범이 성립한다 할 것인바, 위와 같이 피고인 1이 피해자 피해자 3을 외포시켜 동인으로부터 일간신문 일간신문에 사과광고 신청을 할 것을 승낙받은 후 피고인 2와 암묵적인 의사연락이 이루어져 피고인 2가 위 피해자 3의 외포상태를 이용하는 한편 다시 동인에게 일간신문 일간신문 기자들의 강경 분위기를 전달하여 동인을 외포시킴으로써 동인으로 하여금 적정한 광고료 이상의 금 4,400,000원의 광고료를 지급하고 위 사과광고를 게재하도록 한 이상 피고인들은 위 광고료 금 4,400,000원을 갈취한 데 대한 공동정범의 죄책을 면할 수

없다 할 것이다(대판 1997. 2. 14, 96도1959).

신문사 사장이 건설업체 대표이사에게 자사신문에 **사과광고**를 싣지 않으면 그 건설업체의 신용을 해치는 기사를 계속 게재하겠다고 하여 사과광고를 게재토록 하면서 사과광고게재의 구체적인 절차는 광고국장과 협의할 것을 지시하고, 이에 광고국장이 외포상태에 빠진 대표이사에게 과다한 광고료를 요구하여 이를 교부받은 사건으로, 대법원은 공갈죄의 공동정범을 인정하였다.

⑦ 한총련 의장인 피고인이 주도한 **한총련 중앙상임위원회**에서 경찰에 대한 요구조건을 내걸고 그와 같은 요구조건이 받아들여지지 아니하면 변사체검사에 응하지 아니한다는 방침을 결정하였는데, 피고인에 대한 보고를 하지 아니한 채 한총련 산하 남총련 의장 등이 위 방침에 따라 **변사체검시방해행위**를 한 경우, 피고인에 대하여 변사체검시방해죄의 공모공동정범(이다)(대판 1998. 7. 28, 98도1395).

⑧ 알선행위의 당사자가 아닌 제3자가 당사자와 공동가공의 의사를 가지고 금품 기타 이익을 중간에서 전달한 경우, 특정경제범죄가중처벌등에관한법률 제7조 소정의 알선수재죄의 공동정범에 해당한다(대판 1998. 12. 8, 98도3051).

b) 공동가공의사를 부정한 경우

① 피고인이 여의도 의원회관 사무실로 피고인 1을 찾아가 이미 공소외 주식회사의 대표이사를 사임하고 회사의 고문으로 있던 그에게, 공소외 1의 문제를 해결하기 위해서는 공소외 1에게 금 3억 원을 주어 무마하는 수밖에 없다고 보고하자 피고인 1이 **아무런 말도 없이 창 밖만 쳐다보았으므로** 이에 동의한 것으로 알았고, 그 후 피고인 1에게 돈을 준 것을 보고하지 아니한 경우 피고인 1이 피고인 2와 공모하여 판시 범행을 저질렀다고 인정하기에 부족하다(대판 1999. 9. 17, 99도2889).

② 전자제품 등을 **밀수입해 올테니 이를 팔아달라**는 제의를 받고 승낙한 경우, 그 승낙은 물품을 밀수입해 오면 이를 취득하거나 그 매각알선을 하겠다는 의사표시로 볼 수 있을 뿐 밀수입 범행을 공동으로 하겠다는 공모의 의사를 표시한 것으로는 볼 수 없다(대판 2000. 4. 7, 2000도576).

유사판례

오토바이를 절취하여 오면 그 물건을 사 주겠다고 한 것이 절도죄에 있어 공동정범의 성립을 인정하기 위하여 필요한 공동가공의 의사가 있었다고 보기는 어렵다(대판 1997. 9. 30, 97도1940).

③ 피해자 일행을 한 사람씩 나누어 강간하자는 피고인 일행의 제의에 아무런 대답도 하지 않고 따라 다니다가 자신의 강간 상대방으로 남겨진 공소외인에게 일체의 신체적 접촉도 시도하지 않은 채 다른 일행이 인근 숲 속에서 강간을 마칠 때까지 공소외인과 함께 이야기만 나눈 경우, 피고인에게 다른 일행의 강간 범행에 공동으로 가공할 의사가 있었다고 볼 수 없다(대판 2003. 3. 28, 2002도7477).

(2) 공동가공의사의 형성방법

1) 원 칙

공동정범이 성립하기 위하여는 반드시 공범자간에 사전모의가 있어야 하는 것은 아니며 암묵리에 서로 협력하여 공동의 범의를 실현하려는 의사가 상통하면 족하고, 범인 전원의 동일일시, 동일장소에서 모의하지 아니하고 순차적으로 범의의 연락이 이루어 짐으로써 그 범의내용에 대하여 포괄적 또는 개별적 의사의 연락이나 인식이 있었으면 범인 전원의 공모관계가 있다 할 것이다(대판 1988. 6. 14, 88도592).

비교판례

2인 이상이 범죄에 공동 가공하는 공범관계에서 공모는 법률상 어떤 정형을 요구하는 것이 아니고, 2인 이상이 공모하여 어느 범죄에 공동 가공하여 그 범죄를 실현하려는 의사의 결합만 있으면 되는 것으로서, 비록 전체의 모의과정이 없었다고 하더라도 수인 사이에 순차적으로 또는 암묵적으로 상통하여 그 의사의 결합이 이루어지면 공모관계가 성립하고, 이러한 공모가 이루어진 이상 **실행행위에 직접 관여하지 아니한 자라도 다른 공모자의 행위에 대하여 공동정범**[1]으로서의 형사책임을 지는 것이고, 이와 같은 공모에 대하여는 직접증거가 없더라도 정황사실과 경험법칙에 의하여 이를 인정할 수 있고, 상명하복 관계에 있는 자들 사이에 있어서도 범행에 공동 가공한 이상 공동정범이 성립하는 데 아무런 지장이 없는 것이다(대판 2012. 1. 27, 2010도10739).

2) 편면적 공동정범

공동정범은 행위자 상호간에 범죄행위를 공동으로 한다는 공동가공의 의사를 가지고 범죄를 공동실행하는 경우에 성립하는 것으로서, 여기에서의 공동가공의 의사는 공동행위자 상호간에 있어야 하며 행위자 일방의 가공의사만으로는 공동정범관계가 성립 할 수 없다(대판 1985. 5. 14, 84도2118).[2]

1 공모공동정범을 의미한다.
2 이와 달리 행위분담이 필요없는 방조범의 경우, 일방적 조력의사를 지닌 편면적 방조도 방조범이 된다.

(3) 공동가공의사의 성립시기

1) 우연적 공동정범

공동정범은 2인 이상이 공동하여 죄를 범하는 것으로 공동가공의 의사를 그 주관적 요건으로 하며 이 공동가공의 의사는 상호적임을 요하나 이는 상호 공동가공의 인식이 있으면 족하고 사전에 어떤 모의 과정이 있어야 하는 것은 아니다(대판 1985. 12. 10, 85도1892).

몸에서 잡귀를 물리치면 병을 고칠수 있다는 말에 피해자가 승낙하였고, 이에 처음에는 甲과 乙, 이후에는 丙과 丁까지 가세하여 피해자를 폭행하여 사망케한 사안으로 폭행치사죄의 공동정범을 인정하였다.

2) 승계적 공동정범

a) 인정여부

공범자가 공갈행위에 착수한 후 그 범행을 인식하면서 공동범의를 가지고 가담하여 공갈행위를 계속하여 재물을 취득한 때에는 공갈죄의 공동정범이 된다(대판 1997. 2. 14, 96도1959).

b) 승계적 공동정범의 처벌

① **연속된 히로뽕제조행위** 도중에 공동정범으로 범행에 가담한 자는 비록 그가 그 범행에 가담할 때에 이미 이루어진 종전의 범행을 알았다 하더라도 그 가담 이후의 범행에 대해서만 공동정범으로 책임을 지는 것(이다)(대판 1982. 6. 8, 82도884).

② **범인도피죄**는 범인을 도피하게 함으로써 기수에 이르고 도피행위가 끝날 때 비로소 범죄행위가 종료되므로 공범자의 범인도피행위의 도중에 그 범행을 인식하면서 그와 공동의 범의를 가지고 기왕의 범인도피상태를 이용하여 스스로 범인도피행위를 계속한 자에 대하여는 범인도피죄의 공동정범이 성립한다(대판 1995. 9. 5, 95도577).

③ **포괄일죄**(업무상배임죄의 연속범)의 범행도중에 공동정범으로 가담한 자는 비록 그가 그 범행에 가담할 때 이미 이루어진 종전의 범행을 알았다 하더라도 그 가담 이후의 범행에 대하여만 공동정범으로 책임을 진다(대판 1997. 6. 27, 97도163).

비교판례

◎ 승계적 방조[3]

특정범죄가중처벌등에관한법률 제5조의 2 제1항 제1호 소정의 죄는 형법 제287조의 미성년자 약취, 유인행위와 약취 또는 유인한 미성년자의 부모 기타 그 미성년자의 안전을 염려하는 자의 우려를 이용하여 재물이나 재산상의 이익을 취득하거나 이를 요구하는 타인의 행위에 가담하여 이를 방조한 때에는 단순히 재물 등 요구행위의 종범이 되는데 그치는 것이 아니라 결합범인 위 특정범죄가중처벌 등에 관한 법률 제5조의2 제2항의 제1호 위반죄의 종범에 해당한다(대판 1982. 11. 23, 82도2024)

(4) 과실범의 공동정범

1) 과실범의 공동정범을 인정한 경우

① **크림빵**을 잘못 제조, 납품하여 초등학생들의 사상의 결과를 발생시킨 제빵회사 공장장과 대표이사(대판 1978. 9. 26, 78도2082).

② 운전병이 운전하던 **짚차**의 선임탑승자는 운전병의 안전운행을 감독하여야 할 책임이 있는데 오히려 운전병을 데리고 주점에 들어가서 같이 음주한 다음 운전케 한 결과 위 운전병이 음주로 인하여 취한 탓으로 사고가 발생한 경우에는 위 선임탑승자에게도 과실범의 공동정범이 성립한다(대판 1979. 8. 21, 79도1249).

③ 공동정범은 고의범이나 과실범을 불문하고 의사의 연락이 있는 경우이면 그 성립을 인정할 수 있다. 따라서 피고인이 정기관사의 지휘감독을 받는 부기관사이기는 하나 **사고열차의 퇴행**에 관하여 서로 상론, 동의한 이상 퇴행에 과실이 있다면 과실책임을 면할 수 없다(대판 1982. 6. 8, 82도781).

④ 건물(**삼풍백화점**) 붕괴의 원인이 건축계획의 수립, 건축설계, 건축공사공정, 건물완공 후의 유지관리 등에 있어서의 과실이 복합적으로 작용한 데에 있다고 보아 각 단계별 관련자들을 업무상과실치사상죄의 공동정범으로 처단한(다)(대판 1996. 8. 23, 96도1231).

⑤ **성수대교**와 같은 교량이 그 수명을 유지하기 위하여는 건설업자의 완벽한 시공, 감독공무원들의 철저한 제작시공상의 감독 및 유지·관리를 담당하고 있는 공무원들의 철저한 유지·관리라는 조건이 합치되어야 하는 것이므로, 위 각 단계에서의 과실 그것만으로 붕괴원인이 되지 못한다고 하더라도, 그것이 합쳐지면 교량이 붕괴될 수 있다는 점은 쉽게 예상할 수 있고, 따라서 위 각 단계에 관여한 자는 전혀 과실이 없다거나 과실이 있다고 하여도 교량붕괴의 원인이 되지 않았다는 등의 특별한 사정이 있는 경우를 제외하고

3 이른바 '주교사 사건'이다.

는 붕괴에 대한 공동책임을 면할 수 없다(대판 1997. 11. 28, 97도1740).

⑥ 피고인 1에게는 사고의 위험이 높은 이 사건 해상에서 재킷 및 해상크레인 운반작업을 함에 있어 재킷의 선적작업이 지연되어 그대로 출항할 경우에는 정조시점을 맞출 수가 없는데도 출항을 연기시키거나 대책을 강구한 사실이 없었고, 나아가 피고인 2로부터 출항을 연기할 것을 건의받았음에도 이를 받아들이지 아니하고 일정을 들어 출항을 강행하도록 지시한 업무상 과실이 인정되며, 피고인 2에게는 피고인 1의 지시에 따라 사고의 위험이 높은 시점에 출항하였고, 특히 물양장 앞 해상에 진도대교 방향으로 강조류가 흐르고 있었으므로 상황의 심각성을 인식하고 신중하게 예인선을 운항하여 물양장에 접근하여야 했음에도 **무리하게 예인선을 운항**한 업무상 과실이 인정된다고 판단하여, 피고인들을 모두 유죄로 인정한 제1심판결을 유지하였다. 기록에 비추어 살펴보면 이러한 원심의 판단은 정당한 것으로 수긍할 수 있(다)(대판 2009. 6. 11, 2008도11784).

2. 객관적 구성요건

(1) 공동가공행위

① 피고인이 공범들과 함께 강도범행을 저지른 후 피해자의 신고를 막기 위하여 공범들이 묶여 있는 피해자를 옆방으로 끌고가 강간범행을 할 때에 피고인은 자녀들을 감시하고 있었다면 공범들의 강도강간범죄에 공동가공한 것이라 하겠으므로 비록 피고인이 직접강간행위를 하지 않았다 하더라도 강도강간의 공동죄책을 면할 수 없다(대판 1986. 1. 21, 85도2411).

② 부하들이 흉기를 들고 싸움을 하고 있는 도중에 폭력단체의 두목급 수괴의 지위에 있는 피고인이 현장에 모습을 나타내고 더우기 부하들이 흉기들을 소지하고 있어 살상의 결과를 초래할 것을 예견하면서도 **전부 죽이라**는 고함을 친 행위는 부하들의 행위에 큰 영향을 미치는 것으로서 피고인은 이로써 위 싸움에 가세한 것이라고 보지 아니할 수 없고, 부하들이 칼, 야구방망이 등으로 피해자들을 난타, 난자하여 사망케 한 것이라면 피고인은 살인죄의 공동정범으로서의 죄책을 면할 수 없다(대판 1987. 10. 13, 87도1240).

③ **보호자가** 의학적 권고에도 불구하고 **치료를 요하는 환자의 퇴원을 강청하여 담당 전문의와 주치의가 치료중단 및 퇴원**을 허용하는 조치를 취함으로써 환자를 사망에 이르게 한 행위에 대하여 보호자, 담당 전문의 및 주치의가 부작위에 의한 살인죄의 공동정범으로 기소된 사안에서, 담당 전문의와 주치의에게 환자의 사망이라는 결과 발생에 대한 정범의 고의는 인정되나 환자의 사망이라는 결과나 그에 이르는 사태의 핵심적 경과를 계

획적으로 조종하거나 저지·촉진하는 등으로 지배하고 있었다고 보기는 어려워 공동정범의 객관적 요건인 이른바 기능적 행위지배가 흠결되어 있다는 이유로 작위에 의한 살인방조죄만 성립한다(대판 2004. 6. 24, 2002도995).

이른바 '보라매병원 사건'으로 공동정범의 주관적 요건과 객관적 요건을 면밀히 검토한 판결이다. 대법원은 담당 전문의와 주치의(3년차 수련의)에 대하여는 작위에 의한 살인죄의 방조를 인정하였으며, 남편의 퇴원을 요구하여 사망에 이르게 한 妻에 대하여는 부작위에 의한 살인죄의 정범을 인정하였으나, 전담의사의 지시에 따라 인공호흡보조장치를 제거한 1년차 수련의에 대하여는 무죄를 선고하였다. 본 판결에 대해서는 환자의 생명이 최우선이라는 전제에서 불가피하다는 의견과 의료계의 현실을 무시한 판결이라는 비판적 견해들이 대립되고 있다.
아울러 또 다른 쟁점으로 작위와 부작위가 병존하는 경우로 어느 유형으로 판단하여야 하는 문제가 논란이 되었는데, 1심은 의료진에게 부작위에 의한 살인죄의 정범을 인정하였으나, 2심에서는 작위에 의한 살인죄의 방조범으로 판단하였다. 그리고 상고심에서 대법원은 '어떠한 범죄가 적극적 작위에 의하여 이루어 질 수 있음은 물론 결과의 발생을 방지하지 아니하는 소극적 부작위에 의하여도 실현될 수 있는 경우에, 행위자가 자신의 신체적 활동이나 물리적·화학적 작용을 통하여 적극적으로 타인의 법익상황을 악화시킴으로써 결국 그 타인의 법익을 침해하기에 이르렀다면, 이는 작위에 의한 범죄로 봄이 원칙이고, 작위에 의하여 악화된 법익상황을 다시 되돌이키지 아니한 점에 주목하여 이를 부작위범으로 볼 것은 아니며, 나아가 악화되기 이전의 법익상황이, 그 행위자가 과거에 행한 또 다른 작위의 결과에 의하여 유지되고 있었다 하여 이와 달리 볼 필요가 없다'고 하면서 2심의 작위와 부작위의 구별을 지지하는 판단으로 작위에 의한 살인죄의 방조범을 인정하였다. 이에 대해 학설은 작위우선설에 의하면 작위범이 된다고 하며, 규범적 척도를 기준으로 하는 경우 부작위범이 된다고 볼 수 있다고 하거나, 에너지 투입설에 따라 작위범이 된다는 견해가 주장되고 있다.

(2) 공모공동정범

1) 공모공동정범의 성립요건

① 2인 이상이 공모하여 범죄에 공동 가공하는 공범관계에 있어서 공모는 법률상 어떤 정형을 요구하는 것이 아니고 범죄를 실현하려는 의사의 결합만 있으면 되는 것으로서, 비록 전체의 모의과정이 없었다고 하더라도 수인 사이에 순차적으로 또는 암묵적으로 상통하여 그 의사의 결합이 이루어지면 공모관계가 성립한다 할 것이고, 이러한 공모가 이루어진 이상 **실행행위에 관여하지 아니한 자**라도 다른 공모자의 행위에 대하여 공동정범으로서의 형사책임을 진다(대판 1994. 3. 8, 93도3154).

비교판례

공모공동정범이 성립되려면 두 사람 이상이 공동의 의사로 특정한 범죄행위를 하기 위하여 일체가 되어 서로가 다른 사람의 행위를 이용하여 각자 자기의 의사를 실행에 옮기는 것을 내용으로 하는 모의를 하여 그에 따라 범죄를 실행한 사실이 인정되어야 하고, 이와 같이 공모에 참여한 사실이 인정되는 이상 직접 실행행위에 관여하지 안했더라도 다른 사람의 행위를 자기의사의 수단으로 하여 범죄를 하였다는 점에서 자기가 직접 실행행위를 분담한 경우와 형사책임의 성립에 차이를 둘 이유가 없다(대판 1988. 4. 12, 87도2368).

② 형법 제30조의 공동정범은 공동가공의 의사와 그 공동의사에 기한 기능적 행위지배를 통한 범죄 실행이라는 주관적·객관적 요건을 충족함으로써 성립하는바, 공모자 중 구성요건 행위 일부를 직접 분담하여 실행하지 않은 자라도 공동정범으로서의 죄책을 질 수도 있는 것이기는 하나, 이를 위해서는 전체 범죄에 있어서 그가 차지하는 지위, 역할이나 범죄 경과에 대한 지배 내지 장악력 등을 종합해 볼 때, 단순한 공모자에 그치는 것이 아니라 범죄에 대한 본질적 기여를 통한 기능적 행위지배가 존재하는 것으로 인정되는 경우여야 한다(대판 2007. 10. 26, 2007도4702).

대상 판결은 과거 공동정범의 주관적 요건만 충족되면 객관적 요건인 기능적 행위분담이 없더라도 (공모)공동정범이 성립될 수 있다는 대법원의 입장에 대한 학설의 끊임없는 비판을 수용하여, 기능적 행위지배설의 입장에서 '공모한 자라도 기능적 행위지배가 존재하여야' 공동정범이 인정될 수 있다는 입장의 판시로, 일종의 제한해석이며 이후 2012. 1. 27, 2011도626 판결도 동일한 관점에서 설시하였다. 그러나 여전히 단순한 공모만으로 족하다는 2010. 4. 29, 2009도13868 판결도 나타나고 있다.

2) 공모공동정범을 인정한 경우

① 피고인이 공소외 1, 2, 3, 4, 5 등과 서로 차례로 상통함으로써, 판시 정보사 부지를 고위 권력층을 통하여 특혜 불하받을 수 있는 것처럼 정○○을 기망하여 그로 하여금 적법한 업무권한이 없는 공소외 5와의 사이에 불하계약을 체결케 하고 위 정○○으로부터 그 불하대금 등 명목의 금원을 편취하기로 하는 내용의 범행의사의 결합이 암묵적으로 이루어진 것이라고 보아, 실지로 공소외 1 등이 그 실행행위를 분담한 이 사건 범죄사실에 대하여 피고인에게 공모공동정범으로서의 죄책을 인정한 원심의 판단은 정당하(다)(대판 1994. 9. 9, 94도1831).

> 피고인은 甲, 乙, 丙등과 공모하여 정보사부지를 고위 권력층을 통해 특혜분양받을 수 있는 것처럼 피해자를 기망하여 그로 하여금 적법한 업무권한이 없는 乙과 불하계약을 체결하게 하고 甲등이 그 실행행위를 분담한 경우이다.

② 구청 세무계장이 수납직원들로부터 수납한 세금과 관련 서류를 건네받아 서류를 조작하여 세금을 횡령하고 횡령한 세금 일부를 그 수납직원들에게 분배하여 주고, 수납직원들은 납세자로부터 수납한 세금과 관련 서류를 세무계장에게 갖다 주고 세무계장이 횡령한 세금의 일부를 분배받아 온 경우, 수납직원들은 세무계장의 서류 조작행위를 수단으로 삼아 세금 횡령이라는 목적을 달성하고자 하였던 것이라 할 수 있고, 한편 세무계장으로서도 그 자신이 직접 창구에 나가 납세자로부터 세금을 수납할 처지는 되지 못하여 그가 기도한 세금 횡령을 하기 위하여는 수납직원들로부터 그들이 수납한 세금을 건네받을 필요가 있어서 위와 같이 횡령한 세금 일부를 분배하여 주고 그들을 범행에 끌어들인 것이라 할 것이므로, 결국 **세무계장과 수납직원**들 사이에는 서류 조작을 통한 세금 횡령의 범죄를 실현하려는 점에 관하여 적어도 암묵적으로 의사가 상통하여 공모관계가 성립하였다고 보아야 한다(대판 1995. 9. 5, 95도1269).

③ 피고인도 공무상비밀이라고 할 수 있는 사정 기초금액과 입찰확정 예정가를 누설한 죄의 공모공동정범 관계에 있으므로 피고인이 직접 이 사건 입찰사정 기초금액을 외부에 누설한 바 없다고 하더라도 공무상비밀누설에 대한 형사책임을 면할 수 없다(대판 1996. 12. 23, 96도1558).

> 피고인이 건설회사의 대표이사에게 공사입찰장에서 낙찰예정가가 적힌 5개의 봉투중 입찰확정 예정액 산정의 기준이 된 특정 2개를 뽑는 방법을 사전에 알려준 사안이다.

④ 원심이 피고인들을 위 각 범죄사실의 공동정범으로 인정한 조치는 정당하다. 따라서 거기에 공모공동정범에 관한 법리를 오해하였거나 판례를 위반한 위법이 있다는 각 상고이유의 주장도 받아들일 수 없다(대판 1998. 5. 12, 98도662).

> 부안군수인 피고인2와 같은 군 내무과장인 피고인1이 같은 군 부군수인 공소외인등과 함께, 부안군의회에서 군수불신임결의안을 채택하려는 군의회 의원들의 직무집행을 군청 직원들을 동원하여 실력으로 저지하기로 공모한 다음, 피고인1이 구내방송을 통하여 청사 내에 있는 직원 150여 명을 집합시켜 그들로 하여금 의원들이 본회의장에 들어가려는 것을 계단에서부터 가로막아 입장하지 못하게 하고, 의원들이 소회의실에 들어가 의사를 진행하려

하자 다시 직원 50여 명으로 하여금 그 곳에 난입, 회의장을 점거하게 하여 의사진행을 못하게 함으로써, 공무원이 공무 외의 일로 집단행위를 함과 동시에 다중의 위력으로 부안군의회 의원들의 정당한 공무집행을 방해하고 그들이 점유하는 방실인 부안군의회 소회의실에 침입한 사안으로, 특수공무집행방해죄의 공동정범으로 인정하였다.

3) 실행행위를 분담하지 않은 공모자의 죄책

여러 사람이 구 폭력행위등처벌에관한법률(1990. 12. 31. 법률 제4294호로 개정되기 전) 제2조 제1항에 열거된 죄를 범하기로 공모한 후 그 중 2인 이상이 범죄를 실행한 경우에는 범행장소에 가지 아니한 사람들도 같은 법 제2조 제2항에 규정된 죄의 공모공동정범으로 처벌할 수 있다(대판 1994. 4. 12, 94도128).

(3) 합동범

① 합동범은 주관적 요건으로서 공모 외에 객관적 요건으로서 현장에서의 실행행위의 분담을 요하나 이 실행행위의 분담은 반드시 동시에 동일장소에서 실행행위를 특정하여 분담하는 것만을 뜻하는 것이 아니라 **시간적으로나 장소적으로 서로 협동관계**에 있다고 볼 수 있으면 충분하다(대판 1992. 7. 28, 92도917).[4]

② 피고인들 및 위 제1심 공동피고인간에는 강간범행에 대한 공동가공의 의사가 암묵리에 상통하였다고 할 것이고, 한편 피고인 2가 피고인 1에게 강간당하지 않으려고 도망가는 피해자를 붙잡아 위 피고인과 성교를 할 것을 강요하면서 폭행을 하여 피해자로 하여금 도망가는 것을 단념하게 한 후 그녀를 피고인1이 있는 방으로 데려왔고, 위 제1심 공동피고인 역시 피해자에게 피고인1과 성교를 할 것을 강요하면서 피해자를 폭행하였고, 피고인 1이 피해자를 간음하는 동안 피고인 2와 위제1심 공동피고인이 **바로 그 옆방에 있었던** 이상 피고인 2 및 위제1심 공동피고인은 강간죄의 실행행위를 분담하였다 할 것이고 그 실행행위의 분담은 시간적으로나 공간적으로 피고인1과 협동관계에 있다(대판 1998. 2. 27, 97도1757).

③ 피고인 등이 비록 특정한 1명씩의 피해자만 강간하거나 강간하려고 하였다 하더라도, 사전의 모의에 따라 강간할 목적으로 심야에 인가에서 멀리 떨어져 있어 쉽게 도망할 수 없는 야산으로 피해자들을 유인한 다음 곧바로 암묵적인 합의에 따라 각자 마음에

4 2인 이상이 합동하여 범죄를 실현하는 합동범의 본질에 대하여, 학설은 합동범의 경우 예외적으로 공모공동정범을 인정하려는 공모공동정범설, 공동정범의 공동과 동일하나 형벌이 가중처벌될 뿐이라는 가중적 공동정범설, 공동정범의 공동보다 좁은 시간적·장소적 협동이 합동이라는 현장설, 현장에서의 실행행위분담보다는 기능적 역할분담으로 족하다는 현장적 공동정범설이 대립하고 있으나, 현장설이 다수설적 견해이다.

드는 피해자들을 데리고 불과 100m 이내의 거리에 있는 곳으로 흩어져 동시 또는 순차적으로 피해자들을 각각 강간하였다면, 그 각 강간의 실행행위도 시간적으로나 장소적으로 협동관계에 있었다고 보아야 할 것이므로, 피해자 3명 모두에 대한 특수강간죄 등이 성립된다(대판 2004. 8. 20, 2004도2870).

Ⅲ. 공동정범의 처벌

1. 공동정범의 성립범위

① 공모공동정범에 있어서의 모의는 사전모의를 필요로 하거나 범인 전원이 일정한 시간과 장소에 집합하여 행할 필요는 없고 그 가운데 한 사람 또는 두 사람을 통하여 릴레이식으로 하거나 또는 암묵리에 서로 의사가 상통해도 된다 하겠으나 그 모의의 내용만은 두 사람 이상이 공동의 의사로 특정한 범죄행위를 하기 위하여 일체가 되어 서로가 다른 사람의 행위를 이용하여 각자 자기의 의사를 실행에 옮기는 것을 내용으로 하는 것이어야 하고, 그에 따라 범죄를 실행한 사실이 인정되어야만 공모공동정범이 성립되는 것이고 이와 같은 공모에 참여한 사실이 인정되는 이상 직접 실행행위에 관여하지 않았더라도 다른 사람의 행위를 자기의사의 수단으로 하여 범죄를 하였다는 점에서 자기가 직접 실행행위를 분담한 경우와 형사책임의 성립에 차이를 둘 이유가 없다(대판 1988. 9. 13, 88도1114).

甲, 乙, 丙 3명은 강도를 공모한 후 피해자의 집에 침입하여 甲과 丙이 과도를 들이대고 전화선으로 손발을 묶고 丙이 주먹과 발로 때려 반항을 억압한 후, 甲이 장롱을 뒤지는 사이 丙은 이불로 덮어 피해자를 붙잡고 乙이 피해자를 강간한 사안으로, 대법원은 乙과 丙은 강도강간죄의 공동정범이 되지만 甲에게는 특수강도죄만 성립한다고 판시하였다.

② 화염병과 돌맹이들을 진압 경찰관을 향하여 무차별 던지는 시위 현장에 피고인도 이에 적극 참여하여 판시와 같이 **돌맹이**를 던지는 등의 행위로 다른사람의 화염병 투척을 용이하게 하고 이로 인하여 타인의 생명 신체에 대한 위험을 발생케 하였다면 비록 피고인 자신이 직접 화염병 투척의 행위는 하지 아니하였다 하더라도 그 화염병 투척(사용)의 공동정범으로서의 죄책을 면할 수는 없는 것이다(대판 1992. 3. 31, 91도3279).

③ 밀항에 반드시 위조여권이 필요한 것도 아니고 또 위조여권은 반드시 밀항에만

사용하는 것도 아니기 때문에 밀항에 대하여 사전에 그 계획·방법 등을 모의 하는 등의 사유가 없다면 단순히 **여권위조행위**에 가담한 것만으로는 공동가공의 의사로 밀항행위에까지 가담하였다고 볼 수 없다(대판 1998. 9. 22, 98도1832).

2. 결과적 가중범의 공동정범

① 강도의 공범자 중 1인이 강도의 기회에 피해자에게 폭행을 가하여 그의 신체를 상해한 경우에 다른 공범자에게도 재물갈취의 수단으로 폭행이 가하여질 것이라는 점에 관하여 상호 의사의 연락이 있었던 것으로 보아야 할 것이므로, 구체적으로 상해에 관하여까지는 **공모하지 않았다고 하더라도** 폭행으로 생긴 결과에 대하여 공범으로서의 책임을 져야 한다(대판 1990. 10. 12, 90도1887).

> 대법원은 기본범죄에 대한 고의가 인정되면 중한 결과발생에 관여하지 않은 자도 공동정범이 성립한다는 입장이다. 즉 '인식이 없었더라도', '공모하지 않았다고 하더라도' 결과적 가중범의 공동정범을 인정하고 있다. 이러한 판례에 대한 책임개별화 원칙에 반한다는 비판이 집중되자, 대법원은 중한 결과발생에 대한 예견가능성이 인정되는 한 결과적 가중범의 공동정범을 인정하는 것으로 표현을 변경(2000도745) 하여 판결하고 있다.

② 수인이 합동하여 강도를 한 경우 그 중 1인이 사람을 살해하는 행위를 하였다면 그 범인은 **강도살인죄**의 기수 또는 미수의 죄책을 지는 것이고 다른 공범자도 살해행위에 관한 고의의 공동이 있었으면 그 또한 강도살인죄의 기수 또는 미수의 죄책을 지는 것이 당연하다 하겠으나, 고의의 공동이 없었으면 피해자가 사망한 경우에는 강도치사의, 강도살인이 미수에 그치고 피해자가 상해만 입은 경우에는 강도상해 또는 치상의, 피해자가 아무런 상해를 입지 아니한 경우에는 강도의 죄책만 진다고 보아야 할 것이다(대판 1991. 11. 12, 91도2156).

③ 강도합동범 중 1인이 피고인과 공모한대로 과도를 들고 강도를 하기 위하여 피해자의 거소를 들어가 피해자를 향하여 칼을 휘두른 이상 이미 강도의 실행행위에 착수한 것임이 명백하고, 그가 피해자들을 과도로 찔러 상해를 가하였다면 **대문 밖에서 망**을 본 공범인 피고인이 구체적으로 상해를 가할 것까지 공모하지 않았다 하더라도 피고인은 상해의 결과에 대하여도 공범으로서의 책임을 면할 수 없다(대판 1998. 4. 14, 98도356).

④ 결과적 가중범인 상해치사죄의 공동정범은 폭행 기타의 신체침해 행위를 공동으로 할 의사가 있으면 성립되고 결과를 공동으로할 의사는 필요 없으며, 여러 사람이 상해

의 범의로 범행 중 한 사람이 중한 상해를 가하여 피해자가 사망에 이르게 된 경우 **나머지 사람들은 사망의 결과를 예견할 수 없는 때가 아닌 한** 상해치사의 죄책을 면할 수 없다(대판 2000. 5. 12, 2000도745).

> 甲이 친구인 乙로부터 乙의 여동생을 강간한 피해자 丙을 혼내주자는 연락을 받고, S초등학교 앞에서 丙을 만나 甲이 주변에 있던 각목으로 丙의 머리부분을 4회 때리고 乙이 위 칼을 丙의 목에 들이대면서 주먹과 발로 무수히 때려 이를 견디지 못한 丙이 은적사 입구방면으로 도망가자 甲은 乙의 뒤를 따라 丙을 추격하던 중 乙이 떨어뜨린 칼을 소지한 후 격분한 나머지 乙에 의해 붙잡힌 丙의 좌측 흉부를 위 칼로 1회 찔러 좌측흉부 자창상 등을 가하여 이로 인해 실혈로 사망에 이르게 한 사안이다.

3. 합동범의 공동정범

3인 이상의 범인이 합동절도의 범행을 공모한 후 적어도 2인 이상의 범인이 범행 현장에서 시간적, 장소적으로 협동관계를 이루어 절도의 실행행위를 분담하여 절도 범행을 한 경우에는 공동정범의 일반 이론에 비추어 그 공모에는 참여하였으나 **현장에서 절도의 실행행위를 직접 분담하지 아니한** 다른 범인에 대하여도 그가 현장에서 절도 범행을 실행한 위 2인 이상의 범인의 행위를 자기 의사의 수단으로 하여 합동절도의 범행을 하였다고 평가할 수 있는 정범성의 표지를 갖추고 있다고 보여지는 한 그 다른 범인에 대하여 합동절도의 공동정범의 성립을 부정할 이유가 없다고 할 것이다. … 그러므로 합동절도에서도 공동정범과 교사범·종범의 구별기준은 일반원칙에 따라야 하고, 그 결과 범행현장에 존재하지 아니한 범인도 공동정범이 될 수 있으며, 반대로 상황에 따라서는 장소적으로 협동한 범인도 방조만 한 경우에는 종범으로 처벌될 수도 있다(대판 1998. 5. 21, 98도321 전원합의체 다수의견).

> 호객꾼(삐끼)을 고용한 유흥주점의 지배인 甲은 손님 A로부터 신용카드를 강취하고 신용카드의 비밀번호를 알아낸 후 甲은 주점 내에서 A를 계속 붙잡아 두면서 감시하는 동안 주점 업주 乙 및 동료 삐끼 丙·丁은 위 신용카드를 이용하여 현금자동지급기에서 현금을 인출하기로 공모하고, 그에 따라 乙·丙·丁은 편의점의 현금자동지급기에서 현금 473만원을 인출한 사안이다.

4. 공범관계 이탈자의 책임

① 피고인 등이 금품을 강취할 것을 공모하고 피고인은 집밖에서 망을 보기로 하였으나 다른 공모자들이 피해자의 집에 **침입한 후** 담배를 사기 위해서 **망을 보지 않은 경우** 강도상해죄의 공동정범의 죄책을 면할 수가 없다(대판 1984. 1. 31, 83도2941).

'공범'관계 이탈의 개념은 일반적으로 '공모관계의 이탈'로 기술되고 있는 개념과 구분하여야 한다. 광의의 개념으로서 '공범'관계의 이탈에는 실행의 착수 이전 '공모'관계의 이탈과 실행의 착수이후 '공범'관계의 이탈이 모두 포함된다. 이들 양자의 차이는 실행의 착수 전후에 있다. 그리고 이들은 공모공동정범과 각각 구별된다(공모의 개념이 중의적이므로 공모관계의 이탈에서 공모는 주관적 범행결의로 이해하여야 한다). 공모공동정범은 공모 후 이탈의 의사표시 없이 실행분담만 하지 않은 경우로 공동가공의사는 지속적으로 있는 정범의 인정여부 문제로 공범관계의 이탈과는 완전히 이질적인 개념이다. 공모공동정범의 경우 공범관계의 이탈과 달리 공동정범의 주관적 요건인 공동가공의사가 다른 범행 실행자의 실행의 착수이후에도 동일하게 인정되는 것이다. 이와 달리 '공모'관계의 이탈은 실행의 착수 이전에 공동정범의 주관적 요건인 공동가공의사를 번복하여 철회한 것으로 공동정범이 되지 않으며(예비·음모로 처벌되거나 방조범이 될 여지는 있음), 공동정범의 실행의 착수 이후 공범관계의 이탈은 중지미수의 여부가 문제된다.
공모관계의 이탈의 인정 판단에 대해서는, 이탈의 주관적 요건으로 이탈의 의사표시가 필요한가에 대해 표시 필요설(판례는 묵시적 의사표시를 요함)과 불요설, 다른 가담자의 승인이 필요한가에 대해 필요설 불요설이 대립되며, 객관적 요건으로 예비단계에서 자신이 이미 투입한 행위기여의 결과발생에 대한 인과성을 제거해야 하는가에 대해 인과성 제거필요설, 불요설, 주모자와 평균적 일원 구분설(판례)이 대립되고 있다. 공범의 실행의 착수 이후 이탈은 다른 가담자에 의해 범행이 완성된 경우에는 공동정범이 성립하며, 기수에 이르지 못한 경우에는 자의성에 따라 중지미수의 성립문제로 귀결된다.
위 판결의 경우, 망을 보는 행위는 기능적 행위지배에 따라 실행행위의 분담 즉, 실행의 착수에 들어간 것으로 볼 수 있다. 따라서 공모(범행결의)에만 가담하고 실행행위가 결여된 공모공동정범으로 이해하기는 어려우며, 실행의 착수 이후 공범관계의 이탈의 전형적인 모습(중지미수)과는 다소 차이가 있으나, 파수행위자가 종국적으로 범행을 중단한 것이 아니라 담배를 사러가기 위해 범행 현장을 이탈하여 역할분담에서 격리된 것은 범행결의의 단절로 볼 수 있어, 실행의 착수 이후 이탈의 문제로 파악될 수 있을 것이다(물론 기수의 결과가 발생하였으므로 중지미수의 성립가능성은 없다).

② 공모공동정범에 있어서는 범죄행위를 공모한 이상 그 후 그 실행행위에 직접 가담하지 아니하더라도 다른 특별한 사정이 없는 한 다른 공모자가 분담하여 실행한 행위에 대하여 공동정범의 죄책을 면할 수 없다. 그러나 공모자의 일부가 **다른 공모자가 실행행위에 이르기 전에** 그 공모관계에서 이탈한 때에는 그 이후의 다른 공모자의 행위에 관하여 공동정범으로서의 책임은 지지 않는다고 할 것이고 그 이탈의 표시는 반드시 명시적일 것을 요하지 않는다고 할 것이다. 구체적인 살해방법이 확정된 후 그에 따라 공범들이 피

해자의 팔, 다리를 묶어 **저수지** 안으로 던지는 순간에 피해자에 대한 살인행위의 실행의 착수가 있다 할 것이고, 따라서 살해모의에는 가담하였으나 다른 공모자들이 실행행위에 이르기 전에 그 공모관계에서 이탈한 피고인의 경우 다른 공모자의 행위에 관하여는 공동정범으로서의 책임을 지지 않는다고 할 것이다(대판 1986. 1. 21, 85도2371).

공모공동정범관계에 있는 자가 다른 공모자가 실행의 착수 이전에 공모관계에서 이탈한 경우, 이탈의 묵시적 의사표시라도 있으면 이탈자는 실행의 착수 이후 범행의 결과에 대해서 공동정범으로 책임을 지지 않는다는 판시로, 공모관계의 이탈에 대한 종래 판례의 전형적 입장이다.

③ **시라소니파**라는 범죄단체조직에 2기 조직원으로 가입하여 활동 중이던 甲은 파라다이스 파에게 보복을 하러 간다는 말을 듣고 다른 조직원들이 여러 대의 차에 분승하여 출발하려고 할 때 사태의 심각성을 깨닫고 그곳에서 택시를 타고 집에 온 경우, 다른 조직원들이 각 **이사건 범행에 이르기 전에** 그 공모 관계에서 이탈한 것이라 할 것이므로 피고인은 위 공모 관계에서 이탈한 이후의 행위에 대하여는 공동정범으로서의 책임을 지지 않는다(대판 1996. 1. 26, 94도2654).

④ 피고인이 공범들과 다단계금융판매조직에 의한 사기범행을 공모하고 피해자들을 기망하여 그들로부터 투자금명목으로 피해금원의 대부분을 편취한 단계에서 위 조직의 **관리이사직을 사임**한 경우, 피고인의 사임 이후 피해자들이 납입한 나머지 투자금명목의 편취금원도 같은 기망상태가 계속된 가운데 같은 공범들에 의하여 같은 방법으로 수수됨으로써 피해자별로 포괄일죄의 관계에 있으므로 이에 대하여도 피고인은 공범으로서의 책임을 부담한다(대판 2002. 8. 27, 2001도513).

⑤ 다른 3명의 공모자들과 강도 모의를 하면서 삽을 들고 사람을 때리는 시늉을 하는 등 그 모의를 주도한 피고인이 함께 범행 대상을 물색하다가 다른 공모자들이 강도의 대상을 지목하고 뒤쫓아 가자 단지 **"어?"**라고만 하고 비대한 체격 때문에 뒤따라가지 못한 채 범행현장에서 200m 정도 떨어진 곳에 앉아 있었으나 위 공모자들이 피해자를 쫓아가 강도상해의 범행을 한 사안에서, 피고인에게 공동가공의 의사와 공동의사에 기한 기능적 행위지배를 통한 범죄의 실행사실이 인정되므로 강도상해죄의 공모관계에 있고, 다른 공모자가 강도상해죄의 실행에 착수하기까지 범행을 만류하는 등으로 그 공모관계에서 이탈하였다고 볼 수 없으므로 강도상해죄의 공동정범으로서의 죄책을 진다(대판 2008. 4. 10, 2008도1274).

위의 판결은 종래 판결과 달리 공모관계에서의 이탈은 공모자가 공모에 의하여 담당한 '기능적 행위지배'를 해소하는 것이 필요하므로 공모자가 공모에 주도적으로 참여하여 다른 공모자의 실행에 영향을 미친 때에는 범행을 저지하기 위하여 적극적으로 노력하는 등 실행에 미친 영향력의 제거가 요구된다고 판시하였다. 이러한 점에서 공모공동정범에서 공모관계의 이탈자의 형사책임에 대해 대법원은 기능적 행위지배설의 입장에서 주모자와 평균적 일원을 구분하여 공동의 실행분담 제거를 판단하고 있다는 견해들이 주장되고 있다. 그러나 실행행위 이전 예비단계에서 이뤄진 객관적 행위기여를 제거해야 함에는 주모자와 평균적 일원이 기능적 행위지배의 관점에서 차이가 있는 것은 아니다. 또한 대상판결의 피고인은 공모를 넘어 강도상해범행에 대한 공동가공(공모공동정범이 아닌 공동정범)이 인정될 여지도 있다. 이러한 의문은 아래의 2010도6924 판결에서도 동일하게 제기된다.

⑥ 공모공동정범에 있어서 … 공모관계에서의 이탈은 공모자가 공모에 의하여 담당한 기능적 행위지배를 해소하는 것이 필요하므로 공모자가 공모에 주도적으로 참여하여 다른 공모자의 실행에 영향을 미친 때에는 범행을 저지하기 위하여 적극적으로 노력하는 등 실행에 미친 영향력을 제거하지 아니하는 한 **공모자가 구속**되었다는 등의 사유만으로 공모관계에서 이탈하였다고 할 수 없다. 원심판결 이유를 위 법리와 기록에 비추어 살펴보면, 원심이 그 채택 증거들을 종합하여 피고인이 공소외 1과 공모하여 2009. 5. 12. 피해자 공소외 2(여, 16세)에게 낙태수술비를 벌도록 해 주겠다고 말하여 성매수 행위의 상대방이 되게 하였고, 홍보용 명함을 제작하기 위하여 공소외 1로 하여금 위 피해자의 나체사진을 찍도록 하면서 자세를 가르쳐 주기도 한 사실, 피고인은 위 피해자가 중도에 도망갈 것을 염려하여 위 피해자로 하여금 3개월간 공소외 1의 관리를 받으면서 성매매를 하게 했으며 약속을 지키지 않을 경우에는 민형사상 책임을 진다는 내용의 각서를 작성하도록 한 사실, 피고인이 별건으로 2009. 5. 13. 체포되어 수원구치소에 수감되었다가 2009. 5. 28. 석방되었는데, 그 수감기간 동안 피해자 공소외 2는 공소외 1의 관리 아래 2009. 5. 14.부터 2009. 5. 20.까지 사이에 12회에 걸쳐 불특정 다수 남성의 성매수 행위의 상대방이 되었고 그 대가로 받은 금원은 피해자 공소외 2, 공소외 1, 피고인의 처인 공소외 3 등이 나누어 사용한 사실 등을 인정한 다음, 그 판시와 같은 이유로 피해자 공소외 2가 19세 미만의 청소년인지 알지 못하였다는 피고인의 주장을 배척하고, 비록 위 **피해자가 성매매를 하는 기간 동안 피고인이 수감**되어 있었다고 하더라도 피고인은 공소외 1과 함께 이 사건 미성년자유인죄, 구 청소년의 성보호에 관한 법률 위반죄의 책임을 진다고 판단한 조치는 정당하고, 거기에 논리와 경험의 법칙에 위배하고 자유심증주의의 한계를 벗어나 사실을 인정하거나 청소년의 성보호에 관한 법률 및 공모공동정범 등에 관한 법리를 오해한 위법이 없다(대판 2010. 9. 9, 2010도6924).

제 3 절 간접정범

Ⅰ. 간접정범 인정 여부

1. 간접정범을 인정한 경우

① 피고인은 동거한 사실이 있는 피해자인 공소외인 여인에게 피고인을 탈영병이라고 헌병대에 신고한 이유와 다른 남자와 정을 통한 사실들을 추궁한 바, 이를 부인하자 하숙집 뒷산으로 데리고 가 계속 부정을 추궁하면서 상대 남자를 말하자 대답을 하지 못하고 당황하던 동 여인에게 소지중인 면도칼 1개를 주면서 "네가 네 코를 자르지 않을 때는 돌로서 죽인다"는 등 위협을 가해 자신의 생명에 위험을 느낀 동 여인은 자신의 생명을 보존하기 위하여 위 면도칼로 **콧등을 길이 2.5센치, 깊이 0.56센치 절단**하므로서 동 여인에게 전치 3개월을 요하는 상처를 입혀 안면부 불구가 되게 하였다는 것으로서 이와 같이 피고인에게 피해자 여인의 상해결과에 대한 인식이 있고 또 그 여인에게 대한 협박정도가 그의 의사결정의 자유를 상실케 함에 족한 것인 이상, 피고인에게 중상해 사실을 인정하(다)(대판 1970. 7. 22, 70도1638).

② 피고인이 **7세, 3세 남짓된 어린자식**들에 대하여 함께 죽자고 권유하여 물속에 따라 들어오게 하여 결국 익사하게 하였다면 비록 피해자들을 물속에 직접 밀어서 빠뜨리지는 않았다고 하더라도 자살의 의미를 이해할 능력이 없고 피고인의 말이라면 무엇이나 복종하는 어린 자식들을 권유하여 익사하게 한 이상 살인죄의 범의는 있었음이 분명하다(대판 1987. 1. 20, 86도2395).[5]

③ **경찰서 보안과장**인 피고인이 갑의 음주운전을 눈감아주기 위하여 그에 대한 음주운전자 적발보고서를 찢어버리고, 부하로 하여금 일련번호가 동일한 가짜 음주운전 적발보고서에 을에 대한 음주운전 사실을 기재케 하여 그 정을 모르는 담당 경찰관으로 하여금 주취운전자 음주측정처리부에 을에 대한 음주운전 사실을 기재하도록 한 이상, 을이 음주운전으로 인하여 처벌을 받았는지 여부와는 관계없이 허위공문서작성 및 동 행사죄의 간접정범으로서의 죄책을 면할 수 없다(대판 1996. 10. 11, 95도1706).

④ **내란죄**의 경우 국헌문란의 목적을 가진 자가 그러한 목적이 없는 자를 이용하여

5 이 판결이 살인죄의 간접정범을 인정한 것인지 명확하지는 않다. 다만 위계에 의한 살인죄 또는 자살관여죄를 인정하지는 않고 살인죄를 인정하였다. 판시 내용에서 '자살의 의미를 이해할 능력이 없고'라는 부분에 비추어 본다면, 살인죄의 간접정범으로 보는 것이 적절해 보인다.

실행할 수도 있다 … 이는 피고인들에 의하여 국헌문란의 목적을 달성하기 위하여 그러한 목적이 없는 대통령을 이용하여 이루어진 것이므로 피고인들이 간접정범의 방법으로 내란죄를 실행한 것으로 보아야 한다(대판 1997. 4. 17, 96도3376).

⑤ 정유회사 경영자의 청탁으로 국회의원이 위 경영자와 지역구 지방자치단체장 사이에 정유공장의 지역구 유치와 관련한 간담회를 주선하고 위 경영자는 정유회사 소속 직원들로 하여금 위 국회의원이 사실상 지배·장악하고 있던 **후원회에 후원금을 기부**하게 한 사안에서, 국회의원에게는 정치자금법 제32조 제3호 위반죄가, 경영자에게는 정치자금법 위반죄의 간접정범이 성립한다(대판 2008. 9. 11, 2007도7204).[6]

(2) 간접정범을 부정한 경우

① 허위공문서작성죄의 주체는 그 문서를 작성할 권한이 있는 명의인인 공무원에 한하고,그 공무원의 문서작성을 보조하는 직무에 종사하는 공무원은 위 죄의 주체가 되지 못하므로 보조 공무원이 허위공문서를 기안하여 그정을 모르는 작성권자의 결재[7]를 받아 공문서를 완성한 때에는 허위공문서작성죄의 간접정범이 되고, 이러한 결재를 거치지 않고 임의로 허위내용의 공문서를 완성한 때에는 공문서위조죄가 성립한다(대판 1981. 7. 28, 81도898).

면의 호적계장이 면장의 결재도 받지 않고 면장 모르게 면에 보관중인 면장의 고무인과 직인을 이용하여 인감증명서를 완성한 사안이다.

② 선서무능력자로서 범죄 현장을 목격하지도 못한 사람으로 하여금 형사법정에서 범죄 현장을 목격한 양 허위의 증언을 하도록 하는 것은 위 조항이 규정하는 **증거위조죄**를 구성하지 아니한다(대판 1998. 2. 10, 97도2961).

본 판결의 사안은 신분 없는 고의 있는 도구와 관련된 것으로 볼 수 있는데, 위증죄는 자수범이므로 위증죄의 간접정범은 성립하지 아니한다고 봄이 타당하다.

6 본 판결은 처벌되지 아니하는 타인의 행위를 적극적으로 유발하고 이를 이용하여 자신의 범죄를 실현하는 경우에 간접정범이 성립하며, 이때 그 과정에서 타인의 의사를 부당하게 억압하여야만 간접정범에 해당하는 것은 아니라는 점도 명시하였다.

7 판례 본문에는 '결제'로 되어 있으나, '결재'(決裁)의 오기로 판단된다.

Ⅱ. 자수범과 간접정범

① 부정수표단속법의 목적이 부정수표 등의 발행을 단속처벌함에 있고(제1조), 허위신고죄를 규정한 위 법 제4조가 '수표금액의 지급 또는 거래정지처분을 면하게 할 목적'이 아니라, '수표금액의 지급 또는 거래정지처분을 면할 목적'을 요건으로 하고 있는데 수표금액의 지급책임을 부담하는 자 또는 거래정지처분을 당하는 자는 오로지 발행인에 국한되는 점에 비추어 볼 때 발행인 아닌 자는 위 법조가 정한 허위신고죄의 주체가 될 수 없고, 허위신고의 고의 없는 발행인을 이용하여 간접정범의 형태로 허위신고죄를 범할 수도 없다(대판 1992. 11. 10, 92도1342).

甲은 乙에게 70만원을 대여하면서 채무에 대한 담보로 발행명의인 乙의 백지가계수표를 다른 곳에 할인하지 않는다는 조건으로 교부받았으나 그 수표의 금액란에 70만원정이라고 기재하여 1개월간 은행에 제시하지 않는다는 조건으로 丙에게 할인 의뢰하였고, 丙은 이를 다시 丁에게 할인 의뢰하였다. 그런데 丁이 그 수표를 은행에 지급제시하여 은행측으로부터 연락받은 乙이 甲에게 할인한 사실을 따지자 甲은 그 수표를 분실했다고 거짓말을 하면서 분실신고를 하라고 하였다. 이에 乙은 이를 믿고 은행에 분실신고를 한 사안이다.

비교판례

농업협동조합법 제50조 제2항은 "임원이 되고자 하는 자는 정관이 정하는 기간 중에는 선거운동을 위하여 조합원을 호별로 방문하거나 특정장소에 모이게 할 수 없다."고 규정하여 그 호별방문죄의 주체를 '임원이 되고자 하는 자'로 제한하고 있는바, 선거의 공정을 기하기 위하여 함께 규정된 같은 조 제1항, 제3항, 제4항의 선거운동 제한 규정이 "누구든지 … 할 수 없다."고 하여 그 주체에 관하여 아무런 제한을 두고 있지 않음에 비하여(공직선거및선거부정방지법 제106조 제1항 소정의 호별방문죄도 행위 주체의 제한이 없다), 위의 호별방문죄는 그 주체를 '임원이 되고자 하는 자'로 특별히 제한하고 있어서 '임원이 되고자 하는 자'가 아닌 자의 호별방문은 금지되지 아니하고 있는 점, '방문'이라는 행위의 태양은 행위자의 신체를 수단으로 하는 것으로 행위자의 인격적 요소가 중요한 의미를 가지는 점, 형벌법규는 죄형법정주의 원칙상 문언에 따라 엄격하게 해석·적용하여야 하고 피고인에게 불리한 방향으로 확장해석하거나 유추해석하여서는 아니되는 점 등에 비추어 보면, **농업협동조합법상의 호별방문죄**는 '임원이 되고자 하는 자'라는 신분자가 스스로 호별방문을 한 경우만을 처벌하는 것으로 보아야 하고, 비록 신분자와 비신분자와 통모하였거나 신분자가 비신분자를 시켜 방문케 하였다고 하더라도 비신분자만이 호별방문을 한 경우에는 신분자는 물론 비신분자도 같은 죄로 의율하여 처벌할 수는 없다고 봄이 상당하다(대판 2003. 6. 13, 2003도889).

제4절 교 사 범

Ⅰ. 공범의 종속성

정범의 성립은 교사범의 구성요건의 일부를 형성하고 교사범이 성립함에는 정범의 범죄행위가 인정되는 것이 그 전제요건이 된다(대판 2000. 2. 25, 99도1252).

Ⅱ. 교사범의 성립요건

1. 교사행위

① **백송을 도벌**하여 상자를 만들어 달라고 말하면서 도벌자금을 교부한 이상 피고인의 위 청탁으로 공소외인들이 도벌의 범의를 일으켰다고 볼 수 있어 교사죄가 성립한다(대판 1969. 4. 22, 69도255).

② **막연히 "범죄를 하라"거나 "절도를 하라"**고 하는 등의 행위만으로는 교사행위가 되기에 부족하다 하겠으나, 타인으로 하여금 일정한 범죄를 실행할 결의를 생기게 하는 행위를 하면 되는 것으로서 교사의 수단방법에 제한이 없다 할 것이므로, 교사범이 성립하기 위하여는 범행의 일시, 장소, 방법 등의 세부적인 사항까지를 특정하여 교사할 필요는 없는 것이고, 정범으로 하여금 일정한 범죄의 실행을 결의할 정도에 이르게 하면 교사범이 성립된다(대판 1991. 5. 14, 91도542).

2. 피교사자의 범행결의와 실행행위

① **자가용버스**의 운전기사가 단속원이 승차하기 전부터 **유상운송**을 하여 왔다면 그 후 단속원이 유상으로 버스에 승차한 다음 운전기사의 유상운송행위를 적발하여 고발하였다 하여도 그것이 범죄의 함정을 파놓고 그 곳으로 밀어넣는 행위와 다를 바 없어 운전기사의 유상운송행위가 비난가능성이 없다고 할 수 없다(대판 1994. 4. 12, 93도2535).

② 피교사자가 범죄의 실행에 착수한 경우에 있어서 그 범행결의가 교사자의 교사행위에 의하여 생긴 것인지 여부는 교사자와 피교사자의 관계, 교사행위의 내용 및 정도, 피

교사자가 범행에 이르게 된 과정, 교사자의 교사행위가 없더라도 피교사자가 범행을 저지를 다른 원인의 존부 등 제반 사정을 종합적으로 고려하여 사건의 전체적 경과를 객관적으로 판단하는 방법에 의하여야 하고, 이러한 판단 방법에 의할 때 피교사자가 교사자의 교사행위 당시에는 일응 범행을 승낙하지 아니한 것으로 보여진다 하더라도 이후 그 교사행위에 의하여 범행을 결의한 것으로 인정되는 이상 교사범의 성립에는 영향이 없다고 할 것이다. … 의사인 피고인은 결혼을 전제로 교제하던 공소외인이 아이를 임신한 사실을 알게 되자 전문의 과정을 마쳐야 한다는 등의 이유를 내세우며 공소사실 기재와 같이 수회에 걸쳐 낙태를 권유한 사실, 공소외인은 피고인에게 출산이나 결혼이 피고인의 장래에 방해가 되지 않도록 최선을 다하겠다고 하면서 아이를 낳겠다고 말한 사실, 이에 피고인은 공소외인에게 출산 여부는 알아서 하되 더 이상 결혼을 진행하지 않겠다고 통보한 사실, 피고인은 그 이후에도 공소외인에게 아이에 대한 친권을 행사할 의사가 없다고 하면서 낙태를 할 병원을 물색해 주기도 한 사실, 공소외인은 피고인의 의사가 확고하다는 것을 확인하고 피고인에게 알리지 아니한 채 자신이 알아본 병원에서 낙태시술을 받은 사실 등을 알 수 있다. … 피고인은 공소외인에게 직접 낙태를 권유할 당시뿐만 아니라 출산 여부는 알아서 하라고 통보한 이후에도 계속하여 낙태를 교사하였고, 공소외인은 이로 인하여 낙태를 결의·실행하게 되었다고 봄이 타당하고, 공소외인이 당초 아이를 낳을 것처럼 말한 사실이 있다 하더라도 그러한 사정만으로 **피고인의 낙태 교사행위와 공소외인의 낙태 결의 사이에 인과관계**가 단절되었다고 볼 것은 아니다(대판 2013. 9. 12, 2012도2744).

3. 교사범의 성립 여부

(1) 교사를 인정한 경우

① **증거인멸죄**는 국가형벌권의 행사를 저해하는 일체의 행위를 처벌의 대상으로 하고 있으나 범인 자신이 한 증거인멸의 행위는 피고인의 형사소송에 있어서의 방어권을 인정하는 취지와 상충하므로 처벌의 대상이 되지 아니한다. 그러나 타인이 타인의 형사사건에 관한 증거를 그 이익을 위하여 인멸하는 행위를 하면 본법 제155조 제1항의 증거인멸죄가 성립되므로 자기의 형사사건에 관한 증거를 인멸하기 위하여 타인을 교사하여 죄를 범하게 한 자에 대하여도 교사범의 죄책을 부담케 함이 상당할 것이다(대판 1965. 12. 10, 65도826 전원합의체 다수의견).

② **대리응시**자들의 시험장의 입장은 시험관리자의 승낙 또는 그 추정된 의사에 반한 불법침입이라 아니할 수 없고 이와 같은 침입을 교사한 이상 주거침입교사죄가 성립된다

(대판 1967. 12. 19, 67도1281).

③ **치과의사**가 환자의 대량유치를 위해 치과기공사에게 진료행위를 하도록 지시한 경우 의사에게도 의료법위반죄의 교사범이 성립한다(대판 1986. 7. 8, 86도749).

④ 피고인이 甲, 乙, 丙이 절취하여 온 장물을 상습으로 19회에 걸쳐 시가의 3분의1 내지 4분의 1의 가격으로 매수하여 취득하여 오다가, 甲, 乙에게 **일제 도라이바** 1개를 사 주면서 "丙이 구속되어 도망다니려면 돈도 필요할 텐데 **열심히 일을 하라**(도둑질을 하라)" 고 말하였다면, 그 취지는 종전에 丙과 같이 하던 범위의 절도를 다시 계속하면 그 장물은 매수하여 주겠다는 것으로서 절도의 교사가 있었다고 보아야 한다(대판 1991. 5. 14, 91도542).

(2) 교사를 부정한 경우

연소한 자에게 **밥값을 구해 오라**고 말한 경우에는 교사범이 성립하지 아니한다(대판 1984. 5. 15, 84도418).

Ⅲ. 교사관계의 이탈

교사범이 그 **공범관계로부터 이탈**하기 위해서는 피교사자가 범죄의 실행행위에 나아가기 전에 교사범에 의하여 형성된 **피교사자의 범죄 실행의 결의를 해소**하는 것이 필요하고, 이때 교사범이 피교사자에게 교사행위를 철회한다는 의사를 표시하고 이에 피교사자도 그 의사에 따르기로 하거나 또는 교사범이 명시적으로 교사행위를 철회함과 아울러 피교사자의 범죄 실행을 방지하기 위한 진지한 노력을 다하여 당초 피교사자가 범죄를 결의하게 된 사정을 제거하는 등 제반 사정에 비추어 객관적·실질적으로 보아 교사범에게 교사의 고의가 계속 존재한다고 보기 어렵고 당초의 교사행위에 의하여 형성된 피교사자의 범죄 실행의 결의가 더 이상 유지되지 않는 것으로 평가할 수 있다면, 설사 그 후 피교사자가 범죄를 저지르더라도 이는 당초의 교사행위에 의한 것이 아니라 새로운 범죄 실행의 결의에 따른 것이므로 교사자는 형법 제31조 제2항에 의한 죄책을 부담함은 별론으로 하고 형법 제31조 제1항에 의한 교사범으로서의 죄책을 부담하지는 않는다고 할 수 있다. 한편 교사범이 성립하기 위해 교사범의 교사가 정범의 범행에 대한 유일한 조건일 필요는 없으므로, 교사행위에 의하여 피교사자가 범죄 실행을 결의하게 된 이상 피교사자에게 다른 원인이 있어 범죄를 실행한 경우에도 교사범의 성립에는 영향이 없다(대판 2012. 11. 15,

2012도7407).

위 사안은 '협의의 공범관계 이탈'에 해당하는 사안이다(공범은 다수인의 범죄참가형태를 의미하는 것으로 넓게 사용되고 있어, 공범관계의 이탈은 공동정범에서의 공범관계 이탈과, 교사범과 같은 협의의 공범관계의 이탈을 포함하는 개념으로 볼 수 있다). 피고인 甲은 2011. 11. 초순경과 2011. 11. 20.경 乙에게 전화하여 OO은행 노조위원장인 피해자의 불륜관계를 이용하여 공갈할 것을 교사하였다. 이에 乙은 피해자를 미행하여 2011. 11. 30.경 피해자가 여자와 함께 호텔에 들어가는 현장을 카메라로 촬영한 후 피고인에게 알렸으나, 피고인은 2011. 12. 7.경부터 2011. 12. 13.경까지 여러 차례 전화하여 그 동안의 수고비로 500만 원 내지 1,000만 원을 줄 테니 촬영한 동영상을 넘기고 피해자를 공갈하는 것을 단념하라고 하여 범행에 나아가는 것을 만류하였다. 그럼에도 乙은 피고인의 제안을 명시적으로 거절하고 촬영한 동영상을 피해자의 핸드폰에 전송하고 전화나 문자메시지 등으로 1억 원을 주지 않으면 여자와 호텔에 들어간 동영상을 가족과 회사에 유포하겠다고 피해자에게 겁을 주어 피해자로부터 현금 500만 원을 교부받았다.
이에 대해, 대법원은 피고인의 교사행위와 피교사자인 乙의 공갈행위 사이에는 상당인과관계가 인정된다 할 것이고, 피고인의 만류행위가 있었지만 乙이 이를 명시적으로 거절하고 당초와 같은 범죄 실행의 결의를 그대로 유지한 것으로 보이는 이상, 피고인이 공범관계에서 이탈한 것으로 볼 수도 없다고 하여, 피교사자의 범행결의 해소를 부정하고 교사자로서의 책임을 인정하였다.

Ⅳ. 기 타

1. 교사의 교사

甲이 乙에게 범죄를 저지르도록 요청한다 함을 알면서 甲의 부탁을 받고 甲의 요청을 乙에게 전달하여 乙로 하여금 범의를 야기케 하는 것은 교사에 해당한다(대판 1974. 1. 29, 73도3104).

2. 결과적 가중범과 교사범

① 피고인 甲이 공동피고인 乙에게 위와 같이 보복조치를 취하도록 교사함에 있어서 피해자에게 상해의 결과가 발생할 수 있음을 인식하고도 이를 용인하였음을 인정하기에 충분하고, 이 사건과 같은 **조직폭력배들에 의한 보복폭행**의 경우 그로 인한 상해의 결과 피해자가 사망에 이르게 될 수 있음은 교사자인 피고인 甲으로서도 이를 예견할 수 있었다고 보여지므로, 위 피고인 甲에게 소론과 같이 상해치사죄의 범의가 없었다고는 볼 수 없다(대판 1992. 2. 25, 91도3192).

조직폭력단의 甲이 그 부하 乙에게 전화를 하여 "A라는 애가 행패를 부려 망신을 당했는데 나이먹고 창피해 죽겠다. 네가 알아서 丙을 혼을 내주어라"고 하여 乙이 그의 부하 丙에게 상해를 교사하였는데 丙이 A조직의 조직원인 B를 사망케 한 사안으로 대법원은 甲에게 상해치사죄의 교사범을 인정하였다.

② 교사자가 피교사자에 대하여 상해 또는 중상해를 교사하였는데 피교사자가 이를 넘어 살인을 실행한 경우에, 일반적으로 교사자는 상해죄 또는 중상해죄의 교사범이 되는 것이지만 이 경우에 교사자에게 피해자의 사망이라는 결과에 대하여 과실 내지 예견가능성이 있는 때에는 상해치사죄의 교사범으로서의 죄책을 지울 수 있는 것이다(대판 1993. 10. 8, 93도1873).

자신의 영업에 관하여 사사건건 방해를 하면서 협박을 해 오던 피해자를 보복하기 위하여 피해자의 경호원으로 있다가 사이가 나빠진 사람을 소개받아 그에게 중상해를 청부하여 살인의 고의로 칼로 온몸을 찔러 피해자를 살해한 사안으로, 대법원은 교사자에게 교사 당시 피해자의 사망에 대해 예견가능성이 있었다고 보아 상해치사죄의 교사범을 인정했다.

③ 일반적으로 교사자는 상해죄에 대한 교사범이 되는 것이고, 다만 이 경우 교사자에게 피해자의 사망이라는 결과에 대하여 과실 내지 예견가능성이 있는 때에는 상해치사죄의 교사범으로서의 죄책을 지울 수 있다. … 피고인이 피해자의 사망이라는 결과에 대하여 과실이 있었다고 인정하기 어렵다(대판 1997. 6. 24, 97도1075).

甲이 乙에게 "丙이 정신차릴 정도로 때려주라"고 교사하였는데 乙이 丙을 살해한 사안으로, 대법원은 교사자가 피교사자에 대하여 상해를 교사하였는데 피교사자가 살인을 한 경우로서 상해죄에 대해서만 교사를 인정하였다.

제5절 방 조 범

Ⅰ. 방조의 의의

형법상 방조행위는 정범이 범행을 한다는 정을 알면서 그 실행행위를 용이하게 하는 직접·간접의 모든 행위를 가리키는 것으로서 그 방조는 유형적·물질적인 방조뿐만 아니라 정범에게 범행의 결의를 강화하도록 하는 것과 같은 무형적·정신적 방조행위까지도 포함한다(대판 1997. 1. 24, 96도227).

Ⅱ. 방조행위

1. 방조행위의 시기

(1) 실행의 착수 전에 가담한 경우

① 종범은 정범의 실행행위 중에 방조하는 경우는 물론 실행의 착수 전에 장래의 실행행위를 예상하고 이를 용이하게 하는 행위를 방조한 경우에도 정범이 그 실행행위에 나갔다면 종범이 성립한다(대판 1997. 4. 17, 96도3377).

대통령 비서실장으로 재직하면서 전직 대통령이 기업인들로부터 뇌물을 수수하기 전에 그에 대한 면담을 주선하는 등 함으로써 전직 대통령의 뇌물수수를 도운 사안이다.

② 종범은 정범의 실행행위 중에 이를 방조하는 경우뿐만 아니라, 실행 착수 전에 장래의 실행행위를 예상하고 이를 용이하게 하는 행위를 하여 방조한 경우에도 성립한다(대판 2004. 6. 24, 2002도995).[8]

(2) 기수이후 종료 전에 가담한 경우

진료부는 환자의 계속적인 진료에 참고로 공하여지는 진료상황부이므로 **간호보조원의 무면허 진료행위가 있은 후에 이를 의사가 진료부에다 기재**하는 행위는 정범의 실행행위 종료후의 단순한 사후행위에 불과하다고 볼 수 없고 무면허 의료행위의 방조에 해당한다(대판 1982. 4. 27, 82도122).

2. 방조범을 인정한 경우

① 도박하는 자리에서 **도금**으로 사용하리라는 정을 알면서 채무변제조로 금원을 **교**

8 이른바 '보라매병원 사건'으로 보호자의 치료중단요청과 그에 따른 치료중단시 의료진의 형사책임문제에서 많은 논란을 야기한 판결로, 살인죄의 고의, 살인방조의 성립, 부진정부작위범에 있어서의 부작위의 보충성 등이 문제되었다.

부하였다면 도박을 방조한 행위에 해당한다(대판 1970. 7. 28, 70도1218).

② 형법상 방조행위는 정범이 범행을 한다는 정을 알면서 그 실행행위를 용이하게 하는 행위로서 그것은 정범의 실행에 대하여 물질적 방법이건, 정신적 방법이건, 직접적이건, 간접적이건 가리지 아니한다 할 것인바, 피고인들이 정범의 변호사법 위반행위(금 2억원을 제공받고 건축 사업허가를 받아 주려한 행위)를 하려한다는 정을 알면서 자금능력있는 자를 소개하고 교섭한 행위는 그 방조행위에 해당한다(대판 1982. 9. 14, 80도2566).

③ **부동산소개업자**로서 부동산의 등기명의수탁자가 그 명의신탁자의 승낙없이 이를 제3자에게 매각하여 불법영득하려고 하는 점을 알면서도 그 범행을 도와주기 위하여 수탁자에게 매수할 자를 소개하여 주는 등의 방법으로 그 횡령행위를 용이하게 하였다면 이러한 부동산소개업자의 행위는 **횡령죄의 방조범**에 해당한다(대판 1988. 3. 22, 87도2585).

④ 주식의 입·출고 절차 등 주식의 관리에 관한 일체의 절차를 정확하게 알고 있는 **증권회사 중견직원**이 정범에게 피해자의 주식을 인출하여 오면 관리하여 주겠다고 하여 정범이 부정한 방법으로 주식을 인출해오자 이를 자신들이 관리하는 증권계좌에 입고하여 관리 운용해준 경우, 부정한 주식인출절차에 관련된 출고전표인 사문서위조, 동행사 및 사기죄 등 일련의 범죄 전부에 대하여 방조행위가 된다(대판 1995. 9. 29, 95도456).

⑤ 덕적도 핵폐기장 설치 반대시위의 일환으로 행해진 대학생들의 **인천시청 기습점거 시위**에 대하여 전혀 모르고 있다가 시위 직전에 주동자로부터 지시를 받고 시위현장의 사진을 촬영한 행위는 시위행위에 대한 방조범에 해당한다(대판 1997. 1. 24, 96도2427).

⑥ 자동차운전면허 없는 자에게 승용차를 제공하여 그로 하여금 무면허 운전을 하게 한 경우 이는 무면허운전이라는 도로교통법위반죄의 방조행위에 해당한다(대판 2000. 8. 18, 2000도1914).

⑦ **금괴**를 부가가치세 영세율이 적용되는 수출원자재 명목으로 구입한 후 실제로는 시중에 판매처분하고 허위로 수출신고를 하여 이를 근거로 관세를 부정환급받은 정범의 범행에 대하여, 정범이 설립한 위장수출회사의 직원인 피고인이 미필적으로나마 정범의 범행을 인식 또는 예견하고 그 실행행위를 용이하게 하였다고 볼 여지가 있다(대판 2005. 4. 29, 2003도6056).

⑧ (의사인) 피고인 1은 자신이 발급한 **입원확인서**가 환자들의 보험회사에 대한 보험금청구에 사용된다는 것을 알았다고 봄이 상당하므로, 사무장인 제1심 공동피고인 공경현과 공모하여 허위의 입원확인서를 발급해 주는 방법으로 피고인 2, 4, 3, 5, 원심 공동피고인 및 공소외 2로 하여금 보험금을 편취하는 것을 용이하게 하여 이를 방조하였음을 충분히 인정할 수 있다(대판 2006. 1. 12, 2004도6557).

3. 방조범을 부정한 경우

① **간첩인 정을 알면서도 단순히 숙식을 제공하거나 안부편지를 전달**한 경우는 간첩활동을 방조할 의사와 숙식제공으로 인하여 간첩활동을 용이하게 한 사실이 인정되지 아니하므로 방조범이 성립되지 아니한다(대판 1967. 1. 31, 66도1661).

② 입영기피를 결심하고 집을 나서는 자에게 악수를 나누며 '**잘되겠지. 몸조심하라**'고 말한 정도로는 범죄의사를 강화시킨 방조행위로 볼 수 없다(대판 1983. 4. 12, 82도43).

위 판결에서 쟁점이 된 피고인의 격려행위는 무형적(정신적) 방조행위에 해당한다. 그리고 이러한 격려행위의 방조범 성립여부는 방조행위성의 문제라고 할 수 있다. 방조행위성은 범죄실행에 유익한 정보를 제공함으로써 정범의 인식적 측면에 기여하거나, 정범의 범죄실행 결의를 더욱 강하게 조장하거나, 이미 이뤄진 결의에 대한 부담을 완화하여 의지적 측면에 기여하는 행위가 있어야 인정된다. 신체적 움직임에 의해 외부적으로 발현된 경우 행위로서 정범의 범죄실행에 대한 정보를 제공하거나, 정범의 범죄실행에 대해 정서적으로 격려 또는 안정을 가져오는 것으로 사회생활상 의미성이 인정되어야 하는 것이다. 그런데 입영기피자에게 "잘 되겠지, 몸조심 하라"고 말한 것만으로는 구체적인 도피장소와 도피방법 등의 정보를 제공한 것으로 볼 수도 없으며, 그의 범행결의를 강화내지 확실히 하였다고 보기도 어려워, 단순한 감정의 표시를 넘어서는 사회생활상의 의미성이 인정되지 않아 방조행위성을 인정하기 어렵다고 하겠다.

비교판례

자살방조죄는 자살하려는 사람의 자살행위를 도와주어 용이하게 실행하도록 함으로써 성립되는 것으로서, 그 방법에는 자살도구인 총, 칼등을 빌려주거나 독약을 만들어 주거나, 조언 또는 격려를 한다거나 기타 적극적, 소극적, 물질적, 정신적 방법이 모두 포함되는바, 이 사건 자살방조죄에 관한 공소사실은, 피고인은 김○○이 공소장에 기재된 상황에서 분신자살을 하겠다는 생각을 갖고 있음을 알고 그 실행을 용이하게 도와주겠다는 의도로 1991. 4. 27.경부터 같은 해 5. 8.까지의 어느 날에 서울 어느 곳에서 리포트 용지에 검은 색 사인펜으로 공소장에 기재된 내용의 **유서 2장을 작성**하여 줌으로써 그 유서내용에 의하여 위 김○○에게 그의 분신자살이 조국과 민족을 위한 행위로 미화될 것이며 사후의 장례의식을 포함한 모든 문제도 서○○, 김○○ 등 전국민족민주운동연합(약칭 전민련)에서 책임진다는 것을 암시하는 방법으로 분신자살의 실행을 용이하게 도와주어 김○○의 자살을 방조하였다는 내용이므로, 이는 결국 적극적, 정신적 방법으로 자살하려는 사람에게 자살의 동인과 명분을 주어 자살을 용이하게 실행하도록 하였다는 것으로서 자살방조죄에 해당(한다)(대판 1992. 7. 24, 92도1148).

본 판결에서 대법원은 유서를 대필한 행위로 인하여 결과적으로 유서내용에 의하여 암시하는 방법으로 분신자살의 실행을 용이하게 도와준 것으로서 자살방조행위에 해당됨을 인정하였다. '정신적 방법으로 자살하려는 사람에게 자살의 동인과 명분을 주어 자살을 용이하게 실행'하도록 하였다는 것이다. 그러나 자살방조죄는 정범종속적 방조행위가 아니라 독립된 구성요건으로 방조행위의 인과관계가 논의영역에서 탈락되는 것이다. 만일 자살방조가 정범종속적 방조행위에 속한다면 유서의 대필행위는 피고인의 신체적 움직임으로 외계의 변화를 일으킨 유형적 방조행위로 볼 수 있으며, 이 경우 유형적 방조행위인 유서 대필행위에 대한 인과관계 판단이 선행되어야 하며, 여기에 인과관계가 인정되지 않을 경우 무형적 방조행위로서의 인과관계에 대한 판단이 이루어져야 한다. 그러나 본 판례는 정범종속적 방조행위와 정범으로서의 방조행위에 착오를 일으킴으로서 방조행위의 인과관계 검토과정의 첫단계부터 오류를 범하였다고 하겠다.

③ 웨이타인 피고인들은 손님들을 단순히 출입구로 안내를 하였을 뿐 미성년자인 여부의 판단과 출입허용 여부는 2층 출입구에서 주인이 결정하게 되어 있었다면 피고인들의 위 안내행위가 곧 미성년자를 클럽에 출입시킨 행위 또는 그 방조행위로 볼 수 없다(대판 1984. 8. 21, 84도781).

④ 방조는 정범이 범행을 한다는 것을 알면서 그 실행행위를 용이하게 하는 종범의 행위이므로 종범은 정범의 실행을 방조한다는 방조의 고의와 정범의 행위가 구성요건에 해당된다는 점에 대한 정범의 고의가 있어야 한다(대판 2003. 4. 8, 2003도382).[9]

공인회계사인 甲이 A가 허위의 회계자료 등을 꾸며 주식회사 OO전자통신을 코스닥등록을 한 뒤 주식공모를 통해 수많은 사람으로부터 청약금을 교부받아 오는 과정에서 허위의 감사보고서를 작성해 준 사안이다.

Ⅲ. 관련문제

1. 부작위에 의한 방조

① 피고인이 사전에 그 소속선원들이 밀수자금으로 일화를 소지하고 있는 정을 알았고 그 자신 위 선원들의 밀수행위에 가담하려는 의사가 있었다고 인정할 자료가 없는 본건에 있어서 피고인이 선장으로서 그 소속선원들로부터 각자소지한 일화의 신고를 받고

9 타인의 주식을 부당인출해 오면 '관리하여 주겠다'고 말한 행위는 범죄실행의 결의에 대한 무형적 방조행위로서 방조행위성이 인정된다고 하겠다. 정범의 범죄실행에 대해 정서적으로 격려 또는 안정을 가져오는 것으로 사회생활상 의미성이 인정되기 때문이다. 그러나 부정인출해 온 주식을 자신들의 증권계좌에 입고하여 관리운용한 행위는 별도로 분리하여 판단하여야 하며, 무형적 방조행위를 넘어선 유형적·물질적 방조행위라고 판단하는 것이 적절하다.

도 이를 징수보관하지 않은 점만 가지고 피고인이위 선원들의 밀수행위를 방조하였다고 볼 수 없(다)(대판 1978. 3. 28, 77도2269).

② **은행지점장**이 부하직원의 업무상배임행위(어음부정지급보증과 당좌부정결재)를 발견하였으면서도 이미 발생한 손해의 보전에 필요한 조치를 취하지 아니하고 이를 방치한 경우 은행지점장은 정범인 업무상배임죄의 방조범이 성립된다(대판 1984. 11. 27, 84도1906).

③ 아파트 지하실의 소유자는 위 아파트 임차인의 지하실에 대한 (허가없는) 용도변경행위를 방지할 의무가 있으므로 위 용도변경행위를 묵시적으로 승인하여 방치하였다면 건축법위반의 방조에 해당한다(대판 1985. 11. 26, 85도1906).

④ **법원의 입찰사건**에 관한 제반 업무를 주된 업무로 하는 공무원이 자신이 맡고 있는 입찰사건의 입찰보증금이 계속적으로 횡령되고 있는 사실을 알았다면, 담당 공무원으로서는 이를 제지하고 즉시 상관에게 보고하는 등의 방법으로 그러한 사무원의 횡령행위를 방지해야 할 법적인 작위의무를 지는 것이 당연하고, 비록 그의 묵인 행위가 배당불능이라는 최악의 사태를 막기 위한 동기에서 비롯된 것이라고 하더라도 자신의 작위의무를 이행함으로써 결과 발생을 쉽게 방지할 수 있는 **공무원이 그 사무원**의 새로운 횡령범행을 방조 용인한 것을 작위에 의한 법익 침해와 동등한 형법적 가치가 있는 것이 아니라고 볼 수는 없다는 이유로, 그 담당 공무원을 업무상횡령의 종범(에 해당한다)(대판 1996. 9. 6, 95도2551).

⑤ **백화점직원**이 자신이 관리하는 특정매장의 점포에 **가짜 상표가 새겨진 상품이 진열·판매**되고 있는 사실을 알고서도 점주 등에게 시정조치를 요구하거나 상급자에게 이를 **보고하지 아니함으로써** 점주로 하여금 가짜 상표가 새겨진 상품들을 고객들에게 계속 판매하도록 방치한 경우 부작위에 의하여 특정매장점주의 상표법위반 및 부정경쟁방지법위반행위를 방조하였다고 인정할 수 있다(대판 1997. 3. 14, 96도1639).

비교판례

청과물상회의 종업원으로 취직하여 각 그 고용주와 상하관계에 있고 고용주로부터 일정한 임금을 받고 단순한 노무에 계속하여 종사하여 온 고용인에 불과하다면 동 피고인들이 고용주의 무허가도매행위를 적극적으로 조장한 점에 대한 아무런 입증이 없는 한 그들이 고용주의 위와 같은 범법행위를 다소 알고 있었다는 사유만 가지고서는 피고인들을 위 고용주들의 범법행위에 대한 종범으로 처단할 수는 없다(대판 1978. 8. 22, 78도1170).

2. 종범의 착오

① 방조자의 인식과 정범의 실행간에 착오가 있고 양자의 구성요건을 달리한 경우에는 원칙적으로 방조자의 고의는 저각되는 것이나 그 구성요건이 중첩되는 부분이 있는 경우에는 그 중복되는 한도내에서는 방조자의 죄책을 인정하여야 할 것이다(대판 1985. 2. 26, 84도2987).

② 군대의 하급자인 A가 상급자인 乙에게 무례한 행동을 하자 甲은 乙이 A를 가볍게 교육시킨다는 생각으로 가지고 있던 각목을 乙에게 건네주었으나 乙이 A를 치사케 한 경우, 甲이 처음에 乙이 병을 폭행하는 것을 제지하였고, 乙이 취중에 남의 자동차를 손괴하고도 **상급자인 乙에게 무례한 행동을 하는 A를 교육시킨다는 정도**로 가볍게 생각하고, 각목을 乙에게 건네주었던 것이고, 그 후에도 양인 사이에서 폭행을 제지하려고 애쓴 사실이 인정된다면, 甲으로서는 A가 乙의 폭행으로 사망할 것을 예견할 수 있었다고 볼 수 없으므로 甲에 대하여 특수폭행치사방조의 점은 무죄이며 특수폭행의 방조만 성립한다(대판 1998. 9. 4, 98도2061).

3. 방조의 방조

정범이 범행을 한다는 점을 알면서 그 실행행위를 용이하게 한 이상 그 행위가 간접적이거나 직접적이거나를 가리지 않으며 이 경우 정범이 누구에 의하여 실행되어지는가를 확지할 필요는 없다. 따라서 외국상품을 수입 통관함에 있어 **자기명의로 외국물품을 수입 판매하는 것으로 위장**하여 수입하였다면 그 명의로 영업세 및 소득세의 원천징수가 있었다 할지라도 이는 외국상품을 국내에서 판매하는 실수요자들의 상품판매에 따른 영업세 및 소득세라고 할 수 없으므로 실수요자들의 영업세 등을 포탈하도록 한 방조범이 성립된다(대판 1977. 9. 28, 76도4133).

4. 예비의 방조

예비행위의 방조행위는 방조범으로서 처단할 수 없는 것이고 그와같은 법리는 특정범죄가중처벌등에관한법률 및 관세법에 규정된 무면허수입등 예비죄의 방조행위에 있어서도 마찬가지이다(대판 1979. 11. 27, 79도2201).

제 6 절 공범과 신분

I. 신분의 의의

1. 신분의 개념[10]

형법 제33조 소정의 이른바 신분관계라 함은 남녀의 성별, 내·외국인의 구별, 친족관계, 공무원인 자격과 같은 관계뿐만 아니라 널리 일정한 범죄행위에 관련된 범인의 인적 관계인 특수한 지위 또는 상태를 지칭하는 것이다. 형법 제152조 제1항과 제2항은 위증을 한 범인이 형사사건의 피고인 등을 '**모해할 목적**'을 가지고 있었는가 아니면 그러한 목적이 없었는가 하는 범인의 특수한 상태의 차이에 따라 범인에게 과할 형의 경중을 구별하고 있으므로, 이는 바로 형법 제33조 단서 소정의 "신분관계로 인하여 형의 경중이 있는 경우"에 해당한다고 봄이 상당하다(대판 1994. 12. 23, 93도1002).

2. 형법 제33조 본문과 단서와의 관계

위와 같은 신분관계가 없는 자가 그러한 신분관계에 있는 자와 공모하여 위 상호신용금고법위반죄를 저질렀다면, 그러한 신분관계가 없는 자에 대하여는 형법 제33조 단서에 의하여 형법 제355조 제2항에 따라 처단하여야 할 것인바, 그러한 경우에는 신분관계가 없는 자에게도 일단 업무상배임으로 인한 상호신용금고법 제39조 제1항 제2호 위반죄가 성립한 다음 형법 제33조 단서에 의하여 중한 형이 아닌 형법 제355조 제2항에 정한 형으로 처벌되는 것이다(대판 1997. 12. 26, 97도2609).

---

10 공범행위 사체의 실행행위성을 인정할 수 있느냐의 문제를 판단한 이후 공범의 종속정도를 판단하게 되며, 이에 대해서 공범종속성설은 형법 제33조와 관련하여 연대작용을 규정한 제33조 본문이 당연규정이라는 입장이며, 공범독립성설은 제33조 단서가 독립성설을 입법화한 것이라고 이해한다.

Ⅱ. 형법 제33조의 해석

1. 진정신분범

(1) 비신분자가 구성적 신분자의 범죄에 가담한 경우[11]

① 허위공문서작성죄에 신분없는 자가 가공한 경우 그 가공이 공동하여 죄를 범한 것인 때에는 그 죄에 대한 공동정범이 성립한다(대판 1971. 6. 8, 71도795).

② 점포의 임대인이 임차인이 그 점포를 타에 매도한 사실을 알고 있으면서 점포의 임대차 계약 당시 "타인에게 점포를 매도할 경우 우선적으로 임차인에게 매도한다"는 특약을 구실로 임차인이 매매대금을 일방적으로 결정하여 공탁하고 임대인과 공무하여 임차인 명의로 소유권이전등기를 경료하였다면 임대인의 배임행위에 적극가담한 것으로서 **배임죄**의 공동정범에 해당한다(대판 1983. 7. 12, 82도180).

③ 피고인이 건축물조사 및 가옥대장 정리업무를 담당하는 지방행정서기를 교사하여 무허가건축물에 대해 허가를 받은 것처럼 가옥대장 등에 등재케하여 허위공문서 등을 작성케 한 사실이 인정된다면 **허위공문서작성죄**의 교사범으로 처단한 것은 정당하다(대판 1983. 12. 13, 83도1458).

④ 신분관계로 인하여 성립될 범죄에 가공한 행위는 신분관계가 없는 자도 공동정범의 책임을 지게 되는 것이므로 성인용 오락영업 허가업소의 지배인도 업주의 유사사행행위 범행에 가공한 행위의 정도 및 내용에 따라 공동정범으로 의율할 수 있다(대판 1990. 11. 13, 90도1848).

⑤ **정부관리기업체(한국전기통신공사)의 과장대리급** 이상이 직원이 아니라 하여도 다른 과장대리급 이상인 직원들과 함께 뇌물수수죄의 공동정범이 될 수 있다(대판 1992. 8. 14, 91도3191).

피고인은 한국전기통신공사 경기사업본부에 근무하는 자로 직제상 일반직 3급직원이었으나 과장이라는 직급명이 부여되지 않은 경우였다.

⑥ 발행명의인이나 직접 발행자가 아니라 하더라도 공모에 의해 부정수표단속법 제2조 제2항 소정 범죄의 공동정범이 될 수 있다(대판 1993. 7. 13, 93도1341).

---

11 통설에 의할 경우 제33조 단서는 부진정신분범을 전제로 한 규정이므로 이 경우는 제33조 본문이 적용되어 신분범의 공범이 성립한다.

⑦ **병가 중인 공무원**이 철도공무원의 불법파업에 참여하면 직무유기죄의 공동정범으로 처벌할 수 있다(대판 1997. 4. 22, 95도748).

⑧ 형법 제33조 본문은 "신분관계로 인하여 성립될 범죄에 가공한 행위는 신분관계가 없는 자에게도 전3조의 규정을 적용한다."고 규정하고 있으므로, 비신분자라 하더라도 신분범의 공범으로 처벌될 수 있다. 그리고 구 지방공무원법 제58조 제1항 본문이 그 주체를 지방공무원으로 제한하고 있기는 하지만, 위 법조항에 의하여 금지되는 '노동운동이나 그 밖에 공무 외의 일을 위한 집단행위'의 태양이 행위자의 신체를 수단으로 하여야 한다거나 행위자의 인격적 요소가 중요한 의미를 가지는 것은 아니므로, 위 행위를 처벌하는 같은 법 제82조가 지방공무원이 스스로 위 행위를 한 경우만을 처벌하려는 것으로 볼 수는 없다. 따라서 지방공무원의 신분을 가지지 아니하는 사람도 구 지방공무원법 제58조 제1항을 위반하여 같은 법 제82조에 따라 처벌되는 지방공무원의 범행에 가공한다면 형법 제33조 본문에 의해서 공범으로 처벌받을 수 있다. 위 법리에 비추어 보면, 구 지방공무원법 제82조가 적용되지 않는 **구 지방공무원법상 특수경력직공무원**의 경우에도 위 법조항을 위반한 경력직공무원의 범행에 가공한다면 역시 형법 제33조 본문에 의해서 공범으로 처벌받을 수 있다고 보아야 하고, 특수경력직공무원에 대하여 구 지방공무원법 제82조가 직접 적용되지 않는다는 이유만으로 달리 볼 것은 아니다(대판 2012. 6. 14, 2010도14409).

(2) 구성적 신분의 신분자가 비신분자에 가담한 경우[12]

① **세무사법**이 무자격 세무대리행위를 처벌하는 규정 외에 **명의대여 금지규정**을 위반한 세무사를 처벌하는 별도의 규정을 둠과 동시에 그 법정형을 무자격 세무대리행위 보다 낮게 정하고 있음에 비추어 볼 때, 세무사 자격이 없는 자가 작성하여 온 세무조정계산서에 자기 자신의 기명날인을 한 세무사에 대하여는 형이 보다 가벼운 명의대여 금지규정 위반죄의 적용만이 문제될 뿐이고, 형이 무거운 무자격 세무대리행위의 공동정범이 성립될 여지는 없다(대판 1996. 9. 24, 96도1278).

② **농업협동조합법상의 호별방문죄**는 '임원이 되고자 하는 자'라는 신분자가 스스로 호별방문을 한 경우만을 처벌하는 것으로 보아야 하고, 비록 신분자와 비신분자와 통모하였거나 신분자가 비신분자를 시켜 방문케 하였다고 하더라도 비신분자만이 호별방문을

12 진정신분범의 신분은 구성요건요소이므로 비신분자의 구성요건에 해당되지 않는 행위에 가담하는 신분자에게는 제33조는 적용될 여지가 없고, 공범의 종속성에 관한 일반 이론이 그대로 적용되며 사안에 따라 신분자에게 간접정범이 성립할 수 있다는 통설과 비신분자는 종범, 신분자는 교사범이 된다는 견해가 주장되고 있다.

한 경우에는 신분자는 물론 비신분자도 같은 죄로 의율하여 처벌할 수는 없다고 봄이 상당하다(대판 2003. 6. 13, 2003도889).

피고인은 농협 임원이 되고자 출마한 신분자인 반면 선거운동으로 실제 호별방문을 한 사람은 비신분자의 경우로, 신분 없는 고의있는 도구를 이용한 때에 해당되는데, 대법원은 신분자에게 간접정범과 교사범 모두 성립하지 않는다고 판단한 것처럼 보인다.

2. 부진정신분범

(1) 비신분자가 가감적 신분자의 범죄에 가담한 경우[13]

① **은행원이 아닌 자**가 은행원들과 공모하여 업무상 배임죄를 저질렀다 하여도, 이는 업무상 타인의 사무를 처리하는 신분관계로 인하여 형의 경중이 있는 경우이므로, 그러한 신분관계가 없는 자에 대하여서는 형법 제33조 단서에 의하여 형법 제355조 제2항(단순배임죄)에 따라 처단하여야 한다(대판 1986. 10. 28, 86도1517).

② 면의 예산과는 별도로 면장이 면민들로부터 모금하여 그 개인명의로 예금하여 보관하고 있던 체육대회성금의 업무상 점유보관자는 면장뿐이므로 **면의 총무계장**이 면장과 공모하여 업무상횡령죄를 저질렀다 하여도 업무상 보관책임있는 신분관계가 없는 총무계장에 대하여는 형법 제33조 단서에 의하여 형범 제355조 제2항(단순횡령죄)에 따라 처단하여야 한다(대판 1989. 10. 10, 87도1901).

③ **상호신용금고법 위반죄**는 … 형법상의 배임 내지 업무상배임죄의 가중규정이고, 따라서 형법 제355조 제2항의 배임죄와의 관계에서는 신분관계로 인하여 형의 경중이 있는 경우라 할 것이다. 그리고 위와 같은 신분관계없는 자가 그러한 신분관계있는 자와 공모하여 상호신용금고법위반죄를 저질렀다면 그러한 신분관계 없는 자에 대하여는 형법 제33조 단서에 의하여 형법 제355조 제2항에 따라 처단하여야 할 것인 바, 그러한 경우에는 신분관계 없는 자에게도 일단 업무상배임으로 인한 상호신용금고법 위반죄가 성립한 다음 형법 제33조 단서에 의하여 중한 형이 아닌 형법 제355조 제2항에 정한 형으로 처벌

13 제33조 본문과 단서가 모두 적용되므로 견해가 첨예하게 대립하는 부분이다. 통설은 제33조 본문은 진정신분범에 가공한 비신분자에게도 신분의 연대적 작용을 규정한 것이고, 단서는 부진정신분범의 공범성립과 과형에 대한 규정으로 이해하는데 반해, 판례 및 소수설은 본문은 진정신분범뿐만 아니라 부진정신분범의 성립문제를 규정한 것이고, 단서는 부진정신분범에 관한 과형의 문제를 규정한 것으로 이해하고 있다.

되는 것이다(대판 1997. 12. 26, 97도2609).

(2) 가감적 신분범의 신분자가 비신분자에 가담한 경우[14]

① 도박의 상습이 있는 자가 없는 자의 도박행위를 방조하다 나중에 가담하여 도박을 한 사안에서, 우선 제33조 단서에 의해 상습자에게는 **상습도박죄**의 방조범이 성립한 후 나중에 다시 상습도박죄가 성립하지만 이들 범죄는 포괄하여 무거운 상습도박죄의 일죄로 처단해야 한다(대판 1984. 4. 24, 84도195).

② 피고인이 甲을 **모해할 목적으로 乙에게 위증을 교사**한 이상 가사 정범인 乙에게 모해의 목적이 없었다고 하더라도 형법 제33조 단서의 규정에 의하여 피고인을 모해위증교사죄로 처단할 수 있다(대판 1994. 12. 23, 93도1002).[15]

3. 소극적 신분

① **의료인**일지라도 의료인 아닌 자의 의료행위에 공모하여 가공하면 의료법 제25조 제1항이 규정하는 무면허의료행위의 공동정범으로서 책임을 진다(대판 1986. 2. 11, 85도448).

유사판례

의사가 간호사로 하여금 의료행위에 관여하게 하는 경우에도 그 의료행위는 의사의 책임 아래 이루어지는 것이고 간호사는 그 보조자에 불과하다. 간호사가 '진료의 보조'를 하는 경우 모든 행위 하나하나마다 항상 의사가 현장에 입회하여 일일이 지도·감독하여야 한다고 할 수는 없고, 경우에 따라서는 의사가 진료의 보조행위 현장에 입회할 필요 없이 일반적인 지도·감독을 하는 것으로 충분한 경우도 있을 수 있으나, 이는 어디까지나 의사가 그의 주도로 의료행위를 실시하면서 그 의료행위의 성질과 위험성 등을 고려하여 그 중 일부를 간호사로 하여금 보조하도록 지시 내지 위임할 수 있다는 것을 의미하는 것에 그친다. 이와 달리 의사가 간호사에게 의료행위의 실시를 개별적으로 지시하거나 위임한 적이 없음에도 간호사가 그의 주도 아래 전반적인 의료행위의 실시 여부를 결정하고 간호사에 의한 의료행위의 실시과정에도 의사가 지시·관여하지 아니한 경우라면, 이는 구 의료법(2009. 1. 30. 법률 제9386호 개정되기 전의 것) 제27조 제1항이 금지하는 무면허의료행위에 해당한다고 볼 것이다. 그리고 의사가 이러한 방식으로 의료행위가 실시되는 데 간호사와 함께 공모하여 그

14 제33조의 단서가 적용되므로 자신의 가담형태에 따른 가감적 신분범의 공범이 성립한다.

15 대법원은 특이하게도 '모해 목적'을 범죄행위와 관련된 범죄인의 인적관계인 특수한 상태로 보면서 신분의 개념에 포함시켰다. 그러나 이처럼 신분의 개념을 확장하는 것은 목적범에서의 목적이 행위자관련적 요소가 아니라 행위관련적 요소로서 신분에 해당될 수 없음을 간과한 논리이다.

공동의사에 의한 기능적 행위지배가 있었다면, 의사도 무면허의료행위의 공동정범으로서의 죄책을 진다(대판 2012. 5. 10, 2010도5964).

② 치과의사가 환자의 대량유치를 위해 **치과기공사**들에게 내원환자들에게 진료행위를 하도록 지시하여 동인들이 간 단독으로 전항과 같은 진료행위를 하였다면 **무면허의료행위**의 교사범에 해당한다(대판 1986. 7. 8, 86도749).

③ 의사가 영리의 목적으로 비의료인과 공모하여 무면허의료행위를 하였다면 그 행위는 보건범죄단속에관한특별조치법 제5조에 해당한다고 할 것이고, 나아가 위 조문 소정의 영리의 목적이란 널리 경제적인 이익을 취득할 목적을 말하는 것으로서 무면허의료행위를 행하는 자가 반드시 그 경제적 이익의 귀속자나 경영의 주체와 일치하여야 할 필요는 없다(대판 2003. 9. 5, 2003도2903).

④ 변호사 아닌 자가 변호사를 고용하여 법률사무소를 개설·운영하는 행위에 있어서는 변호사 아닌 자는 변호사를 고용하고 변호사는 변호사 아닌 자에게 고용된다는 서로 대향적인 행위의 존재가 반드시 필요하고, 나아가 변호사 아닌 자에게 고용된 변호사가 고용의 취지에 따라 법률사무소의 개설·운영에 어느 정도 관여할 것도 당연히 예상되는바, 이와 같이 **변호사가 변호사 아닌 자에게 고용되어 법률사무소의 개설·운영에 관여하는 행위**는 위 범죄가 성립하는 데 당연히 예상될 뿐만 아니라 범죄의 성립에 없어서는 아니 되는 것인데도 이를 처벌하는 규정이 없는 이상, 그 입법 취지에 비추어 볼 때 변호사 아닌 자에게 고용되어 법률사무소의 개설·운영에 관여한 변호사의 행위가 일반적인 형법 총칙상의 공모, 교사 또는 방조에 해당된다고 하더라도 변호사를 변호사 아닌 자의 공범으로서 처벌할 수는 없다(대판 2004. 10. 28, 2004도3994).[16]

16 변호사법은 제34조 제4항에서 "辯護士가 아닌 者는 辯護士를 雇用하여 法律事務所를 開設·운영하여서는 아니된다"고 규정하고 있으며, 제109조(벌칙)에서 제34조 위반자를 처벌하고 있다. 따라서 변호사는 현재의 법률하에서는 그 처벌 대상으로 규율되고 있지 않다.

제10장 罪數論

제1절 일 반 론

Ⅰ. 죄수결정의 기준

1. 법익표준설

① 단일 범의로서 절취한 시간과 장소가 접착되어 있고 같은 관리인의 관리하에 있는 방안에서 소유자를 달리하는 두 사람의 물건을 절취한 경우에는 1개의 절도죄가 성립한다(대판 1970. 7. 21, 70도1133).

② 피해자에 대한 피고인의 소위는 흉기로 찔러 죽인다고 해악을 고지하여 **협박한 후** 다시 주먹과 발로 수 회 **구타하여 상해**를 입힘으로써 다른 법익을 침해한 것이라 할 것이니, 이와 같은 경우는 위 소위 등이 같은 무렵에 같은 장소에서 저질러진 것이라 하더라도 위 두 행위는 별개 독립의 행위로서 실체적 경합범의 관계에 있다고 해석함이 타당하다(대판 1982. 6. 8, 82도486).

비교판례

피고인의 협박사실 행위가 피고인에게 인정된 사실과 같은 시간, 같은 장소에서 동일한 피해자에게 가해진 경우에는 특별한 사정이 없는 한 상해의 단일범의 하에서 이루어진 하나의 폭언에 불과하여 위 상해죄에 포함되는 행위라 봄이 상당하다(대판 1976. 12. 14, 76도3375).

③ 상해를 입힌 행위가 동일한 일시 장소에서 동일한 목적으로 목적으로 저질러진 것이라 하더라도 **피해자를 달리하고 있으면** 피해자별로 각각 별개의 상해죄를 구성한다고 보아야 할 것이고 1개의 행위가 수개의 죄에 해당하는 경우라고 볼 수 없다(대판 1983. 4. 26, 83도524).

④ 절도범이 甲의 집에 침입하여 그 집의 방안에서 그 소유의 재물을 절취하고 그 무렵 그 집에 **세들어 사는 乙의 방**에 침입하여 재물을 절취하려다 미수에 그쳤다면 위 두 범죄는 그 범행장소와 물품의 관리자를 달리하고 있어서 별개의 범죄를 구성한다(대판 1989. 8. 8, 89도664).

⑤ 주식을 대량으로 매집하여 그 시세를 조종하려는 목적으로 여러 차례에 걸쳐 증권거래법 제188조의4의 제1항 제1호, 제2호의 통정매매행위, 제2항 제1호 전단의 허위매수주문행위, 같은 호 후단의 고가매수주문행위 등의 불공정거래 행위를 반복한 경우, 이는 시세조종 등 불공정거래의 금지를 규정하고 있는 증권거래법 제188조의4에 해당하는 수개의 행위를 단일하고 계속된 범의하에서 일정기간 계속하여 반복한 범행이라 할 것이고, 이 범죄의 보호법익은 유가증권시장 또는 협회중개시장에서의 유가증권 거래의 공정성 및 유통의 원활성 확보라는 사회적 법익이고 각각의 유가증권 소유자나 발행자 등 개개인의 재산적 법익은 직접적인 보호법익이 아닌 점에 비추어 위 각 범행의 피해법익의 동일성도 인정되므로, 위 각 행위는 모두 포괄하여 증권거래법 제207조의2 제2호, 제188조의4 소정의 불공정거래행위금지 위반의 일죄가 성립된다(대판 2002. 7. 22, 2002도1696).

2. 행위표준설

① **미성년자의제강간죄 또는 미성년자강제추행죄**는 행위시마다 1개의 범죄가 성립하므로 각 강간 또는 강제추행시마다 일시를 특정하여 공소사실을 기재하여야 한다(대판 1982. 12. 14, 82도2442).

② **간통죄**는 성교행위마다 1개의 간통죄가 성립하므로, 개개의 간통행위의 내용을 이루는 구체적 범죄사실의 기재가 없이 일정한 기간 동안 수회 간음하였다는 추상적 범죄

구성요건의 문구만을 적시한 공소장기재는 그 심판대상이 특정되었다고 할 수 없으므로 공소기각을 면할 수 없다(대판 1982. 12. 14, 82도24480).

③ 형법 제304조의 **혼인빙자간음죄**[1]는 각 간음행위마다 1개의 죄가 성립된다고 봄이 상당하다(대판 1983. 11. 8. 83도2474).

3. 의사표준설

피고인이 1977. 4. 15경 사무실에서 원심 공동피고인으로부터 아파트 보존등기신청사건을 접수처리함에 있어서 신속히 처리해 달라는 부탁조로 금원을 교부받은 것을 비롯하여, 같은 해 9. 10경까지 전후 7회에 걸쳐 각종 등기사건을 접수처리하면서 같은 공동피고인으로부터 같은 명목으로 도합 금 828,000원을 교부받아 그 직무에 관하여 뇌물을 수수한 것이라면, 이는 피고인이 뇌물수수의 단일한 범의의 계속하에 일정기간 동종행위를 같은 장소에서 반복한 것이 분명하므로 피고인의 수 회에 걸친 **뇌물수수행위**는 포괄일죄를 구성한다고 해석함이 상당하다(대판 1982. 10. 26, 81도1409).

4. 구성요건표준설

① **조세포탈범**의 죄수는 위반사실의 구성요건 충족 회수를 기준으로 하여 예컨대, 소득세포탈범은 각 과세년도의 소득세마다, 법인세포탈범은 사업년도의 법인세마다 그리고 부가가치세의 포탈범은 각 과세기간인 6월의 부가가치세마다 1죄가 성립하는 것이 원칙이 나, 특정범죄가중처벌등에 관한 법률 제8조는 년간 포탈세액이 일정액 이상이라는 가중사유를 구성요건화하여 일정액 이상이라는 가중제 1항의 행위와 합쳐서 하나의 범죄유형으로 하고 그에 대한 법정형을 규정한 것이므로 위법조에 해당하는 경우에는 1죄만이 성립한다(대판 1982. 6. 22, 82도938).

② 강간죄의 성립에 언제나 직접적으로 또 필요한 수단으로서 감금행위를 수반하는 것은 아니므로 **감금행위가 강간미수죄의 수단**이 되었다 하여 감금행위는 강간미수죄에 흡수되어 범죄를 구성하지 않는다고 할 수는 없는 것이고, 그때에는 감금죄와 강간미수죄는 일개의 행위에 의하여 실현된 경우로서 형법 제40조의 **상상적 경합**관계에 있다(대판 1983. 4. 26, 83도323).

③ 강도가 재물강취의 뜻을 재물의 부재로 이루지 못한 채 미수에 그쳤으나 그 자리

1 혼인빙자간음죄는 헌법재판소의 위헌결정(헌재결 2009. 11. 26, 2008헌바58)에 의해 현재 삭제되었다.

에서 항거불능의 상태에 빠진 피해자를 간음할 것을 결의하고 실행에 착수했으나 역시 미수에 그쳤더라도 반항을 억압하기 위한 폭행으로 피해자에게 상해를 입힌 경우에는 **강도강간미수죄와 강도치상죄**가 성립되고 이는 1개의 행위가 2개의 죄명에 해당되어 상상적 경합관계가 성립된다(대판 1988. 6. 28, 88도820).

④ **조세포탈**의 죄수는 위반사실의 구성요건충족 회수를 기준으로 하여 정하는 것인데 … 관세법상 수입신고의 경우 관세는 신고납부방식의 조세로서 납부의무자가 수입물품의 수입신고를 할 때마다 1개의 납세의무가 확정된다 할 것인바 … 수입물품의 수입신고를 하면서 관세가격 또는 관세율 등을 허위로 신고하여 수입하는 경우 그 수입신고시마다 당해 수입물품에 대한 정당한 관세의 확보라는 법익이 침해되어 별도로 구성요건이 충족되는 것이므로 각각 허위신고시마다 1개의 죄가 성립한다(대판 2000. 11. 10, 99도782).

제2절 일 죄

Ⅰ. 법조경합

1. 특별관계

① 2인 이상이 공동하여 폭행으로 부녀를 강간한 경우에는 형법 제297조 소정의 강간죄만 해당하고 별도로 폭력행위등처벌에관한법률 2조 2항의 죄를 구성한다고는 볼 수 없고 이 두개의 죄는 법조경합의 관계가 있을 뿐 상상적 경합관계에 있다고 볼 수 없으므로 강간죄에 대한 고소취소가 있은 후 그 수단인 **폭행만을 분리**하여 폭력행위등처벌에관한위반죄로 처벌할수 없다(대판 1974. 6. 11, 73도2817).

② 신용카드업법 제25조 제1항은 신용카드를 위조·변조하거나 도난·분실 또는 위조·변조된 신용카드를 사용한 자는 7년 이하의 징역 또는 5천만 원 이하의 벌금에 처한다고 규정하고 있는바, 위 부정사용죄의 구성요건적 행위인 신용카드의 사용이라 함은 신용카드의 소지인이 신용카드의 본래 용도인 대금결제를 위하여 가맹점에 신용카드를 제시하고 매출표에 서명하여 이를 교부하는 일련의 행위를 가리키고 단순히 신용카드를 제시하는 행위만을 가리키는 것은 아니라고 할 것이므로, 위 매출표의 서명 및 교부가 별도로 사문서위조 및 동행사의 죄의 구성요건을 충족한다고 하여도 이 **사문서위조 및 동행사의**

죄는 위 신용카드부정사용죄에 흡수되어 신용카드부정사용죄의 1죄만이 성립하고 별도로 사문서위조 및 동행사의 죄는 성립하지 않는다(대판 1992. 6. 9, 92도77).

③ 공직선거및선거부정방지법과 정당법은 각기 그 입법목적 및 보호법익을 달리하고 있을 뿐만 아니라, 공직선거및선거부정방지법 제113조, 제112조와 정당법 제31조의2 제1항 본문의 내용을 비교하여 보면, 그 행위 주체, 제한 또는 금지가 이루어지는 기간의 유무, 고의와 더불어 목적을 요하는지 여부, 기부행위 또는 금품 등 제공의 대상, 행위의 내용 및 방법 등 구체적인 구성요건에 많은 차이가 있어, 정당법의 구성요건이 공직선거및선거부정방지법의 구성요건의 모든 요소를 포함하는 외에 다른 요소를 구비하는 경우에 해당하지 않으므로, 정당법의 규정이 공직선거및선거부정방지법의 규정에 대하여 특별법의 관계에 있다고 볼 수 없고, 이들은 각기 독립된 별개의 구성요건으로서 1개의 행위가 각 구성요건을 충족하는 경우에는 상상적 경합의 관계에 있다고 보아야 한다(대판 2003. 4. 8, 2002도6033).

④ 법조경합은 1개의 행위가 외관상 수개의 죄의 구성요건에 해당하는 것처럼 보이나 실질적으로 1죄만을 구성하는 경우를 말하며, 실질적으로 1죄인가 또는 수죄인가는 구성요건적 평가와 보호법익의 측면에서 고찰하여 판단하여야 한다. 그리고 법조경합의 한 형태인 특별관계란 어느 구성요건이 다른 구성요건의 모든 요소를 포함하는 외에 다른 요소를 구비하여야 성립하는 경우로서, 특별관계에 있어서는 특별법의 구성요건을 충족하는 행위는 일반법의 구성요건을 충족하지만 반대로 일반법의 구성요건을 충족하는 행위는 특별법의 구성요건을 충족하지 못한다. … **성폭력특례법 제10조 제1항 위반죄의 구성요건과 아청법 제7조 제5항, 제2항 위반죄**의 구성요건을 비교하여 보면, 위 각 죄는 그 행위의 객체와 태양, 범행의 대상이 아동·청소년이라는 점에 대한 인식 요부 등에 차이가 있고, 성폭력특례법 제10조 제1항 위반죄의 구성요건이 아청법 제7조 제5항, 제2항 위반죄의 구성요건의 모든 요소를 포함하는 외에 다른 요소를 구비하는 경우에 해당하지도 아니하므로, 전자가 후자에 대하여 특별법의 관계에 있다고 볼 수는 없다(대판 2012. 8. 30, 2012도6503).

2. 보충관계

살해의 목적으로 동일인에게 일시 장소를 달리하고 수차에 걸쳐 단순한 예비행위를 하거나 또는 공격을 가하였으나 미수에 그치다가 드디어 그 목적을 달성한 경우에 그 예비행위 내지 공격행위가 동일한 의사발동에서 나왔고 그 사이에 범의의 갱신이 없는 한 각 행위가 같은 일시 장소에서 행하여 졌거나 또는 다른 장소에서 행하여 졌거나를 막론하고 또 그 방법이 동일하거나 여부를 가릴 것 없이 그 살해의 목적을 달성할 때까지의 행위는 모두 실행행위의 일부로서 이를 포괄적으로 보고 단순한 한 개의 살인미수죄로 처단할 것이지 살인예비 내지 미수죄와 동 기수죄의 경합죄로 처단 할 수 없는 것이다(대판 1965. 9. 28, 65도695).

비교판례

피고인이 미성년자를 유인하여 금원을 취득할 마음을 먹고 공소외 (갑)으로 하여금 피해자를 유인토록 하였으나 동인의 거절로 미수에 그치고, 같은 달 2차에 걸쳐 다시 피해자를 유인하였으나 마음이 약해져 각 실행을 중지하여 미수에 그치고, 다음달 드디어 동 피해자를 린치, 살해하고 금원을 요구하는 내용의 **협박편지**를 피해자의 마루에 갖다 놓고 피해자의 안전을 염려하는 부모로부터 재물을 취득하려 했다면, 피고인은 당초의 범의를 철회 내지 방기하였다가 다시 범의를 일으켜 위 마지막의 약취유인 살해에 이른 것이라고 하지 않을 수 없으니, 그간에 범의의 갱신이 있어 그간의 범행이 단일한 의사발동에 인한 것이라고는 할 수 없으므로 위 각 미수죄와 기수죄를 경합범으로 의율한 원심판단은 정당하다(대판 1983. 1. 18, 82도2761).

3. 흡수관계

(1) 불가벌적 수반행위

① 흡수관계에 있는 **인장위조죄와 사문서위조죄**를 경합범으로 잘못 기소한 경우에 인장위조사실 자체가 없는 것으로 기소한 인장위조의 공소사실에 대한 판단으로서 별도로 무죄선고를 하여야 한다(대판 1978. 9. 26, 78도1787).

② **감금을 하기 위한 수단**으로서 행사된 단순한 **협박**행위는 감금죄에 흡수되어 따로 협박죄를 구성하지 아니한다(대판 1982. 6. 22, 82도705).

피해자의 신고로 형사처벌을 받은 것에 앙심을 품고 "자동차에 타지 않으면 가만히 두지 않겠다"고 하여 피해자를 데리고 공동묘지까지 20분간 자동차를 운전한 사안이다.

③ 특정범죄가중처벌등에관한법률 제5조의4 제1항에 규정된 상습절도등 죄를 범한 범인이 그 범행의 수단으로 주거침입을 한 경우에 **주거침입행위는 상습절도** 등 죄에 흡수되어 위 법조에 규정된 상습절도 등 죄의 1죄 되어 성립하고 별개로 주거침입죄를 구성하지 않으며, 또 위 상습절도 등 죄를 범한 범인이 그 범행 외에 상습적인 절도의 목적으로

주거침입을 하였다가 절도에 이르지 아니하고 주거침입에 그친 경우에도 그것이 절도상습성의 발현이라고 보여지는 이상 주거침입행위는 다른 상습절도등 죄에 흡수되어 위 법조에 규정된 상습절도등의 1죄만을 구성하고 이 상습절도등 죄와 별개로 주거침입죄를 구성하지 않는다(대판 1984. 12. 26, 84도1573).

④ 향정신성의약품관리법 제42조 제1항 제1호가 규정하는 향정신성의약품수수의 죄가 성립되는 경우에는 그 수수행위의 결과로서 그에 당연히 수반되는 향정신성의약품의 소지행위는 수수죄의 불가벌적 수반행위로서 수수죄에 흡수되고 별도의 범죄를 구성하지 않는다고 볼 것이다(대판 1990. 1. 25, 89도1211).

⑤ **공갈죄의 수단으로서 한 협박**은 공갈죄에 흡수될 뿐 별도로 협박죄를 구성하지 않는다(1996. 9. 24, 96도2151).

피고인이 피해자와의 동거를 정산하는 과정에서 피해자에 대하여 금전채권이 있었지만, 그 권리행사를 빙자하여 폭언함으로써 사회통념상 용인되기 어려운 정도를 넘는 협박을 수단으로 사용한 사안이다.

⑥ **업무방해죄와 폭행죄**는 그 구성요건과 보호법익을 달리하고 있고, 업무방해죄의 성립에 일반적·전형적으로 사람에 대한 폭행행위를 수반하는 것은 아니며, 폭행행위가 업무방해죄에 비하여 별도로 고려되지 않을 만큼 경미한 것이라고 할 수도 없으므로, 설령 피해자에 대한 폭행행위가 동일한 피해자에 대한 업무방해죄의 수단이 되었다고 하더라도 그러한 폭행행위가 이른바 '불가벌적 수반행위'에 해당하여 업무방해죄에 대하여 흡수관계에 있다고 볼 수는 없다(대판 2012. 10. 11, 2012도1895).

(2) 불가벌적 사후행위

1) 불가벌적 사후행위를 인정한 경우

① 열차승차권은 그 자체에 권리가 화체되어 있는 무기명증권이므로 이를 곧 사용하여 승차하거나 권면가액으로 양도할 수 있고 매입금액의 환불을 받을 수 있는 것으로서 **열차승차권**을 절취한 자가 (역직원으로부터) 환불을 받음에 있어 비록 기망행위가 수반한다 하더라도 절도죄 외에 따로히 사기죄가 성립하지 아니한다(대판 1975. 8. 29, 75도1996).

② 절도범인으로부터 장물보관의뢰를 받은 자가 그 정을 알면서 이를 인도받아 보관하고 있다가 임의처분하였다 하여도 **장물보관죄**가 성립되는 때에는 이미 그 소유자의 소유물추구권을 침해하였으므로 그 후의 **횡령행위**는 불가벌적 사후행위에 불과하여 별도로 횡령죄가 성립하지 않는다(대판 1976. 11. 23, 76도3067).

③ 형법 제98조 제1항의 간첩죄를 범한 자가 그 탐지수집한 기밀을 누설한 경우나 구 국가보안법 제3조 제1호의 국가기밀을 탐지 수집한 자가 그 기밀을 누설한 경우에는 양죄를 포괄하여 1죄를 범한 것으로 보아야 하고, **간첩죄와 군사기밀누설죄 또는 국가기밀탐지수집죄와 국가기밀누설** 등 두가지 죄를 범한 것으로 인정할 수 없다(대판 1982. 4. 27, 82도285).

④ 피고인이 당초부터 피해자를 기망하여 **약속어음**을 교부받은 경우에는 그 교부받은 즉시 사기죄가 성립하고 그 후 이를 피해자에 대한 피고인의 채권의 변제에 충당하였다 하더라도 불가벌적 사후행위가 됨에 그칠 뿐, 별도로 횡령죄를 구성하지 않는다(대판 1983. 4. 26, 82도3079).

⑤ 금융기관발행의 **자기앞수표**는 그 액면금을 즉시 지급받을 수 있어 현금에 대신하는 기능을 하고 있으므로 절취한 자기앞수표를 현금 대신으로 교부한 행위는 절도행위에 대한 가벌적 평가에 당연히 포함되는 것으로 봄이 상당하다 할 것이므로 절취한 자기앞수표를 음식대금으로 교부하고 거스름돈을 환불받은 행위는 절도의 불가벌적 사후처분행위로서 사기죄가 되지 아니한다(대판 1987. 1. 20, 86도1728).

⑥ 미등기건물의 관리를 위임받아 보관하고 있는 자가 임의로 건물에 대하여 자신의 명의로 보존등기를 하거나 동시에 근저당권설정등기를 마치는 것은 객관적으로 불법영득의 의사를 외부에 발현시키는 행위로서 횡령죄에 해당하고, 피해자의 승낙 없이 건물을 자신의 명의로 보존등기를 한 때 이미 횡령죄는 완성되었다 할 것이므로, **횡령행위의 완성 후 근저당권설정등기**를 한 행위는 피해자에 대한 새로운 법익의 침해를 수반하지 않는 불가벌적 사후행위로서 별도의 횡령죄를 구성하지 않는다(대판 1993. 3. 9, 92도2999).

⑦ 특정경제범죄가중처벌등에관한법률 제3조 제1항에서 말하는 이득액은 범죄행위로 인하여 취득한 실질적인 이득의 합산액을 말하고, 사기죄에 있어서는 기망으로 인한 재물의 교부가 있으면 바로 그 죄가 성립하고, 그 후 피해자를 기망하여 편취한 재물의 반환을 회피할 목적으로 현실적인 자금의 수수 없이 이미 있던 차입원리금을 새로이 투자하는 형식을 취하였다 하더라도 이는 새로운 법익을 침해하는 것이 아니어서 별도의 죄를 구성하지 아니한다(대판 2001. 4. 10, 2001도661).

⑧ 갑 주식회사 대표이사인 피고인이 자신의 채권자 을에게 차용금에 대한 **담보**로 갑 회사 명의 **정기예금에 질권을 설정**하여 주었는데, 그 후 을이 차용금과 정기예금의 변제기가 모두 도래한 이후 피고인의 **동의**하에 정기예금 계좌에 입금되어 있던 갑 회사 **자금을 전액 인출**하였다고 하여 구 특정경제범죄 가중처벌 등에 관한 법률(2012. 2. 10. 법률 제11304호로 개정되기 전의 것) 위반으로 기소된 사안에서, 민법 제353조에 의하면 질권자는

질권의 목적이 된 채권을 직접 청구할 수 있으므로, 피고인의 예금인출동의행위는 이미 배임행위로써 이루어진 질권설정행위의 사후조처에 불과하여 새로운 법익의 침해를 수반하지 않는 이른바 불가벌적 사후행위에 해당하고, 별도의 횡령죄를 구성하지 않는데도, 이와 달리 피고인에 대하여 질권설정으로 인한 배임죄와 별도로 예금인출로 인한 횡령죄까지 성립한다고 본 원심판결에 불가벌적 사후행위에 관한 법리오해의 위법이 있다(대판 2012. 11. 29, 2012도10980).

2) 불가벌적 사후행위를 부정한 경우

① **예금통장과 인장**을 갈취한 후 예금인출에 관한 사문서를 위조한 후 이를 행사하여 예금을 인출한 행위는 공갈죄 외에 별도로 사문서위조, 동행사 및 사기죄가 성립한다(대판 1979. 10. 30, 79도489).

② **절취한 전당표**를 제3자에게 교부하면서 자기 누님의 것이니 찾아 달라고 거짓말을 하여 이를 믿은 제3자가 전당포에 이르러 그 종업원에게 전당표를 제시하여 기망케 하고 전당물을 교부받게 하여 편취하였다면 이는 사기죄를 구성하는 것이다(대판 1980. 10. 14, 80도2155).

③ 대표이사 등이 회사의 대표기관으로서 피해자들을 기망하여 교부받은 금원은 그 회사에 귀속되는 것인데, 그 후 대표이사 등이 이를 보관하고 있으면서 횡령한 것이라면 이는 위 사기범행과는 침해법익을 달리하므로 횡령죄가 성립되는 것이고, 이를 단순한 불가벌적 사후행위로만 볼 수 없다(대판 1989. 10. 24, 89도1605).

④ **신용카드를 절취한 후 이를 사용한 경우** 신용카드의 부정사용행위는 새로운 법익의 침해로 보아야 하고 그 법익침해가 절도범행보다 큰 것이 대부분이므로 위와 같은 부정사용행위가 절도범행의 불가벌적 사후행위가 되는 것은 아니다(대판 1996. 7. 12, 96도1181).

⑤ 매입한 향정신성의약품을 처분함이 없이 계속 소유하고 있는 경우, 그 소유행위와 매매행위가 불가분의 관계에 있는 것이라거나 매매행위에 수반되는 필연적 결과로서 일시적으로 행하여진 것에 지나지 않는다고 평가되지 않는 한, 그 소유행위는 매매행위에 포괄 흡수되지 아니하고 향정신성의약품의 매매죄와는 별도로 향정신성의약품의 소유죄가 성립한다(대판 1997. 2. 28, 96도2839).

⑥ 이적단체구성 또는 가입죄가 즉시범인 이상 그 범죄가 성립되었다고 해서 그 이후의 이적활동이 그에 흡수되는 것이라고 볼 수 없으므로, 이적단체의 구성원들이 그 단체의 목적수행을 위하여 반국가활동에 동조하는 등 국가보안법 제7조 제1항의 이적행위

를 하는 때에는 이적단체의 구성 또는 가입죄와 각기 별개의 범죄로서 실체적 경합범관계에 있다(대판 1997. 10. 24, 96도1327).

⑦ 피고인이 **강취한 신용카드**를 온라인 현금자동지급기에 주입하고 비밀번호 등을 조작하여 피해자의 **예금을 인출**한 행위는 재정경제원장관의 인가를 받아 신용카드업자가 시행하고 있는 신용카드의 현금카드 기능을 사용한 것으로 이와 같은 일련의 행위도 신용카드 본래 용도에 따라 사용하는 것으로 보아야 할 것이므로 구 신용카드업법 제25조 제1항 소정의 부정사용의 개념에 포함된다(대판 1998. 2. 27, 97도2974).

⑧ 대마취급자가 아닌 자가 절취한 대마를 흡입할 목적으로 소지하는 행위는 절도죄의 보호법익과는 다른 새로운 법익을 침해하는 행위이므로 절도죄의 불가벌적 사후행위로서 절도죄에 포괄흡수된다고 할 수 없고 절도죄 외에 별개의 죄를 구성한다고 할 것이며, 절도죄와 무허가대마소지죄는 경합범의 관계에 있다(대판 1999. 4. 13, 98도3619).

⑧ **부동산의 일부에 관하여 수령한 수용보상금 중 일부를 소비**하였다고 하여 객관적으로 위 부동산 전체에 대한 불법영득의 의사를 외부에 발현시키는 행위가 있었다고 볼 수는 없는 것이므로 위와 같은 금원 횡령죄가 성립된 이후에 수용되지 아니한 **나머지 부동산 전체에 대한 반환을 거부**한 것은 새로운 법익의 침해가 있는 것으로서 별개의 횡령죄가 성립하는 것이지 불가벌적 사후행위라 할 수 없는 것이고, 이 사건 공소사실 제2항도 수용된 토지를 제외한 나머지 부동산을 횡령한 것이라는 취지로 볼 것이(다)(대판 2001. 11. 27, 2000도3463).

⑨ 일단 특정한 처분행위(이를 '선행 처분행위'라 한다)로 인하여 법익침해의 위험이 발생함으로써 횡령죄가 기수에 이른 후 종국적인 법익침해의 결과가 발생하기 전에 새로운 처분행위(이를 '후행 처분행위'라 한다)가 이루어졌을 때, 그 후행 처분행위가 선행 처분행위에 의하여 발생한 위험을 현실적인 법익침해로 완성하는 수단에 불과하거나 그 과정에서 당연히 예상될 수 있는 것으로서 새로운 위험을 추가하는 것이 아니라면 후행 처분행위에 의해 발생한 위험은 선행 처분행위에 의하여 이미 성립된 횡령죄에 의해 평가된 위험에 포함되는 것이라 할 것이므로 그 후행 처분행위는 이른바 불가벌적 사후행위에 해당한다. 그러나 후행 처분행위가 이를 넘어서서, 선행 처분행위로 예상할 수 없는 새로운 위험을 추가함으로써 법익침해에 대한 위험을 증가시키거나 선행 처분행위와는 무관한 방법으로 법익침해의 결과를 발생시키는 경우라면, 이는 선행 처분행위에 의하여 이미 성립된 횡령죄에 의해 평가된 위험의 범위를 벗어나는 것이므로 특별한 사정이 없는 한 별도로 횡령죄를 구성한다고 보아야 한다. 따라서 **타인의 부동산을 보관 중인 자가 불법영득의사를 가지고 그 부동산에 근저당권설정등기**를 경료함으로써 일단 횡령행위가 기수에 이르렀다

하더라도 그 후 같은 부동산에 **별개의 근저당권을 설정**하여 새로운 법익침해의 위험을 추가함으로써 법익침해의 위험을 증가시키거나 해당 부동산을 **매각**함으로써 기존의 근저당권과 관계없이 법익침해의 결과를 발생시켰다면 이는 당초의 근저당권 실행을 위한 임의경매에 의한 매각 등 그 근저당권으로 인해 당연히 예상될 수 있는 범위를 넘어 새로운 법익침해의 위험을 추가시키거나 법익침해의 결과를 발생시킨 것이므로 특별한 사정이 없는 한 불가벌적 사후행위로 볼 수 없고, 별도로 횡령죄를 구성한다 할 것이다(대판 2013. 2. 21, 2010도10500 전원합의체 다수의견).

이 판례는 타인의 부동산을 보관 중이던 자가 불법영득의사로 근저당권설정등기를 경료(선행 처분행위)하여 상태범인 횡령죄가 기수에 이른 후 동일 부동산에 새로운 근저당권을 설정(후행 처분행위)한 경우, 새로운 법익 침해의 위험을 추가시키거나 법익침해의 위험을 증가시킨 것이므로 불가벌적 사후행위가 되지 않는다는 판시로, 기존의 96도1755, 96도2731, 97도3282, 99도5, 99도2651, 2000도310, 2006도3636의 판례를 변경하였다(2006도4034는 변경되지 않음). 그러나 동 판례는 새로운 법익침해와 법익침해의 위험증가를 혼동하여, 불가벌적 사후행위의 원칙에 충실하지 못하다는 비판을 면하기 어렵다. 그러나 이번 전원합의체 판결로 인해, 명의신탁받아 보관 중이던 토지를 임의로 매각하여 횡령한 후 그 매각대금을 이용하여 다른 토지를 취득하였다가 이를 제3자에게 담보로 제공한 경우 및 근저당권을 설정하였다가 임의경매로 매각되는 경우와 달리, 근저당권 설정 후 새로운 근저당권을 설정하거나, 대상 부동산을 매각하는 행위는 별도의 횡령죄가 성립하게 되었다.

Ⅱ. 포괄일죄

1. 포괄일죄의 개념

이른바 포괄일죄라는 것은 일반적으로 각기 따로 존재하는 수개의 행위가 당해 구성요건을 한번 충족하여 본래적으로 일죄라는 것으로 이 수개의 행위가 혹은 흡수되고 혹은 사후행위가 되고 혹은 위법상태가 상당 정도 시간적으로 경과하는 등으로 본래적으로 일죄의 관계가 이루어지는 것이므로 별개의 죄가 따로 성립하지 않음은 물론 과형상의 일죄와도 이 점에서 그 개념 등을 달리하는 것이다(대판 1982. 11. 23, 82도2201).

2. 포괄일죄의 종류

(1) 결 합 범

성폭력범죄의처벌및피해자보호등에관한법률 제5조 제1항은 형법 제319조 제1항의 죄를 범한 자가 강간의 죄를 범한 경우를 규정하고 있고, 성폭력범죄의처벌및피해자보호등에관한법률 제9조 제1항은 같은 법 제5조 제1항의 죄와 같은 법 제6조의 죄에 대한 결과적 가중범을 동일한 구성요건에 규정하고 있으므로, 피해자의 **방안에 침입하여 식칼로 위협하여 반항을 억압한 다음 피해자를 강간하여 상해**를 입히게 한 피고인의 행위는 그 전체가 포괄하여 같은 법 제9조 제1항의 죄를 구성할 뿐이지, 그 중 주거침입의 행위가 나머지 행위와 별도로 주거침입죄를 구성한다고는 볼 수 없다(대판 1999. 4. 23, 99도354).

(2) 계 속 범

직무유기죄는 그 직무를 수행하여야 하는 작위의무의 존재와 그에 대한 위반을 전제로 하고 있는바, 그 작위의무를 수행하지 아니함으로써 구성요건에 해당하는 사실이 있었고 그 후에도 계속하여 그 작위의무를 수행하지 아니하는 위법한 부작위상태가 계속되는 한 가벌적 위법상태는 계속 존재하고 있다고 할 것이며 형법 제122조 후단은 이를 전체적으로 보아 1죄로 처벌하는 취지로 해석되므로 이를 즉시범이라고 할 수 없다(대판 1997. 8. 29, 97도675).

(3) 접 속 범

1) 접속범이 인정되는 경우

① 단일범의로 절취한 시간과 장소가 접착되어 있고 같은 관리인의 관리하에 있는 **방 안에서 소유자들 달리하는 두 사람의 물건**을 절취한 경우에는 1개의 절도죄가 성립한다(대판 1970. 7. 21, 70도1133).

② 피해자를 위협하여 항거불능케 한 후 **1회 간음하고 200미터쯤 오다가 다시 1회 간음**한 경우에 있어 피고인의 의사 및 그 범행시각과 장소로 보아 두 번째의 간음행위는 처음 한 행위의 계속으로 볼 수 있어 이를 단순일죄로 처단한 것은 정당하다(대판 1970. 9. 29, 70도1516).

③ 강도죄의 죄수를 정하는 표준은 반드시 법익침해의 개수에만 의거하지 않고 단일한 범의로써 강취한 시간과 장소가 접촉되어 있고 같은 사람의 관리하에 있는 방안에서 소유자가 다른 물건을 여러 가지 강취한 경우에는 단순일죄가 성립한다(대판 1979. 10. 20, 79도2093).

④ 회사의 전무이사가 매일매일의 수출대전의 입금 기타 차입자금 등의 사정에 따라 원자재의 정상조달이 불가능한 경우에 한하여 부득이 총무과장에게 그날 그날의 공장가동에 필요한 최소한도의 물량을 선반출받도록 지시하고 그 지시에 따라 과장이 보세장치

장의 영업차장에게 부탁하여 수일내에 수입면허를 추완할 것을 다짐하고 보세장치장으로부터 합성수지를 무단반출하였다면, 적어도 1일에 이루어진 수회의 반출행위 만큼은 특별한 사정이 없는 한 단일하고 계속된 범의아래 이루어진 것으로서 포괄하여 1죄를 구성한다고 보아야 할 것이다(대판 1984. 6. 26, 84도782).

⑤ 강도가 시간적으로 접착된 상황에서 **가족을 이루는 수인에게 폭행·협박**을 가하여 집안에 있는 재물을 **탈취**한 경우 그 재물은 가족의 공동점유 아래 있는 것으로서, 이를 탈취하는 행위는 그 소유자가 누구인지에 불구하고 단일한 강도죄의 죄책을 진다(대판 1996. 7. 30, 96도1285).

⑥ 절도범이 체포를 면탈할 목적으로 **체포하려는 여러 명의 피해자에게 같은 기회에 폭행**을 가하여 그 중 1인에게만 **상해**를 가하였다면 이러한 행위는 포괄하여 하나의 강도상해죄만 성립한다(대판 2001. 8. 21, 2001도3447).

2) 접속범이 부정되는 경우

① **야간에 흉기를 들고 사람의 주거에 침입하여 강간**을 한 경우에는 폭력행위등처벌에관한법률위반(주거침입)죄와 강간죄가 성립하고 이 경우 두 죄는 실체적 경합관계에 있다(대판 1988. 12. 13, 88도1807, 88감도130).

② **강도가 동일한 장소(여관)에서 동일한 방법으로 시간적으로 접착된 상황에서 수인의 재물을 강취**하였다고 하더라도, 수인의 피해자들에게 폭행 또는 협박을 가하여 그들로부터 그들이 각기 점유관리하고 있는 재물을 각각 강취하였다면, 피해자들의 수에 따라 수개의 강도죄를 구성하는 것이고, 다만 강도범인이 피해자들의 반항을 억압하는 수단인 폭행·협박행위가 사실상 공통으로 이루어졌기 때문에, 법률상 1개의 행위로 평가되어 상상적경합으로 보아야 될 경우가 있는 것은 별문제이다(대판 1991. 6. 25, 91도643).

③ 피고인이 단일한 범의로 동일한 장소에서 동일한 방법으로 시간적으로 접착된 상황에서 처와 자식들을 권총으로 실탄 한 발씩을 순차로 발사하여 살해하였다면 피해자들의 수에 따라 수 개의 살인죄를 구성한다(대판 1991. 8. 27, 91도1637).

(4) 연 속 범

1) 연속범의 의의

단일하고 계속된 범의하에 동종의 범행을 동일하거나 유사한 방법으로 일정 기간 반복하여 행하고 그 피해법익도 동일한 경우에는 각 범행을 통틀어 포괄일죄로 볼 것이다(대판 1996. 7. 12, 96도1181).

2) 연속범이 인정된 경우

① **뇌물**을 준 장소와 기간이 일정하지 아니하고 또한 그 전체의 기간이 길다 할지라도 그 범의의 계속성이나 시간적 접속성을 인정하는데 지장이 되지 아니하는 경우에는 포괄적 1죄로 다스림이 정당하다(대판 1978. 12. 13, 78도2545).

국가배상사건을 심의·결정하는 직무를 다루는 피고인들이 매월말이나 배상액결정시마다 공소외 甲으로부터 그가 접수시킨 배상사건에 관하여 서류상의 미비점이 있더라도 이를 묵인하여 주고 배상액을 빨리 결정하여 달라는 취지에서 돈을 수수한 사안이다.

② 피고인이 투자금의 회수를 위해 피해자를 강요하여 물품대금 을 횡령하였다는 자인서를 받아낸 뒤 이를 근거로 돈을 갈취한 경우, 피고인의 주된 범의가 피해자로부터 돈을 갈취하는데에 있었던 것이라면 피고인은 단일한 공갈의 범의하에 갈취의 방법으로 일단 자인서를 작성케한 후 이를 근거로 계속하여 갈취행위를 한 것으로 보아야 할 것이므로 위 행위는 포함하여 공갈죄 일죄만을 구성한다고 보아야 한다(대판 1985. 6. 25, 84도2083).

③ 변호사가 아님에도 불구하고 타인의 소송사건에 관하여 소송행위의 대리를 알선한다는 명목으로 공소외인으로부터 1981. 11. 9.부터 1982. 8. 12.까지 사이에 그의 집에서 14회에 걸쳐 액면 합계금 16,580,000원 상당의 당좌수표, 약속어음 등을 교부받았다면, 이와 같은 행위가 비록 9개월 정도의 기간에 걸쳐 이루어졌다고 하더라도 같은 장소에서 같은 사람으로부터 같은 명목으로 금품을 받은 것으로서 하나의 범죄의사로 계속하여 같은 종류의 행위를 반복하였을 뿐더러 피해법익도 같은 것임이 분명하므로 포괄하여 1개의 죄를 구성한다(대판 1989. 12. 8, 88도858).

④ 피고인은 절취한 카드로 가맹점들로부터 물품을 구입하겠다는 단일한 범의를 가지고 그 범의가 계속된 가운데 동종의 범행인 **신용카드 부정사용행위**를 동일한 방법으로 **반복**하여 행하였고, 또 위 신용카드의 각 부정사용의 피해법익도 모두 위 신용카드를 사용한 거래의 안전 및 이에 대한 공중의 신뢰인 것으로 동일하므로, 피고인이 동일한 신용카드를 위와 같이 부정사용한 행위는 포괄하여 일죄에 해당하고, 신용카드를 부정사용한 결과가 사기죄의 구성요건에 해당하고 그 각 사기죄가 실체적 경합관계에 해당한다고 하여도 신용카드부정사용죄와 사기죄는 그 보호법익이나 행위의 태양이 전혀 달라 실체적 경합관계에 있으므로 신용카드 부정사용행위를 포괄일죄로 취급하는데 아무런 지장이 없다(대판 1996. 7. 12, 96도1181).

⑤ 하나의 사건에 관하여 한 번 선서한 **증인**이 같은 기일에 여러 가지 사실에 관하여 기억에 반하는 **허위의 진술**을 한 경우 이는 하나의 범죄의사에 의하여 계속하여 허위의 진술을 한 것으로서 포괄하여 1개의 위증죄를 구성하는 것이다(대판 1998. 4. 14, 97도3340).

⑥ **뇌물**을 여러 차례에 걸쳐 수수함으로써 그 행위가 여러 개이더라도 그것이 단일하고 계속적 범의에 의하여 이루어지고 동일법익을 침해한 때에는 포괄일죄로 처벌함이 상당하다(대판 1999. 1. 29, 98도3584).

3) 연속범이 부정되는 경우

① 단일하고 계속된 범의하에 동종의 범행을 일정기간 반복하여 행하고 그 피해법익도 동일한 경우에 이를 포괄일죄로 보아야 할 것이나, 이사건 피고인의 원판시 (가)의 히로뽕 제조행위와 (나)의 **히로뽕 제조행위**를 서로 비교하여 보면 그 사이에 약 **9개월의 간격**이 있고 범행장소도 상이하여 범의의 단일성과 계속성을 인정하기 어려우므로 이들 두 죄를 포괄일죄라고 보기는 어려우니 경합가중을 한 원심조치는 정당하다(대판 1982. 11. 9, 82도2055).

② 아파트의 각 세대를 분양받은 각 피해자에 대하여 소유권이전등기절차를 이행하여 주어야 할 업무상의 임무가 있었다면, 각 피해자의 보호법익은 독립된 것이므로, 범의가 단일하고 제3자 앞으로 각 소유권이전등기 및 근저당권설정등기를 한 각 행위시기가 근접하여 있으며 피해자들이 모두 위 회사로부터 소유권이전등기를 받을 동일한 권리를 가진 자라고 하여도, 각 공소사실이 포괄일죄의 관계에 있다고는 할 수 없고 피해자별로 독립한 수개의 업무상 배임죄의 관계에 있다(대판 1994. 5. 13, 93도3385).

③ 대출에 있어서 **부실한 담보를 받고 대출**한도 거래약정 또는 여신한도 거래약정을 체결하면 그 때에 그 **한도금액 범위 내에서 한 개의 배임죄**가 성립한다고 볼 것이며 그 한도금액을 여러 번에 걸쳐 나누어 인출하였다고 하여 그 여러 번의 인출행위를 포괄하여 배임죄의 일죄가 성립한다고 볼 것은 아니다(대판 2001. 2. 9, 2000도5000).

④ **무면허운전으로 인한 도로교통법위반죄**에 있어서는 어느 날에 운전을 시작하여 다음날까지 동일한 기회에 일련의 과정에서 계속 운전을 한 경우 등 특별한 경우를 제외하고는 사회통념상 운전한 날을 기준으로 **운전한 날마다 1개의 운전행위**가 있다고 보는 것이 상당하므로 운전한 날마다 무면허운전으로 인한 도로교통법위반의 1죄가 성립한다고 보아야 할 것이고, 비록 계속적으로 무면허운전을 할 의사를 가지고 여러 날에 걸쳐 무면허운전행위를 반복하였다 하더라도 이를 포괄하여 일죄로 볼 수는 없다(대판 2002. 7. 23, 2001도6281).

(5) 집 합 범

1) 영 업 범

① **무허가유료직업소개** 행위는 범죄구성요건의 성질상 동종행위의 반복이 예상되는데, 반복된 수개의 행위 상호간에 일시·장소의 근접, 방법의 유사성, 기회의 동일, 범의의 계속 등 밀접한 관계가 있어 전체를 1개의 행위로 평가함이 상당한 경우에는 포괄적으로 한 개의 범죄를 구성한다(대판 1993. 3. 26, 92도3405).

② 동일 죄명에 해당하는 수 개의 행위를 단일하고 계속된 범의 하에 일정기간 계속하여 행하고 그 피해법익도 동일한 경우에는 이들 각 행위를 통틀어 포괄일죄로 처단하여야 할 것인바, 약국개설자가 아님에도 단일하고 계속된 범의 하에 일정기간 계속하여 의약품을 판매하거나 판매의 목적으로 취득함으로써 약사법 제35조 제1항에 위반된 행위를 한 경우, 위에서 본 약사법의 관련 조항의 내용 및 법리 등에 비추어, 이는 모두 포괄하여 약사법 제74조 제1항 제1호, 제35조 제1항 소정의 일죄를 구성한다(대판 2001. 8. 21, 2001도3312).

2) 상 습 범

① 1974. 9. 5. 03 : 00부터 1974. 9. 26. 22 : 00까지 행한 3번의 특수절도사실, 2번의 특수절도미수사실, 1번의 야간주거침입절도사실, 1번의 절도사실들이 상습적으로 반복된 것으로 볼수 있다면 이러한 경우에는 그중 법정형이 가장 중한 상습특수절도의 죄에 나머지의 행위를 포괄시켜 하나의 죄만이 성립된다고 보는 것이 상당하다(대판 1975. 5. 27, 75도1184).

② **상습도박의 죄나 상습도박방조**의 죄에 있어서의 상습성은 행위의 속성이 아니라 행위자의 속성으로서 도박을 반복해서 거듭하는 습벽을 말하는 것인바, 도박의 습벽이 있는 자가 타인의 도박을 방조하면 상습도박방조의 죄에 해당하는 것이며, 도박의 습벽이 있는 자가 도박을 하고 또 도박 방조를 하였을 경우 상습도박방조의 죄는 무거운 상습도박의 죄에 포괄시켜 1죄로서 처단하여야 한다(대판 1984. 4. 24, 84도195).

③ **상습적으로 흉기 또는 위험한 물건을 휴대하여 폭력행위등처벌에관한법률 제2조 제1항**에 열거된 죄를 범한 자에 대하여는 같은 법 제3조 제3항에서 무기 또는 7년 이상의 징역에 처하도록 별도로 규정하고 있으므로, 흉기를 휴대하여 저지른 원심 판시 폭력행위의 각 범행이 흉기 등을 휴대하지 않은 범행들로서 원심에서 면소가 선고된 원심 판시 각 공소사실과 사이에 같은 법 제2조 제1항 소정의 상습폭력죄의 포괄일죄의 관계에 있는 것으로 볼 수는 없다(대판 2001. 11. 30, 2001도5657).

④ **상습절도** 등의 범행을 한 자가 추가로 **자동차등불법사용**의 범행을 한 경우에 그것이 절도 습벽의 발현이라고 보이는 이상 자동차등불법사용의 범행은 상습절도 등의 죄에 흡수되어 1죄만이 성립하고 이와 별개로 자동차등불법사용죄는 성립하지 않는다(대판 2002. 4. 26, 2002도429).

⑤ 특정범죄가중처벌등에관한법률 제5조의4 제3항에 규정된 상습강도죄를 범한 범인이 그 범행 외에 상습적인 강도의 목적으로 강도예비를 하였다가 강도에 이르지 아니하고 강도예비에 그친 경우에도 그것이 강도상습성의 발현이라고 보여지는 경우에는 **강도예비행위는 상습강도죄에 흡수**되어 위 법조에 규정된 상습강도죄의 1죄만을 구성하고 이 상습강도죄와 별개로 강도예비죄를 구성하지 아니한다(대판 2003. 3. 28, 2003도665).

3. 포괄일죄의 효과

(1) 실체법상 효과

특정경제범죄가중처벌등에관한법률 제3조에서 말하는 이득액은 단순일죄의 이득액이나 혹은 포괄일죄가 성립하는 경우의 **이득액의 합산액**을 의미한다(대판 2000. 3. 24, 2000도28).

신용협동조합의 상무로서 실질적인 대출업무를 담당한 피고인이 신용협동조합의 이사장인 공동 피고인과 공모하여 공소외 甲에게 대출한도액을 초과하여 대출하여주고, 대출시 요구되는 준수사항을 위반하여 대출하여 준 사안이다.

(2) 소송법상 효과

① 포괄일죄의 공소시효는 최종의 범죄행위가 종료한 때로부터 진행한다(대판 1996. 10. 25, 96도1088).

② 포괄일죄로 된 개개의 범죄행위가 법개정의 전후에 걸쳐서 행하여진 경우에는 신구법의 법정형에 대한 경중을 비교할 필요도 없이 범죄실행 종료시의 법이라고 할 수 있는 **신법**을 적용하여 포괄일죄로 처단하여야 한다(대판 1998. 2. 24, 97도183).

(3) 기 판 력

① 확정 판결을 받은 1971. 5. 3 자 특수절도범행과 이 사건으로 기소된 1970. 12. 24자

야간주거침입절도범행이 다같이 피고인의 절도습벽에서 이루어 졌다고 한다면 위 두 범죄는 실체법상 일죄인 상습특수절도의 포괄일죄의 관계에 있으므로 위 특수절도죄에 대한 확정 판결의 기판력은 야간주거침입절도죄로 기소된 공소사실에 대하여도 미치게 된다(대판 1978. 2. 14, 77도3564 전원합의체 다수의견).

② 확정판결을 받은 사기죄와 그 확정판결 전에 행해진 4회에 걸친 사기행위가 모두 피고인의 사기습벽에서 이루어졌다면 위 두 범죄는 실체법상 포괄일죄인 상습사기죄의 관계에 있다 할 것이므로 위 사기죄에 대한 확정 판결의 기판력은 그 후에 **상습사기죄로 공소제기된 확정판결 전의 범행**에 대하여도 미치게 되는 것이므로 이에 대하여는 **면소의 판결**을 할 것이다(대판 1983. 10. 11, 82도402).

③ 상습범으로서 포괄적 일죄의 관계에 있는 여러 개의 범죄사실 중 일부에 대하여 유죄판결이 확정된 경우에, 그 **확정판결의 사실심판결 선고 전에 저질러진 나머지 범죄에 대하여 새로이 공소가 제기**되었다면 그 새로운 공소는 확정판결이 있었던 사건과 동일한 사건에 대하여 다시 제기된 데 해당하므로 이에 대하여는 판결로써 **면소의 선고**를 하여야 하는 것인바(형사소송법 제326조 제1호), 다만 이러한 법리가 적용되기 위해서는 전의 확정판결에서 당해 피고인이 상습범으로 기소되어 처단되었을 것을 필요로 하는 것이고, 상습범 아닌 기본 구성요건의 범죄로 처단되는 데 그친 경우에는, 가사 뒤에 기소된 사건에서 비로소 드러났거나 새로 저질러진 범죄사실과 전의 판결에서 이미 유죄로 확정된 범죄사실 등을 종합하여 비로소 그 모두가 상습범으로서의 포괄적 일죄에 해당하는 것으로 판단된다 하더라도 뒤늦게 앞서의 확정판결을 상습범의 일부에 대한 확정판결이라고 보아 그 기판력이 그 사실심판결 선고 전의 나머지 범죄에 미친다고 보아서는 아니 된다(대판 2004. 9. 16, 2001도3206 전원합의체 판결 다수의견).[2]

---

2 [반대의견] 포괄일죄인 상습사기죄의 일부에 관하여 유죄의 확정판결이 있더라도 단순사기죄로 처벌된 것인가, 상습사기죄로 처벌된 것인가에 따라 기판력이 미치는 범위가 달라진다고 하는 다수의견에는 다음과 같은 이유로 찬성할 수 없는바, 첫째 다수의견은 공소불가분의 원칙을 규정하고 있는 형사소송법 제247조 제2항과 일사부재리의 원칙을 규정하고 있는 헌법 제13조 제1항 후단 및 형사소송법 제326조 제1호에 반하는 것으로 다수의견이 기존에 확립된 판례를 변경하는 것은 법령의 해석·적용에 관하여 선택할 수 있는 여러 견해 중 하나를 선택하는 차원의 범위를 넘어선 것이고, 둘째 후에 공소제기된 사건에 관하여 확정판결이 있었는지 여부는 그 사건의 공소사실의 전부 또는 일부에 대하여 이미 판결이 있었는지 여부의 문제이고, 이는 전의 확정판결의 죄명이나 판단내용에 의하여 좌우되는 것이 아니므로 이론상으로도 전의 확정판결에서 단순사기죄로 판단한 것의 구속력을 인정할 여지는 없고, 단순사기죄의 확정판결에 그와 같은 내용적 확정력을 인정할 법령상의 근거 역시 찾아볼 수 없으며, 셋째 다수의견이 기판력이 미치는 범위를 기본적으로 공소장 기재 사실을 한도로 하는 것은 소인개념을 채택하고 있지 아니하는 현행법상으로는 무리한 해석이다.

(4) 판결주문

① 포괄일죄에 있어서는 그중 **일부가 유죄**로 인정된 이상 다른 부분이 유죄로 인정되지 않는다 하더라도 주문에서는 무죄를 선고할 수는 없다 할 것이므로 원심이 주문에서 무죄를 선고하지 아니한 것이 잘못이라 할 수 없는 것이고 다만 이와 같은 경우 이유 중에서 무죄로 인정되지 않는 부분을 설시하는 것이 타당한 조치라 하겠으나 그 설시가 없다하여 위법하다고까지 할 수 없다(대판 1967. 8. 29, 67도703).

② 상습범과 같은 이른바 포괄적일죄는 그 **중간에 별종의 범죄에 대한 확정판결**이 끼어 있어도 그 때문에 포괄적 범죄가 둘로 나뉘는 것은 아니라 할 것이고, 또 이 경우에는 그 확정판결후의 범죄로서 다루어야 한다(대판 1986. 2. 25, 85도2767).

비교판례

원래 실체법상 상습사기의 일죄로 포괄될 수 있는 관계에 있는 일련의 사기 범행의 중간에 동종의 죄에 관한 확정판결이 있는 경우에는 그 확정판결에 의하여 원래 일죄로 포괄될 수 있었던 일련의 범행은 그 확정판결의 전후로 분리되고, 이와 같이 분리된 각 사건은 서로 동일성이 있다고 할 수 없어 이중으로 기소되더라도 각 사건에 대하여 각각의 주문을 선고하여야 한다(대판 2000. 2. 11, 99도4797).

제 3 절 수 죄

Ⅰ. 상상적 경합

1. 상상적 경합의 개념

① 형법 제40조에서 말하는 **1개의 행위**란 **법적 평가를 떠나 사회관념상 행위가 사물자연의 상태로서 1개로 평가**되는 것을 말하는 바, 무면허인데다가 술이 취한 상태에서 오토바이를 운전하였다는 것은 위의 관점에서 분명히 1개의 운전행위라 할 것이고 이 행위에 의하여도로교통법 제111조 제2호, 제40조와 제109조 제2호, 제41조 제1항의 각 죄에 동시에 해당하는 것이니 두 죄는 형법 제40조의 상상적 경합관계에 있다고 할 것이다(대판 1987. 2. 24, 86도2731).

비교판례

강도가 동일한 장소에서 동일한 방법으로 시간적으로 접착된 상황에서 수인의 재물을 강취하였다고 하더라도, 수인의 피해자들에게 폭행 또는 협박을 가하여 그들로부터 그들이 각기 점유관리하고 있는 재물을 각각 강취하였다면, 피해자들의 수에 따라 수개의 강도죄를 구성하는 것이라고 보아야 할 것이다. 다만 강도범인이 피해자들의 반항을 억압하는 수단인 폭행·협박행위가 사실상 공통으로 이루어졌기 때문에, **법률상 1개의 행위**로 평가되어 상상적경합으로 보아야 될 경우가 있는 것은 별문제이다. … 여관에 들어가 1층 안내실에 있던 여관의 관리인인 피해자 3의 목에 칼을 들이대고 "조용히 하라"고 하면서 그의 왼쪽 발가락을 칼로 1회 찔러 상해를 가하고, 그로부터 현금과 손목시계 및 여관방실들의 열쇠를 강취한 다음, 다시 2층으로 올라가서 201호실의 문을 위 열쇠로 열고 들어가 투숙객들로부터 금품을 강취하고, 이어서 같은 방법으로202호실과 207호실의 투숙객들로부터 각각 금품을 강취하였다는 것이므로, 원심이 위 피고인들의 위와 같은 각 행위는 비록 시간적으로 접착된 상황에서 동일한 방법으로 이루어지기는 하였으나, 포괄하여 1개의 강도상해죄만을 구성하는 것이 아니라 실체적경합범의 관계에 있는 것이(다)(대판 1991. 6. 25, 91도643).

② 상상적 경합은 1개의 행위가 실질적으로 수개의 구성요건을 충족하는 경우를 말하고, 법조경합은 1개의 행위가 외관상 수개의 죄의 구성요건에 해당하는 것처럼 보이나 실질적으로 1죄만을 구성하는 경우를 말하며, 실질적으로 1죄인가 또는 수죄인가는 **구성요건적 평가와 보호법익의 측면**에서 고찰하여 판단하여야 한다(대판 2000. 7. 7, 2000도1899).

2. 상상적 경합의 인정여부

(1) 상상적 경합을 인정한 경우

① **밀수품이 강도**행위에 의하여 취득된 경우에는 관세법 위반(관세장물취득)죄와 강도죄가 성립하고, 양 죄는 상상적 경합범의 관계에 있다 할 것이다(대판 1982. 12. 28, 81도1875).

② 강간죄의 성립에 언제나 직접적으로 또 필요한 수단으로서 감금행위를 수반하는 것은 아니므로 **감금행위가 강간미수죄의 수단**이 되었다 하여 감금행위는 강간미수죄에 흡수되어 범죄를 구성하지 않는다고 할 수는 없는 것이고, 그때에는 감금죄와 강간미수죄는 일개의 행위에 의하여 실현된 경우로서 형법 제40조의 상상적 경합관계에 있다(대판 1983. 4. 26, 83도323).

③ **무면허인데다가 술이 취한 상태**에서 오토바이를 운전하였다는 것은 위의 관점에서 분명히 1개의 운전행위라 할 것이고 이 행위에 의하여 도로교통법 제111조 제2호, 제40조와 제109조 제2호, 제41조 제1항의 각 죄에 동시에 해당하는 것이니 두 죄는 형법 제

40의 상상적 경합관계에 있다고 할 것이다(대판 1987. 2. 24, 86도2731).

④ 문서에 2인 이상의 작성명의인이 있을 때에는 각 명의자 마다 1개의 문서가 성립되므로 2인 이상의 연명으로 된 문서를 위조한 때에는 **작성명의인의 수대로 수개의 문서위조죄**가 성립하고 또 그 연명문서를 위조하는 행위는 자연적 관찰이나 사회통념상 하나의 행위라 할 것이어서 위 수개의 문서위조죄는 형법 제40조가 규정하는 상상적 경합범에 해당한다(대판 1987. 7. 21, 87도564).

⑤ 피고인이 **여관에서 종업원을 칼로 찔러 상해**를 가하고 객실로 끌고 들어가는 등 폭행·협박을 하고 있던 중, 마침 **다른 방에서 나오던 여관의 주인**도 같은 방에 밀어 넣은 후, 주인으로부터 금품을 강취하고, 1층 안내실에서 종업원 소유의 현금을 꺼내 갔다면, 여관 종업원과 주인에 대한 각 강도행위가 각별로 강도죄를 구성하되 피고인이 피해자인 종업원과 주인을 폭행·협박한 행위는 법률상 1개의 행위로 평가되는 것이 상당하므로 위 2죄는 상상적 경합범관계에 있다고 할 것이다(대판 1991. 6. 25, 91도643).

⑥ 의료법 제68조, 제16조 제1항의 진료거부로 인한 의료법위반죄와 같은 법 제67조, 제16조 제2항의 응급조치불이행으로 인한 의료법위반죄는 그 규제내용이나 같은 법 시행규칙 제10조등의 관계규정에 비추어 포괄1죄의 관계에 있는 것이 아니라 상상적 경합 관계에 있다(대판 1993. 9. 14, 93도1790).

⑦ 업무상과실로 인하여 교량을 손괴하여 자동차의 교통을 방해하고 그 결과 자동차를 추락시킨 경우에는 구 형법(1995. 12. 29. 법률 제5057호로 개정되기 전의 것) 제189조 제2항, 제185조 소정의 **업무상과실일반교통방해죄**와 같은 법 제189조 제2항, 제187조 소정의 **업무상과실자동차추락죄**가 성립하고, 위 각 죄는 형법 제40조 소정의 상상적 경합관계에 있다(대판 1997. 11. 28, 97도1740).[3]

⑧ 피고인들이 피해자들의 재물을 강취한 후 그들을 살해할 목적으로 현주건조물에 방화하여 사망에 이르게 한 경우, 피고인들의 행위는 **강도살인죄와 현주건조물방화치사죄**에 모두 해당하고 그 두 죄는 상상적 경합범관계에 있다(대판 1998. 12. 8, 98도3416).

⑨ 음주 또는 약물의 영향으로 정상적인 운전이 곤란한 상태에서 자동차를 운전하여 사람을 상해에 이르게 함과 동시에 다른 사람의 재물을 손괴한 때에는 **특정범죄가중처벌 등에 관한 법률 위반(위험운전치사상)죄 외에 업무상과실 재물손괴로 인한 도로교통법 위반죄**가 성립하고, 위 두 죄는 1개의 운전행위로 인한 것으로서 상상적 경합관계에 있다(대판 2010. 1. 14, 2009도10845).

3 이른바 성수대교붕괴사건에서 판시된 내용이다.

⑩ **동일한 공무를 집행하는 여럿의 공무원에 대하여 폭행·협박** 행위가 이루어진 경우에는 공무를 집행하는 공무원의 수에 따라 여럿의 공무집행방해죄가 성립하고, 위와 같은 폭행·협박 행위가 동일한 장소에서 동일한 기회에 이루어진 것으로서 사회관념상 1개의 행위로 평가되는 경우에는 여럿의 공무집행방해죄는 상상적 경합의 관계에 있다고 할 것이다. 원심이 적법하게 확정한 사실관계와 기록에 의하면, 경찰관 공소외 1과 공소외 2는 피고인에 대하여 접수된 피해 신고를 받고 함께 출동하여 신고 처리 및 수사 업무를 집행 중이었는데, 피고인은 같은 장소에서 위 경찰관들에게 욕설을 하면서 먼저 경찰관 공소외 1을 폭행하고 곧이어 이를 제지하는 경찰관 공소외 2를 폭행한 사실을 알 수 있는 바, 위와 같이 동일한 장소에서 동일한 기회에 이루어진 폭행 행위는 사회관념상 1개의 행위로 평가하는 것이 상당하므로 공소외 1과 공소외 2에 대한 공무집행방해죄는 형법 제40조에 정한 상상적 경합의 관계에 있다고 할 것이다(대판 2009. 6. 25, 2009도3505).

(2) 상상적 경합을 부정한 경우

① 강도가 서로 다른 시기에 다른 장소에서 수인의 피해자들에게 각기 폭행 또는 협박을 하여 각 그 피해자들의 재물을 강취하고, 그 피해자들 중 1인을 상해한 경우에는, 각기 별도로 강도죄와 강도상해죄가 성립하는 것임은 물론, 법률상 1개의 행위로 평가되는 것도 아닌 바, 피고인이 여관에 들어가 **1층 안내실에 있던 여관의 관리인**을 칼로 찔러 상해를 가하고, 그로부터 금품을 강취한 다음, **각 객실에 들어가 각 투숙객들로부터 금품을 강취**하였다면, 피고인의 위와 같은 각 행위는 비록 시간적으로 접착된 상황에서 동일한 방법으로 이루어지기는 하였으나, 포괄하여 1개의 강도상해죄만을 구성하는 것이 아니라 실체적 경합범의 관계에 있는 것이라고 할 것이다(대판 1991. 6. 25, 91도643).

② **절도범인이 체포를 면탈할 목적으로 경찰관에게 폭행 협박**을 가한 때에는 준강도죄와 공무집행방해죄를 구성하고 양죄는 상상적 경합관계에 있으나, **강도범인이 체포를 면탈할 목적으로 경찰관에게 폭행을 가한 때**에는 강도죄와 공무집행방해죄는 실체적 경합관계에 있고 상상적 경합관계에 있는 것이 아니다(대판 1992. 7. 28, 92도917).

③ 방문판매등에관한법률 제45조 제2항 제1호는 "누구든지 다단계판매조직 또는 이와 유사하게 순차적·단계적으로 가입한 가입자로 구성된 다단계조직을 이용하여 상품 또는 용역의 거래없이 금전거래만을 하거나 상품 또는 용역의 거래를 가장하여 사실상 금전거래만을 하는 행위를 하여서는 아니된다."고 규정하고 있어서 그 행위 자체를 사기행위라고 볼 수는 없고, 그러한 금전거래를 통한 형법 제347조 제1항의 사기죄와 방문판매등에관한법률 제45조 제2항 제1호의 위반죄는 법률상 1개의 행위로 평가되는 경우에 해당

하지 않으며, 또 각 그 구성요건을 달리하는 별개의 범죄로서, 서로 보호법익을 달리하고 있어 양죄를 상상적 경합관계나 법조경합관계로 볼 것이 아니라 실체적 경합관계로 봄이 상당하다(대판 2000. 7. 7, 2000도1899).

④ **무면허운전**으로 인한 도로교통법위반죄에 있어서는 어느 날에 운전을 시작하여 다음날까지 동일한 기회에 일련의 과정에서 계속 운전을 한 경우 등 특별한 경우를 제외하고는 사회통념상 운전한 날을 기준으로 운전한 날마다 1개의 운전행위가 있다고 보는 것이 상당하므로 운전한 날마다 무면허운전으로 인한 도로교통법위반의 1죄가 성립한다고 보아야 할 것이고, 비록 계속적으로 무면허운전을 할 의사를 가지고 여러 날에 걸쳐 무면허운전행위를 반복하였다 하더라도 이를 포괄하여 일죄로 볼 수는 없다(대판 2002. 7. 23, 2001도6281).

(3) 연결효과에 의한 상상적 경합

① **허위공문서작성죄와 동행사죄가 수뢰후부정처사죄**와 각 상상적 경합관계에 있을 때에는 허위공문서작성죄와 동행사죄는 실체적 경합관계에 있다고 할지라도 상상적 경합관계에 있는 수뢰후부정처사죄와 대비하여 가장 중한 죄에 정한 형으로 처단하면 족하다(대판 1983. 7. 26, 83도1378).

뇌물을 수수한 후 부정한 행위를 하는 과정에서 행한 허위공문서작성죄와 동행사죄의 관계가 문제된 사안이다. 수뢰후부정처사죄와 허위공문서작성죄는 상상적 경합관계에 있고, 수뢰죄와 동행사죄 역시 상상적 경합의 관계에 있으므로, 허위공문서작성죄와 동행사죄를 상상적 경합으로 의율할 수 있느냐가 쟁점인데, 이는 수뢰후부정처사죄가 2번 평가된다는 문제의식에서 출발하는 것으로 大法院은 죄수면에서는 실체적 경합범을 인정하면서, 형벌에 있어서는 상상적 경합범으로 처단하여야 한다는 입장을 취하고 있다.

② 형법 제131조 제1항의 수뢰후부정처사죄에 있어서 공무원이 수뢰후 행한 부정행위가 공도화변조 및 동행사죄와 같이 보호법익을 달리하는 별개 범죄의 구성요건을 충족하는 경우에는 수뢰후부정처사죄 외에 별도로 공도화변조 및 동행사죄가 성립하고 이들 죄와 수뢰후부정처사죄는 각각 상상적 경합 관계에 있다고 할 것인바, 이와 같이 공도화변조죄와 동행사죄가 수뢰후부정처사죄와 각각 상상적 경합범 관계에 있을 때에는 공도화변조죄와 동행사죄 상호간은 실체적 경합범 관계에 있다고 할지라도 상상적 경합범 관계에 있는 수뢰후부정처사죄와 대비하여 가장 중한 죄에 정한 형으로 처단하면 족한 것이고 따로이 경합범 가중을 할 필요가 없다(대판 2001. 2. 9, 2000도1216).

3. 상상적 경합의 효과

(1) 실체법상 효과

형법 제40조가 규정하는 1개의 행위가 수개의 죄에 해당하는 경우에는 "가장 중한 죄에 정한 형으로 처벌한다" 함은 그 수개의 죄명 중 가장 중한 형을 규정한 법조에 의하여 처단한다는 취지와 함께 다른 법조의 최하한의 형보다 가볍게 처단할 수는 없다는 취지 즉, 각 법조의 상한과 하한을 모두 중한 형의 범위 내에서 처단한다는 것을 포함하는 것으로 새겨야 할 것이다(대판 1984. 2. 28, 83도3160－이른바 전체적 대조주의).

(2) 소송법상 효과

① 형법 제40조의 소위 상상적 경합은 1개의 행위가 수개의 죄에 해당하는 경우에는 과형상 1죄로서 처벌한다는 것이고, 또 가장 중한 죄에 정한 형으로 처벌한다는 것은 경한 죄는 중한 죄에 정한 형으로 처단된다는 것이지, 경한 죄는 그 처벌을 면한다는 것은 아니므로, 이 사건에서 중한 강간미수죄가 친고죄로서 **고소가 취소**되었다 하더라도 경한 감금죄(폭력행위등처벌에 관한 법률 위반)에 대하여는 아무런 영향을 미치지 않는다(대판 1983. 4. 26, 83도323).

② 상상적 경합관계에 있는 공소사실 중 일부에 대하여 공소기각해야 할 경우에 그것을 **판결주문**에 표시하였다 하더라도 이는 판결결과에 영향을 미친 위법사유가 아니다. 즉 포괄적 일죄관계에 있는 공소사실 중 일부에 대해서 공소시효가 완성된 경우에는 그 면소부분은 이유에서만 설시함이 옳으나 이에 대하여 주문에 무죄를 선고하였다 해도 판결결과에 어떤 영향을 미친다고 할 수 없다(대판 1983. 8. 23, 83도1288).

③ 실체적 경합범으로 공소제기된 범죄사실에 대하여 법원이 그 범죄사실을 그대로 인정하면서 다만 **죄수에 관한 법률적인 평가**만을 달리하여 포괄일죄로 처단하더라도 이는 피고인의 방어에 불이익을 미치는 것이 아니므로 법원은 공소장변경 없이도 포괄일죄로 처벌할 수 있다(대판 1987. 7. 21, 87도546).

④ 단일하고 계속된 범의 아래 같은 장소에서 반복하여 여러 사람으로부터 계불입금을 편취한 소위는 피해자별로 포괄하여 1개의 사기죄가 성립하고 이들 포괄일죄 상호간은 상상적 경합관계에 있다고 볼 것이므로 그중 일부 피해자들로부터 계불입금을 편취하였다는 공소사실에 대하여 확정판결이 있었다면 나머지 피해자들에 대한 이 사건 공소사실에 대하여도 위 **판결의 기판력**이 미치게 된다고 할 것이다(대판 1990. 1. 25, 89도252).

⑤ 상상적 경합관계에 있는 수죄가 유죄로 인정되는 경우와 단순일죄가 유죄로 인정

되는 경우에는 양형의 조건을 참작함에 차이가 생겨 선고형을 정함에 차이가 있을 수 있으므로, 만일 상상적 경합관계에 있는 수죄 중 **일부 죄만이 기소**되었음에도 불구하고 기소되지 않은 부분까지 유죄로 인정하여 상상적 경합범으로 의율하였다면 이러한 법률적 용상의 위법은 판결 결과에 영향이 없다고 할 수 없다(대판 1999. 5. 14, 99도202).

Ⅱ. 실체적 경합범

1. 실체적 경합범의 개념

(1) 동시적 경합범

피고인이 **예금통장을 강취**하고 예금자명의의 예금청구서를 위조한 다음 이를 은행원에게 제출 행사하여 예금인 **출금** 명목의 금원을 교부받았다면 강도, 사문서위조, 동행사, 사기의 각 범죄가 성립하고 이들은 실체적 경합관계에 있다 할 것이다(대판 1991. 9. 10, 91도1722).

(2) 사후적 경합범

확정된 약식명령은 확정전의 범죄와 형법 제37조 후단의 경합범관계에 있고 확정된 약식명령후의 범죄와는 형법 제37조 전단의 경합범관계에 있지 아니하므로 형법 제38조 제1항 제39조 제1항에 의하여 각별로 형을 정하여 2개의 주문으로 처단하여야 한다(대판 1982. 4. 13, 80도537).

2. 실체적 경합범의 인정 여부

(1) 동시적 경합범

1) 위조문서행사행위의 경우

예금통장과 인장을 절취한 행위와 예금환급금수령증을 위조한 행위는 각각 별개의 범죄구성요건을 충족하는 각 독립된 행위라 할 것이므로 이를 경합범으로 인정 처단한 것은 정당하다(대판 1968. 12. 24, 68도1510).

2) 사기의 경우

① 법원을 기망하여 승소판결을 받고 그 확정판결에 의하여 소유권이전등기를 경료

한 경우에는 사기죄와 별도로 공정증서원본 불실기재죄가 성립하고 양죄는 실체적 경합범 관계에 있다(대판 1983. 4. 26, 83도188).

② 사기죄에 있어서 수인의 피해자에 대하여 각 피해자별로 기망행위를 하여 각각 재물을 편취한 경우에 그 범의가 단일하고 범행방법이 동일하다고 하더라도 포괄1죄가 성립하는 것이 아니라 피해자별로 1개씩의 죄가 성립하는 것으로 보아야 한다(대판 1997. 6. 27, 97도508).

3) 강간의 경우

① 강간하려고 하였으나 저항이 심하여 미수에 그친 후 강간하려 할 시 목을 졸랐던 행위로 말미암아 피해자가 꼴각거리고 있는 것을 돌로 머리를 쳐 살해하였다면 **강간미수와 살인**의 죄를 경합범으로 처벌할 것이며 강간치사죄로 처벌할 것은 아니다(대판 1970. 4. 28, 70도431).

② 피해자를 2회 강간하여 2주간 치료를 요하는 질입구파열창을 입힌 자가 피해자에게 용서를 구하였으나 피해자가 이에 불응하면서 위 강간사실을 부모에게 알리겠다고 하자 피해자를 살해하여 위 범행을 은폐시키기로 마음먹고 철사줄과 양손으로 피해자의 목을 졸라 질식 사망케 하였다면, 동인의 위와 같은 소위는 강간치상죄와 살인죄의 경합범이 된다(대판 1987. 1. 20, 86도2360).[4]

③ 야간에 흉기를 들고 사람의 주거에 침입하여 강간을 한 경우에는 폭력행위등처벌에관한법률위반(주거침입)죄와 강간죄가 성립하고 이 경우 두 죄는 실체적 경합관계에 있다(대판 1988. 12. 13, 88도1807).

④ 강간범인이 피해자를 사망에 이르게 한 경우에 그 사망의 결과가 간음행위 자체뿐만 아니라 강간의 수단으로 사용한 폭행으로 인하여 초래된 경우에도 강간치사죄가 성립하는 것이나, 다만 범인이 강간의 목적으로 피해자에게 폭행을 가할 때에 살해의 범의가 있었다면 살인죄와 강간치사죄의 상상적 경합범이 성립한다고 할 것이므로, 강간범인이 살해의 미필적 고의를 가지고 피해자의 입을 막고 경부를 눌러 피해자를 질식으로 인한 실신상태에 빠뜨려 강간한 후 그즈음 피해자를 경부압박으로 인한 질식으로 사망케 하였다면 **살인죄와 강간치사죄**의 상상적 경합범으로 보아 가장 무거운 살인죄에 정한 형으로 처벌한 원심판결은 정당하다(대판 1990. 5. 8, 90도670).[5]

---

4 현행 형법에 의하면 강간살인죄가 성립하게 된다.

5 현행 형법에 의하면 강간살인죄가 성립한다.

4) 강도의 경우

① 강도가 동일한 장소에서 동일한 방법으로 시간적으로 접착된 상황에서 수인의 재물을 강취하였다고 하더라도, 수인의 피해자들에게 폭행 또는 협박을 가하여 그들로부터 그들이 각기 점유관리하고 있는 재물을 각각 강취하였다면, 피해자들의 수에 따라 수개의 강도죄를 구성하는 것이고, 다만 강도범인이 피해자들의 반항을 억압하는 수단인 폭행·협박행위가 사실상 공통으로 이루어졌기 때문에, 법률상 1개의 행위로 평가되어 상상적경합으로 보아야 될 경우가 있는 것은 별문제이다(대판 1991. 6. 25, 91도643).

② **감금행위**가 단순히 강도상해 범행의 수단이 되는 데 그치지 아니하고 **강도상해의 범행이 끝난 뒤에도 계속**된 경우에는 1개의 행위가 감금죄와 강도상해죄에 해당하는 경우라고 볼 수 없고, 이 경우 감금죄와 강도상해죄는 형법 제37조의 경합범 관계에 있다(대판 2003. 1. 10, 2002도4380).

甲이 乙 등 3인과 공모하여 경기도 고양시 행신동 소재 단란주점 앞길에서 그 주점 종업원이던 피해자를 승용차에 태우고 가다가 乙이 주먹으로 피해자를 때려 반항을 억압한 다음 현금 35만원이 든 가방을 뺏고, 2주간의 치료를 요하는 안면부타박상을 입혔다. 그 후 甲 등은 계속하여 위 단란주점에서 15km떨어진 마포구 상암동 소재 월드컵경기장 부근까지 운행하여 갔다가 교통사고가 발생하자 피해자를 풀어준 사안이다.

5) (신용)카드의 경우

피해자 명의의 **신용카드를 부정사용하여 현금자동인출기에서 현금을 인출**하고 그 현금을 취득까지 한 행위는 신용카드업법 제25조 제1항의 부정사용죄에 해당할 뿐 아니라 그 현금을 취득함으로써 현금자동인출기 관리자의 의사에 반하여 그의 지배를 배제하고 그 현금을 자기의 지배하에 옮겨 놓는 것이 되므로 별도로 절도죄를 구성하고, 위 양 죄의 관계는 그 보호법익이나 행위태양이 전혀 달라 실체적 경합관계에 있는 것으로 보아야 한다(대판 1995. 7. 28, 95도997).

6) 군무와 관련된 경우

① 초병이 일단 그 수소를 이탈하면 그 이탈행위와 동시에 수소이탈죄는 완성되고, 그 후 다시 부대에 복귀하기 전이라도 별도로 군무를 기피할 목적을 일으켜 그 직무를 이탈하였다면 초병의 수소이탈죄와 군무이탈죄가 각각 독립하여 성립하고, 그 두 죄는 서로 실체적 경합범의 관계에 있다(대판 1981. 10. 13, 81도2397).

② 상관으로부터 집총을 하고 군사교육을 받으라는 명령을 수회 받고도 그때마다 이를 거부한 경우에는 그 명령 횟수만큼의 항명죄가 즉시 성립하는 것이지, 집총거부의 의

사가 단일하고 계속된 것이며 피해법익이 동일하다고 하여 수회의 명령거부행위에 대하여 하나의 항명죄만 성립한다고 할 수는 없다(대판 1992. 9. 14, 92도1534).

7) 기 타

① **횡령 교사를 한 후 그 횡령한 물건을 취득**한 때에는 횡령교사죄와 장물취득죄의 경합범이 성립된다(대판 1969. 6. 24, 69도692).

② 통화위조죄에 관한 규정은 공공의 거래상의 신용 및 안전을 보호하는 목족으로 하고 있고, 사기죄는 개인의 재산법익에 대한 죄이어서 양죄는 그 보호법익을 달리하고 있으므로 위조통화를 행사하여 재물을 불법영득한 때에는 **위조통화행사죄와 사기죄**의 양죄가 성립된다(대판 1979. 7. 10, 79도840).

③ 당좌예금 거래를 하는 사람이 여러 장의 부정수표를 발행한 경우에는 그 발행수표의 수만큼 부정수표단속법 위반죄가 성립하고 그 수죄는 실체적 경합범 관계에 있다 할 것이다(대판 1982. 11. 23, 82도2396).

④ 피고인이 **슈퍼마켓사무실에서 식칼을 들고 피해자를 협박**한 행위와 식칼을 들고 매장을 돌아다니며 **손님을 내쫓아** 그의 영업을 방해한 행위는 별개의 행위이다(대판 1991. 1. 29, 90도2445).

⑤ 피해자들에 대하여 각 별도로 아파트에 관하여 소유권이전등기절차를 이행하여 주어야 할 업무상 임무가 있었다면 각 피해자의 보호법익은 독립한 것이므로, 범의가 단일하고 제3자 앞으로 각 소유권이전등기 및 근저당권설정등기를 한 각 행위시기가 근접하여 있으며 피해자들이 소유권이전등기를 받을 동일한 권리를 가진 자라고 하여도 위 범행을 포괄 1죄라고 볼 수 없고 피해자별로 독립한 수개의 업무상 배임죄가 성립된다(대판 1993. 6. 22, 93도743).

⑥ **관세법상 무신고수입죄**에 있어서는 수입신고 없이 유세품을 수입할 때마다 적법한 통관절차에 의한 관세의 확보라는 법익의 침해가 있다고 할 것이어서 그 위반사실의 구성요건 충족 회수마다 1죄가 성립하는 것이 원칙이고, 무신고수입행위의 특성상 동일한 물품을 계속하여 밀수입하는 경우에도 범죄행위자는 그 때마다 새로운 시기와 수단, 방법을 택하여 다시 무신고수입행위를 하는 것이어서 그 때마다 범의가 갱신된다고 보아야 할 것이므로, 서로 다른 시기에 수회에 걸쳐 이루어진 무신고수입행위는 그 행위의 태양, 수법, 품목 등이 동일하다 하더라도 원칙적으로 별도로 각각 1개의 무신고수입으로 인한 관세법위반죄를 구성한다(대판 2000. 5. 26, 2000도1338).

⑦ 주취운전은 이미 이루어진 도로교통안전침해만을 문제삼는 것인 반면 음주측정거

부는 기왕의 도로교통안전침해는 물론 향후의 도로교통안전 확보와 위험 예방을 함께 문제삼는 것이고, 나아가 주취운전은 도로교통법시행령이 정한 기준 이상으로 술에 '취한' 자가 행위의 주체인 반면, 음주측정거부는 술에 취한 상태에서 자동차 등을 운전하였다고 인정할 만한 상당한 이유가 있는 자가 행위의 주체인 것이어서, 결국 양자가 반드시 동일한 법익을 침해하는 것이라거나 주취운전의 불법과 책임내용이 일반적으로 음주측정거부의 그것에 포섭되는 것이라고는 단정할 수 없으므로, 결국 **주취운전과 음주측정거부**의 각 도로교통법위반죄는 실체적 경합관계에 있는 것으로 보아야 한다(대판 2004. 11. 12, 2004도5257).

⑧ 회사의 대표이사가 부외자금을 인출하여 정치자금으로 기부한 사안에서 특정경제범죄가중처벌등에관한법률위반(횡령)죄와 기부제한규정위반으로 인한 정치자금에관한법률위반죄를 경합범으로 처단한다(대판 2005. 5. 26, 2003도5519).

결손회사로서 이를 전보하지 못한 A회사는 구 정치자금에관한법률 제12조 제1항 제8호 규정에 의거 정치자금을 기부할 수 없음에도 불구하고, 대표이사 甲이 회사 재산을 처분한 대금 및 부외자금을 인출하여 정치기금으로 기부하였다. 이에 甲이 특정경제범죄가중처벌등에관한법률위반(횡령)죄와 기부제한규정위반으로 정치자금에관한법률위반죄로 기소된 사안이다.

⑨ 피고인이 이 사건 주택에 무단 침입한 범죄사실로 이미 2006. 5. 12. 유죄판결을 받고 그 판결이 확정되었음에도 퇴거하지 아니한 채 계속해서 이 사건 주택에 거주함으로써 위 판결이 확정된 이후로도 피고인의 주거침입행위 및 그로 인한 위법상태가 계속되고 있다(대판 2008. 5. 8, 2007도11322).

⑩ 음주로 인한 **특정범죄가중처벌 등에 관한 법률 위반(위험운전치사상)죄와 도로교통법 위반(음주운전)죄**는 입법 취지와 보호법익 및 적용 영역을 달리하는 별개의 범죄로서 양 죄가 모두 성립하는 경우 두 죄는 실체적 경합관계에 있는 것으로 보아야 할 것이다(대판 2008. 11. 13, 2008도7143).

(2) 사후적 경합범

① 형법 제37조 후단의 경합범에 있어서 판결에 확정된 죄라 함은 수개의 독립한 죄 중의 어느 죄에 대하여 **확정판결이 있었던 사실 자체**를 의미하고 그 확정판결이 있은 죄의 형의 집행을 종료한 여부, 형의 집행유예가 실효된 여부는 묻지 않는다고 해석할 것이므로 형법 제65조에 의하여 집행유예를 선고한 확정판결에 의한 형의 선고가 그 효력을

잃었다 하더라도 확정판결을 받은 존재가 이에 의하여 소멸되지 않는 이상 위 법 제37조 후단의 판결이 확정된 죄에 해당한다고 보아야 할 것이다(대판 1984. 8. 21, 84모1297).

② 포괄일죄의 경우 범행의 종료시점을 기준으로 범행시기를 정하므로 포괄일죄가 확정판결 전후의 행위로 이루어진 경우 범행시기는 확정판결 이후이다(대판 1986. 3. 25, 85도2599).

③ 형법 제37조 후단의 경합죄에 있어서 판결이 확정된 죄라 함은 수개의 독립한 죄 중의 어느 죄에 대하여 확정판결이 있었던 경우를 의미하며 여기에서의 확정판결에는 집행유예의 판결과 선고유예의 판결도 포함되고 **집행유예의 선고나 형의 선고유예를 받은 후 유예기간이 경과**하여 형의 선고가 실효되었거나 면소된 것으로 간주되었다 하더라도 마찬가지이다(대판 1992. 11. 24, 92도1417).

④ 형법 제37조 후단의 경합범에 있어서 '판결이 확정된 죄'라 함은 수개의 독립된 죄 중의 어느 죄에 대하여 확정판결이 있었던 사실 자체를 의미하고 **일반사면**으로 형의 선고의 효력이 상실된 여부는 묻지 않으므로 1995. 12. 2. 대통령령 제14818호로 일반사면령에 의하여 제1심 판시의 확정된 도로교통법위반의 죄가 사면됨으로써 사면법 제5조 제1항 제1호에 따라 형의 선고의 효력이 상실되었다고 하더라도 확정판결을 받은 죄의 존재가 이에 의하여 소멸되지 않는 이상 형법 제37조 후단의 판결이 확정된 죄에 해당한다(대판 1996. 3. 8, 95도2114).

⑤ 형법 제37조 후단의 경합범 관계에 있는 두 개의 범죄에 대하여 하나의 판결로 두 개의 자유형을 선고하는 경우 그 두 개의 자유형은 각각 별개의 형이므로 형법 제62조 제1항에 정한 집행유예의 요건에 해당하면 그 각 자유형에 대하여 각각 집행유예를 선고할 수 있는 것이고, 또 그 두 개의 징역형 중 하나의 징역형에 대하여는 실형을 선고하면서 다른 징역형에 대하여 집행유예를 선고하는 것도 우리 형법상 이러한 조치를 금하는 명문의 규정이 없는 이상 허용되는 것으로 보아야 한다(대판 2001. 10. 12, 2001도3579).

⑥ 2004. 1. 20. 법률 제7077호로 공포, 시행된 형법 중 **개정법률에 의해 형법 제37조 후단의 "판결이 확정된 죄"가 "금고 이상의 형에 처한 판결이 확정된 죄"로 개정**되었는바, 위 개정법률은 특별한 경과규정을 두고 있지 않으나, 형법 제37조는 경합범의 처벌에 관하여 형을 가중하는 규정으로서 일반적으로 두 개의 형을 선고하는 것보다는 하나의 형을 선고하는 것이 피고인에게 유리하므로 위 개정법률을 적용하는 것이 오히려 피고인에게 불리하게 되는 등의 특별한 사정이 없는 한 **형법 제1조 제2항을 유추적용**하여 위 개정법률 시행 당시 법원에 계속중인 사건 중 위 개정법률 전에 벌금형에 처한 판결이 확정된 경우에도 적용되는 것으로 보아야 한다(대판 2004. 1. 27, 2001도3178).

3. 실체적 경합범의 효과

(1) 동시적 경합범

1) 흡수주의

형법 제38조 제1항 제1호는 경합범 중 가장 중한 죄에 정한 형이 사형 또는 무기징역이나 무기금고인 때에는 가장 중한 죄에 정한 형으로 처벌하도록 규정하고 있으므로, 경합범 중 가장 중한 죄의 소정형에서 무기징역형을 선택한 이상 무기징역형으로만 처벌하고 따로이 경합범가중을 하거나 가장 중한 죄가 누범이라 하여 누범가중을 할 수 없음은 더 말할 나위도 없고, 위와 같이 무기징역형을 선택한 후 형법 제56조 제6호의 규정에 의하여 작량감경을 하는 경우에는 같은 법 제55조 제1항 제2호의 규정에 의하여 7년 이상의 징역으로 감형되는 한편, 같은 법 제42조의 규정에 의하여 유기징역형의 상한은 15년이므로 15년을 초과한 징역형을 선고할 수 없다(대판 1992. 10. 13, 92도1428).

2) 가중주의

경합범의 처벌에 관하여 형법 제38조 제1항 제2호 본문은 각 죄에 정한 형이 사형 또는 무기징역이나 무기금고 이외의 동종의 형인 때에는 가장 중한 죄에 정한 장기 또는 다액에 그 2분의 1까지 가중하도록 규정하고 그 단기에 대하여는 명문을 두고 있지 않고 있으나 가장 중한 죄 아닌 죄에 정한 형의 단기가 가장 중한 죄에 정한 형의 단기보다 중한 때에는 위 본문 규정취지에 비추어 그 중한 단기를 하한으로 한다고 새겨야 할 것이다(대판 1985. 4. 23, 84도2890).

3) 병과주의

도박죄에 관한 형법 제246조 제1항 본문에는 2만 5천환이하의 벌금 또는 과료에 처한다고 규정하였고 징역형이 없으므로 위 판결이 횡령죄에 대하여 징역형을 선택하였으면 도박죄에 대하여 벌금 또는 과료를 선택하여 형법 제35조, 제38조 제1항 3호에 의하여 병과하여야 함에도 불구하고 위 판결이 위에서 본바와 같이 처단하였음은 위법이다(대판 1983. 10. 25, 83도2323).

본 판결은 단순도박죄에는 징역형이 없음에도 피고인에 대한 횡령 및 도박사실에 대하여 각각 징역형을 선택하여 경합가중하여 처단한 것이 위법임을 판시한 것이다.

(2) 사후적 경합범

1) 형의 선고

① 소년범에 대하여 형법 제37조 후단의 경합범에 해당한다 하여 2개의 형을 선고하는 경우에 그 단기형의 합계가 징역 5년을 초과하더라도 이는 소년법 제54조 제1항 단서의 규정에 저촉된다고 볼 수 없다(대판 1983. 10. 25, 83도2323).

② 경합범관계에 있는 수개의 형이 선고, 확정된 경우에는 경합범의 처벌례에 따라 집행하도록 되어 있으므로 피고인에 대하여 선고, 확정된 경합범관계에 있는 2개의 형 중 1개의 형이 무기징역형이고, 1개의 형이 징역 5년 형인 경우에는 위 무기징역형이 사후에 징역 20년 형으로 감형되었다 하더라도 그 감형된 형만을 집행할 수 있을 뿐 위 5년형은 집행할 수 없는 것이니 위 20년 형에다가 위 5년 형을 합산하여 집행하라는 검사의 집행지휘처분은 위법하다(대판 1991. 8. 9, 91모54).

③ 2004. 1. 20. 법률 제7077호로 공포, 시행된 형법 중 개정법률에 의해 형법 제37조 후단의 "판결이 확정된 죄"가 "금고 이상의 형에 처한 판결이 확정된 죄"로 개정되었는바, 위 개정법률은 특별한 경과규정을 두고 있지 않으나, 형법 제37조는 경합범의 처벌에 관하여 형을 가중하는 규정으로서 일반적으로 두 개의 형을 선고하는 것보다는 하나의 형을 선고하는 것이 피고인에게 유리하므로 위 개정법률을 적용하는 것이 오히려 피고인에게 불리하게 되는 등의 특별한 사정이 없는 한 형법 제1조 제2항을 유추적용하여 위 개정법률 시행 당시 법원에 계속중인 사건 중 위 개정법률 전에 벌금형에 처한 판결이 확정된 경우에도 적용되는 것으로 보아야 한다(대판 2004. 1. 27, 2001도3178).

⑤ **형법 제39조 제1항**[6]이 후단 경합범과 전단 경합범 사이에 처벌의 불균형이 없도록 하고자 하면서도, 경합범 중 판결을 받지 아니한 죄가 있는 때에는 "그 죄와 판결이 확정된 죄에 형법 제38조를 적용하여 산출한 처단형의 범위 내에서 전체형을 정한 다음 그 전체형에서 판결이 확정된 죄에 대한 형을 공제한 나머지를 판결을 받지 아니한 죄에 대한 형으로 선고한다."거나 "그 죄와 판결이 확정된 죄에 대한 선고형의 총합이 두 죄에 대하여 형법 제38조를 적용하여 산출한 처단형의 범위 내에 속하도록 판결을 받지 아니한 죄에 대한 형을 선고한다."고 하지 않고, **"그 죄와 판결이 확정된 죄를 동시에 판결할 경우와 형평을 고려하여" 판결을 받지 아니한 죄에 대하여 형을 선고한다고 정한 취지**는, 위와 같은 방법으로 전체형을 정하거나 처단형의 범위를 제한하게 되면, 이미 판결이 확정

---

6 2005년 7월 개정된 형법은 "경합범중 판결을 받지 아니한 죄가 있는 때에는 그 죄와 판결이 확정된 죄를 동시에 판결할 경우와 형평을 고려하여 그 죄에 대하여 형을 선고한다. 이 경우 그 형을 감경 또는 면제할 수 있다."고 규정하여 불리한 양형의 방지를 위해 사후적 경합범의 형을 감경·면제할 수 있게 되었다.

된 죄에 대하여 일사부재리 원칙에 반할 수 있고, 먼저 판결을 받은 죄에 대한 형이 확정됨에 따라 뒤에 판결을 선고받는 후단 경합범에 대하여 선고할 수 있는 형의 범위가 지나치게 제한되어 책임에 상응하는 합리적이고 적절한 선고형의 결정이 불가능하거나 현저히 곤란하게 될 우려가 있음을 감안한 것이다.

따라서 **후단 경합범에 대하여 심판하는 법원은 판결이 확정된 죄와 후단 경합범의 죄를 동시에 판결할 경우와 형평을 고려하여 후단 경합범의 처단형의 범위 내에서 후단 경합범의 선고형을 정할 수 있는 것**이고, 그 죄와 판결이 확정된 죄에 대한 선고형의 총합이 두 죄에 대하여 형법 제38조를 적용하여 산출한 처단형의 범위 내에 속하도록 후단 경합범에 대한 형을 정하여야 하는 제한을 받는 것은 아니며, 후단 경합범에 대한 형을 감경 또는 면제할 것인지는 원칙적으로 그 죄에 대하여 심판하는 법원이 재량에 따라 판단할 수 있는 것이다. 그러므로 **무기징역에 처하는 판결이 확정된 죄와 후단 경합범의 관계에 있는 죄에 대하여 공소가 제기된 경우**에도 법원은 두 죄를 동시에 판결할 경우와 형평을 고려하여 후단 경합범에 대한 처단형의 범위 내에서 후단 경합범에 대한 선고형을 정할 수 있고, 형법 제38조 제1항 제1호가 전단 경합범 중 가장 중한 죄에 정한 처단형이 무기징역인 때에는 흡수주의를 취하였다고 하여 뒤에 공소제기된 후단 경합범에 대한 형을 필요적으로 면제하여야 하는 것은 아니다(대판 2008. 9. 11, 2006도8376).

이 판결은 피고인이 A죄와 B죄, C죄를 순차적으로 범하여 사형이나 무기징역형이 규정되어 있는 B, C죄로 무기징역형의 판결을 선고받은 후, 유기징역형이 규정되어 있는 A죄에 대해 다시 형을 선고받을 경우, A죄의 처단형의 범위 내에서 형을 선고할 수 있도록 해야한다는 취지이다. 이에 대해서는 현실성 없는 가정을 근거로 무기징역형이 선고된 피고인에 대해 유기징역형만이 규정된 A죄로 별도의 유기징역을 선고할 수 있다는 입장은 타당하지 않으며, 사후적 경합범으로 판결할 때에 형을 면제하는 것이 타당하다는 견해가 주장되고 있다.[7]

2) 형의 집행

본조 중 전조의 예에 의하여 집행한다 함은 그 각 판결이 선고한 형기를 위 법조의 예에 의하여 경감 집행한다는 취지가 아니고 그 각 판결의 선고형을 합산한 형기를 위 법조의 예에 의하여 그 경합범 중 가장 중한 죄에 정한 법정형의 장기에 그 2분의 1을 가중한 형기 범위 내에서 집행한다는 취지이다(대판 1991. 8. 9, 91모54).

7 오영근, “2008년도 대법원 형법판례 회고”, 형사판례연구(17), 한국형사판례연구회, 박영사, 2009, 625면.

제 3 편

刑罰論

제 1 장 형벌의 의의 및 종류
제 2 장 형의 양정
제 3 장 형의 유예
제 4 장 형의 시효와 소멸
제 5 장 보안처분

제 1 장 刑罰의 意義 및 種類

제1절 형벌의 종류

Ⅰ. 사 형

1. 사형제도의 위헌여부

① 헌법 제12조 제1항에 의하면 형사처벌에 관한 규정이 법률에 위임되어 있을 뿐 그 처벌의 종류를 제한하지 않고 있으며, 현재 우리나라의 실정과 국민의 도덕적 감정 등을 고려하여 국가의 형사정책으로 질서유지와 공공복리를 위하여 형법 등에 사형이라는 처벌의 종류를 규정하였다 하여 이것이 헌법에 위반된다고 할 수 없다(대판 1991. 2. 26, 90도2906).

② 생명권 역시 헌법 제37조 제2항에 의한 일반적 법률유보의 대상이 될 수밖에 없는 것이나, 생명권에 대한 제한은 곧 생명권의 완전한 박탈을 의미한다 할 것이므로, 사형이 비례의 원칙에 따라서 최소한 동등한 가치가 있는 다른 생명 또는 그에 못지 아니한 공공의 이익을 보호하기 위한 불가피성이 충족되는 예외적인 경우에만 적용되는 한, 그것이 비록 생명을 빼앗는 형벌이라 하더라도 헌법 제37조 제2항 단서에 위반되는 것으로 볼 수는 없다(헌재 1996. 11. 28, 95헌바1).

2. 사형선고의 당부[1]

① 피고인이 이 사건 범행 전에도 수회에 걸쳐 폭력범죄를 저질러 수회 실형을 복역한 바 있음에도 개전의 정이 없이 고등학생들까지 포함된 폭력배를 모아 그 우두머리 노릇을 하면서 단지 다른 폭력배 무리가 자신의 존재를 인정해 주지 않는다는 등의 이유만으로 범행을 저질러 그 범행동기에 있어 전혀 참작할 만한 점이 없는 점, 범행 당일 오전 무렵부터 상피고인들에게 칼, 야구방망이 등의 흉기를 구입하도록 지시하고, 피고인 자신은 담력을 키우기 위하여 히로뽕을 투약하는 등 그 범행 준비과정이 매우 치밀하고 조직적인 점, 피고인 등의 1차 범행으로 거의 사경에 이른 피해자를 병원에까지 찾아가 상피고인들로 하여금 재차 칼로 찔러 살해하도록 지시하고 사건조사차 출동한 경찰관들까지 무차별 폭행하도록 지시하여 반대파 2명을 살해하고 경찰관 3명을 포함한 7명에게 중·경상을 가하는 등 그 범행대상, 방법에 있어 무차별적이고 매우 잔인한 점, 피해자들 및 그 유족이 입은 정신적·육체적 고통이 매우 크고 피해자들측과의 합의가 이루어지지 않은 상태인 점, 범행 후 도망 다니면서도 범행을 후회하거나 반성한 흔적을 찾아볼 수 없을 뿐만 아니라 오히려 상피고인들에게 범행과정을 조작하도록 지시하고 있는 점 등의 원심이 설시하고 있는 양형의 조건이 되는 사실들을 충분히 수긍할 수 있고, 위와 같은 양형의 조건에 비추어 보면, 상고이유로 주장하는 바와 같은 사정을 참작하더라도, 피고인에 대하여 사형을 선고한 제1심의 판단을 그대로 유지한 원심의 양형이 심히 부당하게 무겁다고는 보이지 아니한다(대판 1996. 12. 23, 96도2588).

② 교제하던 여자의 어머니와 임신중인 올케를 살해하고 그 오빠도 살해하려고 하였으나 미수에 그친 경우 피고인이 교화개선의 여지가 있고 범행이 우발적인 충동에서 비롯된 것이며 수사 및 재판과정에서 범행 모두를 시인하면서 용서를 빌고 참회하고 있는 점 등에 비추어 사형으로 처단하는 것은 형의 양정이 심히 부당하다(대판 2001. 3. 9, 2000도5736).

---

1 현재 사형폐지의 대안으로 다수에 의해 주장되고 있는 절대적 종신형은 범죄자를 사회로부터 완전히 격리하여 사형제도의 폐지를 염려하는 국민들의 막연한 두려움을 어느 정도 해소시켜 줄 수 있다. 그러나 절대적 종신형은 수형자가 사회로 복귀하여 자유를 향유할 수 있는 기회를 영구히 박탈함으로써 인간의 존엄과 가치를 침해하고 자유의 본질적 내용을 침해하는 위헌성을 내포하고 있다. 따라서 사회구성원들이 수긍할 수 있는 복역기간과 재범위험성의 형사정책적 판단을 통해 수형자의 자유 향유 기회를 부여하면서도 국민의 막연한 불안감을 해소할 수 있는 '새로운' 상대적 종신형제의 채택이 사형을 대체할 적절한 대안이다. 이를 위해서 가석방 규정을 형법에 규정할 필요가 있으며, 그 요건으로서 복역기간의 잔여수명을 기준으로 한 설정과 재범위험성의 부재를 규정하여야 한다.

Ⅱ. 자 유 형

수형자를 사회로부터 영구히 격리시켜 그의 자유를 박탈하는 종신자유형인 무기징역형은 유기징역형과는 현저한 차이가 있으므로 양형의 조건을 심리한 결과 무기징역형에 처하는 것이 과중하다고 인정되고 작량감경의 사유가 드러날 경우에는 작량감경한 형기 범위 내에서 형을 선고하여야 하며 그런 상황에서 무기징역형을 선고한다면 그 형의 양정은 심히 부당한 경우에 해당하여 위법하게 된다(대판 2002. 10. 25, 2002도4298).

Ⅲ. 재 산 형

1. 몰 수

(1) 몰수의 의의

형법 제59조에 의하더라도 몰수는 선고유예의 대상으로 규정되어 있지 아니하고 다만 몰수 또는 이에 갈음하는 추징은 부가형적 성질을 띠고 있어 그 주형에 대하여 선고를 유예하는 경우에는 그 부가할 몰수 추징에 대하여도 선고를 유예할 수 있으나, 그 **주형에 대하여 선고를 유예하지 아니하면서** 이에 부가할 몰수 추징에 대하여서만 선고를 유예할 수는 없다(대판 1988. 6. 21, 88도551).

(2) 몰수의 법적 성격[2]

① (구)향정신성의약품관리법 제47조 제1항에 의한 몰수나 추징은 범죄행위로 인한 이득의 박탈을 목적으로 하는 것이 아니라 징벌적 성질의 처분이므로 그 범행으로 인하여 이득을 취득한 바 없다 하더라도 법원은 그 가액의 추징을 명하여야 하지만, 다만 그 추징의 범위에 관하여는 피고인을 기준으로 하여 그가 취급한 범위 내에서 의약품 가액 전액의 추징을 명하면 되는 것이지 동일한 의약품을 취급한 피고인의 일련의 행위가 **별죄**를 구성한다고 하여 그 행위마다 따로 그 가액을 추징하여야 하는 것은 아니다(대판 1997. 3. 14, 96도3397).

② 변호사법 제94조의 규정에 의한 필요적 몰수 또는 추징은 같은 법 제27조의 규정

---

2 대법원은 형법상의 몰수규정(구 변호사법 규정위반)에 대해서는 명확하지는 않으나 대물적 보안처분인 듯한 판시를 내리나, 특별법상의 몰수인 향정신의약품관리법, 관세법, 외국환관리법 등의 몰수·추징에 대해서는 형벌적 성격을 인정하고 있다.

에 위반하거나 같은 법 제90조 제1호, 제2호 또는 제92조의 죄를 범한 자 또는 그 정을 아는 제3자가 받은 금품 기타 이익을 그들로부터 박탈하여 그들로 하여금 부정한 이익을 보유하지 못하게 함에 그 목적이 있는 것이므로 수인이 공동하여 같은 법 제90조 제2호에 규정한 죄를 범하고 교부받은 금품을 분배한 경우에는 각자가 실제로 분배받은 금품만을 **개별적으로 몰수**하거나 그 가액을 추징하여야 할 것이다(대판 1999. 4. 9, 98도4374).

(3) 몰수의 대상

1) 몰수의 대상인 경우

① 몰수선고가 된 본건 일화 및 미화는 피고인의 본건 윤락행위유인의 범행으로 취득한 피고인 소유물임을 알 수 있으며 … 위 물건들은 1975.9.26 피고인에게 **환부**된 점이 인정되므로 피고인이 소지하고 있다 할 것이니(몰수는 압수되어 있는 물건에 대하여서만 하는 것이 아니다)이를 피고인으로부터 몰수한다(대판 1977. 5. 34, 76도4001).

② 피고인이 다른 공동 피고인들에게 **도박자금**으로 금원을 **대여**하였다면 … 공동 피고인들의 소유에 귀속하게 되므로 그것을 동 공동 피고인들로부터 형법 제48조 제1항 제1호나 제2호를 적용하여 몰수함은 모르되 피고인으로 부터 몰수할 성질의 것은 아니다(대판 1982. 9. 28, 82도1669).

③ 압수된 금동탄생불 1점, 금동미륵보살반가상 1점, 금동여래입상 1점, 백자양각불상원통기 1점, 백자병 1점은 피고인이 원심 공동피고인, 제1심 공동피고인 및 그 소유자인 공소외 인(소재불명으로 기소중지됨)과 공모하여 밀수출하려고 예비하였던 문화재로서 범인 이외의 자의 소유에 속하지 아니한 사실을 인정한 다음 형법 제48조 제1항 제1호에 의하여 피고인과 원심 공동피고인 으로부터 위 물건들을 몰수한다고 판단하였는바 원심의 그와 같은 조치는 정당하(다)(대판 1984. 5. 29, 83도2680).[3]

④ 증뢰자가 교부한 당좌수표가 부도나자 부도된 **당좌수표를 반환받고 그 수표에 대체**하여 수표의 액면가액에 상응하는 **현금이나 유가증권**을 수뢰자에게 다시 교부하고 수뢰자가 이를 수수하였다면, 형법 제134조의 규정취지가 수뢰자로 하여금 불법한 이득을 보유시키지 않으려는 데에 있는 점에 비추어 볼 때, 이 현금이나 유가증권이 몰수, 추징의 대상이 된다(대판 1992. 2. 8, 92도1995).

⑤ 피고인 乙에 대한 추징은 특정경제범죄가중처벌등에관한법률 제10조 제3항, 제1항에 의한 것으로서 형법상의 몰수, 추징과는 달리 범죄로 인한 이득의 박탈을 목적으로

---

3 본 판결은 밀수출하려고 예비하였던 문화재에 대하여, 문화재보호법위반으로 기소중지된 공범자 소유의 물건이라 하더라도 몰수가 가능하다는 취지이다.

한 것이라기보다는 재산국외도피사범에 대한 징벌의 도를 강화하여 범행대상인 재산을 필요적으로 몰수하고 그 몰수가 불능인 때에는 그 가액을 납부하게 하는 **징벌적 성질**의 처분이라고 봄이 상당하므로 그 도피재산이 피고인 乙이 아닌 '가'항 회사의 소유라거나 피고인 乙이 이를 점유하지 아니하고 그로 인하여 이득을 취한 바가 없다고 하더라도 추징할 수 있다(대판 1995. 3. 10, 94도1075).

피고인 등은 약 3년 10개월 동안 43회에 걸쳐 피고인 甲회사 소유의 케냐국 소재 호텔 재건축자금을 마련할 목적으로 피고인 乙이 책임자로 있던 회사의 동경사무소에서 해외거주 고객으로부터 회사가 운영하는 **국내 소재 호텔 카지노의 이용자금**을 외화로 받아 이를 인편으로 회사의 홍콩사무소로 보낸 다음 그 곳에서 은행을 통하여 케냐국에 송금하는 방법으로 재산 국외도피행위를 하였다.

⑥ 피고인 회사는 **북한으로부터 수입**한 이 사건 물건이 인천항에 도착하자 이를 인수, 취득하여 **보세장치장**에 장치한 사실을 알 수 있고, 따라서 이 사건 물건은 피고인 회사가 통일원장관의 반입승인을 받지 아니하고 반입하려다 미수에 그친 범죄행위로 인하여 취득한 것으로 형법 제48조 제1항 제2호의 몰수의 대상이 된다(대판 1995. 5. 23, 93도1750).

⑦ 관세법 제198조 제2항에 따라 몰수하여야 할 압수물이 멸실, 파손 또는 부패의 염려가 있거나 보관하기에 불편하여 이를 형사소송법 제132조의 규정에 따라 매각하여 그 **대가를 보관**하는 경우에는, 몰수와의 관계에서는 그 대가보관금을 몰수 대상인 압수물과 동일시할 수 있다(대판 1996. 11. 12, 96도2477).

⑧ 피고인이 그 소유의 토지개발채권을 구 외국환관리법(1997. 12. 13. 법률 제5453호로 개정되기 전의 것) 제19조 소정의 허가 없이 휴대하여 외국으로 출국하려다가 적발되어 미수에 그친 경우, 위 채권은 허가 없는 수출미수행위로 인하여 비로소 취득하게 된 것에 해당한다고 할 수 없으므로 구 외국환관리법 제33조에 따라 이를 몰수하거나 그 가액을 추징할 수 없다고 할 것이나, 다만 위 채권은 피고인의 **허가 없는 수출미수행위에 제공**된 것에는 해당된다고 할 것이고, 따라서 형법 제48조 제1항 제1호, 제2항에 의한 몰수 또는 추징의 대상이 되는 것으로 보아야 한다(대판 2002. 9. 4, 2000도515).

⑨ 피해자로 하여금 사기도박에 참여하도록 유인하기 위하여 고액의 수표를 제시해 보인 경우, 위 수표가 직접적으로 도박자금으로 사용되지 아니하였다 할지라도, 위 수표가 피해자로 하여금 **사기도박**에 참여하도록 만들기 위한 **수단**으로 사용된 이상, 이를 몰수할 수 있다(대판 2002. 9. 24, 2002도3589).

⑩ 피고인은 대형할인매장을 1회 방문하여 범행을 할 때마다 1~6개 품목의 수십만 원어치 상품을 절취하여 이를 자신의 소나타 승용차(증 제1호)에 싣고 갔고, 그 물품의 부피도 전기밥솥·해머드릴·소파커버·진공포장기·안마기·전화기·DVD플레이어 등 상당한 크기의 것이어서 대중교통수단을 타고 운반하기에 곤란한 수준이었으므로, 이 사건 승용차는 단순히 범행장소에 도착하는 데 사용한 교통수단을 넘어서 이 사건 **장물의 운반에 사용한 자동차**라고 보아야 할 것이며, 따라서 형법 제48조 제1항 제1호 소정의 범죄행위에 제공한 물건이라고 볼 수 있다(대판 2006. 9. 14, 2006도4075).

⑪ 형법 제48조 제1항의 "범인" 속에는 "공범자"도 포함되므로 범인 자신의 소유물은 물론 공범자의 소유물도 그 공범자의 소추 여부를 불문하고 몰수할 수 있고, 이는 범죄수익은닉의 규제 및 처벌 등에 관한 법률(이하 '범죄수익법'이라 한다) 제9조 제1항의 '범인'의 해석에서도 마찬가지라고 할 것이다. 그리고 형벌은 공범자 전원에 대하여 각기 별도로 선고하여야 할 것이므로 공범자 중 1인 소유에 속하는 물건에 대한 부가형인 몰수에 관하여도 개별적으로 선고하여야 할 것이다. 한편 범죄수익법 제8조 제1항은 '범죄수익'을 몰수할 수 있다고 하면서 범죄수익법 제2조 제2호 나목 1)은 "성매매알선 등 행위의 처벌에 관한 법률(이하 '성매매처벌법'이라 한다) 제19조 제2항 제1호(성매매알선 등 행위 중 성매매에 제공되는 사실을 알면서 자금·토지 또는 건물을 제공하는 행위만 해당한다)의 죄에 관계된 자금 또는 재산"을 위 법에서 규정하는 '범죄수익'의 하나로 규정하고 있는바, 성매매알선 등 행위를 규정한 성매매처벌법 제2조 제1항 제2호 중 다목의 "성매매에 제공되는 사실을 알면서 자금·토지 또는 건물을 제공하는 행위"에는 그 행위자가 "성매매를 알선, 권유, 유인 또는 강요하는 행위"(성매매처벌법 제2조 제1항 제2호 가목) 또는 "성매매의 장소를 제공하는 행위"(성매매처벌법 제2조 제1항 제2호 나목)를 하는 타인에게 자금, 토지 또는 건물을 제공하는 행위뿐만 아니라 스스로 가목이나 나목의 행위를 하는 경우도 포함된다고 보아야 한다.

형법 제48조 제1항 제1호에 의한 몰수는 임의적인 것이므로 그 몰수의 요건에 해당되는 물건이라도 이를 몰수할 것인지의 여부는 일응 법원의 재량에 맡겨져 있다 할 것이나, 형벌 일반에 적용되는 비례의 원칙에 의한 제한을 받으며, 이러한 법리는 범죄수익법 제8조 제1항의 경우에도 마찬가지로 적용된다. 그리고 몰수가 비례의 원칙에 위반되는 여부를 판단하기 위하여는, 몰수 대상 물건(이하 '물건'이라 한다)이 범죄 실행에 사용된 정도와 범위 및 범행에서의 중요성, 물건의 소유자가 범죄 실행에서 차지하는 역할과 책임의 정도, 범죄 실행으로 인한 법익 침해의 정도, 범죄 실행의 동기, 범죄로 얻은 수익, 물건 중 범죄 실행과 관련된 부분의 별도 분리 가능성, 물건의 실질적 가치와 범죄와의 상관성 및 균형성, 물건이 행위자에게 필요불가결한 것인지 여부, 물건이 몰수되지 아니할 경우 행위자가 그 물건을 이용하여 다시 동종 범죄를 실행할 위험성 유무 및 그 정도 등 제반 사정이 고려되어야 할 것이다(대판 2013. 5. 23, 2012도11586).

공소외 A는 처음부터 성매매알선 등 행위를 하기 위하여 5층 건물을 매수하여 피고인에게 명의신탁한 후 약 1년 동안 안마시술소로 성매매알선 등 행위에 제공하였고, 2층 내지 4층 객실 30여개 대부분이 성매매알선 등 행위의 장소로 이용되었다. 피고인은 성매매알선 등 행위로 발생하는 수익의 자금관리인으로, A와 함께 범행을 지배하는 주체가 되어 영업으로 성매매알선 등 행위하였다.
대법원은 성매매 장소로 활용된 건물이 공범자 소유의 물건이므로 그의 소추여부에 관계 없이 형법 제48조 제1항에 의거 몰수 가능하며, 이는 범죄수익법의 해석에서도 동일하다고 판단하였다. 대법원은 성매매 발본색원을 위한 효과적인 수단으로 성매매 장소의 몰수를 인정하였으나, 헌법상 재산권 침해의 소지를 염려하여 비례의 원칙 등을 엄격하게 판단하였다. 즉 이 사건 부동산에는 시가에 상응하는 정도의 금액을 채권최고액으로 한 근저당권이 설정되어 있고, 별도로 또 담보가등기가 설정되어 있어 그 실질적인 가치는 크지 않은 반면, 피고인이 성매매알선 등 행위로 벌어들인 수익은 상당히 고액인 점, 피고인은 초범이나 공동정범 공소외인은 이 사건과 동종 범죄로 2회 처벌받은 전력이 있을 뿐 아니라 성매매알선 등 행위의 기간, 특히 단속된 이후에도 성매매알선 등 행위를 계속한 점 등을 이유로 몰수가 위헌적이 아니라는 점을 부각하고 있다. 이에 대해 공범자가 공동피고인으로 기소되어 재판을 받는 경우와 달리 소유자가 기소되지 않은 상황에서 다른 피고인의 재판에서 그 피고인에 대한 부가형으로 소유자의 부동산을 몰수하는 것은 형법 제48조의 몰수가 형벌의 일종임에 비추어 적법절차의 원칙과 헌법상 국민의 재산권 보호에 반하는 조치라는 견해[4]가 주장되고 있다. 타당한 지적으로 생각된다.

2) 몰수의 대상이 되지 않는 경우

① 장물을 처분하여 그 대가로 취득한 압수물은 몰수할 것이 아니라 피해자에게 교부하여야 할 것이다(대판 1966. 9. 6, 66도853).

② **장물의 일부를 처분하여 그 대가로 취득**하였다가 압수된 것임이 분명하여 이는 몰수할 것이 아니라 형사소송법 제333조 제2항의 규정에 의하여 피해자에게 교부하여야 할 것이(다)(대판 1969. 1. 21, 68도1672).

③ 관세법 제188조 1호 소정의 물품에 대한 수입신고를 함에 있어서 주요사항을 **허위로 신고한 경우에 위 물건**은 신고의 대상물에 지나지 않아 신고로서 이루어지는 허위신고죄의 범죄행위 자체에 제공되는 물건이라고 할 수 없으므로 형법 48조 1항 소정의 몰수요건에 해당한다고 볼 수 없다(대판 1974. 6. 11, 74도352).

④ **군 P.X**에서 공무원인 군인이 그 권한에 의하여 작성한 월간 **판매실적보고서의 내용에 일부 허위기재**된 부분이 있더라도 이는 공무소인 소관 육군부대의 소유에 속하는 것

4 신동운, "2013년 분야별 중요판례분석 -형법총론-, 법률신문(2014. 4. 10.자)

이므로 이를 몰수할 수 없다(대판 1983. 6. 14, 83도808).

⑤ **강도상해의 범행에 사용된 자동차**에 관하여 피고인은 원심법정에서 피고인의 처 소유라고 진술하고 있고 실제로도 처 명의로 등록되어 있는데도 원심이 그 의미가 분명하지 아니한 '제 소유 자동차'라는 피고인이 경찰에서 범행방법에 관한 진술시에 한 표현을 근거로 위 자동차가 피고인 이외의 자에 속하지 아니하는 것으로 단정하여 이를 몰수한 것은 심리를 다하지 아니하고 채증법칙을 위반하여 판결결과에 영향을 미친 것이다(대판 1990. 10. 10, 90도1904).

⑥ 우리 법제상 공소의 제기 없이 별도로 몰수나 추징만을 선고할 수 있는 제도가 마련되어 있지 아니하므로 위 규정에 근거하여 몰수나 추징을 선고하기 위하여서는 몰수나 추징의 요건이 공소가 제기된 공소사실과 관련되어 있어야 하고, 공소사실이 인정되지 않는 경우에 이와 별개의 공소가 제기되지 아니한 범죄사실을 법원이 인정하여 그에 관하여 몰수나 추징을 선고하는 것은 불고불리의 원칙에 위반되어 불가능하며, 몰수나 추징이 공소사실과 관련이 있다 하더라도 그 공소사실에 관하여 이미 공소시효가 완성되어 유죄의 선고를 할 수 없는 경우에는 몰수나 추징도 할 수 없다(대판 1992. 7. 28, 92도700).

⑦ 이 사건 압수물은 피고인이 2007. 7. 24. 체포될 당시 위 각 **외국환거래법위반**의 범행과 같은 방법으로 중국 교통은행의 계좌로 송금하려고 하였으나 **미처 송금하지 못하고 소지하고 있던 각 자기앞수표 또는 현금**인 사실을 알 수 있고, 이 사건 압수물에 의한 동종의 범행이 실행되었다 하더라도 이는 유죄로 인정된 판시 각 외국환거래법위반의 범행과는 별개의 범죄이므로, 이 사건 압수물은 피고인이 장차 실행하려고 한 동종의 외국환거래법위반의 범행에 제공하려고 한 물건으로 볼 수 있을 뿐, 원심이 유죄로 인정한 판시 각 외국환거래법위반의 범행에 제공하려고 한 물건이라고는 볼 수 없고, 따라서 피고인으로부터 이 사건 압수물을 몰수할 수 없다(대판 2008. 2. 14, 2007도10034).

(4) 몰수대상물의 소유권 판단 방법

1) 원 칙

밀수전용의 선박·자동차 기타 운반기구가 관세법 제183조에 의하여 몰수대상이 되는지의 여부를 판단함에 있어 당해 운반기구가 누구의 소유에 속하는가 하는 것은 그 공부상의 명의 여하에 불구하고 **권리의 실질적인 귀속관계**에 따라 판단하여야 한다(대판 1999. 12. 10, 99도3478).

2) 공범자의 소유물에 대한 몰수

형법 제48조 제1항의 범인에는 공범자도 포함된다고 해석되므로, 범인 자신의 소유물은 물론 공범자의 소유물에 대하여도 이를 몰수할 수 있다(대판 2000. 5. 12, 2000도745).

3) 기　　타

① 몰수는 특정된 물건에 관한 것이고 추징은 본래 몰수할 수 있었음을 전제로 하는 것임에 비추어 뇌물에 공할 금품이 특정되지 않았던 것은 몰수할 수 없고 그 가액을 추징할 수도 없다(대판 1996. 5. 8, 96도221).

② **예금통장**이 몰수되었다고 하여 예금반환채권까지 몰수된 것으로 볼 수 없다(대판 1997. 11. 14, 97다34235).

③ **문화재보호법** 제80조 제2항은 같은 법 제76조 제1항의 규정에 위반하여 문화재를 국외로 수출 또는 반출하거나 반출한 문화재를 다시 반입하지 아니한 자는 3년 이상의 유기징역에 처하고 그 문화재는 몰수한다고 규정하고 있는 바, 위 규정에 의한 몰수는 형법 총칙이 규정한 몰수에 대한 특별규정으로서 몰수할 문화재가 피고인 이외의 제3자의 소유에 속하는 경우, 그의 선의·악의를 불문하고 필요적으로 몰수하여야 한다(대판 1999. 5. 11, 99다12161).

(5) 몰수의 상대방

① 피고인이 다른 공동피고인들에게 도박자금으로 금원을 대여하였다면 그 금원은 그때부터 피고인의 소유가 아니라 동 공동피고인들의 소유에 귀속하게 되므로 그것을 동 공동피고인들로부터 형법 제48조 제1항 1호나 2호를 적용하여 몰수함은 모르되 피고인으로부터 몰수할 수 없다(대판 1982. 9. 28, 82도1669).

② 수뢰자가 뇌물을 그대로 보관하였다가 증뢰자에게 반환한 때에는 증뢰자로부터 몰수·추징하여야 한다(대판 1984. 2. 28, 83도2783).

2. 추　　징

(1) 추징의 법적 성격

① 형법 제41조에 의하여 추징이 형이 아님은 명백하나 실질적으로 볼 때 몰수와 차이가 없으며 특히 보안처분적 의미를 가지지 아니하는 점에 있어서는 몰수보다도 오히려 **순수한 형벌적 성격**을 보유하는 것이라 할 것이다. 따라서 형이라는 것을 실질적인 의미에서 논할 때에는 추징을 반드시 형에 준하여 고려하고 평가하여야 할 것이다(대판 1961. 11. 9, 4294형상572).

② **향정신성의약품관리법상의 추징**은 범죄행위로 인한 이득의 박탈을 목적으로 하는

것이 아니라 징벌적 성질을 가진 처분이므로 위 범행으로 인하여 이득을 취한 바 없다 하더라도 법원은 가액의 추징을 명하여야 하고, 죄를 범한 자가 여러 사람일 때에는 각자에 대하여 가격 전부의 추징을 명하여야 한다(대판 1993. 3. 23, 92도3250).

(2) 추징의 상대방

① 피고인이 뇌물로 받은 금원을 가령 공무에 종사하는 자들의 숙식비나 차량운영비에 충당한 사실이 있다고 하더라도 피고인이 받은 뇌물인 이상, 피고인으로부터 추징하는 것은 정당하다(대판 1970. 12. 22, 70도2250).

② 피해자로부터 교제비로 받은 금원을 그대로 반환한 것이 아니고 그 **금원을 일단 소비한 뒤 받은 금원 상당의 금원을 반환**하였다면 받은 금액 자체를 몰수할 수 없으므로 그 금액 상당의 금원을 추징할 수밖에 없다(대판 1986. 11. 11, 86도1713).

③ 교부받은 뇌물을 3개월 후에 증뢰자의 거래은행구좌에 온라인으로 입금하여 반환하였다면 그 반환시기 등에 비추어 반환한 돈은 바로 뇌물로 교부받았던 돈이었다고 보기 어려우므로 그 가액상당을 수뢰자로부터 추징하여야 한다(대판 1986. 12. 23, 86도2021).

④ 수뢰자가 **자기앞수표**를 뇌물로 받아 이를 **소비**한 후 자기앞수표 상당액을 증뢰자에게 반환한 경우에 뇌물 그 자체를 반환한 것은 아니므로 이를 몰수할 수 없고 수뢰자로부터 그 가액을 추징하여야 한다(대판 1999. 1. 29, 98도3584).

⑤ 알선수재자가 금품 중의 일부를 그 금품을 '받은 취지에 따라' 관계공무원에게 뇌물로 공여하거나 다른 알선행위자에게 청탁의 명목으로 교부한 것이 아니라 **'독자적인 판단에 따라' 경비로 사용**한 경우, 수재자로부터 그 금액을 추징할 수 있다(대판 1999. 5. 11, 99도963).

⑥ 특정범죄가중처벌등에관한법률 제13조[5]의 규정에 의한 필요적 몰수 또는 추징은, 범인이 취득한 당해 재산을 범인으로부터 박탈하여 범인으로 하여금 부정한 이익을 보유하지 못하게 함에 그 목적이 있는 것으로서, 이 점은 공무원범죄에관한몰수특례법 제6조의 경우도 마찬가지이므로, 공무원의 직무에 속한 사항의 알선에 관하여 금품을 받고 그 금품 중의 일부를 받은 취지에 따라 청탁과 관련하여 관계 공무원에게 뇌물로 공여하거나 다른 알선행위자에게 청탁의 명목으로 교부한 경우에는 그 부분의 이익은 실질적으로 범인에게 귀속된 것이 아니어서 이를 제외한 나머지 금품만을 몰수하거나 그 가액을 추징하여야 하지만, 공무원의 직무에 속한 사항의 알선에 관하여 금품을 받은 자가 그 금품 중의 일부를 다른 알선행위자에게 청탁의 명목으로 교부하였다 하더라도 당초 금품을 받을

5 현재는 동법 제10조에 해당한다.

당시 그와 같이 사용하기로 예정되어 있어서 그 받은 취지에 따라 그와 같이 사용한 것이 아니라, **범인의 독자적인 판단에 따라 경비로 사용**한 것이라면 이는 범인이 받은 금품을 소비하는 방법의 하나에 지나지 아니하므로, 그 가액 역시 범인으로부터 추징하지 않으면 안된다(대판 1999. 6. 25, 99도1900).

(3) 추징의 방법

① 수인이 공모하여 뇌물을 수수한 경우에 몰수불능으로 그 가액을 추징하려면 개별적으로 추징하여야 하고 수수금품을 개별적으로 **알 수 없을 때에는 평등하게 추징**하여야 한다(대판 1975. 4. 22, 73도1963).

② **수인이 공동하여 수수한 뇌물**을 분배한 경우에는 각자로부터 실제로 분배받은 금품만을 개별적으로 몰수하거나 그 가액을 추징하여야 한다(대판 1993. 10. 12, 93도2056).

③ 동일한 향정신성의약품을 취급한 일련의 행위가 별죄를 구성하는 경우, 그 행위마다 따로 그 가액을 추징하여야 하는 것은 아니다(대판 1997. 3. 14, 96도3397).

④ 구 변호사법(2000. 1. 28. 법률 제6207호로 전문 개정되기 전의 것) 제94조의 규정에 의한 필요적 몰수 또는 추징은 같은 법 제27조의 규정에 위반하거나 같은 법 제90조 제1호, 제2호 또는 제92조의 죄를 범한 자 또는 그 정을 아는 제3자가 받은 금품 기타 이익을 그들로부터 박탈하여 그들로 하여금 부정한 이익을 보유하지 못하게 함에 그 목적이 있는 것이고, 같은 법 제90조 제2호에 규정한 죄를 범하고 **이자 및 반환에 관한 약정을 하지 아니하고 금원을 차용**하였다면 범인이 받은 실질적 이익은 이자 없는 차용금에 대한 금융이익 상당액이므로 이 경우 위 법조에서 규정한 몰수 또는 추징의 대상이 되는 것은 차용한 금원 그 자체가 아니라 위 **금융이익 상당액**이다(대판 2001. 5. 29, 2001도1570).

(4) 추징의 가액산정

① 피고인이 증뢰자와 함께 향응을 하고 증뢰자가 이에 소요되는 금원을 지출한 경우 이에 관한 피고인의 수뢰액을 인정함에 있어서는 먼저 피고인의 접대에 요한 비용과 수뢰자가 소비한 비용을 가려내어 전자의 수액을 가지고 피고인의 수뢰액으로 하여야 하고 만일 각자에 요한 **비용액이 불명일 때**에는 이를 평등하게 분할한 액을 가지고 피고인의 수뢰액으로 인정하여 그 가액을 추징하여야 한다(대판 1977. 3. 8, 76도1982).

② 피고인이 일정 기간 사이에 룸싸롱 등에서 수회에 걸쳐 술값 등 접대 명목으로 일정 금액 상당의 향응을 제공받았다면, 이러한 경우 피고인의 수뢰액을 인정함에 있어서는 먼저 피고인의 접대에 요한 비용과 향응 제공자가 소비한 비용액을 가려내어 피고인의 접

대에 요한 비용을 피고인의 수뢰액으로 인정하여야 하고 만일 각자에 요한 비용액이 불명일 때에는 이를 평등하게 분할한 액을 가지고 피고인의 수뢰액으로 인정하여야 할 것이다(대판 1995. 1. 12, 94도2687).

③ 피고인이 미국에서 주택 2동을 매입함에 있어 미국 은행으로부터 미화를 융자받아 그 주택 매입대금의 일부로 사용하였다고 하더라도, **구 외국환관리법** 제36조의2에 의한 추징액은 위 주택의 매입가액에서 위 융자금을 공제한 금액이 아니라 위 **매입가액 자체**를 기준으로 산정하여야 한다(대판 1995. 9. 26, 95도1714).

④ 공무원이 뇌물을 받음에 있어서 그 취득을 위하여 상대방에게 뇌물의 가액에 상당하는 금원의 일부를 비용의 명목으로 **출연하거나 그 밖에 경제적 이익을 제공**하였다 하더라도, 이는 뇌물을 받는 데 지출한 부수적 비용에 불과하다고 보아야 할 것이지, 이로 인하여 공무원이 받은 뇌물이 그 뇌물의 가액에서 위와 같은 지출액을 공제한 나머지 가액에 상당한 이익에 한정되는 것이라고 볼 수는 없으므로, 그 공무원으로부터 뇌물죄로 얻은 이익을 몰수·추징함에 있어서는 그 받은 **뇌물 자체**를 몰수하여야 하고, 그 뇌물의 가액에서 위와 같은 지출을 공제한 나머지 가액에 상당한 이익만을 몰수·추징할 것은 아니다(대판 1999. 10. 8, 99도1638).

⑤ 변호사를 선임하여 주겠다는 명목이 아니라 판사, 검사에게 청탁하여 석방시켜 주겠다는 명목으로 돈을 받은 이상 그 중 일부를 변호사 선임비로 사용하였다 하더라도 이는 변호사법위반으로 취득한 재물의 소비방법에 불과하므로 **변호사선임비**로 사용한 금액 상당을 추징액에서 제외할 수는 없다(대판 2000. 5. 26, 2000도440).

⑥ 피고인이 증뢰자와 함께 향응을 하고 증뢰자가 이에 소요되는 금원을 지출한 경우 이에 관한 피고인의 수뢰액을 인정함에 있어서는 먼저 피고인의 접대에 요한 비용과 증뢰자가 소비한 비용을 가려내어 전자의 수액을 가지고 피고인의 수뢰액으로 하여야 하고 만일 각자에 요한 비용액이 불명일 때에는 이를 평등하게 분할한 액을 가지고 피고인의 수뢰액으로 인정하여야 할 것이고, 피고인이 향응을 제공받는 자리에 피고인 스스로 제3자를 초대하여 함께 접대를 받은 경우에는, 그 제3자가 피고인과는 별도의 지위에서 접대를 받는 공무원이라는 등의 특별한 사정이 없는 한 그 **제3자의 접대에 요한 비용**도 피고인의 접대에 요한 비용에 포함시켜 피고인의 수뢰액으로 보아야 한다(대판 2001. 10. 12, 99도5294).

⑦ 정치자금에관한법률 제30조 제3항의 규정에 의한 필요적 몰수 또는 추징은 같은 법 제30조 제1항 및 제2항을 위반한 자에게 제공된 금품 기타 재산상 이익을 그들로부터 박탈하여 그들로 하여금 부정한 이익을 보유하지 못하게 함에 그 목적이 있는 것이므로,

대통령 선거와 관련하여 같은 법 제30조 제1항을 위반하여 정치자금을 수수하거나 같은 법 제30조 제2항 제6호, 제14조에 위반하여 정치자금의 기부알선을 하는 과정에서 알선자가 **정치자금**을 받은 경우에, 교부받은 금품을 제공한 자의 뜻에 따라 당이나 후보자 본인에게 전달한 경우에는 그 부분의 이익은 실질적으로 범인에게 귀속된 것이 아니어서 이를 제외한 나머지 금품만을 몰수하거나 그 가액을 추징하여야 한다(대판 2004. 3. 26, 2003도8014).

(5) 추징가액의 산정시점

① 몰수의 취지가 범죄에 의한 이득의 박탈을 그 목적으로 하는 것이고 추징도 이러한 몰수의 취지를 관철하기 위한 것이라는 점을 고려하면 몰수하기 불능한 때에 추징하여야 할 가액은 범인이 그 물건을 보유하고 있다가 몰수의 선고를 받았더라면 잃었을 이득상당액을 의미한다고 보아야 할 것이므로 그 가액산정은 **재판선고시**의 가격을 기준으로 하여야 할 것이다(대판 1991. 5. 28, 91도352).

② 외국환을 몰수할 수 없게 되어 그 가액을 추징하면서 외국환에 대한 판결 선고 당시의 가액 상당으로 추징액을 산정한 것은 정당하다(대판 2001. 11. 27, 2001도4829).

3. 몰수 또는 추징에 관한 기타 판례

① 몰수는 그 부가성 때문에 종국판결에 대한 상고 없이 추징의 선고부분에 한한 **독립상고**는 불가능하다(대판 1984. 12. 11, 84도1502).

② 형법 제59조에 의하더라도 몰수는 선고유예의 대상으로 규정되어 있지 아니하고 다만 몰수 또는 이에 갈음하는 추징은 부가형적 성질을 띠고 있어 그 주형에 대하여 선고를 유예하는 경우에는 그 부가할 몰수 추징에 대하여도 선고를 유예할 수 있으나, 그 **주형에 대하여 선고를 유예하지 아니하면서** 이에 부가할 몰수·추징에 대하여서만 선고를 유예할 수는 없다(대판 1988. 6. 21, 88도551).

③ 몰수는 부가형으로서의 성격을 가지고 추징은 형벌은 아니나 실질적으로는 몰수에 준하는 부가형으로서의 성격을 가지기 때문에 **몰수나 추징의 부가**는 검사의 청구가 없어도 법원이 직권으로 선고할 수 있다(대판 1989. 2. 14, 88도2211).

④ 주형인 **징역형의 선고를 유예**할 경우에도 추징을 선고할 수 있다(대판 1990. 4. 27, 89도2291).

⑤ 행위자에게 유죄의 재판을 하지 아니할 때에도 몰수의 요건이 있는 때에는 몰수

만을 선고할 수 있다는 형법 제49조 단서에 근거하여 몰수나 추징을 선고하기 위해서는 몰수나 추징의 요건이 공소가 제기된 공소사실과 관련되어 있어야 하고, 공소사실이 인정되지 않는 경우에 이와 별개의 공소가 제기되지 아니한 범죄사실을 법원이 인정하여 몰수나 추징을 선고하는 것은 불고불리의 원칙에 위반되어 불가능하며, 몰수나 추징이 공소사실과 관련이 있다 하더라도 그 공소사실에 관하여 이미 공소시효가 완성되어 유죄의 선고를 할 수 없는 경우에는 몰수나 추징도 할 수 없다(대판 1992. 7. 28, 92도700).

⑥ 추징은 부가형이지만 징역형의 집행유예와 추징의 선고를 받은 사람에 대하여 징역형의 선고의 효력을 상실케 하는 동시에 복권하는 **특별사면**이 있은 경우에 추징에 대하여도 형 선고의 효력이 상실된다고 볼 수는 없다(대판 1996. 5. 14. 96모14).

⑦ 형사소송법 제102조 제2항은 "보석을 취소할 때에는 결정으로 보증금의 전부 또는 일부를 몰수할 수 있다."라고 규정하고 있는바, 이는 보석취소사유가 있어 보석취소결정을 할 경우에는 보석보증금의 전부 또는 일부를 몰수하는 것도 가능하다는 의미로 해석될 뿐, 문언상 보석보증금의 몰수는 반드시 보석취소와 동시에 결정하여야 한다는 취지라고 단정하기는 어려운 점, 같은 법 제103소에서 보석된 자가 유죄판결 확정 후의 집행을 위한 소환에 불응하거나 도망한 경우 보증금을 몰수하도록 규정하고 있어 보석보증금은 형벌의 집행 단계에서의 신체 확보까지 담보하고 있으므로, 보석보증금의 기능은 유죄의 판결이 확정될 때까지의 신체 확보도 담보하는 취지로 봄이 상당한 점, 보석취소결정은 그 성질상 신속을 요하는 경우가 대부분임에 반하여, 보증금몰수결정에 있어서는 그 몰수의 요부(보석조건위반 등 귀책사유의 유무) 및 몰수 금액의 범위 등에 관하여 신중히 검토하여야 할 필요성도 있는 점 등을 아울러 고려하여 보면, **보석보증금을 몰수**하려면 반드시 보석취소와 동시에 하여야만 가능한 것이 아니라 보석취소 후에 별도로 보증금몰수결정을 할 수도 있다. 그리고 형사소송법 제104조가 구속 또는 보석을 취소하거나 구속영장의 효력이 소멸된 때에는 몰수하지 아니한 보증금을 청구한 날로부터 7일 이내에 환부하도록 규정되어 있다고 하여도, 이 규정의 해석상 보석취소 후에 보증금몰수를 하는 것이 불가능하게 되는 것도 아니다(대판 2001. 5. 29, 2000모22 전원합의체 다수의견).

제 2 장
刑의 量定

Ⅰ. 의　　의

형사소송은 피고인의 권익보호를 통한 실체적 진실 발견으로 정의를 실현하는 절차이어서 적정한 형의 양정도 그 정의실현의 한가지 귀결이라 할 것인바, 형의 양정은 사실심 법관의 전권사항이므로 통상의 경우 양형의 이유를 명시하는 일이 요구되지 아니하며 그 양형에 대하여 상고할 수 없는 것이지만, 형사소송법 제383조 제4호가 사형, 무기 또는 10년 이상의 징역이나 금고형이 선고된 사건에 있어서 형의 양정이 심히 부당하다고 인정할 현저한 사유가 있는 경우를 피고인만의 상고사유로 규정함으로써 그러한 사건에서의 양형참작사유는 사실심의 필요적 심판대상이 되는 것이고, 양형에서의 필요적 참작사유를 열거한 형법 제51조에는 범죄행위에 관련된 사유들과 더불어 범죄행위자인 피고인에 관련된 사유들이 더 많이 열거되어 있다는 점은 양형의 심리·판단 단계에서 주목되어야 할 부면이다(대판 2002. 10. 25, 2002도4298).

Ⅱ. 형의 가중·감경·면제

1. 형의 가중·감경

(1) 법률상 감경

① 범행당시 만16세 이상의 소년으로서 사형 또는 무기형에 국한된 법정형 있는 죄를 범하였으면 설사 감경사유가 있어 이를 감경한 결과 유기형으로 감경되었다 하더라도 동 유기형은 구 소년법(88. 12. 31. 법률 제4057로 개정전) 제54조에서 말하는 장기 2년 이상의 법정형에 해당치 아니하므로 부정기형을 과할 수 없다(대판 1960. 9. 30, 4293형상358).

② 형법 제55조 제1항 제3호에 의하여 형기를 감경할 경우 여기서의 형기라 함은 장기와 단기를 모두 포함하는 것으로서 당해 처벌조항에 장기 또는 단기의 정함이 없을 때에는 형법 제42조에 의하여 장기는 15년, 단기는 1월이라고 볼 것이어서 형법 제250조의 소정형중 5년 이상의 유기징역형을 선택한 이상 그 장기는 15년이므로 법률상 감경을 한다면 장기 7년 6월, 단기 2년 6월의 범위 내에서 처단형을 정하여야 한다(대판 1983. 11. 8, 83도2370).

(2) 재판상 감경

① 형법 제53조의 작량감경은 범죄의 모든 정상을 종합적으로 관찰하여 형을 감경함이 상당하다고 인정될 때에 1회에 한하여 적용되는 것이고 정상 하나하나에 거듭 작량감경할 수 있음을 규정한 취지가 아닐 뿐 아니라 형법 제55조 제2항의 법률상 감경사유가 수개 있는 때라 함은 심신미약, 미수 등 법률상 감경사유가 경합되었을 경우에 거듭 감경할 수 있음을 규정한 것이고, 정상 하나하나에 거듭 작량감경할 수 있음을 규정한 것이 아니다(대판 1964. 4. 7, 63도410).

② 본조에 의한 작량감경에 있어서도 일정한 범위를 정하여 그 범위 내에서만 각 범죄사정에 적합한 양형을 하여야 하고 작량감경의 방법도 본법 제55조 소정 방법에 따라야 한다(대판 1964. 10. 28, 64도454).

③ 개전의 정이 있어 작량감경을 하였다고 하더라도 잠재적인 재범의 위험성은 범행후의 개전의 정과는 반드시 일치하는 것은 아니라고 할 것이므로 작량감경을 하였다고 해서 재범의 위험성을 인정 못할바 아니다(대판 1983. 3. 8, 83도59, 83감도20).

④ 징역형과 벌금형을 병과하여야 할 경우에 특별한 규정이 없는 한 징역형에만 작량감경을 하고 벌금형에는 작량감경을 하지 않는 것은 위법하다(대판 1997. 8. 26, 96도3466).

⑤ 수형자를 사회로부터 영구히 격리시켜 그의 자유를 박탈하는 종신자유형인 무기징역형은 유기징역형과는 현저한 차이가 있으므로 양형의 조건을 심리한 결과 무기징역형에 처하는 것이 과중하다고 인정되고 작량감경의 사유가 드러날 경우에는 작량감경한 형기범위 내에서 형을 선고하여야 하며 그런 상황에서 무기징역형을 선고한다면 그 형의 양정은 심히 부당한 경우에 해당하여 위법하게 된다(대판 2002. 10. 25, 2002도4298).[1]

2. 형의 가감

(1) 형의 가중, 감경의 순서

① **강도살인죄와 사체유기죄**는 시간·장소가 계속 접근한 관련성이 있는 범죄이고 피고인이 그 양 범행 당시 심신미약상태에 있었음을 인정하는 한 양죄 공히 감경하여야 할 것이고, 위 양죄를 경합범으로 인정하여 가중하는 이상 형법 제56조의 순서에 따라 법률상 감경을 먼저하고 경합범가중을 후에 하여야 한다(대판 1960. 9. 30, 60도509).

② 심신미약자의 범행이라 할지라도 경합범에 해당하는 경우에는 경합가중을 하여야 하므로 법률상 감경후에 경합가중을 하여야 한다(대판 1969. 12. 30, 69도2013).

③ 징역과 벌금형이 병과된 경우에 벌금형의 환형유치기간이 3년을 넘지 않는 징역형의 기간보다 길다 하더라도 위법이라 할 수 없다(대판 1971. 3. 30, 71도251).[2]

④ 형법 제56조는 형을 가중 감경할 사유가 경합된 경우 가중 감경의 순서를 정하고 있고, 이에 따르면 법률상 감경을 먼저하고 마지막으로 작량감경을 하게 되어 있으므로, 법률상 감경사유가 있을 때에는 작량감경보다 우선하여 하여야 할 것이고, 작량감경은 이와 같은 법률상 감경을 다하고도 그 처단형보다 낮은 형을 선고하고자 할 때에 하는 것이 옳다(대판 1994. 3. 8, 93도3608).

(2) 형의 가중, 감경의 정도와 방법

① 형법 제55조 제1항 제6호의 벌금을 감경할 때의 그 「다액」의 2분의1이라는 문구는 「금액」의 2분의 1이라고 해석하여 그 상한과 함께 하한도 2분의 1로 내려가는 것으로 해석하여야 한다(대판 1978. 4. 25, 78도246 전원합의체 다수의견).

② 사회보호법 소정의 보호감호처분은 형벌이라고 볼 수 없으므로 형법 규정의 법률

1 강간살인, 살인범행에 대하여 심신미약 감경만 하고 작량감경을 하지 아니한 채 무기징역형을 선고한 것은 형의 양정이 심히 부당하다고 한 판결이다.

2 이러한 결론은 벌금형의 환형유치기간이 징역형의 형기를 초과하더라도 벌금형이 징역형보다 경한 형이라고 보기 때문이다(대판 1980. 5. 13, 80도765)

상 감경이나 작량감경의 규정이 적용되지 아니한다(대판 1983. 7. 12, 83감도114).

③ 형법 제55조 제1항 제3호에 의하여 형기를 감경할 경우 여기서의 형기라 함은 장기와 단기를 모두 포함하는 것으로서 당해 처벌범조에 장기 또는 단기의 정함이 없을 때에는 형법 제42조에 의하여 장기는 15년, 단기는 1월이라고 볼 것이어서 형법 제 250조의 소정형 중 5년 이상의 유기징역형을 선택한 이상 그 장기는 15년이므로 법률상 감경을 한다면 장기 7년 6월, 단기 2년 6월의 범위 내에서 처단형을 정하여야 한다(대판 1983. 11. 8, 83도2370).

④ 법정형에서 **무기징역을 선택한 후 작량감경**을 한 결과 유기징역이 되었을 경우에는 피고인이 **미성년자**라 하더라도 부정기형을 선고할 수 없다(대판 1988. 6. 21, 88도501).

참고판례

소년법 제60조 제2항에서 소년이라 함은 특별한 정함이 없는 한 소년법 제2조에서 말하는 소년을 의미하고, 소년법 제2조에서의 **소년**이라 함은 20세 미만자로서, 이는 심판의 조건이므로 범행시뿐만 아니라 심판시까지 계속되어야 한다고 보아야 하며, 따라서 소년법 제60조 제2항의 소년인지의 여부의 판단은 원칙적으로 심판시 즉 **사실심 판결 선고시**를 기준으로 하여야 한다(대판 2000. 8. 18, 2000도2704).

⑤ 형법 제38조 제1항 제1호는 경합범 중 가장 중한 죄에 정한 형이 사형 또는 무기징역이나 무기금고인 때에는 가장 중한 죄에 정한 형으로 처벌하도록 규정하고 있으므로, 경합범 중 가장 중한 죄의 소정형에서 무기징역형을 선택한 이상 무기징역형으로만 처벌하고 따로이 경합범가중을 하거나 가장 중한 죄가 누범이라 하여 누범가중을 할 수 없음은 더 말할 나위도 없고, 위와 같이 무기징역형을 선택한 후 형법 제56조 제6호의 규정에 의하여 작량감경을 하는 경우에는 같은 법 제55조 제1항 제2호의 규정에 의하여 7년 이상의 징역으로 감형되는 한편, 같은 법 제42조의 규정에 의하여 유기징역형의 상한은 15년이므로 15년을 초과한 징역형을 선고할 수 없다(대판 1992. 10. 13, 92도1428 전원합의체 다수의견).

⑥ 자수를 감경사유로 삼지 아니하고 다른 정상과 합쳐 정상침작의 사유로 삼아 형법 제53조에 의한 작량감경을 하더라도 위법하다고 볼 수 없다(대판 2001. 4. 24, 2001도872).

3. 자 수

(1) 자수의 의의

① 자수라 함은 범인이 스스로 수사책임이 있는 관서에 자기의 범행을 고하고 그 처분을 구하는 의사표시를 하는 것을 말하고, 가령 수사기관의 직무상의 질문 또는 조사에 응하여 범죄사실을 진술하는 것은 자백일뿐 자수로는 되지 않는다(대판 1982. 9. 28, 82도1965).

② 법인의 직원 또는 사용인이 위반행위를 하여 양벌규정에 의하여 법인이 처벌받는 경우, 법인에게 자수감경에 관한 형법 제52조 제1항의 규정을 적용하기 위하여는 법인의 이사 기타 대표자가 수사책임이 있는 관서에 자수한 경우에 한하고, 그 위반행위를 한 직원 또는 사용인이 자수한 것만으로는 위 규정에 의하여 형을 감경할 수 없다(대판 1995. 7. 25, 95도391).

(2) 자수의 인정여부

1) 자수를 인정한 경우

① 범죄사실과 범인이 누구인가가 발각된 후라 하더라도 또 수사기관에 의해 지명수배를 받은 연후라 하더라도 범인이 체포되기 전에 자발적으로 자기의 범죄사실을 수사기관에 신고한 이상 자수로 보아야 할 것이다(대판 1965. 10. 5, 65도597).

② 범죄사실을 신고한 이상 그 신고에 있어 범죄사실의 세부적인 형태에 있어 다소의 차이가 있다 하여도 이를 자수로 보았음에 위법이 있다고 할 수 없다(대판 1969. 4. 29, 68도1780).

③ **언론에 혐의사실이 보도되기 시작한 후 수사기관에 전화**를 걸어 조사를 요청하고 혐의사실을 모두 자백한 경우에는 자수한 것으로 보아야 한다(대판 1994. 9. 9, 94도619).

④ 형법 제52조나 국가보안법 제16조 제1호에서도 공직선거법 제262조에서와 같이 모두 '범행발각 전'이라는 제한 문언 없이 “자수”라는 단어를 사용하고 있는데 형법 제52조나 국가보안법 제16조 제1호의 “자수”에는 범행이 발각되고 지명수배된 후의 자진출두도 포함되는 것으로 판례가 해석하고 있으므로 이것이 “자수”라는 단어의 관용적 용례라고 할 것인바, **공직선거법 제262조의 “자수”를 ‘범행발각 전에 자수한 경우’로 한정**하는 풀이는 “자수”라는 단어가 통상 관용적으로 사용되는 용례에서 갖는 개념 외에 ‘범행발각 전’이라는 또다른 개념을 추가하는 것으로서 결국은 ‘언어의 가능한 의미’를 넘어 공직선거법 제262조의 “지수”의 범위를 그 문언보다 제한함으로써 공직선거법 제230조 제1항등

의 처벌범위를 실정법 이상으로 확대한 것이 되고, 따라서 이는 단순한 목적론적 축소해석에 그치는 것이 아니라, 형면제 사유에 대한 제한적 유추를 통하여 처벌범위를 실정법 이상으로 확대한 것으로서 죄형법정주의의 파생원칙인 유추해석금지의 원칙에 위반된다(대판 1997. 3. 20, 96도1167 전원합의체 다수의견).

2) 자수를 부정한 경우

① 피고인은 위와 같이 경찰에 검거되기 전에 그가 다니던 학원강사인 위 권○○에게 전화를 걸어 **자수의사를 전달**하였다는 것이나 그것만으로서는 자수로 볼 수 없을 뿐만 아니라 피고인은 자수하기 위하여 위 권○○을 다방에서 만나기로 약속하고서도 그 장소에 나타나지 조차 않았다는 것이며 기록을 정사하여 보아도 피고인이 자수한 흔적을 발견할 수 없다(대판 1985. 9. 24, 85도1489).

② 법률상 자수가 성립하려면 범인이 수사기관에 대하여 자발적으로 자기의 범죄사실을 신고하여야 하는 것이고, 소론과 같이 **내심**으로 자수할 것을 결심한바 있었다 하여 자수로 볼 수 없(다)(대판 1986. 6. 10, 86도792).

③ **수사기관의 직무상의 질문 또는 조사**에 응하여 범죄사실을 진술하는 것은 자수가 아니다(대판 1992. 8. 14, 92도962).

④ 자수란 범인이 자발적으로 자신의 범죄사실을 수사기관에 신고하여 그 소추를 구하는 의사표시로서 이를 형의 감경사유로 삼는 주된 이유는 범인이 그 죄를 뉘우치고 있다는 점에 있으므로 범죄사실을 부인하거나 죄의 뉘우침이 없는 자수는 그 외형은 자수일지라도 법률상 형의 감경사유가 되는 진정한 자수라고는 할 수 없다(대판 1994. 10. 14, 94도2130).

⑤ 세관 검색시 **금속탐지기**에 의해 대마 휴대 사실이 발각될 상황에서 세관 검색원의 추궁에 의하여 대마 수입 범행을 시인한 경우, 자발성이 결여되어 자수에 해당하지 않는다(대판 1999. 4. 13, 98도4560).

(3) 자수의 효력

① 수개의 범죄사실 중 일부에 관하여만 자수한 경우에는 그 부분 범죄사실에 대하여만 자수의 효력이 있다(대판 1994. 10. 14, 94도2130).

② 피고인이 검찰에서 피의자로 신문을 받으면서 그 범죄사실을 시인하는 내용의 진술을 한 이상, 피고인이 법정에서 수수한 금원의 직무관련성에 대하여만 수사기관에서의 자백과 차이가 나는 진술을 하였다 하더라도 피고인이 한 자수의 효력에는 영향을 미칠 것이 못된다(대판 1994. 12. 27, 94도618).

③ 자수는 자발적으로 자신의 범죄사실을 수사기관에 신고하여 소추를 구하는 의사표시를 함으로써 성립하므로, 일단 자수하여 자수의 효력이 확정적으로 발생했다면 그 후 법정이나 수사기관에서 범행을 부인한다 할지라도 자수효력에는 영향이 없다(대판 1999. 7. 9, 99도1695).

④ 피고인이 자수하였다 하더라도 자수한 자에 대하여는 법원이 임의로 형을 감경할 수 있음에 불과한 것으로서 원심이 자수감경을 하지 아니하였다거나 자수감경 주장에 대하여 판단을 하지 아니하였다 하여 위법하다고 할 수 없다(대판 2001. 4. 24, 2001도872).

(4) 자 복

피고 범죄사실은 **미성년자에 대한 간음치상죄**에 해당하며, 동 죄는 친고죄가 아니라 할 것이니, 피해자가 고소취소를 하였다고 하여서 공소기각을 하여야 하는 것은 아니고, 또 본건 범행은 피해자의 의사에 반하여 처벌할 수 없는 범죄가 아니므로 원판결이 본건 범행후 수사기관에 구속되기전에 피해자의 부모를 찾아가서 사죄한 사실에 대하여 형법 제52조 제2항의 자복에 해당하지 아니한다고 판시한 조치는 정당하다(대판 1968. 3. 5, 68도105).

Ⅲ. 양형조건

형법 제51조 제4호에서 양형의 조건의 하나로 정하고 있는 범행 후의 정황 가운데에는 형사소송절차에서의 피고인의 태도나 행위를 들 수 있는데, 모든 국민은 형사상 자기에게 불리한 진술을 강요당하지 아니할 권리가 보장되어 있으므로(헌법 제12조 제2항), 형사소송절차에서 피고인은 방어권에 기하여 범죄사실에 대하여 진술을 거부하거나 거짓 진술을 할 수 있고, 이 경우 범죄사실을 단순히 부인하고 있는 것이 죄를 반성하거나 후회하고 있지 않다는 인격적 비난요소로 보아 가중적 양형의 조건으로 삼는 것은 결과적으로 피고인에게 자백을 강요하는 것이 되어 허용될 수 없다고 할 것이나, 그러한 태도나 행위가 피고인에게 보장된 방어권 행사의 범위를 넘어 객관적이고 명백한 증거가 있음에도 진실의 발견을 적극적으로 숨기거나 법원을 오도하려는 시도에 기인한 경우에는 가중적 양형의 조건으로 참작될 수 있다(대판 2001. 3. 9, 2001도192).

Ⅳ. 미결구금의 산입

① 판결 선고일은 제1심 군법회의의 미결구금 일수에 들어가지 아니한다(대판 1966. 12. 23, 66도1500).

② 사회보호법 제20조 제6항 및 제16조 규정에 의하면 구속영장은 감호영장으로 보기도 하고 구속영장에 의한 구금일수가 보호감호 기간에 산입되기도 하므로 결국 구속영장에 의한 구금이나 감호영장에 의한 보호감금은 같은 선질의 구금으로 봄이 상당하다 할 것이어서 법정통산되는 항소심의 미결구금일수가 피고사건의 형기를 초과하는 경우 그 초과된 구금일수 만큼은 당연히 보호감호 기간에 산입된다(대판 1985. 8. 26, 85모27).

③ 제1심 판결이 피고인의 판결선고 전 구금일수 중 일부를 본형에 산입하지 아니하였다 하더라도 이는 **판결법원의 재량**에 속하는 사항이므로, 거기에 형법 제57조의 해석적용을 그르친 잘못이 있다 할 수 없다(대판 1993. 11. 26, 93도2505).

④ 항소심이 피고인의 항소를 기각하면서 판결선고 전의 미결구금일수를 제1심판결의 선고형에 산입하는 경우에 **제1심판결의 선고형이 2개 이상** 있을 때에는 그 중 어느 형에 산입하는지를 분명히 해야 함에도 판결선고 전의 항소심 구금일수를 원심형에 산입한다고만 하여 2개의 선고형 중 어느 형에 산입하는지 또한 쌍방에 산입하면 몇 일씩을 산입할 것인지 밝히지 아니한 항소심판결을 판결이유를 제대로 갖추지 아니한 위법이 있다(대판 1995. 7. 11, 95도1084).

⑤ 수개의 공소사실로 공소가 제기된 피고인이 그 중 일부의 범죄사실만으로 구속영장이 발부되어 구금되어 있었고, 법원이 그 수개의 범죄사실을 병합심리한 끝에 피고인에게 구속영장이 발부된 일부 범죄사실에 관한 죄의 형과 나머지 범죄사실에 관한 죄의 형으로 나누어 2개의 형을 선고할 경우에 일부 범죄사실에 의한 구금의 효과는 피고인의 신병에 관한 한 나머지 범죄사실에도 미친다고 보아 그 구금일수를 어느 죄에 관한 형에 산입할 것인가의 문제는 법원의 재량에 속하는 사항이라고 할 것이므로 법원이 판결선고 전의 구금일수를 구속영장이 발부되지 아니한 다른 범죄사실에 관한 죄의 형에 산입할 수도 있다(대판 1996. 5. 10, 96도800).

⑥ 판결 선고 전 구금일수의 전부를 본형에 산입하면서 판결에서 그 산입일수를 명시하지 않고 단지 그 **전부를 산입한다고만 표시**하더라도 구금일수의 일부를 산입하는 경우와는 달리 형의 집행단계에서 소송기록을 통하여 그 산입의 범위가 충분히 확정되므로, 이 때문에 판결주문의 내용이 명확하지 아니하다거나 또는 형사소송법 제321조 제2항에 위배되어 위법하다고 말할 수는 없다(대판 1999. 4. 15, 99도357 전원합의체 다수의견).

⑦ 미결구금은 공소의 목적을 달성하기 위하여 어쩔 수 없이 피고인 또는 피의자를 구금하는 강제처분이어서 형의 집행은 아니지만, 자유를 박탈하는 점이 자유형과 유사하기 때문에, 형법 제57조는 인권보호의 관점에서 미결구금일수의 전부 또는 일부를 본형에 산입한다고 규정하고 있는 것이나, **형의 집행과 구속영장의 집행이 경합하고 있는 경우**에는 구속 여부와 관계없이 피고인 또는 피의자는 형의 집행에 의하여 구금을 당하고 있는 것이어서, 구속은 관념상은 존재하지만 사실상은 형의 집행에 의한 구금만이 존재하는 것에 불과하므로 즉, 구속에 의하여 자유를 박탈하는 것이 아니므로, 인권보호의 관점에서 이러한 미결구금 기간을 본형에 통산할 필요가 없고, 오히려 이것을 통산한다면 하나의 구금으로써 두 개의 자유형의 집행을 동시에 하는 것과 같게 되는 불합리한 결과가 되어 피고인에게 부당한 이익을 부여하게 되므로, 이러한 경우의 미결구금은 본형에 통산하여서는 아니된다(대판 2001. 10. 26, 2001도4583).

⑧ 형법 제37조 전단의 경합범관계에 있는 공소사실 중 일부에 대하여는 유죄, 나머지 일부에 대하여는 무죄를 선고하였고 그 중 유죄부분에 대하여는 피고인이 상고하고 무죄부분에 대하여는 검사가 상고한 경우에 있어서는, 원심판결 전부의 확정이 차단되어 상고심에 이심되는 것이고 유죄부분에 대한 피고인의 상고가 이유 없더라도 무죄부분에 대한 검사의 상고가 이유 있는 때에는 피고인에게 하나의 형이 선고되어야 하는 관계로 무죄부분 뿐 아니라 유죄부분도 함께 파기되어야 하는 것이므로, 쌍방의 상고를 모두 기각하는 판결이 선고되기 전까지는 검사의 상고로 인하여 유죄부분과 무죄부분이 모두 파기될 가능성을 내포하고 있어 두 부분은 서로 밀접하게 관련되어 있고, 따라서 검사의 상고가 이유 있는지 여부를 가리기 전에는 유죄부분에 대한 피고인의 상고만을 분리하여 기각할 수 없어, 상고심의 미결구금이 오로지 피고인의 책임으로 돌릴 사유로 인하여 생긴 것이라고는 할 수 없다고 할 것이니, 이러한 경우 법문의 문언대로 당연히 **형사소송법 제482조 제1항 제1호**의 '검사가 상소를 제기한 때'에 해당하는 것으로 보아야 할 것이고, 따라서 **피고인과 검사의 상고를 모두 기각하는 경우**에 있어서도 상고제기 후의 판결선고 전의 구금일수는 형사소송법 제482조 제1항 제1호에 의하여 그 전부가 본형에 산입되는 것이라 할 것이며, 이와는 달리 경합범의 관계에 있는 사실 중 일부를 유죄로, 일부를 무죄로 각 판결하고 그 중 유죄부분에 대하여는 피고인이, 무죄부분에 대하여는 검사가 각 상고를 제기한 경우에 상고심에서 쌍방의 상고를 모두 기각하는 때에는 원심의 유죄부분과 무죄부분은 가분적이어서 쌍방의 상고는 서로 영향을 미치지 않으므로 상고 후의 구금일수를 형법 제57조에 의하여 재정산입하여야 한다고 판시한 대법원 2002. 2. 5. 선고 2001도6311 판결은 이 판결의 견해와 저촉되는 한도 내에서 이를 변경하기로 한다(대판 2002. 6.

20, 2002도807 전원합의체 다수의견).[3]

⑨ 미결구금은 공소의 목적을 달성하기 위하여 어쩔 수 없이 피고인 또는 피의자를 구금하는 강제처분이어서 형의 집행은 아니지만, 자유를 박탈하는 점이 자유형과 유사하기 때문에, 형법 제57조는 인권보호의 관점에서 미결구금일수의 전부 또는 일부를 본형에 산입한다고 규정하고 있는 것인바, 기록에 의하면, 피고인이 미결구금일수로서 본형에의 산입을 요구하는 일수는 이 사건 공소의 목적을 달성하기 위하여 어쩔 수 없이 이루어진 강제처분 기간이 아니라, 피고인이 필리핀 당국에 의하여 이민법위반 혐의(체류자격외 활동)로 체포된 후 필리핀에서 **강제로 출국**되기까지의 기간에 불과하므로, 이는 형법 제57조에 의하여 본형에 산입될 미결구금일수에 해당하지 아니한다(대판 2003. 2. 11, 2002도6606).

⑩ 피고인이 범행 후 미국으로 도주하였다가 **대한민국정부와미합중국정부간의범죄인인도조약**에 따라 체포되어 인도절차를 밟기 위한 절차에 해당하는 기간은 본형에 산입될 미결구금일수에 해당한다고 볼 수 없다(대판 2004. 4. 27, 2004도482).

⑪ 정식재판청구기간을 도과한 약식명령에 기하여 피고인을 노역장에 유치하는 것은 형의 집행이므로 그 유치기간은 형법 제57조가 규정한 미결구금일수에 해당하지 아니한다. 따라서 비록 정식재판청구권회복결정에 의하여 사건을 공판절차에 의하여 심리하는 경우라 하더라도 법원은 **노역장 유치기간**을 미결구금일수로 보아 이를 본형에 산입할 수는 없고, 그 유치기간은 나중에 본형의 집행단계에서 그에 상응하는 벌금형이 집행된 것으로 간주될 뿐이다(대판 2007. 5. 10, 2007도2517).

⑫ 형법 제57조 제1항은 해당 법관으로 하여금 미결구금일수를 형기에 산입하되, 그 산입범위는 재량에 의하여 결정하도록 하고 있는바, 이처럼 미결구금일수 산입범위의 결정을 법관의 자유재량에 맡기는 이유는 피고인이 고의로 부당하게 재판을 지연시키는 것을 막아 형사재판의 효율성을 높이고, 피고인의 남상소를 방지하여 상소심 법원의 업무부담을 줄이는데 있다. 그러나 미결구금을 허용하는 것 자체가 헌법상 무죄추정의 원칙에서 파생되는 불구속수사의 원칙에 대한 예외인데, **형법 제57조 제1항 중 "또는 일부 부분"은 그 미결구금일수 중 일부만을 본형에 산입할 수 있도록 규정**하여 그 예외에 대하여 사실상 다시 특례를 설정함으로써, 기본권 중에서도 가장 본질적인 신체의 자유에 대한 침해

---

3 변경 전 대법원의 판례는 "상고심에서 쌍방의 상고를 모두 기각하는 때에는 원심의 유죄부분과 무죄부분은 가분적이어서 쌍방의 상고는 서로 영향을 미치지 않으므로 피고인만이 상고한 유죄부분에 대하여는 형사소송법 제482조 제1항 제1호(반드시 전부를 산입해야 할 경우)에 정해진 검사가 상고한 경우에 해당하지 아니하므로 이에 대한 상고 후의 구금일수는 형법 제57조에 의하여 재정산입하여야 한다"(대판 2002. 2. 5, 2001도6311)는 판결이었다.

를 가중하고 있다. 또한, 형법 제57조 제1항 중 "또는 일부" 부분이 상소제기 후 미결구금일수의 일부가 산입되지 않을 수 있도록 하여 피고인의 상소의사를 위축시킴으로써 남상소를 방지하려 하는 것은 입법목적 달성을 위한 적절한 수단이라고 할 수 없고, 남상소를 방지한다는 명목으로 오히려 구속 피고인의 재판청구권이나 상소권의 적정한 행사를 저해한다. 더욱이 구속 피고인이 고의로 재판을 지연하거나 부당한 소송행위를 하였다고 하더라도 이를 이유로 미결구금기간 중 일부를 형기에 산입하지 않는 것은 처벌되지 않는 소송상의 태도에 대하여 형벌적 요소를 도입하여 제재를 가하는 것으로서 적법절차의 원칙 및 무죄추정의 원칙에 반한다. 이와 같이 헌법상 무죄추정의 원칙에 따라 유죄판결이 확정되기 전에 피의자 또는 피고인을 죄 있는 자에 준하여 취급함으로써 법률적·사실적 측면에서 유형·무형의 불이익을 주어서는 아니되고, 특히 미결구금은 신체의 자유를 침해받는 피의자 또는 피고인의 입장에서 보면 실질적으로 자유형의 집행과 다를 바 없으므로, 인권보호 및 공평의 원칙상 형기에 전부 산입되어야 한다. 따라서 형법 제57조 제1항 중 "또는 일부 부분"은 헌법상 **무죄추정의 원칙 및 적법절차의 원칙 등을 위배**하여 합리성과 정당성 없이 신체의 자유를 침해한다(헌재 2009. 6. 25, 2007헌바25).

V. 누 범

1. 누범가중과 일사부재리원칙 및 평등원칙

형법 제35조 제1항이 누범을 가중처벌하는 것은 前犯에 대하여 형벌을 받았음에도 다시 범행을 하였다는 데 있는 것이지, 前犯에 대하여 처벌을 받았음에도 다시 범행을 하는 경우에는 前犯도 後犯과 일괄하여 다시 처벌한다는 것은 아님이 명백하므로, 누범에 대하여 형을 가중하는 것이 헌법상의 일사부재리의 원칙에 위배하여 피고인의 기본권을 침해하는 것이라고는 볼 수 없고, 누범을 가중처벌하는 것은 전범에 대한 형벌의 경고적 기능을 무시하고 다시 범죄를 저질렀다는 점에서 비난가능성이 많고, 누범이 증가하고 있는 현실에서 사회방위, 범죄의 특별예방 및 일반예방이라는 형벌목적에 비추어 보아, 형법 제35조가 누범에 대하여 형법 제35조가 누범에 대하여 형을 가중한다고 해서 그것이 인간의 존엄성존중이라는 헌법의 이념에 반하는 것도 아니며, 누범을 가중하여 처벌하는 것은 사회방위, 범죄의 특별예방 및 일반예방, 더 나아가 사회의 질서유지의 목적을 달성하기 위한 하나의 수단이기도 한 것이므로 이는 합리적 근거 있는 차별이어서 헌법상의 평등의 원칙에 위배되지 아니한다(헌재 1995. 2. 23, 93헌바43).

2. 누범의 요건

(1) 금고 이상의 형의 선고

① **일반사면**령에 의하여 형의 선고의 효력이 상실된 범죄를 누범가중 사유로 하여 처벌하였음은 위법이다(대판 1964. 3. 31, 64도34).

② **복권**은 사면의 경우와 같이 형의 언도의 효력을 상실시키는 것이 아니고, 다만 형의 언도의 효력으로 인하여 상실 또는 정지된 자격을 회복시킴에 지나지 아니하는 것이므로 복권이 있었다고 하더라도 그 전과사실은 누범가중사유에 해당한다(대판 1981. 4. 14, 81도543).

③ 누범가중의 사유가 되는 **전과사실**은 범죄될 사실이 아니므로 공소장에 기재된 바 없더라도, 이를 심리 처단할 수 있으며 전과에 관한 사실은 피고인의 자백만으로도 인정할 수 있다(대판 1981. 6. 9, 81도1353).

④ 특정범죄가중처벌등에 관한 법률 제5조의 4 제1항(상습 강·절도의 가중처벌)위반죄에 있어서도 누범가중에 관한 형법 제35조가 적용된다(대판 1981. 11. 24, 81도2564, 81감도33).

⑤ **상습범중 일부 소위가 누범기간 내**에 이루어진 이상 나머지 소위가 누범기간 경과후에 행하여 졌더라도 그 행위 전부가 누범관계에 있는 것이다(대판 1982. 5. 25, 82도600, 82감도115).

⑥ 형의 선고를 받은 자가 특별사면을 받아 형의 집행을 면제받고 또 후에 복권이 되었다 하더라도 형의 선고의 효력이 상실되는 것은 아니므로 실형을 선고받아 복역하다가 **특별사면**으로 출소한 후 3년 이내에 다시 범죄를 저지른 자에 대한 누범가중은 정당하다(대판 1986. 11. 11, 86도2004).

(2) 형의 집행종료 또는 면제

① **집행유예의 판결을 받고 그 기간경과후** 다시 범죄를 저지른 행위는 집행유예된 범죄와의 사이에 누범관계가 성립하지 아니한다(대판 1970. 9. 22, 70도1627).

② 가석방은 가석방의 처분을 받은 후 그 처분의 실효 또는 취소됨이 없이 무기에 있어서는 10년 유기형에 있어서는 그 잔형기를 경과한 때에는 형의 집행을 종료한 것으로 간주되는 것이므로 아직 **가석방기간중일 때에는 형집행 종료라고 볼 수 없기 때문에** 가석

방기간중에 재범에 대하여는 그 가석방된 전과사실 때문에 누범가중처벌되지 아니한다(대판 1976. 9. 14, 76도2158).

③ 금고 이상의 형을 받고 그 형의 집행유예기간 중에 금고 이상에 해당하는 죄를 범하였다 하더라도 이는 누범가중의 요건을 충족시킨 것이라 할 수 없다(대판 1983. 8. 23, 83도1600).

(3) 3년 이내 금고 이상에 해당하는 죄를 범함

① 상습범 중 일부행위가 누범기간 내에 있는 이상 나머지 행위가 누범기간경과 후에 행해졌더라도 위의 행위 전부가 누범관계에 있다(대판 1982. 5. 25, 82도600).

② 형법 제35조 제1항에 규정된 "금고 이상에 해당하는 죄"라 함은 유기금고형 이나 유기징역형으로 처단할 경우에 해당하는 죄를 의미하는 것으로서 법정형중 **벌금형**을 선택한 경우에는 누범가중을 할 수 없다(대판 1982. 9. 14, 82도1702).

제 3 장 刑의 猶豫

제1절 선고유예

Ⅰ. 선고유예의 요건

1. 1년 이하의 징역이나 금고, 자격정지 또는 벌금의 형을 선고할 경우

(1) 형벌의 범위

① 형법 제59조에 의하여 형의 선고를 유예하는 판결을 할 경우에도 선고가 유예된 형에 대한 판단을 하여야 하는 것이므로 선고유예 판결에서도 그 판결이유에서는 선고할 형의 종류와 양, 즉 선고형을 정해 놓아야 하고 그 선고를 유예하는 형이 벌금형일 경우에는 그 벌금액뿐만 아니라 환형유치처분까지 해 두어야 한다(대판 1988. 1. 19, 86도2654).

② 구류형에 대하여는 선고를 유예할 수 없다(대판 1993. 6. 22, 93오1).

(2) 부가형의 경우

① 필요적 몰수의 경우라도 주형을 선고유예하는 경우에는 몰수나 또는 몰수에 가름하는 추징도 선고유예를 할 수 있다(대판 1978. 4. 25, 76도2262).

참고판례

징역형과 벌금형을 병과하면서 그 징역형에 대하여 집행을 유예하고 그 벌금형에 대하여 선고를 유예하였음은 정당하다(대판 1976. 6. 8, 74도1266).

② **몰수에 갈음하는 추징**은 부가형적 성질을 띠고 있어 그 주형에 대하여 선고를 유예하는 경우에는 그 부가할 추징에 대하여도 선고를 유예할 수 있으나, 그 주형에 대하여 선고를 유예하지 아니하면서 이에 부가할 추징에 대하여서만 선고를 유예할 수는 없다(대판 1979. 4. 10, 78도3098).

③ 추징은 성질상 몰수와 다를 바 없으므로 **주형을 선고유예하고 추징만을 선고**할 수 있다(대판 1981. 4. 14, 81도614).

④ 형법 제59조에 의하더라도 몰수는 선고유예의 대상으로 규정되어 있지 아니하고 다만 몰수 또는 이에 갈음하는 추징은 부가형적 성질을 띄고 있어 그 주형에 대하여 선고를 유예하는 경우에는 그 부가할 몰수 추징에 대하여도 선고를 유예할 수 있으나, 그 주형에 대하여 선고를 유예하지 아니하면서 이에 부가할 몰수 추징에 대하여서만 선고를 유예할 수는 없다(대판 1988. 6. 21, 88도551).

(3) 양벌규정의 경우

회사 대표자의 위반행위에 대하여 징역형의 형량을 작량감경하고 병과하는 벌금형에 대하여 선고유예를 한 이상 양벌규정에 따라 그 회사를 처단함에 있어서도 같은 조치를 취하여야 한다는 논지는 독자적인 견해에 지나지 아니하여 받아들일 수 없다(대판 1995. 12. 12, 95도1893).

(4) 결격사유

① 형법 제59조 제1항 단행에서 정한 "자격정지 이상의 형을 받은 전과"라 함은 자격정지 이상의 형을 선고받은 범죄경력 자체를 의미하는 것이고, 그 형의 효력이 상실된 여부는 묻지 않는 것으로 해석함이 상당하다고 할 것이고, 따라서 형의 **집행유예**를 선고받은 자는 형법 제65조에 의하여 그 선고가 실효 또는 취소됨이 없이 정해진 유예기간을 무사히 경과하여 형의 선고가 효력을 잃게 되었다고 하더라도 형의 선고의 법률적 효과가 없어진다는 것일 뿐, 형의 선고가 있었다는 기왕의 사실 자체까지 없어지는 것은 아니므로, 형법 제59조 제1항 단행에서 정한 **선고유예 결격사유인 "자격정지 이상의 형을 받은**

전과가 있는 자"에 해당한다고 보아야 한다(대판 2003. 12. 26, 2003도3768).

② 선고유예가 주로 범정이 경미한 초범자에 대하여 형을 부과하지 않고 자발적인 개선과 갱생을 촉진시키고자 하는 제도인 점, 형법은 선고유예의 예외사유를 '자격정지 이상의 형을 받은 전과'라고만 규정하고 있을 뿐 그 전과를 범행 이전의 것으로 제한하거나 형법 제37조 후단 경합범 규정상의 금고 이상의 형에 처한 판결에 의한 전과를 제외하고 있지 아니한 점, 형법 제39조 제1항은 경합범 중 판결을 받지 아니한 죄가 있는 때에는 그 죄와 판결이 확정된 죄를 동시에 판결할 경우와 형평을 고려하여 그 죄에 대하여 형을 선고하여야 하는데 이미 판결이 확정된 죄에 대하여 금고 이상의 형이 선고되었다면 나머지 죄가 위 판결이 확정된 죄와 동시에 판결되었다고 하더라도 선고유예가 선고되었을 수 없을 것인데 나중에 별도로 판결이 선고된다는 이유만으로 선고유예가 가능하다고 하는 것은 불합리한 점 등을 종합하여 보면, 형법 제39조 제1항에 의하여 **형법 제37조 후단 경합범 중 판결을 받지 아니한 죄에 대하여 형을 선고하는 경우**에 있어서 형법 제37조 후단에 규정된 금고 이상의 형에 처한 판결이 확정된 죄의 형도 형법 제59조 제1항 단서에서 정한 '자격정지 이상의 형을 받은 전과'에 포함된다고 봄이 상당하다(대판 2010. 7. 8, 2010도931).

이 판결의 피고인은 2006. 9. 9. 야기한 공동상해 및 업무방해 혐의(A죄)로 2009. 3. 19. 1심 판결이 선고되었으나, 2008. 11. 11. 수원지방법원에서 폭력행위등 처벌에 관한 법률 위반(공동공갈)죄(B죄) 등으로 징역 4월에 집행유예 2년을 선고받아 11. 19. 그 판결이 확정된 전과가 있었다. 이처럼 A죄와 B죄를 범한 피고인에게 B죄에 대한 징역형의 집행유예 확정판결이 먼저 내려진 경우, 사후적 경합범인 A죄에 대한 유죄판결시, 자격정지 이상의 전과가 있는 경우에 해당하므로 선고유예를 할 수 없다는 판시이다. 사후적 경합범에 대한 선고유예의 가부에 대한 의미 있는 판결이라고 하겠다.

2. 개전의 정상이 현저할 것

선고유예의 요건 중 '개전의 정상이 현저한 때'라고 함은, 반성의 정도를 포함하여 널리 형법 제51조가 규정하는 양형의 조건을 종합적으로 참작하여 볼 때 형을 선고하지 않더라도 피고인이 다시 범행을 저지르지 않으리라는 사정이 현저하게 기대되는 경우를 가리킨다고 해석할 것이고, 이와 달리 여기서의 **'개전의 정상이 현저한 때'가 반드시 피고인이 죄를 깊이 뉘우치는 경우만을 뜻하는 것으로 제한하여 해석하거나, 피고인이 범죄사실을 자백하지 않고 부인할 경우에는 언제나 선고유예를 할 수 없다고 해석할 것은 아니며,**

또한 형법 제51조의 사항과 개전의 정상이 현저한지 여부에 관한 사항은 널리 형의 양정에 관한 법원의 재량사항에 속한다고 해석되므로, 상고심으로서는 형사소송법 제383조 제4호에 의하여 사형·무기 또는 10년 이상의 징역·금고가 선고된 사건에서 형의 양정의 당부에 관한 상고이유를 심판하는 경우가 아닌 이상, 선고유예에 관하여 형법 제51조의 사항과 개전의 정상이 현저한지 여부에 대한 원심 판단의 당부를 심판할 수 없고, 그 원심 판단이 현저하게 잘못되었다고 하더라도 달리 볼 것이 아니다(대판 2003. 2. 20, 2001도6138 전원합의체 다수의견).[1]

제 2 절 집행유예

Ⅰ. 집행유예의 요건

1. 3년 이하의 징역 또는 금고의 형을 선고할 경우

집행유예의 요건을 규정하고 있는 형법 제62조 소정의 "3년 이하의 징역 또는 금고의 형"이라 함은 법정형이 아닌 선고형을 의미하는 것이다(대판 1989. 11. 28, 89도780).

2. 금고 이상의 형을 선고한 판결이 확정된 때부터 그 집행을 종료하거나 면제된 후 3년이 경과[2]

① 형법 제62조 제1항 단서에서 규정한 "금고 이상의 형의 선고를 받아 집행을 종료한 후 또는 집행이 면제된 후로부터 5년이 경과하지 아니한 자"라는 의미는 실형의 선고를 받고 집행종료나 집행이 면제된 후부터 5년을 경과하지 아니한 경우만을 가리키는 것이 아니라 형의 집행유예를 선고받고 그 유예기간이 경과하지 아니한 경우도 포함되나, 다만 어떤 사람이 저지른 형법 제37조의의 경합범관계에 있는 수죄가 전후로 기소되어 각

1 따라서 범죄를 부인하는 경우에는 선고유예를 할 수 없다고 한 대법원 1997. 7. 9, 99도1635판결 및 1999. 11. 12, 99도3140판결 및 이를 전제로 선고유예의 가부를 상고심의 심판대상으로 삼을 수 있다고 한 대법원 2000. 7. 28, 2000도2588 판결의 각 견해는 변경되었다.

2 이 요건은 제62조 제1항의 단서를 반대해석한 것으로, 개정전 형법이 금고이상의 형을 선고받고 그 집행종료 또는 면제 후 5년을 경과하도록 하면서 기준시점을 '선고시'로 하여 공범간에도 재판의 선후에 따라 불합리한 양형이 발생하였던 모순을 바로잡기 위해 개정 형법에서 기준시점을 '범행시'로 바꾼 것이다.

각 별개의 절차에서 재판을 받게 된 결과 어느 죄에 대하여 먼저 집행유예가 선고되어 그 형이 확정된 경우 그 나머지 죄에 대한 판결에서 다시 집행유예를 선고할 수 없다면 위 수죄가 같은 절차에서 동시에 심판을 받아 한꺼번에 집행유예를 선고받을 수 있었던 경우와 비교하여 현저히 균형을 잃게 되어 불합리하므로, 이러한 경우에 있어서는 위 단서 규정의 "형의 선고를 받아"라는 의미는 실형이 선고된 경우만을 가리키고 형의 집행유예를 선고받은 경우는 포함하지 않는다고 보아야하고, 한편 **먼저 집행유예의 형이 확정된 죄의 집행유예기간 내에 다시 집행유예를 선고할 수 있는 나머지 죄란 그 먼저 형이 확정된 죄와 법률상 동시에 심판을 받을 가능성이 있었던 형법 제37조 후단의 경합범관계에 있는 죄**이면 모두 이에 해당한다 할 것이지, 개개의 소송절차 또는 범행시기 등과의 관계에 의하여 현실적으로 동시심판이 현저히 곤란하였는지 여부 또는 동시심판을 하였을 경우 과연 집행유예를 선고받을 수 있는 정상이 있었는지 여부 등 구체적인 사정을 일일이 고려하여야 하는 것은 아니다(대판 1992. 8. 14, 92도1246).

② 형법 제62조 제1항 단서에서 규정한 '금고 이상의 형의 선고를 받아 집행을 종료한 후 또는 집행이 면제된 후로부터 5년이 경과하지 아니한 자'라는 의미는 실형의 선고를 받고 집행종료나 집행이 면제된 후부터 5년을 경과하지 아니한 경우만을 가리키는 것이 아니라 형의 집행유예를 선고받고 그 유예기간이 경과하지 아니한 경우도 포함되고, 다만 어떤 사람이 저지른 형법 제37조의 경합범관계에 있는 수죄가 전후로 기소되어 각각 별개의 절차에서 재판을 받게 된 결과 어느 죄에 대하여 먼저 집행유예가 선고되어 그 형이 확정된 경우 그 나머지 죄에 대한 판결에서 다시 집행유예를 선고할 수 없다면 위 수죄가 같은 절차에서 동시에 심판을 받아 한꺼번에 집행유예를 선고받을 수 있었던 경우와 비교하여 현저히 균형을 잃게 되어 불합리하므로, 이러한 경우에 있어서는 위 **단서규정의 '형의 선고를 받아'**라는 의미는 실형이 선고된 경우만을 가리키고 형의 집행유예를 선고받은 경우는 포함하지 않으므로, 형의 집행유예를 선고받고 그 유예기간이 경과되지 아니한 사람에게는 그 사람이 형법 제37조의 경합범관계에 있는 수죄를 범하여 같은 절차에서 동시에 재판을 받았더라면 한꺼번에 집행유예의 선고를 받았으리라고 여겨지는 특수한 경우가 아닌 한 다시 형의 집행유예를 선고할 수 없다(대판 2002. 2. 22, 2001도5891).

참고판례

형법 제41조, 사면법 제5조 제1항 제2호,제7조등의 규정의 내용 및 취지에 비추어 보면, 여러 개의 형이 병과된 사람에 대하여 그 병과형 중 일부의 집행을 면제하거나 그에 대한 형의 선고의 효력을 상실케 하는 특별사면이 있은 경우, 그 특별사면의 효력이 병과된 나머지 형에까지 미치는 것은 아니므로 징역형의 집행유예와 벌금형이 병과된 신청인에 대하여 징역형의 집행유예의 효력을 상실케 하는 내용의 특별사면이 그 벌금형의 선고의 효력까지 상실케 하는 것은 아니다(대판 1997. 10. 13, 96모33).

③ 집행유예 기간 중에 범한 죄에 대하여 형을 선고할 때에, 집행유예의 결격사유를 정하는 형법 제62조 제1항 단서 소정의 요건에 해당하는 경우란, 이미 집행유예가 실효 또는 취소된 경우와 그 선고 시점에 미처 유예기간이 경과하지 아니하여 형 선고의 효력이 실효되지 아니한 채로 남아 있는 경우로 국한되고, 집행유예가 실효 또는 취소됨이 없이 유예기간을 경과한 때에는, 형의 선고가 이미 그 효력을 잃게 되어 '금고 이상의 형을 선고'한 경우에 해당한다고 보기 어려울 뿐 아니라, 집행의 가능성이 더 이상 존재하지 아니하여 집행종료나 집행면제의 개념도 상정하기 어려우므로 위 단서 소정의 요건에 해당하지 않는다고 할 것이므로, **집행유예 기간 중에 범한 범죄**라고 할지라도 집행유예가 실효 취소됨이 없이 그 **유예기간이 경과**한 경우에는 이에 대해 다시 집행유예의 선고가 가능하다(대판 2007. 2. 8, 2006도6196).

Ⅱ. 보호관찰·사회봉사·수강명령의 부과

1. 병 과

형법 제62조의 2 제1항은 '형의 집행을 유예하는 경우에는 보호관찰을 받을 것을 명하거나 사회봉사 또는 수강을 명할 수 있다'고 규정하고 있는 바, 그 문리해석에 따르면 … 반드시 양자를 동시에 명할 수 없다는 취지로 해석되지 아니할 뿐더러 … 제도의 취지에 비추어 보더라도 범죄자에 대한 사회복귀를 촉진하고 효과적인 범죄예방을 위하여 양자를 병과할 필요성이 있는 점 등을 종합하여 볼 때, 형법 제62조에 의하여 집행유예를 선고할 경우에는 같은 법 제 62조의 2 제1항에 규정된 보호관찰과 사회봉사 또는 수강을 동시에 명할 수 있다고 해석함이 타당하다(대판 1998. 4. 24, 98도98).

2. 사회봉사명령

현행 형법의 사회봉사는 형의 집행을 유예하면서 부가적으로 명하는 것이고 집행유예 되는 형은 자유형에 한정되고 있는 점 등에 비추어, 현행 형법에 의하여 법원이 형의 집행을 유예하는 경우 명할 수 있는 사회봉사는 자유형의 집행을 대체하기 위한 것으로서 500시간 내에서 시간 단위로 부과될 수 있는 일 또는 근로활동을 의미하는 것으로 해석된다. 따라서 법원이 형법 제62조의2의 규정에 의한 사회봉사명령으로 피고인에게 일정한 **금원을 출연**하거나 이와 동일시 할 수 있는 행위를 명하는 것은 허용될 수 없다고 본다. 한편, 법원이 피고인에게 유죄로 인정된 범죄행위를 뉘우치거나 그 범죄행위를 공개하는 취지의 **말이나 글을 발표**하도록 하는 내용의 사회봉사를 명하고 이를 위반할 경우 형법 제64조 제2항에 의하여 집행유예의 선고를 취소할 수 있도록 함으로써 그 이행을 강제하는 것은, 헌법이 보호하는 피고인의 양심의 자유, 명예 및 인격에 대한 심각하고 중대한 침해에 해당하므로, 이는 허용될 수 없다. 또, 법원이 명하는 사회봉사의 의미나 내용은 피고인이나 집행 담당 기관이 쉽게 이해할 수 있어 집행 과정에서 그 의미나 내용에 관한 다툼이 발생하지 않을 정도로 특정되어야 한다. 특히, 피고인으로 하여금 자신의 범죄행위와 관련하여 어떤 말이나 글을 공개적으로 발표하도록 하는 것은 경우에 따라 피고인의 명예나 인격에 대한 심각하고 중대한 침해를 초래할 수 있는바, 법원이 피고인에게 유죄로 인정된 범죄행위와 관련하여 어떤 말이나 글을 공개적으로 발표하라는 사회봉사를 명한 경우, 그 말이나 글이 어떤 의미나 내용이어야 하는 것인지 쉽게 이해할 수 없어 집행과정에서 그 의미나 내용에 관한 다툼이 발생할 가능성이 적지 않고, 유죄로 인정된 범죄행위를 뉘우치거나 그 범죄행위를 공개하는 취지의 말이나 글을 발표하도록 하는 취지의 것으로도 해석될 가능성이 적지 않다면 이러한 사회봉사명령은 위법하다고 볼 수밖에 없다(대판 2008. 4. 11, 2007도8373).

Ⅲ. 집행유예의 실효 및 취소

1. 집행유예의 실효

① 형의 집행유예 선고의 실효에 관한 규정인 형법 제63조는 집행유예의 실효사유로서 집행유예기간 중 금고 이상의 형을 선고한 판결이 확정된 것을 요구하고 있을 뿐이고 그와 같이 금고 이상의 형이 확정된 죄가 집행유예기간 중에 범한 것인지 여부를 불문하고 있는 바, … 집행유예의 선고가 확정된 죄와 법률상 동일절차에서 심판을 받을 가능성이 있었던 **형법 제37조 후단의 경합범관계에 있는 다른 죄에 대하여 금고 이상의 실형을 선고한 판결이 그 집행유예기간 중에 확정된 경우**에는 먼저 확정되었던 집행유예의 선고

가 효력을 잃는다(대판 1997. 7. 18, 97모18).

② 형법 제63조의 금고 이상의 형의 선고에는 실형 뿐만 아니라 금고 이상의 형이 선고된 이상 그 형의 집행이 유예된 경우도 원칙적으로 포함되는 것이지만, 이를 엄격히 해석하여 형법 제37조의 경합범관계에 있는 수죄가 전후로 기소되어 각각 별개의 절차에서 재판을 받게 된 결과 어느 하나의 사건에서 먼저 집행유예가 선고되어 그 형이 확정된 후 그 유예기간 중 여죄에 대한 다른 사건의 판결에서 집행유예가 선고되는 경우, 먼저 선고된 집행유예의 선고가 효력을 잃게 된다고 한다면 위 수죄가 같은 절차에서 동시에 재판을 받아 한꺼번에 집행유예를 선고받을 수 있었던 경우와 비교하여 볼 때 현저히 균형을 잃게 되어 불합리한 결과가 되므로, **집행유예기간 중 여죄에 대하여 금고 이상의 실형이 선고된 것이 아니고 금고 이상의 형의 집행유예가 선고된 경우**는 예외적으로 위 규정의 '금고 이상의 형의 선고'를 받은 것에 포함되지 아니한다(대판 1997. 10. 13, 96모118).

2. 집행유예의 결격사유

형법 제 62조 제1항 단서는 금고 이상의 형의 선고를 받아 집행을 종료한 후 또는 집행이 면제된 후로부터 5년을 경과하지 아니한 자에 대하여는 집행유예를 선고할 수 없도록 규정하고 있는바, 여기에서 '5년을 경과하지 아니한 자'라는 의미는 범죄행위시가 먼저 형의 선고를 받았던 범죄사실이 있기 전의 행위였거나 그 후에 있었던 행위이거나를 막론하고 형의 선고시를 기준으로 하여 먼저 선고받은 형의 집행을 종료하였거나 집행이 면제된 후로부터 5년의 기간이 경과하지 아니한 자를 의미하는 것이므로 실형을 받은 피고인이 그 형의 집행종결간주일로부터 원심판결 선고시까지 사이에 4년 3개월여가 경과하였을 뿐이라면 이 사건 범행이 위 유죄로 확정된 범죄이전에 범한 것이라 하더라도 피고인은 형법 제62조 제1항 단서 소정의 집행유예 결격자에 해당한다(대판 1990. 11. 23, 90도1803).

3. 집행유예의 취소

(1) 필요적 취소

① 집행유예를 선고받은 후 그 선고의 실효 또는 취소됨이 없이 유예기간을 경과한 때에는 형법 제65조가 정한 바에 따라 형의 선고는 효력을 잃는 것이고, 그와 같이 유예기간이 경과함으로써 형의 선고가 효력을 잃은 후에는 형법 제62조 단서의 사유가 발각되

었다 하더라도 그와 같은 이유로 집행유예를 취소할 수 없고 그대로 유예기간 경과의 효과가 발생한다(대판 1999. 1. 12, 98모151).

② 집행유예의 취소는 그 집행유예판결이 확정된 후 취소사유에 해당하는 **전과가 발각**된 경우에 한하고 그 판결확정 전에 발견된 경우에는 이를 취소할 수 없으며, 이때 판결확정전에 발각되었다 함은 검사가 명확하게 그 결격사유를 안 경우만을 말하는 것이 아니라 당연히 그 결격사유를 알 수 있는 객관적 상황이 존재함에도 부주의로 알지 못한 경우를 포함한다(대판 2001. 6. 27, 2001모135).

(2) 임의적 취소

형법 제62조의2의 규정에 의하여 보호관찰이나 사회봉사 또는 수강을 명한 집행유예를 받은 자가 준수사항이나 명령을 위반한 경우에 그 위반사실이 동시에 범죄행위로 되더라도 그 기소나 재판의 확정여부 등 형사절차와는 별도로 법원이 보호관찰등에관한법률에 의한 검사의 청구에 의하여 형법 제64조 제2항에 규정된 집행유예 취소의 요건에 해당하는가를 심리하여 준수사항이나 명령 위반사실이 인정되고 위반의 정도가 무거운 때에는 집행유예를 취소할 수 있다(대판 1999. 3. 10, 99모33).

Ⅳ. 기타 판례

1. 집행유예의 시기

우리 형법이 집행유예기간의 시기(始期)에 관하여 명문의 규정을 두고 있지는 않지만 형사소송법 제459조가 "재판은 이 법률에 특별한 규정이 없으면 확정한 후에 집행한다"고 규정한 취지나 집행유예 제도의 본질 등에 비추어 보면 집행유예를 함에 있어 그 집행유예기간의 시기는 **집행유예를 선고한 '판결 확정일'**로 하여야 하고 법원이 판결 확정일 이후의 시점을 임의로 선택할 수는 없다. **형법 제37조 후단의 경합범 관계**에 있는 죄에 대하여 **두 개의 징역형을 선고하면서 하나의 징역형에 대하여만 집행유예를 선고하고 그 집행유예기간의 시기를 다른 하나의 징역형의 집행종료일**로 한 것은 위법하다(대판 2002. 2. 26, 2000도4637).

2. 항소심에서의 집행유예기간의 연장

집행유예기간을 연장하는 것은 형벌권의 소멸기간을 연장하여 피고인의 법적 지위를 저하시키는 것이므로 불이익변경에 해당한다(대판 1983. 10. 11, 83도2034).

3. 집행유예선고의 기준법률

구 형법(2005. 7. 29. 법률 제7623호로 개정되기 전의 것) 제62조 제1항 단서는 '금고 이상의 형의 선고를 받아 집행을 종료한 후 또는 집행이 면제된 후로부터 5년을 경과하지 아니한 자'를 형의 집행유예의 결격사유로 규정하고 있었으나, 현행 형법 제62조 제1항 단서는 '금고 이상의 형을 선고한 판결이 확정된 때부터 그 집행을 종료하거나 면제된 후 3년까지의 기간에 범한 죄에 대하여 형을 선고하는 경우'를 집행유예 결격사유로 규정하면서, 그 부칙(2005. 7. 29.) 제2항에서는 "이 법은 이 법 시행 전에 행하여진 죄에 대하여도 적용한다. 다만, 종전의 규정을 적용하는 것이 행위자에게 유리한 경우에는 그러하지 아니하다."라고 규정하고 있으므로, 위 법률 개정 전에 저지른 범죄에 대하여 형을 선고함에 있어서는 어느 법률이 피고인에게 유리한지를 가려 그 법률을 적용하여야 한다. 따라서 **구 형법 시행중 범한 범죄에 대하여 형을 선고**함에 있어, 종전의 형법을 적용하면 형의 집행을 종료한 후 이미 5년이 경과되어 집행유예 결격사유에 해당하지 아니하지만, 현행 형법을 적용하면 형의 집행을 종료한 후 3년까지의 기간중에 범한 죄이어서 집행유예 결격사유에 해당하는 경우 피고인에게는 **종전 형법**을 적용하는 것이 유리하므로 그 법률을 적용하여야 한다(대판 2008. 3. 27, 2007도7874).

4. 일부집행유예

형법 제62조의 2 제1항은 '형집행유예의 요건에 관한 형법 제62조 제1항 본문은 "3년 이하의 징역 또는 금고의 형을 선고할 경우에 제51조의 사항을 참작하여 그 정상에 참작할 만한 사유가 있는 때에는 1년 이상 5년 이하의 기간 '형'의 집행을 유예할 수 있다."고 규정하고, 같은 조 제2항은 "형을 '병과'할 경우에는 그 형의 '일부'에 대하여 집행을 유예할 수 있다."고 규정하고 있는바, 비록 형법 제62조 제1항이 '형'의 집행을 유예할 수 있다고만 규정하고 있다고 하더라도, 이는 같은 조 제2항이 그 **형의 '일부'에 대하여 집행을 유예**할 수 있는 때를 형을 '병과'할 경우로 한정하고 있는 점에 비추어 보면, 조문의 체계적 해석상 하나의 형의 전부에 대한 집행유예에 관한 규정이라 할 것이다. 또한, 하나의 자유형에 대한 일부집행유예에 관하여는 그 요건, 효력 및 일부 실형에 대한 집행의 시기와 절차, 방법 등을 입법에 의해 명확하게 할 필요가 있으므로, 그 인정을 위해서는 별도의 근거 규정이 필요하다고 할 것이다(대판 2007. 2. 22, 2006도8555).[3]

3 일부집행유예는 협의의 일부집행유예와 광의의 일부집행유예로 구분하는 것이 현행 조문의 보다 명확한 해석에 적합하게 보인다. 먼저 狹義의 일부집행유예는 하나의 단일형에 대하여 집행의 일부를 유예하는 것을 말하며(예컨대 징역 1년 6월을 선고하면서 그 중 1년에 대하여 집행을 유예하는 경우), 廣義의 일부집행유예는 첫 번째로 하나의 판결에 동종형이 2개 이상이 선고된 경우 그 동종형 각각에 대한 일부의 집행유예와(법원이 징역 1년과 징역 1년 6월을 선고하면서 징역 1년 6월에 대하여 집행을 유예한 경우), 두 번째 이종의 형이 선고되었으나 그 이종의 형 각각에 대한 일부의 집행유예(법원이 징역 1년 6월과 벌금 5백만원을 선고하면서 징역 1년 6월에 대하여 집행을 유예하는 경우) 및 세 번째 이종의 형중 하나에 대한 일부의 집행유예를 의미하는 것으로 볼 수 있다(징역 1년 6월중 1년에 대하여 집행을 유예하고 벌금 5백만원을 유지하는 경우). 이러한 개념정의의 실익은 형법 제62조 제1항과 제2항의 해석문제, 경합범규정인 형법 제37조 및 제39조 제1항과의 관계에 대한 합리적인 문제해결의 기초를 제공하는 데에 있다.

제 4 장 刑의 時效와 消滅

Ⅰ. 형의 시효

① 확정된 벌금형을 집행하기 위한 검사의 집행명령에 기하여 집달관이 집행을 개시하였다면 이로써 벌금형에 대한 시효는 중단되는 것인바(형법 제80조), 이 경우 압류물을 환가하여도 집행비용 외에 잉여가 없다는 이유로 **집행불능**이 되었다고 하더라도 이미 발생한 시효중단의 효력이 소멸하지는 않는다 할 것이고, 따라서 위 벌금형의 미납자에 대하여는 형사소송법 제492조에 의해 노역장유치의 집행을 할 수 있다(대결 1992. 12. 28, 92모39).

② 국민의 신체의 자유 등을 제한하는 형벌관련 법규는 엄격히 해석하여야 하는 것이므로, 행정처분의 성질을 가지는 보호감호처분이 형의실효등에관한법률 제7조 제1항소정의 형에 해당한다고 해석할 수 없어 감호처분의 집행기간 중에는 형의 실효의 기간이 진행하지 아니하는 것이라고 할 수 없다(대결 1996. 9. 20, 96감도55).

③ 수형자가 **벌금의 일부를 납부**한 경우에는 이로써 집행행위가 개시된 것으로 보아 그 벌금형의 시효가 중단된다고 봄이 상당하고, 이 경우 벌금의 일부 납부란 수형자 본인이 스스로 벌금을 일부 납부한 경우, 즉 벌금의 일부를 수형자 본인 또는 그 대리인이나 사자가 수형자 본인의 의사에 따라 이를 납부한 경우를 말하는 것이고, 수형자 본인의 의사와는 무관하게 제3자가 이를 납부한 경우는 포함되지 아니한다(대판 2001. 8. 23, 2001모91).

Ⅱ. 형의 소멸

1. 형의 실효

① 형법 제81조에 의한 재판의 신효선고나 형의 실효등에 관한 법률에 의하여 형이 실효된 경우에는 사회보호법 제5조 제1항 제1호소정의 "실형을 받고"에 해당하지 아니한다(대판 1982. 3. 23, 82도235, 82감도46).

② 형의 집행종료 후 7년 이내에 집행유예의 판결을 받고 그 기간을 무사히 경과하여 7년을 채우더라도 형법 제81조의 "형을 받음이 없이 7년을 경과"하는 때에 해당하지 아니하여 형의 실효를 선고할 수 없다(대판 1983. 4. 2, 83모8).

③ 특정범죄가중처벌등에관한법률 제5조의4 제5항은, 형법 제329조 내지 제331조와 제333조 내지 제336조 · 제340조 · 제362조의 죄 또는 그 미수죄로 3회 이상 징역형을 받은 자로서 다시 이들 죄를 범하여 누범으로 처벌할 경우도 제1항 내지 제4항과 같다고 규정하고 있고, 한편 형의실효등에관한법률에 의하여 형이 실효된 경우에는 형의 선고에 의한 법적 효과가 장래에 향하여 소멸되므로 형이 실효된 후에는 그 전과를 특정범죄가중처벌등에관한법률 제5조의4 제5항 소정의 징역형의 선고를 받은 경우로 볼 수는 없다. 따라서 피감호청구인이 선고받은 형이 실효되어 특정범죄가중처벌등에관한 법률 제5조의4 제5항에 규정된 죄로 3회 이상 징역형을 받은 자에 해당하지 아니함에도 이에 해당하는 자로서 사회보호법 제5조 제3호의 보호감호의 요건에 해당한다고 한 것은 잘못이다(대판 2002. 10. 22, 2002감도39).

2. 복　　권

복권은 사면의 경우와 같이 형의 언도의 효력을 상실시키는 것이 아니고, 다만 형의 언도의 효력으로 인하여 상실 또는 정지된 자격을 회복시킴에 지나지 아니하는 것이므로 복권이 있었다고 하더라도 그 전과사실은 누범가중사유에 해당한다(대판 1981. 4. 14, 81도543).

제 5 장 保安處分

Ⅰ. 보안처분의 의의

보호관찰은 형벌이 아니라 보안처분의 성격을 갖는 것으로서, 과거의 불법에 대한 책임에 기초하고 있는 제재가 아니라 장래의 위험성으로부터 행위자를 보호하고 사회를 방위하기 위한 합목적적인 조치이므로, 그에 관하여 반드시행위 이전에 규정되어 있어야 하는 것은 아니며, 재판시의 규정에 의하여 보호관찰을 받을 것을 명할 수 있다고 보아야 할 것이고, 이와 같은 해석이 형벌불소급의 원칙 내지 죄형법정주의에 위배되는 것이라고 볼 수 없다(대판 1997. 6. 13, 97도703).

Ⅱ. 보안처분의 법적 성격

생래적 또는 습성적으로 동종 또는 유사한 죄를 반복할 위험성이 있는 실형전과자에 대한 앞으로의 범죄예방 및 교화조치로서 하는 보호처분을 형벌과 별도로 이와 병행하여 한다하여 일사부재리의 원칙 또는 법률불소급의 원칙에 위배된다고 할 수 없다(대판 1983. 6. 28, 83도1070).

Ⅲ. 치료감호

1. 치료감호의 요건 판단 기준시기

치료감호의 요건인 재범의 위험성에 관한 판단은 행위시가 아니라 치료감호청구사건에 대한 **판결시**를 기준으로 하여야 한다(대판 1987. 5. 1, 87감도50).

2. 치료감호의 요건

(1) 심신장애자, 중독자 또는 정신성적 장애자일 것

1) 심신장애자의 치료감호: 심신상실자 또는 심신미약자가 금고 이상의 형에 해당하는 죄를 범하고, 치료감호시설에서의 치료가 필요한 경우

① 사회보호법상 치료감호 대상자는 같은법 제8조 제1항 각호의 1에 해당하는 때임을 요하는 것으로서 폐결핵 환자라 하여 곧 바로 치료감호 대상자가 되는 것이 아니다(대판 1983. 5. 10, 83도794).

② 사회보호법 제8조 제1항 제1,2호가 정하는 치료감호는 심신장애자로서 형법 제10조 제1항의 규정에 의하여 벌할 수 없는 자가 금고 이상의 형에 해당하는 죄를 범하거나 형법 제10조 제2항의 규정에 의하여 형이 감경되는 자가 금고 이상의 형에 해당하는 죄를 범하고 재범의 위험성이 있다고 인정하는 때에 과하는 것이므로 그 범하는 죄는 그 심신장애의 원인이 되는 병적 심신상태로 인하여 저질러져야 하고 심신장애와 관계없이 죄를 범하였을 때에는 치료감호를 과할 수 없다(대판 1986. 2. 25, 85감도419).

③ 자신의 충동을 억제하지 못하여 범죄를 저지르게 되는 현상은 정상인에게서도 얼마든지 찾아볼 수 있는 일로서, 특단의 사정이 없는 한 성격적 결함을 가진 자에 대하여 자신의 충동을 억제하고 법을 준수하도록 요구하는 것이 기대할 수 없는 행위를 요구하는 것이라고는 할 수 없으므로, 원칙적으로 충동조절장애와 같은 성격적 결함은 형의 감면사유인 심신장애에 해당하지 아니한다고 봄이 상당하지만, 그 이상으로 사물을 변별할 수 있는 능력에 장애를 가져오는 원래의 의미의 정신병이 도벽의 원인이라거나 혹은 도벽의 원인이 **충동조절장애**와 같은 성격적 결함이라 할지라도 그것이 매우 심각하여 원래의 의미의 정신병을 가진 사람과 동등하다고 평가할 수 있는 경우에는 그로 인한 절도 범행은 심신장애로 인한 범행으로 보아야 한다(대판 1999. 4. 27, 99도693, 99감도17).

피고인에게 우울증 기타 정신병이 있고 이전에도 수차례에 걸쳐 절도범행을 저질렀으며, 특히 **생리도벽**이 발동하여 재차 절도 범행을 저지른 사안이다.

④ 사회보호법 제15조 제1호는 검사가 당초부터 피의자에 대하여 공소를 제기하지 아니하는 결정을 하는 경우에만 감호의 독립청구를 할 수 있는 것으로 제한하여 해석할 것이 아니라 공소가 제기된 피고사건에 관하여 심신상실을 이유로 한 무죄판결이 확정되어 다시 공소를 제기할 수 없는 경우를 포함하는 것으로 해석함이 상당하므로, 법원이 심급에 따른 제약 때문에 치료감호에 관한 조치를 취할 수 없는 상태에서 피고사건에 관하여 항소심에서 심신상실을 이유로 한 무죄판결이 선고되어 확정되었다면, 피고인의 정신질환이 계속되고 재범의 위험성이 있어 피고인의 치료 후 사회복귀와 사회안전을 도모하기 위하여 피고인에 대한 치료감호처분이 반드시 필요하다고 인정되는 경우 검사는 사회보호법 제15조 제1호의 규정에 따라 치료감호를 **독립하여 청구**할 수 있다(대판 1999. 8. 24, 99도1194).

⑤ 피고인의 범행 동기나 수법, 범행의 전후 과정에서 보인 태도, 범행 당시 음주정도, 피고인의 성장배경·학력·가정환경·사회경력 등을 통하여 추단되는 피고인의 지능정도와 인성 등에 비추어 볼 때, 피고인이 강간살인 범행을 저지를 당시 자기 통제력이나 판단력, 사리분별력이 저하된 어떤 심신장애의 상태가 있었던 것은 아닌가 하는 의심이 드는데도 전문가에게 피고인의 정신상태를 감정시키는 등의 방법으로 심신장애 여부를 심리하지 아니한 채 선고한 원심판결을 심리미진과 심신장애에 관한 법리오해의 위법이 있다(대판 2002. 11. 8, 2002도5109).

초등학교 졸업이 최종학력인 피고인이 소주 5병을 마신 상태에서 아무 면식이 없던 피해자의 전신을 무참히 가격하여 얼굴이 심히 일그러져 분간할 수 없을 정도여서 외견상 매우 처참하고 끔직한 상황에서도 계속 강간을 시도하였으며, 범행후에도 강간과정에서 입은 찰과상치료를 위해 자신이 직접 119에 응급차를 타고 병원에 가 인적사항을 말하여 통상의 중범죄자가 자신의 범행을 은폐하기 위해 하는 행동과 달리 행동한 사안이다.

⑥ 원심판결이 선고된 뒤인 2005. 8. 4. 법률 제7656호로 공포, 시행된 '사회보호법 폐지법률'에 의하여 사회보호법이 폐지되면서 같은 날 법률 제7655호로 공포, 시행된 '치료감호법'은 제2조 제1항에서 치료감호대상자에 관하여 규정하는 한편 그 부칙 제6조에서는 치료감호법 시행 당시 사회보호법에 따라 치료감호가 청구되어 재판계속중인 사건은 치료감호법에 따라 치료감호가 청구되어 재판계속중인 것으로 본다고 규정하고 있는바, 원

심이 유지한 제1심 판결이 채용한 증거들을 기록에 비추어 살펴보면, 피고인이 이 사건 범행 당시에는 물론 현재까지도 **정신분열병**으로 인한 심신미약 상태에 있어 치료감호시설에서의 치료가 필요하고, 적절한 정신과적 치료를 받지 아니하는 경우 다시 강제추행이나 상해 등의 범행을 저지를 개연성이 높다고 할 것이므로 재범의 위험성이 있다고 하지 않을 수 없다(대판 2005. 9. 30, 2005도4208, 2005감도16).

2) 중독자에 대한 치료감호: 마약·향정신성의약품·대마 그 밖에 남용되거나 해독을 끼칠 우려가 있는 물질이나 알코올을 식음·섭취·흡입 또는 주입받는 습벽이 있거나 그에 중독된 자로서 금고 이상의 형에 해당하는 죄를 범하고 치료감호시설에서의 치료가 필요한 경우

3) 정신성적 장애자에 대한 치료감호: 소아기호증, 성적가학증 등 성적 성벽이 있는 정신성적 장애자로서 금고 이상의 형에 해당하는 성폭력범죄를 범하고 치료감호시설에서의 치료가 필요한 경우

(2) 재범의 위험성

1) 재범 위험성의 판단

① 재범의 위험성은 **치료감호판결(선고)시**를 기준으로 한다(1987. 5. 12, 87감도50).

② 당해 범행의 내용과 판결선고 당시의 피감호청구인의 심신장애의 정도, 심신장애의 원인이 될 질환의 성격과 치료의 난이도, 향후 치료를 계속 받을있는 환경의 구비여부, 피감호청구인 자신의 재범예방 의지의 유무 등 제사정을 종합적으로 평가하여 객관적으로 판단하여야 한다(대판 2000. 7. 4, 2000도1908).

2) 재범의 위험성이 인정된 경우

① 피감호청구인이 주정성 정신질환 및 성격장애자로서 사물을 변별할 능력이 미약해진 상태에서 이 사건 감호청구사실의 범행을 하였고 재범의 위험성이 있음이 넉넉히 인정되므로 피감호청구인을 치료감호에 처하였음은 정당하다(대판 1983. 6. 28, 83감도226).

② 5년전부터 정신분열형 인격장애 상태에 있어서 … 정신적 충격이 있을 때에는 일시적으로 심신상실의 상태에서 정신분열증상을 보이는 이른바 **"일과성 반응성 정신증"**이 합병되기도 하는데, … 이 사건 범행도 이러한 일과성 반응성 정신증으로 말미암아 … 양손에 식칼 2개를 들고 휘두르면서 피해자를 협박하여 저질러진 것으로서, 장차 집중적인 치료를 받으면 적어도 일과성 정신병적인 상태는 나타나지 않게 할 수 있으나, 피감호청구인은 그 부모형제나 처자로부터 일체의 연락이 두절되어 이들에 의한 보호를 받지 못한

채 방치되어 있고 … 피감호청구인은 스스로 정신병자가 아니라는 점만 되풀이 주장하고 있을 뿐이어서 … 일과성 반응성 정신증의 재발로 말미암은 재범의 위험성이 있다(대판 1990. 8. 28, 90감도103).

③ 피고인은 자신이 **피해형 망상장애**라는 심신장애가 있다는 것을 전혀 인식하지 못한 채 아직도 사실을 밝히는 고소는 하겠다는 취지의 주장을 하고 있을 뿐만 아니라 실제로 제1심 증인 박○○을 위증으로 고소하는 내용의 고소장을 작성하기까지 한 점에 비추어 보면, 피고인은 적절한 정신과적 치료를 받지 아니하는 경우 다시금 무고 범행을 저지를 개연성이 높다고 할 것이므로 재범의 위험성이 있다(대판 2000. 7. 4, 2000도1908).

④ 피감호청구인에게는 이 사건 마약류에 대한 위 습벽이 있음을 인정할 수 있고, 나아가 기록에서 알 수 있는 제반 정황에 의할 때, 피감호청구인의 이러한 습벽은 지속적인 입원 및 통원치료가 필요할 정도로 심각한 상태에 이르렀다고 판단됨에도 피감호청구인이 처한 가정적, 사회적 환경과 여건은 그러한 치료에 있어서 큰 도움이 되지 못함은 물론이고 피감호청구인이 원심에 이르기까지 한 주장에도 불구하고 그 치료에 관한 의지는 오히려 미약하다고 보이며, 그 밖에 피감호청구인의 연령, 성격, 가족관계, 직업, 재산정도, 전과사실, 개전의 정, 이 사건 범행의 동기, 수법 및 내용, 종전 범죄의 내용 및 종전 범죄와 이 사건 범행 사이의 시간적 간격 등 제반 사정을 종합적으로 고려하여 평가할 때 피감호청구인에게 재범의 위험성도 충분히 있다고 판단된다(대판 2003. 4. 11, 2003감도8).[1]

3) 재범의 위험성이 인정되지 않은 경우

① 사회보호법상 치료감호대상자는 같은법 제8조 제1항 각호의 1에 해당하는 때임을 요하는 것으로서 **폐결핵 환자**라 하여 곧 바로 치료감호대상자가 되는 것이 아니다(대판 1983. 5. 10, 83도794, 83감도149).

② 치료감호청구의 원인이 된 범행이 정신질환으로 인한 것이라 하여도 범행후의 감정 당시에는 정신분열등 정신질환을 시사하는 증상은 발견되지 아니하고 다만 기능저하에서 결과되는 이해의 감소나 의사소통의 부적절함을 엿볼 수 있는 **정신박약자**일 뿐 정신질환이 인정되지 않는다면 그로 인한 재범의 위험성이 있다고 할 수 없(다)(대판 1984. 10. 10, 84감도257).

3. 치료감호의 집행

형벌과 치료감호처분은 신체의 자유를 박탈하는 수용처분이라는 점에서 유사하기는

1 이미 수차례의 치료감호를 받은 전력이 있던 피고인에 대해 재범의 위험성을 인정한 사안이다.

하나 그 본질과 목적 및 기능에 있어서 서로 다른 독자적 의의를 가진 제도인바, 명시적인 배제 조항 등이 없는 이상 어느 한 쪽의 적용 대상이라는 이유로 다른 쪽의 적용 배제를 주장할 수 없는 것이다. 특정범죄 가중처벌 등에 관한 법률 제5조의4 제6항이 2005. 8. 4. 사회보호법상 **보호감호제도 폐지**를 즈음하여 마련되었다고 하여 달리 볼 것은 아니다(대판 2007. 8. 23, 2007도3820, 2007감도8).

Ⅳ. 보호관찰

개정 형법 제62조의2 제1항에 의하면 형의 집행을 유예를 하는 경우에는 보호관찰을 받을 것을 명할 수 있고, 같은 조 제2항에 의하면 제1항의 규정에 의한 보호관찰의 기간은 집행을 유예한 기간으로 하고, 다만 법원은 유예기간의 범위 내에서 보호관찰의 기간을 정할 수 있다고 규정되어 있는바, 위 조항에서 말하는 보호관찰은 형벌이 아니라 보안처분의 성격을 갖는 것으로서, 과거의 불법에 대한 책임에 기초하고 있는 제재가 아니라 장래의 위험성으로부터 행위자를 보호하고 사회를 방위하기 위한 합목적적인 조치이므로, 그에 관하여 반드시 행위 이전에 규정되어 있어야 하는 것은 아니며, 재판시의 규정에 의하여 보호관찰을 받을 것을 명할 수 있다고 보아야 할 것이고, 이와 같은 해석이 형벌불소급의 원칙 내지 죄형법정주의에 위배되는 것이라고 볼 수 없다(대판 1997. 6. 13, 97도703).

Ⅴ. 보안관찰

보안관찰법상의 보안관찰처분은 처분대상자가 이미 실행한 행위에 대한 책임을 물어 과하는 제재조치가 아니라 장래에 그 법 소정의 특정범죄를 범할 위험성을 미리 예방하여 국가의 안전과 사회의 안녕을 유지하는 한편 처분대상자의 건전한 사회복귀를 촉진토록 하는 것을 본질로 하는 예방조치이므로, 이와 같은 보안관찰처분의 성격상 보안관찰처분에 필요한 같은 법 제4조 제1항 소정의 보안관찰 해당 **범죄를 다시 범할 위험성**이란 장래에 죄를 다시 범할 개연성이 될 수밖에 없고, 그 유무도 처분대상자의 전력이나 성격, 환경 등 제반 사정을 종합하여 판단할 수밖에 없다 할 것이다. 원심판결 이유에 의하면, 원심은 그 거시 증거에 의하여, 원고가 수감생활을 하는 중에 행형법상의 징벌을 받은 사실이 없고, 사상전향서를 제출한 뒤 인쇄기술을 습득하여 인쇄기능사 자격을 취득하였으며,

가석방 출소 후 인쇄업 및 출판업을 경영하면서 상당한 수입을 얻고 있을 뿐만 아니라 결혼을 하여 아들 둘을 두고 안정된 생활을 하고 있으며, 이미 그 보안관찰 해당 범죄에 대하여 사면을 받았고 종전의 보안관찰처분기간 동안에도 보안관찰법 소정의 신고의무를 모두 이행한 사실 등을 인정한 뒤, 이와 같은 사정에 비추어 보면 원고의 보안관찰 해당 범죄와 수감생활 중의 일부 과격한 주장·행동 및 관련 범죄자의 재범 등의 사정만으로 원고에게 보안관찰 해당 범죄를 다시 범할 위험성이 있다고 인정하기 어렵다(대판 1997. 7. 25, 97누2696).

Ⅵ. 기 타

1. 위치추적 전자장치 부착

① 특정 성폭력범죄자에 대한 위치추적 전자장치 부착에 관한 법률에 의한 **전자감시제도**는 성폭력범죄자의 재범 방지와 성행교정을 통한 재사회화를 위하여 그의 행적을 추적하여 위치를 확인할 수 있는 전자장치를 신체에 부착하게 하는 부가적인 조치를 취함으로써 성폭력범죄로부터 국민을 보호함을 목적으로 하여, 징역형을 종료한 이후에도 성폭력범죄를 다시 범할 위험성이 있다고 인정되는 자에 대하여 일정한 요건 아래 검사의 청구에 의해 성폭력범죄사건의 판결과 동시에, 10년의 범위 내에서 부착기간을 정하여 선고되는 법원의 부착명령에 의해 이루어지는 점에서 일종의 보안처분으로 볼 수 있고, 이러한 보안처분은 범죄행위를 한 자에 대한 응보를 주된 목적으로 그 책임을 추궁하는 사후적 처분인 형벌과 구별되어 그 본질을 달리하는 것으로서 형벌에 관한 일사부재리의 원칙이 그대로 적용되지 않으며, 성폭력범죄사건의 양형은 부착명령의 요건에 대한 심사, 그에 따른 부착명령의 선고 여부와 선고되는 부착기간의 결정 등과는 구별된다. 따라서 위 법률 제9조 제5항은 전자감시제도가 보안처분으로서 형벌과는 그 목적이나 심사대상 등을 달리하므로 이를 징역형의 대체수단으로 취급하여 함부로 형량을 감경하여서는 아니 된다는 당연한 법리를 주의적 · 선언적으로 규정한 것에 불과한 것이어서, 위 조항이 평등원칙, 과잉금지의 원칙, 일사부재리의 원칙 등에 위배된다고 볼 수는 없다(대판 2009. 5. 14, 2009도1947, 2009전도5).

② 보호관찰법 제56조는 군사법원법 제2조 제1항 각 호의 어느 하나에 해당하는 사람에게는 보호관찰법을 적용하지 아니한다고 규정하고, 제64조 제1항에서 사회봉사 · 수강

명령 대상자에 대하여는 제56조의 규정을 준용하도록 함으로써 현역 군인 등 이른바 **군법 적용 대상자에 대한 특례 조항**을 두고 있는바, 군법 적용 대상자에 대한 지휘관들의 지휘권 보장 등 군대라는 부분사회의 특수성을 고려할 필요가 있는 점, 군법 적용 대상자에 대하여는 보호관찰 등의 집행이 현실적으로 곤란하고 이러한 정책적 고려가 입법 과정에서 반영된 것으로 보이는 점 등 보호관찰 등에 관한 현행 법체제 및 규정 내용을 종합적으로 검토하면, 위 특례 조항은 군법 적용 대상자에 대하여는 보호관찰법이 정하고 있는 보호관찰, 사회봉사, 수강명령의 실시 내지 집행에 관한 규정을 적용할 수 없음은 물론이고 보호관찰, 사회봉사, 수강명령 자체를 명할 수 없다는 의미로 해석된다. … 특정 범죄자에 대한 위치추적 전자장치 부착 등에 관한 법률 제28조 제1항은 "법원은 특정범죄를 범한 자에 대하여 형의 집행을 유예하면서 보호관찰을 받을 것을 명할 때에는 보호관찰기간의 범위 내에서 기간을 정하여 준수사항의 이행여부 확인 등을 위하여 전자장치를 부착할 것을 명할 수 있다."고 규정하고 있고, 제9조 제4항 제4호는 "법원은 특정범죄사건에 대하여 선고유예 또는 집행유예를 선고하는 때(제28조 제1항에 따라 전자장치 부착을 명하는 때를 제외한다)에는 판결로 부착명령 청구를 기각하여야 한다."고 규정하고 있으며, 제12조 제1항은 "부착명령은 검사의 지휘를 받아 보호관찰관이 집행한다."고 규정하고 있다. 위 법률에 의하면 법원이 특정범죄를 범한 자에 대하여 형의 집행을 유예하는 경우에는 보호관찰을 받을 것을 명하는 때에만 전자장치를 부착할 것을 명할 수 있다. 그런데 앞에서 본 바와 같이 군법 적용 대상자인 피고인에 대하여는 보호관찰을 받을 것을 명할 수 없으므로 보호관찰의 부과를 전제로 한 **전자장치의 부착명령** 역시 허용될 수 없다(대판 2012. 2. 23, 2011도8124).

2. 신상정보의 등록과 공개 및 고지

① 성폭법은 신상정보의 고지명령의 대상에서 아동·청소년 대상 성폭력범죄를 저지른 자를 제외함으로써 그 대상을 성인 대상 성폭력범죄를 저지른 자로 제한하고 있고, 그 대상이 되는 범죄가 행하여진 시기에 대해서도 신상정보의 고지명령에 관한 규정의 시행 후에 범한 범죄로 한정하고 있는 부칙 규정을 두고 있는 아청법과는 달리 아무런 제한을 두고 있지 아니한 점, 아청법이 아동·청소년 대상 성폭력범죄에 대하여 신상정보의 고지명령을 도입한 것은 아동·청소년 대상 성범죄를 미연에 예방하고자 함에 그 입법취지가 있는 데 비하여 성폭법이 성인 대상 성폭력범죄에 대하여 신상정보의 고지명령을 도입한 것은 아동·청소년 대상 성범죄를 미연에 예방하고자 함은 물론 성인 대상 성범죄의 재범

을 방지하고자 함에도 그 입법취지가 있는 점, 신상정보의 고지명령을 담당하는 행정기관에 관하여도 성폭법은 형사정책 등 법무에 관한 사무를 관장하는 법무부로 정하고 있는데 비하여 아청법은 아동·청소년의 보호 등 아동·청소년에 관한 사무를 관장하는 여성가족부로 정하고 있는 점 등에 비추어 보면, 아청법 제38조 제1항 제1호에 규정된 **아동·청소년 대상 성폭력범죄를 저지른 자**에 대해서는 그 범죄가 행하여진 시기에 따라 아청법 제38조의2에 의한 고지명령의 대상이 되는지 여부만이 문제될 뿐, 비록 성폭법 제32조 제1항에 규정된 등록대상 성폭력범죄를 저지른 자에 해당된다고 하더라도 같은 법 제41조에 의한 고지명령의 대상이 되지 아니한다고 해석함이 상당하다 할 것이다(대판 2011. 11. 24, 2011도12296).

② 아동·청소년의 성보호에 관한 법률(이하 '아동·청소년성보호법'이라고 한다)이 정한 공개명령 절차는 아동·청소년대상 성범죄자의 신상정보를 일정기간 동안 정보통신망을 이용하여 공개하도록 하는 조치를 취함으로써 필요한 절차를 거친 사람은 누구든지 인터넷을 통해 공개명령 대상자의 공개정보를 열람할 수 있도록 하는 제도이다. 또한 위 법률이 정한 고지명령 절차는 아동·청소년대상 성폭력범죄자의 신상정보 등을 공개명령기간 동안 고지명령 대상자가 거주하는 지역의 일정한 주민 등에게 고지하도록 하는 조치를 취함으로써 일정한 지역 주민 등이 인터넷을 통해 열람하지 않고도 고지명령 대상자의 고지정보를 알 수 있게 하는 제도이다. 위와 같은 공개명령 및 고지명령 제도는 아동·청소년대상 성폭력범죄 등을 효과적으로 예방하고 그 범죄로부터 아동·청소년을 보호함을 목적으로 하는 일종의 보안처분으로서, 그 목적과 성격, 운영에 관한 법률의 규정 내용 및 취지 등을 종합해 보면, 공개명령 및 고지명령 제도는 범죄행위를 한 자에 대한 응보 등을 목적으로 그 책임을 추궁하는 사후적 처분인 형벌과 구별되어 그 본질을 달리한다고 할 것이다. 한편 아동·청소년성보호법 제38조 제1항 단서, 제38조의2 제1항 단서는 '아동·청소년대상 성범죄 사건에 대하여 벌금형을 선고하거나 피고인이 아동·청소년인 경우, 그 밖에 신상정보를 공개하여서는 아니 될 특별한 사정이 있다고 판단되는 경우'를 **공개명령 또는 고지명령의 선고에 관한 예외사유**로 규정하고 있는바, 위와 같은 공개명령 및 고지명령의 성격과 본질, 관련 법률의 내용과 취지 등에 비추어 공개명령 등의 예외사유로 규정되어 있는 위 '피고인이 아동·청소년인 경우'에 해당하는지 여부는 사실심 판결의 선고시를 기준으로 판단하여야 할 것이다(대판 2012. 5. 24, 2012도2763).

3. 성충동 약물치료

성폭력범죄자의 성충동 약물치료에 관한 법률에 의한 약물치료명령(이하 '치료명령'이라고만 한다)은 사람에 대하여 성폭력범죄를 저지른 성도착증 환자로서 성폭력범죄를 다시 범할 위험성이 있다고 인정되는 19세 이상의 사람에 대하여 약물투여 및 심리치료 등의 방법으로 도착적인 성기능을 일정기간 동안 약화 또는 정상화하는 치료를 실시하는 보안처분이다. 이러한 치료명령은 성폭력범죄의 재범을 방지하고 사회복귀의 촉진 및 국민의 보호 등을 목적으로 한다는 점에서 특정 범죄자에 대한 보호관찰 및 전자장치 부착 등에 관한 법률과 치료감호법이 각 규정한 전자장치 부착명령 및 치료감호처분과 그 취지를 같이 하지만, 원칙적으로 형 집행 종료 이후 신체에 영구적인 변화를 초래할 수도 있는 약물의 투여를 피청구자의 동의 없이 강제적으로 상당 기간 실시하게 된다는 점에서 헌법이 보장하고 있는 신체의 자유와 자기결정권에 대한 가장 직접적이고 침익적인 처분에 해당한다고 볼 수 있다. 따라서 앞서 본 바와 같은 치료명령의 내용 및 특성과 최소침해성의 원칙 등을 요건으로 하는 보안처분의 성격 등에 비추어 장기간의 형 집행 및 그에 부수하여 전자장치 부착 등의 처분이 예정된 사람에 대해서는 위 형 집행 및 처분에도 불구하고 재범의 방지와 사회복귀의 촉진 및 국민의 보호를 위한 추가적인 조치를 취할 필요성이 인정되는 불가피한 경우에 한하여 이를 부과함이 상당할 것이다. 한편 치료명령의 요건으로 **'성폭력범죄를 다시 범할 위험성'**이라 함은 재범할 가능성만으로는 부족하고 피청구자가 장래에 다시 성폭력범죄를 범하여 법적 평온을 깨뜨릴 상당한 개연성을 의미한다. 그런데 장기간의 형 집행이 예정된 사람의 경우에는 치료명령의 선고시점과 실제 치료명령의 집행시점 사이에 상당한 시간적 간격이 있어 성충동 호르몬 감소나 노령화 등으로 성도착증이 자연스럽게 완화되거나 치유될 가능성을 배제하기 어렵고, 앞서 본 바와 같이 피청구자의 동의 없이 강제적으로 이루어지는 치료명령 자체가 피청구자의 신체의 자유와 자기결정권에 대한 중대한 제한이 되는 사정을 감안하여 보면, 비록 피청구자가 성도착증 환자로 진단받았다고 하더라도 그러한 사정만으로 바로 피청구자에게 성폭력범죄에 대한 재범의 위험성이 있다고 단정할 것이 아니라, 치료명령의 집행시점에도 여전히 약물치료가 필요할 만큼 피청구자에게 성폭력범죄를 다시 범할 위험성이 있고 피청구자의 동의를 대체할 수 있을 정도의 상당한 필요성이 인정되는 경우에 한하여 비로소 치료명령의 요건을 갖춘 것으로 보아야 한다. 또한 이 경우 법원이 피청구자의 '성폭력범죄를 다시 범할 위험성'을 판단함에 있어서는 피청구자의 직업과 환경, 동종 범행으로 인한 처벌 전력, 당해 범행 이전의 행적, 그 범행의 동기, 수단, 범행 후의 정황, 개전의 정 등과 아울러 피청구인의 정신성적 장애의 종류와 정도 및 치료 가능성, 피청구인이 치료명령의 과정에서 받을 약물치료 또는 인지행동치료 등을 자발적이고도 적극적으로 따르고자 하는 의지, 처방 약물로 인하여 예상되는 부작용의 가능성과 정도, 예상되는 형 집행 기간과 그 종료 당시 피청구자의 연령 및 주위환경과 그 후 약물치료 등을 통하여 기대되는 재범 방지 효과 등의 여러 사정을 종합적으로 평가하여 판결시를 기준으로 객관적으로 판단하여야 할 것이다(대판 2014. 2. 27, 2013도12301).

대상 판결의 피고인은 평소에 여자 아동을 대상으로 하는 음란물 등을 보면서 여아를 상대로 성적 욕구를 해소하려는 환상을 가지고 피해자의 언니 등과 성관계하는 것을 상상해 오다가, 심야에 PC방에서 만난 피해자의 어머니로부터 피해자의 아버지가 술에 취해 잠들어 있다는 말을 듣고 평소 위치를 알고 있던 피해자의 집으로 찾아가 잠을 자고 있던 피해자를 과감하게 이불째로 들고 나와 본인만이 알고 있는 은폐된 장소로 데리고 가 강간범행을 저질렀다. 피고인은 범행 과정에서 미성년자인 피해자의 상태나 반항에 아랑곳하지 아니하고 자신의 성적 욕구를 충족하기 위하여 손가락으로 피해자의 성기 속에 집어넣고 흔들거나 피해자의 볼 등을 물고 살인의 의도로 피해자의 목 부위를 강하게 조르는 등 변태적이고 가학적인 행위를 하였으며, 이 사건 범행 이전부터 성도착증세는 물론 반사회적 인격장애와 병적 도벽, 게임 중독 등의 증상을 보이면서 사회적 유대관계가 없이 생활하여 왔다. 한국 성범죄자 재범 위험성 평가척도를 적용한 결과 피고인의 성범죄 재범 위험성이 13점으로 '상' 수준에 해당하고, 정신병질자 선별도구의 평가 결과 피고인의 성범죄 재범 위험성은 20점으로 '중' 구간(7점~24점)에서도 상위 구간에 해당하여 재범 위험성이 높다고 평가되었으며, 성도착증인 비폐쇄적 유형의 소아기호증의 성적 취향을 가지고 있으며 이 사건 성폭력범죄도 소아기호증이 원인이 되어 저지른 것으로 대법원은 판단하여, 치료명령의 요건으로 '성폭력범죄를 다시 범할 위험성'을 인정하였다.

[저자 약력]

이 승 준(李承俊)

연세대학교 법학사
연세대학교 법학석사
연세대학교 법학박사
한국형사법학회 회원
한국형사정책학회 회원
한국형사판례연구회 회원
청주지방검찰청 형집행정지심의위원회 위원
청주소년원 보통징계위원회 위원
변호사시험, 사법시험, 경찰시험 등 각종 국가시험 출제·채점위원
(전) 서울여자대학교 강사
연세대학교 법학연구소 전문연구원
치안정책연구소(경찰대학 부설) 연구위원
대전대학교 전임강사
충북대학교 법학전문대학원 조교수, 법학전문대학원 교무부원장/법과대학 부학장
(현) 충북대학교 법학전문대학원 부교수 (cafe.daum.net/lawproflee)

주요 저서 및 논문

형법세미나 Ⅰ, 진원사
형사법 사례형 연습, 디비북스
배임죄 행위주체 해석의 방향
합병형 차입매수(LBO)의 배임죄 성부 판단 외 다수

형법판례의 이해 Ⅰ

초판인쇄 2015년 2월 5일
초판발행 2015년 2월 10일

지은이 이승준
펴낸이 박노일

총괄기획 김중용
편 집 심성보·김인숙

펴낸곳 pnc publishing and culture 피앤씨미디어

경기도 고양시 일산동구 강송로 153 310-1501
등록 제396-2012-000203호
전 화 070)7550-3758 팩 스 02)718-8554
홈페이지 www.pncmedia.co.kr 이메일 pnc@pncmedia.co.kr
ISBN 979-11-5730-101-0 94360
979-11-5730-100-3 (세트)

정 가 22,000원